Andreas Hoerning
Hybrides Kapital im Jahresabschluss

Schriften zum Europäischen
und Internationalen Privat-, Bank-
und Wirtschaftsrecht

EIW Band 41

Schriften zum Europäischen und Internationalen Privat-, Bank- und Wirtschaftsrecht

EIW Band 41

De Gruyter

Andreas Hoerning

Hybrides Kapital im Jahresabschluss

Zugleich zum Begriff des Eigenkapitals in Insolvenzrecht, Bankaufsichtsrecht und Ratingmethodik

De Gruyter

Dr. iur. *Andreas Hoerning*, Frankfurt am Main.

ISBN 978-3-11-026149-3
e-ISBN 978-3-11-026150-9

Bibliografische Information der Deutschen Nationalbibliothek

Die Deutsche Nationalbibliothek verzeichnet diese Publikation in der Deutschen Nationalbibliografie; detaillierte bibliografische Daten sind im Internet über http://dnb.d-nb.de abrufbar.

Druck: Hubert & Co. GmbH & Co. KG, Göttingen

♾ Gedruckt auf säurefreiem Papier

Printed in Germany

www.degruyter.com

Vorwort

Die vorliegende Arbeit wurde im Juni 2010 von der rechtswissenschaftlichen Fakultät der Humboldt-Universität zu Berlin als Dissertation angenommen. Aktuelle Entwicklungen sind bis Anfang 2011 berücksichtigt.

Ich bedanke mich herzlich bei meinem Doktorvater, Herrn Prof. Dr. Dr. Stefan Grundmann, für die Betreuung der Arbeit und die interessante Zeit an seinem Lehrstuhl an der Humboldt-Universität. Besonderen Dank schulde ich auch Frau Prof. Dr. Christine Windbichler für die Erstellung des Zweitgutachtens. Ihnen sowie den weiteren Herausgebern danke ich für die Aufnahme in diese Schriftenreihe.

Für Anregungen aus Wissenschaft und Praxis danke ich den Herren Prof. Dr. Dr. Dr. h.c. Christian Kirchner, Prof. Dr. Dr. Peter Sester, Dr. Christoph Gleske (Freshfields Bruckhaus Deringer), Falk Frey (Moody's), Peter Waltz (Linklaters) und Dr. Kaspar Krolop. Mein besonderer Dank für die Unterstützung bei der Anfertigung der Arbeit geht an meine Eltern, an Frau Sibylle Schlatter sowie an die Herren Dr. Christian Pitzal, Andreas Schoenemann und PD Dr. Christian Hofmann.

Die Arbeit wurde mit dem Karlheinz Quack-Preis 2011, gestiftet von der Sozietät WilmerHale, für die beste Promotion auf den Gebieten Gesellschaftsrecht, Kartellrecht und gewerblicher Rechtsschutz an der Humboldt-Universität zu Berlin ausgezeichnet.

Frankfurt am Main, im Juni 2011 *Andreas Hoerning*

Inhaltsübersicht

Inhaltsverzeichnis

Abbildungsverzeichnis

Abkürzungsverzeichnis

a. A.	am Anfang/anderer Ansicht
Abb.	Abbildung
ABl.	Amtsblatt
Abs.	Absatz
ACSM	Alternative Coupon Settlement Mechanism
ADHGB	Allgemeines Deutsches Handelsgesetzbuch
Adj.	Adjektiv
a. E.	am Ende
AER	American Economic Review
a. F.	alte Fassung
AG	(Die) Aktiengesellschaft/Application Guidance (für IAS/IFRS)
AKEU	Arbeitskreis Externe Unternehmensrechnung der Schmalenbach-Gesellschaft für Betriebswirtschaft e. V.
AktG	Aktiengesetz
Alt.	Alternative
AnfG	Anfechtungsgesetz
APM	Alternative Payment Method
ARC	Accounting Regulatory Committee
Art.	Artikel
BaFin	Bundesanstalt für Finanzdienstleistungsaufsicht
BAKred	Bundesaufsichtsamt für das Kreditwesen
BB	Betriebsberater
BC	Basis for Conclusion (für IAS/IFRS)
BCBS	Basel Committee on Banking Supervision (Baseler Ausschuss für Bankenaufsicht)
BFH	Bundesfinanzhof
BFuP	Betriebswirtschaftliche Forschung und Praxis
BGB	Bürgerliches Gesetzbuch
BGBl.	Bundesgesetzblatt
BGH	Bundesgerichtshof
BGHZ	Entscheidungen des Bundesgerichtshofs in Zivilsachen
BilMoG	Bilanzrechtsmodernisierungsgesetz
BiRiLiG	Bilanzrichtlinien-Gesetz
BIS	Bank for International Settlements (Bank für Internationalen Zahlungsausgleich)
BKR	Zeitschrift für Bank- und Kapitalmarktrecht
BMF	Bundesministerium der Finanzen
BR	Bundesrat
bspw.	beipielsweise
BStBl.	Bundessteuerblatt
BT	Deutscher Bundestag
B. V.	Besloten Venootschap
bzgl.	bezüglich
bzw.	beziehungsweise

ca.	circa
CEBS	Committee of European Banking Supervisors
CESR	Committee of European Securities Regulators
CoCos	Contingent Convertible Bonds
CRD	Capital Requirements Directive (Eigenkapitalrichtlinie)
CTA	Contractual Trust Agreement
DAX	Deutscher Aktienindex
DB	Der Betrieb
ders.	derselbe
d.h.	das heißt
dies.	dieselbe(n)
DJT	Deutscher Juristentag
DM	Deutsche Mark
DP	Discussion Paper
DPR	Deutsche Prüfstelle für Rechnungslegung
DRS	Deutscher Rechnungslegungs Standard
DRSC	Deutsches Rechnungslegungs Standards Committee
DSR	Deutsche Standardisierungsrat
DStR	Deutsches Steuerrecht
DVFA	Deutsche Vereinigung für Finanzanalyse und Asset Management
DZWiR	Deutsche Zeitschrift für Wirtschafts- und Insolvenzrecht
EBA	European Banking Authority
EBLR	European Business Law Review
EBOR	European Business Organization Law Review
ED	Exposure Draft
EFRAG	European Financial Reporting Advisory Group
EG	Europäische Gemeinschaft
EGV	Vertrag zur Gründung der Europäischen Gemeinschaft
EStG	Einkommensteuergesetz
et. al.	et alii
etc.	et cetera
EU	Europäische Union
EuGH	Europäischer Gerichtshof
EURIBOR	European Interbank Offered Rate
EuZW	Europäische Zeitschrift für Wirtschaftsrecht
evtl.	eventuell
EWG	Europäische Wirtschaftsgemeinschaft
F.	Framework (der IAS/IFRS)
f.	folgend
FASB	Financial Accounting Standards Board
FAZ	Frankfurter Allgemeine Zeitung
FCAG	Financial Crisis Advisory Group
ff.	fortfolgende
FMStErgG	Finanzmarktstabilisierungsergänzungsgesetz
FMStG	Finanzmarktstabilisierungsgesetz
Fn.	Fußnote
FSA	Financial Services Authority
FSAP	Financial Services Action Plan
GbR	Gesellschaft bürgerlichen Rechts
GenG	Genossenschaftsgesetz
ggf.	gegebenenfalls
GIRÄG	Gesellschafts- und Insolvenzrechtsänderungsgesetz (Österreich)

GmbH	Gesellschaft mit beschränkter Haftung
GmbHG	Gesetz über Gesellschaften mit beschränkter Haftung
GmbHR	GmbH-Rundschau
GoB	Grundsätze ordnungsmäßiger Buchführung
griech.	griechisch
GuV	Gewinn- und Verlustrechnung
HFA	Hauptfachausschuss
HGB	Handelsgesetzbuch
h.M.	herrschende Meinung
Hrsg.	Herausgeber
Hs.	Halbsatz
IAS	International Accounting Standard(s)
IASB	International Accounting Standards Board
IASC	International Accounting Standards Committee
IASCF	IASC Foundation
i.d.F.	in der Fassung
i.d.R.	in der Regel
IDW	Institut der Wirtschaftsprüfer
IDW RS	IDW Stellungnahme zur Rechnungslegung
i.e.S.	im engeren Sinne
IFD	Initiative Finanzstandort Deutschland
IFRIC	International Financial Reporting Interpretations Committee
IFRS	International Financial Reporting Standard(s)
i.H.v.	in Höhe von
IKB	Deutsche Industriebank AG
inkl.	inklusive
insb.	Insbesondere
insg.	insgesamt
InsO	Insolvenzordnung
InvG	Investmentgesetz
IOSCO	International Organization of Securities Commissions
IRB	Internal Ratings Based (Approach)
IRZ	Zeitschrift für international Rechnungslegung
i.S.d.	im Sinn der/des
ISIN	International Securities Identification Number
i.S.v.	im Sinne von
i.V.m.	in Verbindung mit
i.w.S.	im weiteren Sinne
JORF	Journal Officiel de la République Française
JZ	Juristenzeitung
KG	Kommanditgesellschaft
KGaA	Kommanditgesellschaft auf Aktien
KO	Konkursordnung
KoR	Kapitalmarktorientierte Rechnungslegung
KStG	Körperschaftsteuergesetz
KWG	Kreditwesengesetz
lat.	lateinisch
LBO	Leveraged Buy-Out
lit.	litera
LT	Lower Tier
MBO	Management Buy-Out
MdB	Mitglied des Deutschen Bundestages

m.N.	mit Nachweisen
MoMiG	Gesetz zur Modernisierung des GmbH-Rechts und zur Bekämpfung von Missbräuchen
m.w.N.	mit weiteren Nachweisen
n.F.	neue Fassung
NJW	Neue Juristische Wochenschrift
NJW-RR	NJW-Rechtsprechungs-Report
Nr.	Nummer
NZG	Neue Zeitschrift für Gesellschaftsrecht
NZI	Neue Zeitschrift für das Recht der Insolvenz und Sanierung
o.ä.	oder ähnlich
OECD	Organisation for Economic Co-operation and Development (Organisation für wirtschaftliche Zusammenarbeit und Entwicklung)
OGH	Oberste Gerichtshof (Österreich)
OHG	Offene Handelsgesellschaft
OLG	Oberlandesgericht
PAAinE	Pro-Active Accounting Activities in Europe
PIK	Payment In Kind
plc	Public Limited Company
PublG	Publizitätsgesetz
Q. J. Econ.	The Quarterly Journal of Economics
RCC	Replacement Capital Covenants
RdW	Österreichisches Recht der Wirtschaft
RegE	Regierungsentwurf
RechKredV	Verordnung über die Rechnungslegung der Kreditinstitute und Finanzdienstleistungsinstitute
RechVersV	Verordnung über die Rechnungslegung von Versicherungsunternehmen
REO	Reassessed Expected Outcomes (Approach)
RGBl.	Reichsgesetzblatt
RGZ	Entscheidungen des Reichsgerichts in Zivilsachen
RIW	Recht der internationalen Wirtschaft
RL	Richtlinie
Rn.	Randnummer
Rs.	Rechtssache
RWA	Risk Weighted Assets
S.	Seite
s.	siehe
S.A.	Société Anonyme
SAC	Standards Advisory Council
SARG	Standards Advice Review Group
SE	Societas Europaea
SEC	Securities and Exchange Commission
SIC	Standing Interpretations Committee
Slg.	Sammlung (EuGH)
sog.	sogenannte(r/s/n)
SolvV	Solvabilitätsverordnung
StGB	Strafgesetzbuch
StuB	Steuern und Bilanzen
Subst.	Substantiv
T	Tier (engl.)
Tz.	Textziffer
u.a.	unter anderem

urspr.	ursprünglich
U.S.C.	United States Code
US-GAAP	United States Generally Accepted Accounting Principles
UT	Upper Tier
u.U.	unter Umständen
v.	vom/von
VAG	Gesetz über die Beaufsichtigung der Versicherungsunternehmen
vgl.	vergleiche
VO	Verordnung
Vol.	Volume
vs.	versus
WM	Wertpapiermitteilungen
WP	Wirtschaftsprüfer
WPg	Die Wirtschaftsprüfung
WpHG	Wertpapierhandelsgesetz
WpÜG	Wertpapiererwerbs- und Übernahmegesetz
z.B.	zum Beispiel
ZBB	Zeitschrift für Bankrecht und Bankwirtschaft
ZfB	Zeitschrift für Betriebswirtschaft
ZfbF	Zeitschrift für betriebswirtschaftliche Forschung
ZGR	Zeitschrift für Unternehmens- und Gesellschaftsrecht
ZHR	Zeitschrift für das gesamte Handelsrecht und Wirtschaftsrecht
Ziff.	Ziffer
ZinsO	Zeitschrift für das gesamte Insolvenzrecht
ZIP	Zeitschrift für Wirtschaftsrecht
z.T.	zum Teil
zzgl.	zuzüglich

Einführung

I. Problemstellung

Adressaten der Rechnungslegung, insbesondere aktuelle und potentielle Kapitalgeber, benötigen für ihre Entscheidungen Information über die Vermögens-, Finanz- und Ertragslage eines Unternehmens. Von erheblicher Bedeutung ist dafür der Einblick in die Finanzierungsquellen und die Rechtspositionen von Kapitalgebern und -nehmern (in wirtschaftswissenschaftlicher Diktion: die Zuweisung von Verfügungsrechten).

Hinsichtlich der finanziellen Auswirkungen der unterschiedlichen Finanzierungstitel auf das Unternehmen sind Aspekte von Interesse wie die grundsätzliche Überlassungsdauer, ggf. Voraussetzungen für einen (früheren) Abzug des Kapitals, ob es als Verlustpuffer dienen kann, wie die Konkurrenzsituation der Ansprüche im Insolvenzfall aussieht und wie das Kapital vergütet wird. Beim klassischen Eigen- und Fremdkapital, also etwa dem Kapital aus Stammaktien und dem gewöhnlichen Darlehen, ergibt sich die Antwort auf diese Fragen weitgehend aus dem Gesetz. Aber auch ohne Kenntnis der exakten gesetzlichen Regelungen können die Adressaten die Auswirkungen auf die Finanzlage einschätzen: So steht Eigenkapital dem Unternehmen typischerweise auf unbegrenzte Dauer zur Verfügung, es partizipiert am Verlust und die Vergütung hängt vom Erfolg des Geschäfts ab. Fremdkapital ist dagegen auch in finanziell schwierigen Lagen zu vergüten und bei Laufzeitende oder nach Kündigung vollständig zurückzugewähren.

Anders ist dies hingegen bei Mischformen zwischen Eigen- und Fremdmitteln, den hybriden Finanzierungsinstrumenten. Nachrangdarlehen, stille Gesellschaften, Genussrechte oder etwa Hybridanleihen sind, wenn überhaupt, nur fragmentarisch geregelt und kaum zwingenden Vorschriften unterworfen. Dank der Vertragsfreiheit hat die Praxis eine unüberschaubare Fülle an Ausprägungen entwickelt, wobei die typischen Merkmale des Eigen- und Fremdkapitals in unterschiedlichen Abstufungen und (fast) beliebiger Kombination Eingang in die Finanzierungsverträge finden. Bildlich gesprochen werden die auf den konkreten Vertrag abgestimmten, eher fremd- oder eigenkapitaltypischen Klauseln zu den jeweiligen Aspekten (Laufzeit, Haftung, Vergütung) wie Module[1] zusammenge-

---

1 Der hier eingeführte Begriff (abgeleitet vom englischen *module*, urspr. lat. *modulus* [Maß]) bezeichnet ein austauschbares, komplexes Element innerhalb eines Gesamtsystems, vgl. Duden: Großes Wörterbuch, Band 6, S. 2623. Um die Austauschbarkeit auszudrücken wird auch von „Komponenten" gesprochen, etwa bei *W. Müller* in Festschrift Budde (1995), S. 445 (458); *Ekkenga*, Anlegerschutz, S. 173. Gegen letzteren Begriff spricht allerdings, dass so z. T. auch, gewissermaßen auf einer höheren Ebene, die Bestandteile der Kapitalstruktur selbst bezeichnet werden (gezeichne-

setzt. Dies hat zur Folge, dass die Bezeichnung des Instruments, etwa als Genussrecht, kaum Rückschlüsse auf die konkrete Vertragsgestaltung und damit die finanziellen Auswirkungen auf das Kapital aufnehmende Unternehmen zulässt. Andererseits ist die Bedeutung der Information über die Kapitalstruktur und damit über die konkreten Module für die Adressaten der Rechnungslegung hoch,[2] denn Hybridinstrumente tragen je nach Ausgestaltung erheblich zur finanziellen Stabilität des Unternehmens bei.

Es liegt auf der Hand, dass die Frage, wie Kapitalgeber des Unternehmens über die Module der einzelnen Finanzierungsverträge zu informieren sind, nicht durch die vollständige Wiedergabe der kautelarischen Unterlagen in der Finanzberichterstattung zu lösen ist. Um die Kosten der Informationsbeschaffung im Verhältnis zum Nutzen möglichst gering zu halten, ist nur die wesentliche Information zu übermitteln (Maß an Information) und das Informationsbedürfnis auf eine geeignete Art und Weise zu befriedigen (Art der Darstellung).

Die Bestandteile des Jahresabschlusses, in denen die berichtenden Unternehmen Information über die Kapitalstruktur zur Verfügung stellen, sind in erster Linie die Bilanz und der Anhang. Einen groben Überblick zu Kapitalstruktur und Finanzierungsquellen gibt die Passivseite der Bilanz. Information über die Module der hybriden Finanzierungsinstrumente kann dort übermittelt werden durch die Verortung innerhalb der Gliederung (Ausweis im Eigen- oder Fremdkapital; Sonderposten) und die Bezeichnung des Postens. Das HGB und dessen europäischer Regelungshintergrund[3] sowie die internationalen Rechnungslegungsstandards (IFRS)[4] enthalten jedoch kaum explizite Angaben, was die Bilanzierung von Hyb-

---

tes Kapital etc., etwa bei *Luttermann* in Münchener Kommentar AktG, Band 5/1 (2. Auflage), § 264 HGB Rn. 109). Von „Bausteinen“ sprechen *Golland/Gehlhaar/Grossmann/Eickhoff-Kley/Jänisch*, BB-Special 4/2005, S. 1 (3).

2 Zur Bedeutung der Information über die Kapitalstruktur allgemein IFRS-Rahmenkonzept, F.16; *Rückle* in Leffson/Rückle/Großfeld, Handwörterbuch Bilanzrecht, S. 174 ff.; Adler/Düring/Schmaltz, Rechnungslegung, Teilband 5, § 264 HGB Rn. 75; *Luttermann* in Münchener Kommentar AktG, Band 5/1 (2. Auflage), § 264 HGB Rn. 110 f.; *Hüttemann* in Großkommentar HGB-Bilanzrecht, 1. Teilband, § 264 Rn. 36; *Kampmann*, Kapitalstruktur, S. 76 ff. Über die Finanzierungs- bzw. Kapitalstrukturanalyse *Küting/Weber*, Bilanzanalyse, S. 135 ff.; *Wöhe/Döring*, Bilanzierung und Bilanzpolitik, S. 861 ff.; *Gibson*, Financial Reporting Analysis, S. 241 ff.; *Baetge/Kirsch/Thiele*, Bilanzanalyse, S. 228 ff. Zur Bedeutung der Module *Baetge/Brüggemann*, DB 2005, S. 2145 (2145, 2151 f.); *Wengel*, DStR 2001, S. 1316 (1316). Empirische Erhebung zur Bedeutung der Information über hybride Instrumente für Finanzanalysten, Fondsmanager und Wirtschaftsprüfer bei *Brüggemann*, Anhang des IFRS-Abschlusses, S. 205 ff.

3 Den (Ausweis im) Jahresabschluss regelt die Vierte Gesellschaftsrechtliche Richtlinie, Bilanzrichtlinie oder Jahresabschlussrichtlinie genannt: Vierte Richtlinie 78/660/EWG des Rates vom 25. Juli 1978 aufgrund von Artikel 54 Absatz 3 Buchstabe g des Vertrages über den Jahresabschluss von Gesellschaften bestimmter Rechtsformen, ABl. Nr. L 222 vom 14. 8. 1978, S. 11 ff. Umgesetzt wurde sie durch das Bilanzrichtlinien-Gesetz (BiRiLiG): Gesetz zur Durchführung der Vierten, Siebenten und Achten Richtlinie des Rates der Europäischen Gemeinschaften zur Koordinierung des Gesellschaftsrechts vom 19. 12. 1985, BGBl. 1985 Teil I, S. 2355. Zum Gesetzgebungsverfahren *Hüffer* in Großkommentar HGB-Bilanzrecht, Teilband 1, vor § 238 Rn. 7 f.

4 Die Abkürzung IFRS (*International Financial Reporting Standards*) wird hier i. w. S. gebraucht; sie umfasst die IAS (*International Accounting Standards*), die IFRS i. e. S. sowie die damit verbundenen Aus-

ridkapital betrifft. Hinzu kommt, dass im HGB keine Definition von Eigen- oder Fremdkapital enthalten ist und der Eigenkapitalbegriff der IFRS Aspekte, welche die Fähigkeit des Kapitals zur Verlustabsorption betreffen, fast vollständig ausblendet. Auch die Vorschriften zum Anhang, der unter anderem der Ergänzung der Angaben in der Bilanz dient, enthalten kaum ausdrückliche Angabepflichten zu hybridem Kapital.

Die Berichterstattung über die Finanzierung mit den genannten Instrumenten ist damit tendenziell der Beliebigkeit preisgegeben. Die Information ist häufig zu gering im Umfang, die Art der Darstellung bisweilen sogar irreführend (Stichwort: *financial engineering*),[5] obwohl ein Bedürfnis bei den Unternehmen vorhanden ist, auf die Besonderheiten der Instrumente in der Bilanz hinzuweisen.[6] Vorschläge aus Wissenschaft und Praxis vermochten das Problem bislang höchstens zu lindern.[7] In der Vergangenheit mögen die Defizite noch eher hinnehmbar gewesen sein. Mittlerweile aber stellen hybride Instrumente für Großunternehmen wie Mittelstand eine etablierte, dritte Grundform der Unternehmensfinanzierung neben den zentralen, klassischen Formen der Eigen- und Fremdfinanzierung dar.[8] Die Diskussion um die „richtige" Abgrenzung von Eigen- und Fremdkapital – auf

---

legungen (SIC/IFRIC-Interpretationen). Vgl. dazu die Legaldefinition in Art. 2 der Verordnung (EG) 1606/2002 (IAS-Verordnung).

5 *Küting/Kessler/Harth*, BB 1996, Beilage 4, S. 1 (16, 23 f.); *Kropff* in Münchener Kommentar AktG, Band 5/2 (2. Auflage), § 272 HGB Rn. 153 (Fn. 433, mit Hinweis auf *Küting/Kessler/Harth*); *Baetge/Brüggemann*, DB 2005, S. 2145 (2151); *Brüggemann*, Anhang des IFRS-Abschlusses, S. 207 ff.; DVFA, Mezzanine Finanzierungsformen und Bilanzrating, Finanzschrift 05/07, S. 4. Zum parallelen Problem in den Vereinigten Staaten *Kimmel/Warfield*, The Accounting Review 70 (1995), S. 151. Eine empirische Analyse des *Teams Baetge* an der Universität Münster von Abschlüssen (2004) mittelständischer Unternehmen stellte erhebliche Defizite fest, was die Information über die konkreten Vertragsbestimmungen betrifft, siehe *Baetge/Brüggemann*, DB 2005, S. 2145 (2145, Fn. 8); *Baetge/Kirsch/Thiele*, Bilanzen, S. 507 Fn. 136. *Baetge/Brüggemann* zeigen auch, dass Banken offensichtlich unter Hinweis auf die Qualifikation als Eigenkapital strukturierte Genussrechtsvarianten anbieten, welche z. T. nicht im Einklang mit den vom Institut der Wirtschaftsprüfer (IDW) erarbeiteten Kriterien (siehe sogleich unten Fn. 7) stehen, DB 2005, S. 2145 (2149, 2151). Für ein Beispiel wenig aussagekräftiger Information im Anhang von DAX-Unternehmen über hoch komplexe Hybridinstrumente siehe TUI AG, Geschäftsbericht 2008, Konzernanhang S. 144 („ergibt sich gemäß IAS 32 eine Bilanzierung als Eigenkapitalbestandteil"), abrufbar unter http://www.tui-group.com/fp/de/2008/pdf_download.html (Homepage → Investor Relations → Finanzberichte → Archiv).

6 *Baetge/Kirsch/Thiele*, Bilanzen, S. 507.

7 Hervorgehoben sei bereits hier die Stellungnahme 1/1994 des Hauptfachausschusses (HFA) des Instituts der Wirtschaftsprüfer (IDW) zur Bilanzierung von Genussrechten, abgedruckt in WPg 1994, S. 419. Sie wirkt jedoch nur punktuell und bietet Raum für Bilanzpolitik, da sie einige Fragen offen lässt. Zudem stellt sich (auch im Rahmen der vorliegenden Arbeit) die Frage, ob eine der Stellungnahme entsprechende Bilanzierung mit dem HGB im Einklang steht.

8 Zum Bedeutungszuwachs *Eilers* in Eilers/Rödding/Schmalenbach, Unternehmensfinanzierung, Abschnitt A Rn. 1 ff.; Euromoney: Hybrid Capital Handbook 2006/2007, S. 37 f.; *Kaserer/Achleitner*, Schweizer Treuhänder 2007, S. 823 (823); *Schrell/Kirchner*, BKR 2003, S. 13 (13 f.); *Rudolph*, Kreditwesen 2004, S. 14 (14). Speziell zur Finanzierung des Mittelstands *Kamp/Solmecke*, FinanzBetrieb 2005, S. 618 (621 f.). Die derzeitige Finanzierungspraxis lässt zumindest zweifeln an der Aussage von *Bezzenberger*, Kapital der Aktiengesellschaft, S. 79, der Gegensatz zwischen Eigen- und Fremdkapital sei groß und Zwitterkonstruktionen hätten sich nicht durchgesetzt. Vielmehr haben hybride Instrumente phasenweise immer wieder große Bedeutung erlangt. Zur historischen Entwicklung sogleich unten (IV.6) im Text.

nationaler, europäischer und vor allem internationaler Ebene – ist nicht zuletzt wegen dieses Bedeutungszuwachses derzeit eines der umstrittensten Themen im Bereich der Finanzberichterstattung.[9] Im Hinblick darauf wurde im Bilanzrechtsmodernisierungsgesetz (BilMoG)[10] vom Mai 2009 auf Regelungen zum Hybridkapital verzichtet.[11]

II. Ziel, Gang und Umfang der Untersuchung

Ziel dieser Arbeit ist die Ermittlung von Maß und Darstellung der Information über frei kautelarisch gestaltetes Hybridkapital im Jahresabschluss gemäß HGB und IFRS. Nach dem bisher Gesagten sind dabei drei Teilfragen betroffen: Wo in der Gliederung der Passivseite der Bilanz sind hybride Instrumente auszuweisen und inwieweit gibt dies Aufschluss über die Module des Finanzierungsvertrags? Wie sind die konkreten Posten zu bezeichnen, wenn gängige Begriffe wie „Genussrechtskapital“ oder „Einlagen stiller Gesellschafter“ wenig aussagekräftig sind? Und schließlich: In welchem Umfang und in welcher Art ist im Anhang über hybrides Kapital zu berichten? Die Beantwortung der Fragen soll einen Beitrag zur Information der Adressaten über die Kapitalstruktur von Unternehmen leisten.

Nach einführenden Bemerkungen zu Informationsregeln und Finanzberichterstattung sowie zur Unternehmensfinanzierung durch Hybridkapital erfolgt in Teil 1 (*Phänomen*) die Vorstellung der vier bedeutendsten hybriden Finanzierungsinstrumente, nämlich der Nachrangdarlehen, Genussrechte, stillen Gesellschaften und Hybridanleihen. Zu jedem Instrument werden jeweils die gängigen Module beschrieben, wobei die vermögensrechtliche Stellung hinsichtlich Rückzahlung und Vergütung des Kapitals im Vordergrund steht. Die eingangs aufgestellte Hypothese zur geringen Aussagekraft der Bezeichnungen der Finanzierungstitel findet dort Bestätigung; gewisse Module finden sich in der einen oder anderen Ausprägung in mehreren oder allen hybriden Titeln.

In Teil 2 (*Bedeutung*) wird die Relevanz der Module für die Adressaten der Rechnungslegung ermittelt, insbesondere im Hinblick auf den Cashflow des Unternehmens und die Anspruchskonkurrenz der Kapitalgeber in der Insolvenz. Die Fülle an denkbarer Information über die Vertragsklauseln wird auf ihre Entscheidungserheblichkeit überprüft und auf das geeignete Maß reduziert. Bei einigen Modulen liegt das Informationsbedürfnis der Adressaten auf der Hand. Insbesondere bei Rangrücktritt und Verlustbeteiligung stellen sich jedoch Fragen im Zusammenhang mit dem Zeitpunkt des Eintritts der materiellen Überschuldung, so dass recht weitreichende insolvenzrechtliche Ausführungen zu machen sind. Zum

---

9 Zur kontroversen Diskussion bzgl. der Abgrenzung *Barckow* in Festschrift Knorr (2008), S. 307 (321).

10 Gesetz zur Modernisierung des Bilanzrechts (Bilanzrechtsmodernisierungsgesetz – BilMoG), BGBl. 2009 Teil I, S. 1102.

11 Siehe RegE Gesetz zur Modernisierung des Bilanzrechts (Bilanzrechtsmodernisierungsgesetz – BilMoG), BT-Drucksache 16/10067, S. 80f.

komplexen Thema der Passivierung von Hybridkapital in der Überschuldungsbilanz (Definition des insolvenzrechtlichen Haftkapitals) liegt nach den Änderungen der Insolvenzordnung durch das MoMiG[12] im November 2008 nur scheinbar Klarheit vor.

Teil 3 (*Darstellung*) dient der Untersuchung, wie die als entscheidungserheblich identifizierte Information über die Module im Jahresabschluss nach HGB und IFRS übermittelt wird. Als Einführung erfolgen allgemeine Ausführungen zu Bilanzierungszwecken, bevor die Darstellung des Hybridkapitals auf der Passivseite der Bilanz sowie die Erläuterungspflichten im Anhang herausgearbeitet werden. Was die modulbezogene Information in der Bilanz angeht, wird zunächst untersucht, wo Hybridkapital im Hinblick auf die oberste Gliederungsebene (Eigenkapital, Fremdkapital, Sonderposten) auszuweisen ist und welche Rückschlüsse auf die Module sich aus dem jeweiligen Ausweis ziehen lassen. Dazu wird die Abgrenzung von Eigen- und Fremdkapital nach IFRS und HGB dargelegt, wobei die Herausarbeitung des (umstrittenen) handelsbilanziellen Eigenkapitalbegriffs einen weiteren Schwerpunkt der Arbeit darstellt. Im Anschluss wird die Bezeichnung der konkreten Posten für Hybridkapital untersucht. Auch hier gibt es kaum gesetzliche Vorgaben. In der Praxis werden die gängigen Bezeichnungen der Finanzierungsinstrumente benutzt, was jedoch aus dem bereits genannten Grund kaum Aufschluss über die Module zu geben vermag. Gemäß dem Grundansatz der Arbeit und im Sinne des getreuen Einblicks in die Finanzlage wird ein neuartiges Konzept der Postenbezeichnungen erarbeitet; dafür sind die hybriden Instrumente in modulbezogene Kategorien zu unterteilen. Entlehnt wird dieser Gedanke dem Bankaufsichtsrecht und der Methodik im Ratingverfahren, wo die modulbezogene Kategorisierung nach der Nähe zum jeweiligen Eigenkapitalbegriff erfolgt. Es werden die Eigenmittelkategorien nach den Baseler Rahmenvereinbarungen, dem europäischen und dem nationalen Bankaufsichtsrecht miteinander verglichen sowie der Anpassungsbedarf auf europäischer und nationaler Ebene im Zuge von Basel III[13] skizziert. Ein derartiger Vergleich ist in der Literatur, soweit ersichtlich, nirgends zu finden.[14] Was die Methodik zu Hybridkapital im Ratingverfahren anbelangt, werden die zum Teil aus jüngster Zeit stammenden Ansätze von *Moody's Investors Service*, *Standard & Poor's* sowie *Fitch Ratings* vorgestellt und einem Vergleich unterzogen.[15] Es wird auch auf das bankinterne Ratingverfahren eingegangen. Im Anschluss wird geprüft, ob sich, wie in der wirtschaftswissenschaftlichen Literatur vertreten,[16] eine Kategorisierung des Hybridkapitals nach dem Eigenkapitalgehalt (*equity content*) für Zwecke der Informa-

---

12 Gesetz zur Modernisierung des GmbH-Rechts und zur Bekämpfung von Missbräuchen vom 23. 10. 2008, BGBl. 2008 Teil I, S. 2026 ff.

13 Baseler Ausschuss für Bankenaufsicht, Basel III: A global regulatory framework for more resilient banks and banking systems (Dezember 2010).

14 Einige rechtsvergleichende Anmerkungen enthält die aus dem Jahr 1980 stammende, kurze Monographie von *Siebel*, Eigenkapital und Quasi-Eigenkapital von Kreditinstituten. Punktuell finden sich Hinweise in *Boos* in Boos/Fischer/Schulte-Mattler, KWG, § 10 Rn. 77.

15 Ansatz einer vergleichenden Darstellung nur bei *Arnsfeld/Pekus*, Hybride Finanzierungsinstrumente im externen Rating, Diskussionspapier (2007), S. 26 f.

16 *Baetge/Brüggemann*, DB 2005, S. 2145 (2152).

tionsübermittlung in der Bilanz eignet. Es wird gezeigt, dass die Angabe der Nähe des Hybridkapitals zum „reinen" bilanziellen Eigenkapital wegen der inhärenten Wertungen eine bestmögliche Information der Adressaten nicht gewährleistet. Vielmehr liegt die Lösung in einem System der Postenbezeichnungen, das die Benennungen der entscheidenden Module selbst enthält; identifiziert werden Letztere anhand der Erkenntnisse aus Teil 2. Die Ausführungen schließen mit einem Ausblick auf die Konvergenz der Eigenkapitalbegriffe nach IFRS und US-GAAP sowie einer Zusammenfassung der entwickelten Thesen.

Die Arbeit liegt damit an der Schnittstelle von Vertragsrecht, Gesellschaftsrecht, Insolvenz- und Bilanzrecht (Recht der Rechnungslegung). Hybride Finanzierungsinstrumente siedeln zwischen idealtypischem Eigen- und Fremdkapital, und so sind die verschiedenen Eigenkapitalbegriffe der öffentlichen und privaten Regulierung (*public and private ordering*) von zentraler Bedeutung für die Arbeit. Es werden diejenigen des Insolvenzrechts (Haftkapital), des Bilanzrechts nach HGB und IFRS, des nationalen, europäischen und internationalen Bankaufsichtsrechts (Eigenmittel) sowie der Ratingpraxis herausgearbeitet. Einbezogen wird auch die wirtschaftswissenschaftliche Literatur zu Funktionen und idealtypischer Ausgestaltung des Eigenkapitals.

Keine Rolle spielt wegen des modulbezogenen Ansatzes der Arbeit dagegen die in der rechtwissenschaftlichen Literatur breit behandelte,[17] jedoch zum Teil nicht geklärte, bisweilen hart an der Grenze zur Willkür[18] verlaufende Abgrenzung zwischen den hybriden Finanzierungsinstrumenten. Die Ausführungen hinsichtlich der Bilanzierung beschränken sich auf Industrieunternehmen (*Corporates*) in der Rechtsform der GmbH und Aktiengesellschaft.[19] Hybridkapital kommt bei anders verfassten Unternehmen ohnehin wenig zum Einsatz.[20] Und speziell bei der Abgrenzung von Eigen- und Fremdkapital der Personengesellschaften stellen sich Probleme, die für sich betrachtet schon Gegenstand von Monographien sind.[21] Fragen der Bilanzierung von Hybridkapital bei Banken und Versicherungen (*Financial Institutions*) werden nicht behandelt, da hier branchenspezifische Vorschriften zur Darstellung von Hybridkapital gelten[22] und eine Kategorisierung von Hyb-

---

17 Insbesondere die Abgrenzung der stillen Gesellschaft zu anderen partiarischen Rechtsverhältnissen ist umstritten. Übersicht zur Literatur bei *Blaurock*, Stille Gesellschaft, § 8 vor Rn. 8.1; weitere Hinweise unten Fn. 63.

18 BGH WM 1957, 1335 (1336): „(...) einer generellen sowie logisch ohne weiteres bestimmbaren Abgrenzung nicht zugänglich (...)" (bzgl. stiller Gesellschaft und sonstiger partiarischer Rechtsverhältnisse).

19 Auf die Societas Europaea (SE) sind nach Art. 61 SE-VO hinsichtlich der Aufstellung von Jahres- und Konzernabschluss sowie deren Prüfung und Offenlegung die Vorschriften des Sitzstaates anzuwenden. Hinzu kommen einzelne spezifische Bestimmungen für die Rechnungslegung einer SE (etwa § 47 Abs. 1 SE-VO). Zum Ganzen *Van Hulle/Maul/Drinhausen*, Handbuch zur Europäischen Gesellschaft, Abschnitt 10 Rn. 1 ff.

20 Zu Genussrechten etwa *Singhof* in Wysocki/Schulze-Osterloh/Hennrichs/Kuhner, Handbuch des Jahresabschlusses, 3. Band, Abteilung III/2 Rn. 171.

21 Etwa *Sieker*, Eigenkapital und Fremdkapital der Personengesellschaft.

22 Vgl. § 330 HGB i.V.m. Formblatt 1 zu § 2 Abs. 1 der Verordnung über die Rechnungslegung der Kreditinstitute und Finanzdienstleistungsinstitute (RechKredV), dort Ziff. 9 f., sowie § 330

ridkapital durch das Aufsichtsrecht vorgegeben ist. Ausgeklammert wird zudem die Darstellung von hybriden Instrumenten in der Konzernbilanz. Auch wenn Letztere für die Finanzberichterstattung von besonderer Bedeutung ist: Ort für die grundsätzliche Diskussion ist der Einzelabschluss.[23] Was das Steuerrecht angeht, beschränkt sich die Arbeit auf Hinweise, welche die grundsätzliche Attraktivität und die Anreize zu bestimmter Ausgestaltung von hybriden Instrumenten erklären. In Finanzierungsverträgen enthaltene Mitwirkungs- und Informationsrechte werden lediglich kurz dargestellt. Die Information darüber ist kein spezifisches Problem des Hybridkapitals, sondern betrifft ebenso die typische Fremdfinanzierung. Nicht erörtert wird schließlich die Bilanzierung von (Instrumenten mit) Wandel- oder Bezugsrechten, da auch hier ausdrückliche Bilanzierungsregeln vorliegen.[24] Vorzugsaktien und Gesellschafterdarlehen,[25] bisweilen ebenfalls als hybride Finanzierungsinstrumente bezeichnet, sind nicht Gegenstand der bilanzrechtlichen Ausführungen. Die Arbeit konzentriert sich vielmehr auf die oben genannten, vier maßgeblichen Instrumente, bei denen die hybride Struktur auf vertraglichem Wege erreicht wird und die keine Stellung als Gesellschafter beim Kapitalnehmer vermitteln.

III. Kapitalmärkte, Informationsregeln und funktionale Betrachtung

Im Vordergrund der Untersuchung steht demnach die Finanzberichterstattung über den Aspekt der Kapitalstruktur und des Kapitalstrukturrisikos, der aus der Finanzierung mit Nachrangdarlehen, stillen Gesellschaften, Genussrechten und Hybridanleihen resultiert. In den Berichten wird Rechenschaft abgelegt; es geht um die Bereitstellung eines Fundaments an Informationen[26] für Investitionsentscheidungen.

Information ist eine wesentliche Voraussetzung dafür, dass Kapitalmärkte ihre Allokationsfunktion wahrnehmen können. Kapitalgebern ist in den Geschäftsberichten ein getreues Bild (*true and fair view*) der Unternehmen zu bieten.[27] Wegen

---

HGB i.V.m. Formblatt 1 zu § 2 der Verordnung über die Rechnungslegung von Versicherungsunternehmen (RechVersV).

23 Ebenso *Kampmann*, Kapitalstruktur, S. 12, bei der Beschränkung des Umfangs ihrer Arbeit zur Bilanzierung der Kapitalstruktur (Fragen der Konsolidierung als interessante „Verlängerung", jedoch nicht Teil der Arbeit).

24 §§ 266 Abs. 3 C.1 (Davon-Vermerk), 272 Abs. 2 Nr. 2 HGB; IAS 32.28 ff. und AG30 ff. (Aufspaltung in Eigen- und Fremdkapitalteil).

25 Monographisch zur Bilanzierung von Gesellschafterdarlehen *Voßbeck*, Ausweis von Eigenkapitalersatz.

26 Überblick zum Begriff der Information bei *Luttermann* in Münchener Kommentar AktG, Band 5/1 (2. Auflage), Einf BilanzR Rn. 22 ff.; zu Information und Wissen *Grohmann*, Informationsmodell, S. 24 ff. m.w.N.

27 Zur These, die periodische Rechnungslegung bewirke keine Steigerung der Informationseffizienz, da Pressemitteilungen etc. allein für die Preisbildung am Kapitalmarkt verantwortlich seien siehe *Ekkenga*, Anlegerschutz, S. 72 ff. m.N. Sie berücksichtigt nicht, dass die jeweils tagesaktuelle Information und die Verarbeitung durch Analysten, Anlageberater usw. *in Relation zur* Rechnungs-

dieser Bedeutung stellt das Rechnungslegungsrecht oder Recht des *financial reporting* das Herz des europäischen Gesellschaftsrechts dar. Hier weist Letzteres – zusammen mit dem ebenfalls von Informationsregeln geprägten Kapitalmarktrecht – die größte Harmonisierungsdichte auf.[28]

Rechnungslegungsregeln sind Bestandteil der Marktorganisation für Kapital, des Systems von Regeln zum Abschluss von Finanzierungsverträgen. Aus institutionenökonomischer Sicht kann die Herausbildung eines solchen Systems („Institution")[29] erklärt werden durch die Senkung von Transaktions- und Überwachungskosten. Ausgangspunkt ist die Existenz von Informationsasymmetrien zwischen Unternehmensleitung (Agent) und Kapitalgeber (Prinzipal).[30] Die Regulierung der Finanzberichterstattung dient, auf europäischer und internationaler Ebene zumal, der effizienten Funktionsweise der Kapitalmärkte. Was den europäischen Binnenmarkt anbelangt, so ist die Bereitstellung von Information durch die Akteure eine wichtige Voraussetzung für die Ausübung der Grundfreiheit aus Art. 56 EGV, dem freien Kapitalverkehr. Dabei geht es auch um die Schaffung eines *level playing field*, da Unternehmen in die Lage versetzt werden, auf den gemeinschaftlichen Kapitalmärkten und auf den Weltkapitalmärkten unter gleichen Wettbewerbsbedingungen um Finanzmittel zu konkurrieren, so der Erwägungsgrund 4 der IAS-Verordnung.[31] Kapital soll dorthin fließen, wo es effizient eingesetzt werden kann und zu größtmöglichem Wohlstandszuwachs führt. Verwirklicht wird dies mit Hilfe der Rechenschaft, welche der Agent dem Prinzipal gegenüber abzulegen hat – das Grundprinzip findet sich bereits in seiner einfachsten Ausprägung im Auftragsverhältnis, vgl. § 666 BGB. Die Regulierung der Berichterstattung ist damit auch ein zentrales Instrument für die Unternehmenskontrolle.

Welche Information ist den Adressaten auf welche Art und Weise zur Verfügung zu stellen? Die Ausdifferenzierung der Kapitalanlagemöglichkeiten bringt Schwierigkeiten bei der Information der Märkte mit sich: Je verschiedenartiger die in Unternehmungen eingebrachten Finanzierungsinstrumente sind, desto komplexer wird auch die Darstellung. Der Information muss ein recht hohes Maß an Abstraktion vorausgehen, da die Funktion sonst nicht erfüllt werden kann: Der Adressat

---

legung erfolgt; die Berichte sind der (Vergleichs-)Maßstab. Siehe auch die empirische Studie von *Ernst/Gassen/Pellens*, Verhalten und Präferenz deutscher Aktionäre, S. 58 ff.

28 *Grundmann*, European Company Law, Ziff. 268, 526. Zum Informationsmodell im europäischen Gesellschaftsrecht siehe *Grundmann* in Festschrift Lutter (2000), S. 61; *ders.*, DStR 2004, S. 232; monographisch *Grohmann*, Informationsmodell. Zu den wichtigsten Rechtsakten bereits oben Fn. 3 f. Zur Bedeutung des Rechnungslegungsrechts für die europäische Marktintegration siehe auch *Schön/Osterloh-Konrad* in Bayer/Habersack, Aktienrecht im Wandel, Band II, 20. Kapitel, Rn. 87; *Schön*, ZGR 2000, S. 706 (706 ff.).

29 Zu Rechnungslegungsnormen als Institution *Kirchner* in Festschrift Beisse (1997), S. 267 (274 f.). Allgemein zu institutionenökonomischen Modellen und Theorien *Erlei/Leschke/Sauerland*, Neue Institutionenökonomik; *Richter/Furubotn*, Neue Institutionenökonomik.

30 Grundlegend zur Agency-Theorie *Berle/Means*, The Modern Corporation and Private Property; *Jensen/Meckling*, Journal of Financial Economics 3 (1976), S. 305.

31 Verordnung (EG) Nr. 1606/2002 vom 19. Juli 2002 betreffend die Anwendung internationaler Rechnungslegungsstandards, ABl. L 243/1. Kritisch zu Eignung und Erfordernis der Bilanzierung nach IFRS für die internationale Vergleichbarkeit *Kawlath* in Festschrift Baetge (2008), S. 303 (312).

„ertrinkt“ sonst in der Informationsflut.[32] Das gilt für Ad-hoc-Mitteilungen, und umso mehr für die Rechnungslegung. Konsequenz ist die Reduktion der Information über Finanzierungsverträge durch Aggregation in Kategorien. Die öffentlichen und privaten Regeln zur Informationsübermittlung sorgen dabei für Standards; dadurch wird die Vergleichbarkeit unterstützt und drohendem Marktversagen bei rein marktendogenen Informationsverfahren vorgebeugt.[33] Die gebündelte Darstellung von gleichen oder ähnlichen Rechtsverhältnissen (hier: Finanzierungsverträgen) ermöglicht u.a. ein vereinfachtes Abbild der Kapitalstruktur auf der Passivseite. Wie bereits erwähnt, erfassen die existierenden Regeln die Berichterstattung über Finanzierungsinstrumente zwischen Eigen- und Fremdkapital nur rudimentär. Damit läuft die vorliegende Arbeit auf eine funktionale Betrachtung der öffentlichen und privaten Regulierung zur Bereitstellung von Information über Hybridkapital in der Finanzberichterstattung hinaus. Vor dem ersten (Haupt-)Teil soll jedoch noch der Frage nachgegangen werden, was unter Hybridkapital zu verstehen ist und welche Gründe es für dessen Einsatz in der Unternehmensfinanzierung gibt.

IV. Unternehmensfinanzierung durch Hybridkapital

1. Eigen- und Fremdkapital: Ökonomische Grundlagen

Unternehmen benötigen Kapital bzw. Liquidität, um Investitionen tätigen und Gewinne erwirtschaften zu können. Die Beschaffung, Rückführung und Strukturierung des Kapitals heißt Finanzierung.[34] Was die Herkunft des Kapitals anbelangt, wird zwischen der internen Finanzierung, also der Erwirtschaftung liquider Mittel im Rahmen des unternehmerischen Umsatzprozesses ohne gleichzeitige Ausgabe (Innenfinanzierung) und der externen Finanzierung durch Kapitalaufnahme (Außenfinanzierung) unterschieden.[35] Bei der Zuführung von außen wer-

---

32 Abstraktion (vom lat. *abstrahere* [abziehen]) bezeichnet, bezogen auf wissenschaftliches, zumal philosophisches Denken, das Heraussondern bestimmter Merkmale in der Absicht, das Gleichbleibende und Wesentliche verschiedener Gegenstände zu erkennen, um so zu allgemeinen Begriffen und Gesetzen zu kommen, vgl. Brockhaus Enzyklopädie (17. Auflage 1966), 1. Band, S. 73. Zu verschiedenen Ansätzen bei der Lösung dieses Problems in der Informationsökonomie siehe *Grundmann*, European Company Law, Ziff. 275 m.w.N. Allgemein zur Informationsvermittlung durch Abstraktion in der Finanzberichterstattung *Boulding*, Economics, S. 2; *Kampmann*, Kapitalstruktur, S. 45, 93 f. (Gliederung der Bilanz) m.w.N.; über den Verlust des *true and fair view* durch zu viel Information *Luttermann*, WPg 2006, S. 778 (781).

33 Zusammenfassend zur Notwendigkeit von Informationsnormen m.w.N. *Grohmann*, Informationsmodell, S. 49 ff.

34 Zu den Begriffen Kapital, Investition und Finanzierung siehe *Perridon/Steiner/Rathgeber*, Finanzwirtschaft der Unternehmung, S. 3 ff.; *Schneider*, Investition, Finanzierung und Besteuerung, S. 7 ff.; *Vormbaum*, Finanzierung, S. 24 ff.; *Wöhe/Bilstein/Ernst/Häcker*, Unternehmensfinanzierung, S. 4 ff.; *Drukarzcyk*, Finanzierung, S. 1 f, 18 f.

35 Breuer/Schweizer (Hrsg.), Gabler: Lexikon Corporate Finance, S. 51 f. und 247. Überblick zu weiteren Kriterien, nach denen die Finanzierung eingeteilt werden kann bei *Vormbaum*, Finanzierung, S. 30 f.

den paradigmatisch die beiden großen Bereiche der Finanzierung durch Eigenkapital und durch Fremdkapital unterschieden. Sie haben sich im Verlauf der ökonomischen Betätigung des Menschen durch die Bündelung von Kapital in einer Unternehmung als die beiden Pole der Finanzierungsarten herausgebildet.[36]

Die Betriebswirtschaftslehre beschreibt Eigen- und Fremdkapital anhand von Funktionen sowie idealtypischen Merkmalen (Vertragsbedingungen), wobei die Aspekte bisweilen eine unterschiedlich starke Ausprägung oder Betonung erfahren oder einzelne für unmaßgeblich erklärt werden:[37]

Was die Funktionen anbelangt, so dient Eigenkapital zunächst der Investition und Kontinuität im Betrieb, da es auf unbegrenzte Dauer überlassen wird und ein vorzeitiger Entzug des Kapitals grundsätzlich nicht möglich ist. Es erlaubt dem Unternehmen eine flexible Finanzplanung ohne die Gefahr des Scheiterns der Refinanzierung. Zwar übernimmt auch Fremdkapital die Finanzierungsfunktion, doch hat es wegen der befristeten Überlassungsdauer eine andere Qualität. Dem Eigenkapital werden noch weitere Funktionen zugeschrieben, insbesondere die (Voraus-)Haftungs- und Verlustausgleichsfunktion: Das Eigenkapital wird im Falle von Verlusten (zuerst) aufgezehrt und nicht vergütet. Kommt es zur Auflösung des Unternehmens, so findet eine Rückzahlung der Einlagen erst nach Befriedigung aller anderen Ansprüche statt. Das übernommene Risiko wird durch die Gewinnbeteiligungsfunktion ausgeglichen, wonach der Eigenkapitalgeber am Erfolg des Unternehmens partizipiert. Schließlich kommt dem Eigenkapital eine Geschäftsführungs- oder Herrschaftsfunktion durch die Beteiligung an unternehmerischen Entscheidungen zu.[38]

Mit diesen Funktionen korrespondieren die idealtypischen Merkmale der Kapitalarten.[39] Eigenkapital ist gekennzeichnet durch die Anteilseignerschaft am Unternehmen, was mit einer unmittelbaren oder mittelbaren Leitungsbefugnis und mit Informationsrechten verknüpft ist – daher auch die Bezeichnung als Beteiligungskapital. Es bestehen ausschließlich bedingte Vermögensrechte. Das Kapital wird nicht zurückgezahlt, in der Liquidation wird dem Kapitalgeber sein Anteil am

---

36 *Bezzenberger*, Kapital der Aktiengesellschaft, S. 80: „Der Gegensatz [...] ist seit Generationen im Denken und Handeln der Menschen verankert".

37 Alternative Ansätze zur Strukturierung des Kapitals aus der Betriebswirtschaftslehre bauen nicht auf Funktionen oder Merkmalen, sondern auf einer Hierarchisierung nach dem Risikograd auf, etwa bei *Swoboda* in Festschrift Wittmann (1985), S. 343 (356ff.) oder *Schneider*, Investition, Finanzierung und Besteuerung, S. 55ff. und *ders.*, DB 1987, S. 2529 (2531), wobei Letzterer auch die Zweiteilung in Eigen- und Fremdkapital verwirft.

38 Zum Teil werden noch erheblich mehr Funktionen genannt, die sich aber teilweise überschneiden; Aufzählungen etwa bei *Baetge/Kirsch/Thiele*, Bilanzen, S. 462f.; *Vormbaum*, Finanzierung, S. 35ff. Guter Überblick auch bei *Thiele*, Eigenkapital, S. 49ff. Kritisch zur Beschreibung anhand von Funktionen *Schneider*, Investition, Finanzierung und Besteuerung, S. 47; *ders.*, DB 1987, S. 185 (186). Instruktiv zur Voraushaftung des Eigenkapitals *Bezzenberger*, Kapital der Aktiengesellschaft, S. 14f.

39 Zum Folgenden *Perridon/Steiner/Rathgeber*, Finanzwirtschaft der Unternehmung, S. 357ff.; *Süchting*, Finanzmanagement, S. 27ff. und 80; *Schneider*, Investition, Finanzierung und Besteuerung, S. 47ff.; *Olfert/Reichel*, Finanzierung, S. 26f.

Überschuss zuteil. Er hat keinen Anspruch auf Verzinsung, sondern ist an Gewinn und Verlust beteiligt. Demgegenüber liegt bei Fremdkapital (auch: Kreditkapital) eine bestimmte Laufzeit oder eine Kündigungsmöglichkeit vor, das Kapital ist bei Fälligkeit zum Nennbetrag zurückzuzahlen und die Vergütung ist unabhängig vom Erfolg zu entrichten. Leitungsbefugnisse sind mit Fremdkapital nicht verbunden. Eigen- und Fremdkapital verfügen, kurz gesagt, über eine jeweils charakteristische ökonomische Position hinsichtlich Chancen und Risiken, wobei das erhöhte Risiko des Eigenkapitals mit der Herrschaft über das Unternehmen einhergeht.

Wendet man sich von der betriebswirtschaftlichen Typisierung der Kapitalarten nun den konkreten Finanzierungsformen[40] zu, so stellt sich die Frage, welches Instrumentarium an Verträgen zur Bereitstellung von Zahlungsmitteln die Rechtsordnung enthält und im Rahmen der Vertragsfreiheit darüber hinaus zulässt. Den genannten idealtypischen Merkmalen eines Eigenkapitalinstruments kommt die Stammaktie und, bei entsprechender Ausgestaltung, der GmbH-Geschäftsanteil zumindest sehr nahe. Das gewöhnliche Darlehen gemäß §§ 488ff. BGB dagegen (ggf. verbrieft als Schuldverschreibung i.S.v. §§ 793ff. BGB) ist die dem idealtypischen Fremdkapital entsprechende Finanzierungsform.

2. Begriff und Formen des Hybridkapitals

Instrumente zur Beschaffung von Kapital, die keine idealtypische Position im Hinblick auf Chance und Risiko vermitteln, werden im Allgemeinen als hybride Finanzierungsformen bezeichnet; die Art des Kapitals heißt Hybridkapital. Hybride Instrumente enthalten, wie es der Wortsinn nahe legt,[41] typische Merkmale sowohl des Eigenkapitals als auch des Fremdkapitals.[42] Eine anerkannte, konkretere Definition existiert nicht, im Gesetz kommt der Begriff nicht vor. Es sind zahlreiche andere Bezeichnungen gebräuchlich, mit denen jedoch teilweise unterschiedliche Finanzierungsformen gemeint sind: Dazu gehören mezzanines[43] Kapi-

---

40 Zum Begriff *Süchting*, Finanzmanagement, S. 26.

41 Hybrid (Adj.) bedeutet gemischt, von zweierlei Herkunft, aus Verschiedenem zusammengesetzt und wird insbesondere in Botanik und Zoologie verwendet. Zugehöriges Nomen ist zum einen der/die/das Hybrid(e) sowie die Hybris [Hybrid von lat. *hybrida/hibrida* = Mischling, urspr. griech. *hybris* = Frevel(mut), Selbstüberhebung, Personifikation des Übermuts (vor allem über die Götter, gleichzeitig in Athen göttlich verehrt), Beleidigung], vgl. dazu Duden: Das große Fremdwörterbuch, S. 575 und Wahrig: Fremdwörterlexikon, 6. Auflage, Gütersloh 2007, S. 398f.; Meyers Konversations-Lexikon, 9. Band, 5. Auflage, Leipzig/Wien 1896, S. 97.

42 Zum Begriff hybride Finanzierungsform/Hybridkapital bzw. *hybrid securities/hybrid capital* etwa Breuer/Schweizer (Hrsg.), Gabler: Lexikon Corporate Finance, S. 235; *Stickney*, Financial Reporting, S. 296; *McCormick/Creamer*, Hybrid Corporate Securities, S. 2; *Hopkins*, Journal of Accounting Research 34 (1996), Supplement, S. 33 (33); Euromoney, Hybrid Capital Handbook 2006/2007, S. 1; *Baetge/Kirsch/Thiele*, Bilanzen, S. 506f.; *Kampmann*, Kapitalstruktur, S. 120; *von Salis-Lütolf*, Private Equity Finanzierungsverträge, Rn. 455.

43 Die Fremdwörterlexika führen die adjektivische Verwendung (noch) nicht auf. Das Mezzanin (insbesondere in Österreich gebräuchlich), aus dem italienischen *mezzano* (mittlere[r], mittig, Mittel ... [Adj.] sowie [Ver-]Mittler [Subst.], urspr. vom lateinischen *medius/medianus*) bzw. *mezzanino* (Ver-

tal oder Mezzanin(e)kapital,[44] mezzanines Haftkapital,[45] Quasi-Eigenkapital,[46] eigenkapital-ähnliche Mittel,[47] funktionelles Haftkapital und haftendes Quasi-Eigenkapital,[48] Eigenkapital-Surrogate,[49] ergänzendes Eigenkapital[50] oder schlicht Misch-[51] bzw. Zwischenformen[52] der Finanzierung. In den Lehr- und Handbüchern zur Unternehmensfinanzierung wurden hybride Instrumente bislang meist entweder im Rahmen der Finanzierung durch Fremdkapital[53] oder beim Eigenkapital[54] behandelt. Vor allem die neuere Literatur widmet der Hybridfinanzierung mittlerweile jedoch häufig einen eigenen Abschnitt.[55]

Geht man davon aus, dass lediglich die beiden Finanzierungsformen, die dem idealtypischen Eigen- und Fremdkapital am nächsten stehen, dem entsprechend zu bezeichnen sind (also die Stammaktie als Form des Eigenkapitals, das schlichte Darlehen als Form des Fremdkapitals), so bietet sich folgende Dreiteilung der dazwischen siedelnden Instrumente an:

- Anteilseignerschaft vermittelnde Finanzierungsformen, die bei der jeweiligen Gesellschaftsform nicht diejenige Form der Anteilseignerschaft gewähren, welche in vermögensrechtlicher Hinsicht dem idealtypischen Eigenkapital am nächsten steht (z. B. Vorzugsaktien);
- keine Anteilseignerschaft vermittelnde Finanzierungsformen, die in vermögensrechtlicher Hinsicht schon kraft Gesetzes vom idealtypischen Fremdkapital abweichen (z. B. Gesellschafterdarlehen);

---

kleinerungsform von *mezzano*) bezeichnet ein (niedriges) Zwischengeschoss, meist zwischen Erd- und erstem Obergeschoss oder unmittelbar unter dem Dach gelegen; populär in der Baukunst der Renaissance, des Barock und des Klassizismus. Zur Etymologie Duden: Das große Fremdwörterbuch, S. 873 und Wahrig: Fremdwörterlexikon, 6. Auflage, Gütersloh 2007, S. 628; vgl. auch Sansoni Wörterbuch/Dizionario, Deutsch-Italienisch/Italienisch-Deutsch, 5. Auflage 2002, S. 1633, und Rusconi: Dizionario Etimologico, 1. Auflage 2003, S. 632.

44 Begriff etwa bei Breuer/Schweizer (Hrsg.), Gabler: Lexikon Corporate Finance, S. 349; *Drukarczyk*, Finanzierung, S. 409; *Natusch* in Häger/Elkemann-Reusch, Mezzanine Finanzierungsinstrumente, Rn. 2; *von Salis-Lütolf*, Private Equity Finanzierungsverträge, Rn. 455; *Gleske/Laudenklos* in Eilers/Rödding/Schmalenbach, Unternehmensfinanzierung, Abschnitt D Rn. 1; *Golland/Gehlhaar/Grossmann/Eickhoff-Kley/Jänisch*, BB-Special 4/2005, S. 1 (1).

45 *Smerdka*, Finanzierung mit mezzaninem Haftkapital, S. 1.

46 *K. Schmidt* in Festschrift Goerdeler (1987), S. 502; *Herrmann*, Quasi-Eigenkapital, S. 1.

47 *W. Müller* in Festschrift Budde (1995), S. 445 (447); *Küting/Kessler* in Küting/Weber, Handbuch der Rechnungslegung, Band Ia, § 272 Rn. 160; *Singhof* in Wysocki/Schulze-Osterloh/Hennrichs/Kuhner, Handbuch des Jahresabschlusses, 3. Band, Abteilung III/2 Rn. 169.

48 Siehe BGHZ 104, 33 (39 f.); 146, 264 (270).

49 *Deutsch*, Finanzierung, S. 19.

50 *Wiedemann* in Großkommentar AktG, 6. Band, vor § 182 Rn. 91.

51 *Peifer* in Münchener Kommentar AktG, Band 4, vor § 182 Rn. 27.

52 *Süchting*, Finanzmanagement, S. 120.

53 So bei *Betsch/Groh/Lohmann*, Corporate Finance, S. 216.

54 Etwa bei *Vormbaum*, Finanzierung, S. 40 und 186 (Genussrechte).

55 So z. B. in Eilers/Rödding/Schmalenbach (Hrsg.), Unternehmensfinanzierung, und *Süchting*, Finanzmanagement.

- keine Anteilseignerschaft vermittelnde Finanzierungsformen, bei denen die Annäherung an idealtypisches Eigenkapital das Resultat vertraglicher Vereinbarung ist (z. B. Genussrechte, aber auch stille Gesellschaften[56]).

Nicht immer werden auch die ersten beiden Gruppen, insbesondere die Vorzugsaktien, zu den hybriden Instrumenten gezählt.[57] Andererseits wird speziell der Begriff Hybridkapital nur für zusammengesetzte Instrumente mit Wandlungs- oder Bezugsrechten[58] oder aber nur für auf dem öffentlichen Kapitalmarkt platzierte Instrumente verwendet.[59] Bisweilen wird, je nach Eigenkapitalnähe, zwischen *Debt Mezzanine* (auch *Senior Mezzanine*) und *Equity Mezzanine* (auch *Junior Mezzanine*) unterschieden.[60] Auch findet sich die Einteilung in situativ hybride, strukturell hybride und zusammengesetzte hybride Instrumente.[61] In der vorliegenden Arbeit sind mit hybriden Finanzierungsinstrumenten, soweit nicht anders angegeben, nur die oben als dritte Gruppe aufgeführten Formen gemeint (Hybridkapital i. e. S.).

Die wichtigsten hybriden Instrumente für deutsche Industrieunternehmen sind Genussrechte, stille Gesellschaften, Nachrangdarlehen und Hybridanleihen.[62] Von gewisser Bedeutung sind auch Wandelschuldverschreibungen sowie partiarische Darlehen. Erstere vier sind Gegenstand dieser Arbeit, sie werden in Teil 1 genauer dargestellt. Für einen kurzen Eindruck genügt an dieser Stelle eine Skizze:

---

56 Sie vermitteln nur Anteilseignerschaft an der stillen Gesellschaft, nicht am Handelsgewerbe, das der Kapitalnehmer betreibt (§ 230 Abs. 2 HGB).

57 Vgl. etwa bei Breuer/Schweizer (Hrsg.), Gabler: Lexikon Corporate Finance, S. 236 (Abb.); *Singhof* in Wysocki/Schulze-Osterloh/Hennrichs/Kuhner, Handbuch des Jahresabschlusses, 3. Band, Abteilung III/2 Rn. 169f. Weites Verständnis dagegen z. B. bei *Siebel*, ZHR 161 (1997), S. 628 (629); *Baetge/Kirsch/Thiele*, Bilanzen, S. 507f.; *Kampmann*, Kapitalstruktur, S. 195, 203; *Süchting*, Finanzmanagement, S. 120; *Thiele*, Eigenkapital, S. 225f. Interessant in diesem Zusammenhang ist die Gestaltungsfreiheit, was die Ausstattung von *share capital* mit Fremdkapitalmodulen anbelangt, im englischen Gesellschaftsrecht; in der Bilanz werden dann *Equity shares* und *Non-equity shares* ausgewiesen, dazu *Ekkenga*, Anlegerschutz, S. 162f. In den Vereinigten Staaten werden Vorzugsaktien (*preferred stock*) i. d. R. als *hybrid securities* bezeichnet, vgl. etwa *Stickney*, Financial Reporting, S. 296.

58 Etwa bei *Steiner/Schiffel* in Bösl/Sommer, Mezzanine Finanzierung, S. 6 Abb. 3; *Natusch* in Häger/Elkemann-Reusch, Mezzanine Finanzierungsinstrumente, Rn. 21 („hybride Formen von Mezzanine-Kapital"). Der Wortlaut legt eine Einschränkung allerdings nicht nahe; außerdem sehen die in der Praxis als Hybridanleihen bezeichneten Instrumente gerade keine solchen Module vor.

59 Vgl. *Gleske/Laudenklos* in Eilers/Rödding/Schmalenbach, Unternehmensfinanzierung, Abschnitt D Rn. 1.

60 Vgl. *Hinz* in Bösl/Sommer, Mezzanine Finanzierung, S. 38f.

61 *Kampmann*, Kapitalstruktur, S. 120f., ihr folgend *Clemens* in Beck'sches IFRS-Handbuch, § 12 Rn. 11. Mit „situativ" hybriden Instrumenten sind eigenkapitalersetzende Darlehen und Rangrücktrittsdarlehen gemeint. Allerdings ist zweifelhaft, ob bei einem Rangrücktritt von einer „Umqualifizierung" des Kapitals im Insolvenzfall gesprochen werden kann, zumal sich die Vereinbarungen häufig auch außerhalb der Insolvenz auswirken und ggf. nur Teile des Kapitals erfassen, ähnlich wie bei anderen Modulen hybrider Titel (z. B. Verlustbeteiligung). Bei Gesellschafterdarlehen war die Bezeichnung eher zutreffend, jedoch sind diese nun stets nachrangig, vgl. § 39 Abs. 1 Nr. 5 InsO n. F.

62 Vgl. *Stamm/Ries* in Habersack/Mülbert/Schlitt, Unternehmensfinanzierung, § 20 Rn. 14; *Sester*, ZBB 2006, S. 443 (445); *Golland/Gehlhaar/Grossmann/Eickhoff-Kley/Jänisch*, BB-Special 4/2005, S. 1 (15); *Steiner/Schiffel* in Bösl/Sommer, Mezzanine Finanzierung, S. 6 Abb. 3; *Schmeisser/Clausen*, DStR 2008, S. 688 (689).

Die stille Gesellschaft oder stille Beteiligung[63] ist das einzige Instrument, bei dem das Gesetz einen Rahmen zur inhaltlichen Ausgestaltung explizit vorgibt, wenn auch überwiegend durch dispositive Vorschriften. Die §§ 230ff. HGB regeln unter anderem, dass die Einlage des stillen Gesellschafters in das Vermögen des Unternehmensträgers (Betreiber eines „Handelsgewerbes") übergeht und dass der Stille am Gewinn beteiligt wird. Je nach Ausgestaltung ist es üblich, von einer typischen oder atypischen stillen Beteiligung zu sprechen. Genussrechte (verbrieft auch: Genussscheine)[64] und Wandelschuldverschreibungen (auch: Wandelanleihen)[65] gewähren ebenfalls mitgliedschaftstypische Vermögensrechte. Daher regelt § 221 AktG, dass zur Ausgabe ein Beschluss der Hauptversammlung notwendig ist. Bei Wandelschuldverschreibungen liegt die Kollision mit den Aktionärsrechten im Umtausch- oder Bezugsrecht auf Aktien und der damit verbundenen (potentiellen) Verwässerung von Beteiligungsquote und wirtschaftlichem Wert der Beteiligung. Genussrechte enthalten vor allem aktionärstypische Rechtspositionen wie die Beteiligung am Gewinn und/oder am Liquidationserlös. Spezifische Anforderungen bzw. Rechtsfolgen der Ausgestaltung sind außerdem in anderen Gesetzen geregelt, etwa im KStG und KWG. Charakteristisches Merkmal der Nachrangdarlehen[66] ist ein Rangrücktritt des Kapitalgebers hinter die Ansprüche anderer Gläubi-

---

63 Aus der reichhaltigen Literatur seien erwähnt *Blaurock*, Stille Gesellschaft; *K. Schmidt* in Münchener Kommentar HGB, Band 3, Kommentierung zu § 230 (mit umfangreicher Literaturübersicht); *Bezzenberger/Keul* u.a. in Münchener Handbuch des Gesellschaftsrechts, Band 2, §§ 72ff. Zur Abgrenzung von anderen partiarischen Rechtsverhältnissen anhand des Merkmals des gemeinsamen Zwecks BGH WM 1959, 434 (436); *Blaurock*, Stille Gesellschaft, Rn. 8.16ff.; *K. Schmidt* in Münchener Kommentar HGB, Band 3, § 230 Rn. 53ff. *Schön*, ZGR 1993, S. 210 (211ff.) meint dagegen, jeder mit Gewinnbeteiligung verbundene Kredit an ein Unternehmen begründe eine stille Gesellschaft. Nach Ansicht etwa von *Karollus* in Geßler/Hefermehl/Eckard/Kropff, AktG, Band IV, § 221 Rn. 279ff. und *Habersack*, ZHR 155 (1991), S. 378 (394ff.) liegt bei Verlustteilnahme stets eine stille Gesellschaft vor, was vor allem für die Abgrenzung zu Genussrechten von Bedeutung ist.

64 Aus der Literatur *Frantzen*, Genußscheine; *Luttermann*, Genußrechte; *Feddersen/Knauth*, Genußscheine; *Lutter* in Kölner Kommentar AktG, Band 5/1, § 221 Rn. 196ff.; *Habersack* in Münchener Kommentar AktG, Band 4, § 221 Rn. 60ff. (mit Literaturübersicht am Anfang der Kommentierung). Was die Abgrenzung zum partiarischen Darlehen anbelangt, so schließt die Verlustteilnahme jedenfalls das Vorliegen eines Darlehens aus, vgl. *Sethe*, AG 1993, S. 293 (297). Die englischen und französischen Bezeichnungen lauten *(profit) sharing/participation rights* oder *participating rights* sowie *droits/titres/certificats participatifs*. Zur Etymologie des Wortes „Genussrecht" siehe *Luttermann*, Genußrechte, S. 33ff.

65 Das weite Verständnis des § 221 AktG im Hinblick auf diesen Begriff umfasst die Wandelanleihe i.e.S. (Umtausch gegen junge Aktien des Emittenten; *convertible bond* bzw. *obligations convertibles en actions*) und die Optionsanleihe (Recht zum Erwerb unabhängig vom Schicksal der Anleihe; *stock warrant bonds* bzw. *obligations avec bons de souscription d'actions*). Eine besondere Form stellen Pflichtwandelanleihen dar (*mandatory convertible bond* bzw. *obligations remboursables en actions*). Nicht dazu gehört jedoch die sogenannte Umtausch- bzw. Aktienanleihe (Umtausch gegen bestehende Aktien einer Drittgesellschaft bzw. Altaktien des Emittenten; *exchangeables*). Aus der Literatur *Gallego Sanchez*, Optionsanleihen und Wandelschuldverschreibungen; *Friel*, Wandelanleihen mit Pflichtwandlung; Lutter/Hirte (Hrsg.), Wandel- und Optionsanleihen in Deutschland und Europa; *Werhahn*, Finanzierungsinstrumente mit Aktienerwerbsrechten; *Lutter* in Kölner Kommentar AktG, Band 5/1, § 221 Rn. 92ff. Zur Öffnung der GmbH für Wandeldarlehen durch die Einführung genehmigten Kapitals (§ 55a GmbHG) siehe *Weitnauer*, BKR 2009, S. 18 (18f.). Überblick zur Literatur bei *Habersack* in Münchener Kommentar AktG, Band 4, am Beginn der Kommentierung zu § 221.

66 Aus der Literatur zu Nachrangdarlehen (*junior/subordinated debt*) bzw. zum Rangrücktritt *Herrmann*, Quasi-Eigenkapital; *Teller/Steffan*, Rangrücktrittsvereinbarungen; *Habersack*, ZGR 2000,

ger, vor allem in der Insolvenz. Partiarische Darlehen[67] gewähren im Gegensatz zu typischen Darlehensverträgen eine Beteiligung am Gewinn. Hybridanleihen[68] sind eine vergleichsweise neue Entwicklung der Finanzierungspraxis; sie kennzeichnet eine sehr lange oder ewige Laufzeit ohne ordentliches Kündigungsrecht des Inhabers sowie eine komplexe Ausgestaltung der Vergütung, deren Zahlung (zumindest mittelbar) im Ermessen des Emittenten liegt. Als typisches Merkmal aller hybriden Instrumente sei noch die fehlende oder jedenfalls nachrangige Besicherung der Ansprüche des Kapitalgebers erwähnt.[69]

3. Ökonomische Anreize und Beteiligungsstruktur

Bereits angedeutet wurde, dass die Bedeutung der hybriden Instrumente im Spektrum der Finanzierungsformen heute erheblich ist. Im Folgenden sollen kurz die wichtigsten Aspekte dargelegt werden, die zur Attraktivität der Finanzierung mit hybriden Instrumenten beitragen.[70]

Zunächst einmal führt das ökonomische Bedürfnis nach Vertragsgestaltungen, die weder dem idealtypischen Eigen- noch Fremdkapital entsprechen, zur Wahl eines hybriden Finanzierungsinstruments. Die Vertragsparteien können die gewünschte Position hinsichtlich Chancen und Risiken der Investition bestimmen und das passende Instrument auswählen. Aber nicht immer ist es (nur) die *vermögensrechtliche* Stellung des Gesellschafters, von der zugunsten einer individuellen Lösung ab-

---

S. 384. Zur Praxis *Steinhauer* in Häger/Elkemann-Reusch, Mezzanine Finanzierungsinstrumente, Rn. 493 ff.; *Wagner/Lehmann* in Bösl/Sommer, Mezzanine Finanzierung, S. 245 ff.

67 Zur Praxis der partiarischen Darlehen *Schneider/Sommer/Wagner* in Bösl/Sommer, Mezzanine Finanzierung, S. 271 ff.; *Golland/Gehlhaar/Grossmann/Eickhoff-Kley/Jänisch*, BB-Special 4/2005, S. 1 (21).

68 Im Englischen werden diese meist als *hybrid bonds* oder (bei ewiger Laufzeit) als *perpetual bonds* bezeichnet. Da Hybridanleihen typischerweise über eine ewige oder sehr lange Laufzeit verfügen, andererseits aber ewige Anleihen nicht notwendigerweise hybrider Natur sein müssen, ist die Bezeichnung „ewige Anleihe“ wenig aussagekräftig. Monographisch *Görtz*, Hybrid-Anleihen; zu Strukturierung und Finanzierungspraxis *Sester*, ZBB 2006, S. 443; *Nölling/Jendruschewitz*, FinanzBetrieb 2006, S. 435; *Gleske* in Habersack/Mülbert/Schlitt, Unternehmensfinanzierung am Kapitalmarkt, § 16.

69 Vgl. *Natusch* in Häger/Elkemann-Reusch, Mezzanine Finanzierungsinstrumente, Rn. 7 Abb. 1 sowie Rn. 57; *Golland/Gehlhaar/Grossmann/Eickhoff-Kley/Jänisch*, BB-Special 4/2005, S. 1 (23). Zur Wahl von Finanzierungformen und Kapitalstrukturpolitik der Unternehmen *Levy*, Capital Investment, S. 337 ff. Überblick zur Finanzierungsforschung in den Wirtschaftswissenschaften bei *Wenzel*, Kapitalstrukturpolitik, S. 13 ff. Grundlegend zur *irrelevance theory* (Zusammenhänge zwischen Kapitalstruktur, -kosten und Marktwert) *Modigliani/Miller*, AER 48 (1958), S. 261. Zur neoinstitutionalistischen Finanzierungstheorie siehe *Perridon/Steiner/Rathgeber*, Finanzwirtschaft der Unternehmung, S. 24 ff.

70 Siehe zum Folgenden *Wiedemann* in Großkommentar AktG, 6. Band, vor § 182, Rn. 9; *Stamm/Ries* in Habersack/Mülbert/Schlitt, Unternehmensfinanzierung, § 20 Rn. 2 f.; *Franke* in Gerke/Siegert, Finanzmanagement, S. 31 (44 f.); *Natusch* in Häger/Elkemann-Reusch, Mezzanine Finanzierungsinstrumente, Rn. 75; *Gleske* in Habersack/Mülbert/Schlitt, Unternehmensfinanzierung, § 16 Rn. 3 ff.; *ders./Laudenklos* in Eilers/Rödding/Schmalenbach, Unternehmensfinanzierung, Abschnitt D Rn. 2 ff.; *Golland/Gehlhaar/Grossmann/Eickhoff-Kley/Jänisch*, BB-Special 4/2005, S. 1 (6). Zur Bewältigung von Transaktionshindernissen im Venture Capital-Bereich durch hybride Finanzierungsinstrumente *Haar*, JZ 2008, S. 964 (971) m. w. N.

gewichen werden soll. Häufig ist eine entsprechende Risikoposition des Kapitalgebers erwünscht, diese soll jedoch nicht mit den Mitbestimmungsrechten eines Anteilseigners einhergehen, um die bisherigen Beteiligungsverhältnisse zu wahren. Bedeutsam ist dies vor allem in Familienunternehmen.

Entscheidend ist aus allgemeinen betriebswirtschaftlichen Erwägungen, dass es aufgrund der Risikoübernahme durch den Kapitalgeber bei wirtschaftlicher Betrachtung nicht oder nur in geringem Umfang zur Erhöhung des Verschuldungsgrades kommt; vielmehr wird sogar die Decke an haftendem Kapital erweitert, die Kapitalstruktur verbessert. Das ist zum einen aus der Perspektive der (sonstigen) Kreditgeber von Vorteil, zum anderen erhöht es die Fähigkeit des Unternehmens zur Aufnahme weiteren Fremdkapitals.

Insbesondere bei der Finanzierung deutscher mittelständischer Unternehmen ist schon seit einiger Zeit eine Tendenz zur Abkehr von der vollständigen Versorgung mit Krediten durch die Hausbank hin zu einem gemischten System unter Einbeziehung des Kapitalmarkts zu beobachten.[71] Die unterschiedlichen Präferenzen der Investoren auf den Kapitalmärkten, was die Chance/Risiko-Position angeht, führen dazu, dass entsprechende Instrumente aus dem gesamten Spektrum der Finanzierungsformen seitens der Unternehmen angeboten werden müssen. Nicht zuletzt Private Equity-Investoren verlangen nach einer höheren Rendite, sind aber auch zur Übernahme von mehr Risiko bereit.

Hinsichtlich der Vergütung gilt: Zwar ist Hybridkapital grundsätzlich – als Ausgleich für die Risikoübernahme – teurer für den Kapitalnehmer. Jedoch können die Instrumente so strukturiert werden, dass in einer (Anfangs-)Phase der finanzielle Spielraum des Unternehmens größer bleibt. Dazu kann einerseits eine erfolgsabhängige, zum anderen eine endfällige Vergütung (mittels sogenannter *Kicker*) zum Einsatz kommen, was vor allem im Venture Capital-Bereich und bei der Sanierung von Unternehmen geschieht.

4. Abgrenzung von Eigen- und Fremdkapital in der Rechtsordnung

Neben den bisher genannten, rein ökonomischen Anreizen sowie dem Ziel, trotz Aufnahme von Risikokapital die Beteiligungsstruktur zu erhalten, ist das regulatorische Umfeld von ganz erheblicher Bedeutung für die Attraktivität von hybriden Instrumenten. Im Mittelpunkt steht die Abgrenzung von Eigen- und Fremdkapital in der Rechtsordnung. Dabei sind, je nach Anzahl der Rechtsfolgen, zwei Grundansätze denkbar: eine Zweiteilung des Kapitals durch binäre Entscheidungsregel (dichotomer Kapitalbegriff) oder ein Kontinuum gradueller Abstufungen nach der Nähe zum jeweiligen „reinen" Eigen- und Fremdkapital (polytomer

---

71 Siehe zu den Angeboten an den Mittelstand etwa *Waschbusch/Staub/Karmann*, FinanzBetrieb 2009, S. 689 (693 f.).

Kapitalbegriff).[72] Während betriebswirtschaftliche Systematisierungen von Kapitalbestandteilen bzw. Abgrenzungen von Eigen- und Fremdkapital nach Zwecksetzungen entwickelt werden, die vom Beobachter selbst festlegt werden können, hängt das Schicksal der hybriden Finanzierungsinstrumente bei der rechtlichen Trennung von Kapitalbestandteilen vom Zweck der jeweiligen Abgrenzung ab; er wird vom Gesetzgeber vorgegeben und ist ggf. durch Auslegung zu ermitteln. *Den* rechtlichen oder juristischen Eigenkapitalbegriff gibt es (ebenso wie *den* betriebswirtschaftlichen) also nicht. Es ist zu unterscheiden[73] zwischen denjenigen des Gesellschafts-, Bilanz-, Insolvenz-, Bankaufsichts- und Steuerrechts.

Ausgangspunkt der meisten Eigenkapitalbegriffe ist das als formelles Eigenkapital bezeichnete[74] Kapital, welches nach dem Gesellschaftsrecht mit der Anteilseignerschaft verknüpft ist. Weiteres Kapital, welches Gesellschafter auf schuldrechtlicher Grundlage zur Verfügung stellen, etwa Gesellschafterdarlehen, zählt nicht dazu; es vermittelt keine mitgliedschaftliche Stellung, welche allein für die formelle Sicht maßgeblich ist. Von den hybriden Finanzierungsinstrumenten i.e.S. zählt keines zum formellen Eigenkapital, anders jedoch Vorzugsaktien. Da bei der Mitgliedschaft nur ein Entweder-Oder möglich ist, liegt dem formellen Eigenkapitalbegriff ein dichotomes Verständnis zugrunde.

Das prominenteste Begriffspaar Eigenkapital/Fremdkapital entstammt dem Bilanzrecht, wo die Bezeichnungen auch geprägt wurden. Hier werden durch die Rechtsbegriffe (wie auch im Insolvenz- und Bankaufsichtsrecht) bestimmte Messziele bezeichnet.[75] So gibt die Höhe des Eigenkapitals den nach Maßgabe der angewandten Ansatz- und Bewertungsregeln ermittelten rechnerischen Wert des Reinvermögens an. Sowohl dem Bilanzrecht des HGB als auch den IFRS liegt ein dichotomes Kapitalverständnis zugrunde.[76] Die Abgrenzung gehört zu den beson-

---

72 Polytom/Polytomie wird, im Gegensatz zu dichotom/Dichotomie (z.B. bei *Kampmann*, Kapitalstruktur, S. 1; DVFA, Mezzanine Finanzierungsformen und Bilanzrating, Finanzschrift 05/07, S. 4), diesbezüglich im juristischen und wirtschaftswissenschaftlichen Schrifttum nirgends benutzt. Zur „Beförderung der Vollkommenheit der Erkenntnis durch logische Einteilung der Begriffe" siehe Jäsche (Hrsg.), Immanuel Kants Logik: Ein Handbuch zu Vorlesungen, § 113 (S. 161): „Dichotomie und Polytomie. Eine Einteilung in zwei Glieder heißt Dichotomie, wenn sie aber mehr als zwei Glieder hat, wird sie Polytomie genannt."

73 Selbst in Monographien, die sich in maßgeblichen Teilen mit einem der Eigenkapitalbegriffe beschäftigen, sowie in wichtigen Praxishandbüchern findet bisweilen ein unkommentiertes und unrichtiges Abstellen auf die Kriterien aus einem anderen Rechtsgebiet statt, z.B. bei *Drews*, Überschuldung, S. 112f., oder IDW, WP Handbuch 2008, Band II, Abschnitt L Rn. 305 (Abstellen auf einen materiellen handelsbilanziellen Eigenkapitalbegriff bei der Frage, wann Genussrechte im Überschuldungsstatus zu passivieren sind).

74 *K. Schmidt* in Festschrift Goerdeler (1987), S. 487 (489, 492); *Swoboda* in Festschrift Wittmann (1985), S. 343 (347); *Knobbe-Keuk*, Bilanz- und Unternehmenssteuerrecht, S. 79f.; *Thiele*, Eigenkapital, S. 91; *Bogenschütz*, Eigenkapitalbegriff, S. 24. Unglücklich ist die (vor allem in der betriebswirtschaftlichen Literatur verbreitete) Bezeichnung als juristisches Eigenkapital, etwa bei *Lorch*, Genußschein, S. 32.

75 *Schneider*, DB 1987, S. 185 (185).

76 Ausgehend von der Annahme, dass jede Trennung in Eigen- und Fremdkapital willkürlich ist und (wirtschaftlich gesehen) alle Kapitalgeber Anspruch auf die Vermögensgegenstände des Unternehmens (*claims on its assets*) haben, kommt der von *Paton*, Accounting Theory, im Jahr 1922 entwi-

ders kontrovers diskutierten Bilanzierungsfragen, zumal es nach verbreiteter Ansicht keine „natürliche“ Trennlinie gibt.[77] Mit der Einordnung sind jedoch nicht nur Ausweisfragen (Gliederung der Bilanz) verbunden. Auch Ansatz und Bewertung der Kapitalbestandteile sowie die Behandlung der Vergütung bei der Gewinnermittlung oder -verwendung sind grundsätzlich damit verknüpft, außerdem Tatbestände wie die Unterbilanz (vgl. § 30 Abs. 1 GmbHG), der Verlust in Höhe der Hälfte des Grund- bzw. Stammkapitals (§ 92 Abs. 1 AktG bzw. § 49 Abs. 3 GmbHG) sowie die handelsbilanzielle Überschuldung (§ 268 Abs. 3 HGB).[78] Die Eigenkapitalbegriffe der handelsrechtlichen Rechnungslegung und derjenigen nach IFRS unterscheiden sich erheblich. Die IFRS enthalten ausdrückliche materielle Kriterien für Eigen- und Fremdkapital (vgl. IAS 32.11, 16), wohingegen zumindest den Gliederungsvorschriften des HGB der formelle Eigenkapitalbegriff des Gesellschaftsrechts zugrunde liegt (vgl. § 266 Abs. 3 HGB). Gleichwohl wird in der Literatur ganz überwiegend eine materielle Abgrenzung in der Handelsbilanz befürwortet, wobei meist nur die Bilanzierung einzelner Instrumente beleuchtet wird.[79] Übergreifende Untersuchungen zur Bilanzierung von Hybriden *de lege lata* finden sich kaum.[80] Im Einzelnen ist die Abgrenzung umstritten; die Praxis folgt einer Stellungnahme des Instituts der Wirtschaftsprüfer (IDW).[81] Genauere Ausführungen bleiben Teil 3 dieser Arbeit vorbehalten.

Eine besondere Bilanz, den Überschuldungsstatus, betrifft die insolvenzrechtliche Abgrenzung von Eigen- und Fremdkapital. Durch die Gegenüberstellung von Vermögenswerten (Aktiva) und Verbindlichkeiten (Passiva) wird hier festgestellt, ob eine materielle Überschuldung vorliegt, vgl. § 19 Abs. 2 S. 1 InsO. Nicht auf der Passivseite aufgeführt wird dabei das insolvenzrechtliche Haftkapital[82] (Eigenkapital), welches nicht nur das formelle Eigenkapital, sondern auch Hybridkapital i. w. S. umfasst. Je weiter der Kreis beim Hybridkapital zu fassen ist, desto später tritt die Überschuldung ein; wie weit er reicht, wird in Teil 2 zu ermitteln sein.

Auch im Steuerrecht liegt eine binäre Entscheidungsregel zur Abgrenzung vor, wobei es vor allem um die Abzugsfähigkeit der Kapitalkosten von der Ertragssteu-

---

ckelte sogenannte *Claims approach* ohne Trennlinie aus. Eine Umsetzung in bilanzrechtliche Vorschriften ist jedoch nicht erfolgt.

77 PAAinE (*Pro-Active Accounting Activities in Europe*), Discussion Paper: Distinguishing between Liabilities and Equity, Januar 2008 (im Folgenden PAAinE, Liabilities and Equity), S. 42 Rn. 3.5; *Wiedemann* in Großkommentar AktG, 6. Band, vor § 182 Rn. 2; *Großfeld/Luttermann*, Bilanzrecht, Rn. 667 („Hilfskonstruktion“). Bezogen auf das Aufsichtsrecht *Möschel*, ZHR 149 (1985), S. 206 (214).

78 Zu den Auswirkungen *W. Müller* in Festschrift Budde (1995), S. 445 (446).

79 Neben der Kommentarliteratur (zu § 266 HGB) etwa *Lutter*, DB 1993, S. 2441; *Schweitzer/Volpert*, BB 1994, S. 821; *Emmerich/Naumann*, WPg 1994, S. 677; *Wengel*, DStR 2001, S. 1316 zu Genussrechten; *K. Schmidt* in Festschrift Goerdeler (1987), S. 487 (505 ff.); *Groh*, BB 1993, S. 1882 zu Gesellschafterdarlehen; *Knobbe-Keuk*, ZIP 1983, S. 127; *Westerfelhaus*, DB 1988, S. 1173; *Hense*, Stille Gesellschaft, S. 181 ff. zu Einlagen stiller Gesellschafter.

80 Siehe jedoch *W. Müller* in Festschrift Budde (1995), S. 445; umfassende wirtschaftswissenschaftliche Arbeit von *Thiele*, Eigenkapital.

81 IDW (HFA), Stellungnahme 1/1994, WPg 1994, S. 419; dazu bereits oben Fn. 7.

82 Diesen Begriff verwendet etwa auch *Krolop*, ZIP 2007, S. 1738.

erbasis geht.[83] Ausschüttungen an die Anteilseigner gelten nicht als Betriebsausgaben i. S. v. § 8 Abs. 1 KStG i. V. m. § 4 Abs. 4 EStG. Gleiches gilt nach § 8 Abs. 3 S. 2 KStG (sogenannter Genussrechtstest) für Ausschüttungen auf Genussrechte, welche die Beteiligung an Gewinn *und* Liquidationserlös enthalten, wobei die Finanzverwaltung eine über 30jährige Laufzeit mit der Beteiligung am Liquidationserlös gleichsetzt.[84] Um eine steuerrechtliche Fremdkapitalqualifikation zu erreichen, werden hybride Instrumente daher meist nicht mit einer längeren Laufzeit als 30 Jahre ausgestattet; andernfalls darf keine Gewinnbeteiligung i. S. v. § 8 Abs. 3 S. 2 KStG vorliegen.

Im Gegensatz zu den anderen Rechtsgebieten kennt das Bankaufsichtsrecht einen polytomen Kapitalbegriff. Es enthält einen normativen Ansatz zur systematischen Ordnung von Kapitaltypen. Kreditinstitute und Finanzdienstleistungsinstitute sowie Instituts- und Finanzholding-Gruppen müssen über ihrem Geschäft angemessene Eigenmittel verfügen (Eigenkapitalausstattung).[85] Das nationale Bankaufsichtsrecht (vor allem KWG und Solvabilitätsverordnung – SolvV) setzt dabei internationale Vorgaben (Baseler Rahmenvereinbarungen)[86] sowie europarechtliche Bestimmungen (Eigenkapitalrichtlinie)[87] um. Welches Kapital als Eigenmittel gilt, ist maßgeblich in § 10 KWG geregelt; es kann auch durch verschiedene hybride Finanzierungsinstrumente bereitgestellt werden. Allerdings werden nur bestimmte Bestandteile des formellen Eigenkapitals (wobei für die Ermittlung spezielle Vorschriften gelten) unbegrenzt als Eigenmittel anerkannt. Hybride Instrumente werden, je nach Eigenkapitalgehalt, in verschiedene Klassen eingeteilt. Hierzu erfolgt eine ausführliche Darstellung mit Rechtsvergleich der verschiedenen Ebenen (Baseler Vorgaben, Europarecht, nationales Recht) in Teil 3.

Nach der Darstellung dieser Eigenkapitalbegriffe liegt auf der Hand, welche Anreize sich aus der öffentlichen Regulierung für die Gestaltung der Hybridinstrumente ergeben. Die Unterschiede bei der Abgrenzung können genutzt werden, um

---

83 Zu Aspekten der Kapitalertragssteuer siehe etwa *Gleske/Laudenklos* in Eilers/Rödding/Schmalenbach, Unternehmensfinanzierung, Abschnitt D Rn. 17.

84 BMF-Schreiben vom 8. 12. 1986, BB 1987, S. 667; BMF-Schreiben vom 27. 12. 1995, BStBl. I 1996, 49; allerdings auch BFH DStR 1994, 651.

85 Das gilt auch für Versicherungsunternehmen; vgl. die zu § 10 KWG parallele Regelung in § 53c VAG.

86 Baseler Ausschuss für Bankenaufsicht, Internationale Konvergenz der Eigenkapitalmessung und der Eigenkapitalanforderungen, Juli 1988 („Basel I"); Internationale Konvergenz der Eigenkapitalmessung und der Eigenkapitalanforderungen – Überarbeitete Rahmenvereinbarung, Juni 2004 („Basel II"); Baseler Ausschuss für Bankenaufsicht, Basel III: A global regulatory framework for more resilient banks and banking systems (Dezember 2010). Es handelt sich dabei jedoch nicht um (rechtsverbindliche) völkerrechtliche Verträge.

87 Damit werden zusammengefasst bezeichnet die Bankenrichtlinie – Richtlinie 2006/48/EG des Europäischen Parlaments und des Rates vom 14. Juni 2006 über die Aufnahme und Ausübung der Tätigkeit der Kreditinstitute (Neufassung), ABl. L 177 vom 30. 6. 2006, S. 1 – und die Kapitaladäquanzrichtlinie – Richtlinie 2006/49/EG des Europäischen Parlaments und des Rates vom 14. Juni 2006 über die angemessene Eigenkapitalausstattung von Wertpapierfirmen und Kreditinstituten (Neufassung), ABl. L 177 vom 30. 6. 2006, S. 201.

jeweils eine möglichst vorteilhafte Einordnung zu erreichen: Es kommt zur Arbitrage der Eigenkapitalbegriffe:

Bei fast allen hybriden Finanzierungen wird zur Senkung der Ertragssteuerbasis und damit der Kapitalkosten eine Qualifikation als steuerrechtliches Fremdkapital angestrebt. Was die bilanzielle Einordnung betrifft, so verhält es sich umgekehrt, wobei sich die Ausgestaltung des Instruments nach dem anzuwendenden Bilanzrecht (HGB oder IFRS) richtet. Ein Ausweis im Eigenkapital ist insbesondere deshalb erwünscht, da die Höhe des bilanziellen Eigenkapitals bzw. dessen Anteil am gesamten Kapital die Einschätzung der Analysten über die wirtschaftliche Lage des Unternehmens erheblich beeinflusst.[88] Die Eigenschaft des Kapitals, im Überschuldungsstatus nicht berücksichtigt (passiviert) werden zu müssen, lässt darauf schließen, dass der Investor bereit war, ein erhöhtes Risiko einzugehen; außerdem kann durch (zusätzliches) insolvenzrechtliches Haftkapital eine Überschuldung verhindert oder beseitigt werden. Und schließlich wählen Banken die Finanzierung mit Hybridkapital, da sich dadurch ihre aufsichtsrechtlichen Eigenmittel stärken lassen.

Mit diesen Ausführungen sind auch die wesentlichen Begriffe im Zusammenhang mit der Abgrenzung angesprochen. Alleinstehend ist *Eigenkapital* zunächst einmal unspezifisch. In Literatur und Praxis wird es vor allem auf das *bilanzielle* oder *bilanzrechtliche* Eigenkapital bezogen (inklusive stiller Reserven: *effektives* bilanzielles Eigenkapital)[89], zumal hier auch das Gesetz den Begriff nutzt (etwa in § 247 Abs. 1 HGB; IAS 32.2 und F.49 lit. c). Der *formelle*[90] Eigenkapitalbegriff ist verknüpft mit der Anteilseignerschaft, während *materielle* oder *funktionale* Begriffe[91] an konkreten Vertragsklauseln ansetzen. Zu Letzteren können zwar auch Mitverwaltungsrechte zählen,[92] in der Regel ist damit jedoch (auch in dieser Arbeit) eine materiell-*vermögensrechtliche* Anknüpfung gemeint. In der betriebswirtschaftlichen Literatur wird in diesem Zusammenhang vom *wirtschaftlichen* Eigenkapitalbegriff gesprochen, obwohl er sich an konkreten Rechten und Pflichten orientiert. Die Bezeich-

88 Empirische Untersuchung über die Auswirkungen unterschiedlicher Bilanzierung von Vorzugsaktien (als Eigenkapital, Fremdkapital oder in einem Sonderposten) auf die Finanzanalyse bei *Hopkins*, Journal of Accounting Research 34 (1996), Supplement, S. 33 ff.; vgl. auch die Kennzahlen zur Finanzierungsanalyse bei *Wöhe*, Bilanzpolitik, S. 856.

89 *Baetge/Kirsch/Thiele*, Bilanzen, S. 461; *Singhof* in Wysocki/Schulze-Osterloh/Hennrichs/Kuhner, Handbuch des Jahresabschlusses, 3. Band, Abteilung III/2 Rn. 1.

90 Nachweise oben Fn. 74.

91 Dazu *K. Schmidt*, Gesellschaftsrecht, § 18 II 2; *ders.* in Festschrift Goerdeler (1987), S. 487 (489 f.); *Lutter/Hommelhoff*, ZGR 1979, S. 31 (42); *Knobbe-Keuk*, Bilanz- und Unternehmenssteuerrecht, S. 79 f.; *Luttermann*, Genußrechte, S. 180; *Hüttemann* in Großkommentar HGB-Bilanzrecht, 1. Teilband, § 266 Rn. 75; *Wiedemann* in Großkommentar AktG, 6. Band, vor § 182 Rn. 4; *Thiele*, Eigenkapital, S. 91; *Bogenschütz*, Eigenkapitalbegriff, S. 26 ff.

92 Abzugrenzen ist ein solcher materieller Eigenkapitalbegriff, der auch auf die Mitverwaltungsrechte abstellt, vom formellen Eigenkapitalbegriff, welcher sich *nur* auf die Gesellschafterstellung bezieht, vgl. auch *Thiele*, Eigenkapital, S. 159.

nung ist nicht zuletzt der Gleichsetzung des formellen Eigenkapitalbegriffs mit *dem* juristischen geschuldet (dazu bereits oben).[93]

Meist umfasst der materielle Kapitalbegriff jedenfalls einerseits das formelle Eigenkapital sowie Hybridkapital i.w.S., welches – grob gesagt[94] – Haftungsfunktion übernimmt (Verlustpuffer). Zusammengenommen wird auch von der *wirtschaftlichen Kapitalgrundlage der Gesellschaft,*[95] dem *haftenden Kapital* bzw. *Haftkapital*[96] oder *Risikokapital*[97] gesprochen. Als Risikokapital oder *Wagniskapital* (*Venture Capital*) wird im Besonderen die Finanzierung von Unternehmensgründungen oder kleineren, stark wachsenden Unternehmen durch spezialisierte Kapitalgeber bezeichnet.[98] Im rechtswissenschaftlichen Schrifttum wird der Begriff (erzwungenes) *Haftkapital* vor allem im Zusammenhang mit der Subordination kraft Gesetzes (früher: Eigenkapitalersatz) benutzt.[99] In dieser Arbeit wird *Risikokapital* oder *haftendes Kapital* im zuerst genannten Sinn (Haftungsfunktion) verstanden. Speziell *insolvenzrechtliches Haftkapital* wird das Eigenkapital der Überschuldungsbilanz bzw. das nachrangige Kapital im Insolvenzverfahren genannt.[100] Im Aufsichtsrecht schließlich wird der Begriff *Eigenmittel* (§ 10 Abs. 1 KWG) sowie *haftendes Eigenkapital, Kernkapital* und *Ergänzungskapital* verwendet (§ 10 Abs. 2 KWG).[101]

5. Hybridkapital und Rating

Nachdem nun die rein ökonomischen Anreize, der Aspekt des Erhalts einer Beteiligungsstruktur und die verschiedenen öffentlich-regulatorischen Abgrenzungen von Eigen- und Fremdkapital als Treiber der Finanzierung erläutert wurden, bleibt ein letzter wichtiger Gesichtspunkt zu nennen: Der Zusammenhang zwischen Kapitalstruktur, Rating und Kapitalkosten.

---

93 Vgl. etwa die Formulierung bei *Clemens* in Beck'sches IFRS-Handbuch, § 12 Rn. 4, der Eigenkapitalbegriff nach IFRS folge „nicht [der] rechtlichen Ausgestaltung". Passend in diesem Kontext ist die Aussage von *K. Schmidt* in Festschrift Goerdeler (1987), S. 487 (490) zum materiellen Eigenkapitalbegriff: „Wer es liebt, ‚wirtschaftliches' Denken gegen ‚juristisches' auszuspielen, mag hier einen Triumph der Wirtschaftswissenschaften gegenüber der Jurisprudenz vermuten, doch wäre dies ein elementarer Irrtum. Die Frage ist und bleibt eine juristische, und es gilt nur zu erkennen, dass auch die Rechtswissenschaft nicht blind sein darf für wirtschaftliche Gegebenheiten, Fragestellungen und Lösungswege." Abzugrenzen ist diese Diskussion von der Verwendung des Begriffs *wirtschaftliches Eigentum* im Zusammenhang mit Leasinggeschäften, dazu Breuer/Schweizer (Hrsg.), Gabler: Lexikon Corporate Finance, S. 150.

94 Eine genaue Abgrenzung ist anhand dieser Charakterisierung nicht möglich, vgl. *Swoboda* in Festschrift Wittmann (1985), S. 343 (348).

95 BGH WM 1972, 74 (75); BGHZ 68, 312 (319).

96 *Smerdka*, Finanzierung mit mezzaninem Haftkapital, S. 1; *Franzmeyer*, Haftendes Eigenkapital von Kreditinstituten, S. 49 („haftendes Eigenkapital").

97 *Schneider*, Investition, Finanzierung und Besteuerung, S. 51; *ders.*, DB 1987, S. 2529 (2531); *von Salis-Lütolf*, Private Equity Finanzierungsverträge, Rn. 454.

98 Breuer/Schweizer (Hrsg.), Gabler: Lexikon Corporate Finance, S. 455.

99 Siehe bei *Wiedemann* in Großkommentar AktG, 6. Band, vor § 182 Rn. 11; *Hommelhoff*, ZGR 1988, S. 460 (473).

100 Wohl in letzterem Sinn *Krolop*, ZIP 2007, S. 1738.

101 *Wiedemann* verwendet diese Begriffe allerdings allgemein im Zusammenhang mit Haftkapital, siehe in Großkommentar AktG, 6. Band, vor § 182 Rn. 2ff.

Beim Kreditrating wird eine Vorhersage darüber getroffen, mit welcher Wahrscheinlichkeit ein Schuldner fällige Zahlungsverpflichtungen vollständig und rechtzeitig erfüllen wird.[102] Erhebliche Bedeutung kommt im Verfahren zur Ermittlung des Ratings dem Verschuldungsgrad (*leverage; debt to equity ratio*) und damit dem Anteil des Eigenkapitals am Gesamtkapital zu.[103] Sowohl im bankinternen Rating als auch im Verfahren von Ratingagenturen wie *Moody's Investors Service*, *Standard & Poor's* und *Fitch Ratings* (externes Rating) wird Hybridkapital je nach Ausgestaltung (eher) dem Eigen- oder Fremdkapital zugeschlagen.[104] Da die Höhe des Eigenkapitals bzw. der Verschuldungsgrad das Rating beeinflussen und bei geringerer Ausfallwahrscheinlichkeit weniger Zinsen zu zahlen sind, können Unternehmen durch die Aufnahme von Hybridkapital ihre Kapitalkosten senken bzw. den Zugang zu (neuen) Krediten überhaupt erst ermöglichen.[105]

In diesem Zusammenhang ist auf die mittelbaren Auswirkungen der aufsichtsrechtlichen Eigenmittelanforderungen für Banken hinzuweisen. Grundsätzlich müssen Banken jede Kreditvergabe mit Eigenmitteln unterlegen. In der Vergangenheit war der zu unterlegende Betrag für Forderungen gegenüber dem Privatsektor einheitlich. Mit der Umsetzung der überarbeiteten Baseler Rahmenvereinbarung zur Konvergenz der Eigenkapitalmessung und der Eigenkapitalanforderungen aus dem Jahr 2004 („Basel II“) wurde allerdings die Möglichkeit geschaffen, davon zugunsten einer schuldnerspezifischen, sich an der individuellen Ausfallwahrscheinlichkeit des Schuldners orientierenden Regelung abzuweichen (*Internal Ratings Based Approach*/IRB-Ansatz). Stark vereinfacht lautet der Zusammenhang: Je höher die Eigenkapitalquote beim Kreditnehmer, desto geringer ist der Eigenmittelbedarf bei der kreditgewährenden Bank, was wiederum den Kredit verbilligen kann. Der Anreiz für die Aufnahme von Hybridkapital als Alternative zur Kapitalerhöhung liegt auf der Hand.

6. Historie, Bedeutung und Einsatzbereiche

Während einige der genannten Aspekte zur Attraktivität der hybriden Finanzierung erst in der jüngeren Vergangenheit beigetragen haben, haben sich andere schon in früheren Phasen der Wirtschaftsgeschichte ausgewirkt. Insbesondere die Finanzierung durch Einlagen stiller Gesellschafter und Genussrechtskapital ist schon seit langem bekannt.

Die Wurzeln der stillen Gesellschaft, eng mit denen der Kommanditgesellschaft verwoben, reichen bis ins Mittelalter zurück. Erwähnt wird sie bereits im Soester

---

102 *Everling/Trieu* in Büschgen/Everling, Handbuch Rating, S. 95 (97 f.).
103 *Reich* in Büschgen/Everling, Handbuch Rating, S. 3 (14 f.).
104 Moody's Investors Service,Hybrid Tool Kit, Dezember 1999, S. 1; Moody s Investors Service, Revisions to Moody s Tool Kit, Juli 2010, S. 3; Fitch Ratings, Equity Credit for Hybrids & Other Capital Securities, Dezember 2009, S. 2; Standard & Poor's, Corporate Ratings Criteria 2008 (*Balance Sheet And Asset Protection*); *Arnsfeld/Müller*, FinanzBetrieb 2008, S. 326 (335).
105 *Hartmann/Schwarzhaupt* in Büschgen/Everling, Handbuch Rating, S. 25 (31, 38).

Stadtrecht von 1120. Die gewinnbeteiligte Finanzierung durch einen Kapitalgeber, der nicht nach außen auftrat, war vor allem wegen des Zinsverbots im kanonischen Recht beliebt. Auch der Überseehandel der Hansestädte, wo stille Beteiligungen eine übliche Form der Partizipation darstellten, trug zur Verbreitung bei. Eine endgültige Trennung von der Kommanditgesellschaft, was die Kodifikation anbelangt, wurde mit dem ADHGB von 1861 erreicht.[106]

Genussrechte haben ihren Ursprung im Frankreich des 19. Jahrhunderts. Die erste bekannte Emission von Genussscheinen erfolgte im Zusammenhang mit dem Bau des Suez-Kanals: Die *Compagnie Universelle du Canal Maritime de Suez* gewährte jedem ihrer Mitglieder einen gewinnbeteiligten Gründeranteilschein ohne Nennwert und Stimmrecht. In der Folgezeit kam auch in Deutschland und Österreich der Gründergenussschein zum Einsatz. Daneben wurde die Finanzierungsform bei der Amortisation von Aktien verwendet, insbesondere bei Eisenbahngesellschaften mit Konzessionen von begrenzter Laufzeit. Eine Blütezeit erlebte der Genussschein ab den 1920er Jahren, bevor er durch die Einführung der Vorzugsaktie mit dem AktG von 1937 an Bedeutung verlor.[107] Vor allem Änderungen im Bankaufsichtsrecht durch die dritte KWG-Novelle (1984) führten zu einer Renaissance des Genussscheins.

Im Banken- und Versicherungsbereich findet auch heute noch ein erheblicher Teil der Emissionen von hybriden Finanzierungsinstrumenten statt. Dabei kommen überwiegend Genussscheine, stille Gesellschaften und Nachrangdarlehen zum Einsatz. Zum Teil werden diese Instrumente in Zweckgesellschaften gebündelt, die sich mit auf dem internationalen Kapitalmarkt handelbaren Wertpapieren refinanzieren. Als Reaktion auf die sich abzeichnenden Änderungen bei aufsichtsrechtlichen Eigenmitteln im Zuge von Basel III werden seit 2011 Anleihen begeben, die mit einer Pflichtwandlung in Eigenkapitalinstrumente beim Unterschreiten gewisser Grenzwerte bzgl. der Kapitalausstattung des Emittenten versehen sind, sogenannte *Contingent Convertible Bonds* (*CoCos*).[108]

Was die Finanzierung von Industrieunternehmen durch Hybridkapital anbelangt, ist zwischen der Deckung des allgemeinen Kapitalbedarfs und der Finanzierung in speziellen Situationen oder zu bestimmten Zwecken zu unterscheiden. Großunternehmen haben in der Vergangenheit vielfach auf Genussrechte als Finanzierungsquelle zurückgegriffen, die sie in der Handelsbilanz z.T. als Bestandteil des Eigenkapitals ausgewiesen haben. Seit Erlass der IAS-Verordnung im Jahr 2002 und der damit einhergehenden Pflicht zur Aufstellung des Konzernabschlusses nach IFRS für kapitalmarktorientierte Unternehmen sind Hybridanleihen an die Stelle der Genussrechte getreten, da Erstere bei entsprechender Ausgestaltung als Eigenkapital nach IFRS zu qualifizieren sind.

---

106 Zum Ganzen *Blaurock*, Stille Gesellschaft, Rn. 3.1 ff. Siehe zu den seehandelsrechtlichen Sozietäten des Mittelalters *M. Weber*, Handelsgesellschaften im Mittelalter, S. 157 ff.; *Baskin/Miranti*, History of Corporate Finance, S. 48 f.

107 Zur Geschichte allgemein *Luttermann*, Genußrechte, S. 32 ff.; *Frantzen*, Genußscheine, S. 37 ff.

108 Siehe dazu etwa *Rudolph*, Kreditwesen 2010, S. 1152.

Schon wegen der recht hohen Mindestemissionsvolumina sind Hybridanleihen für die Finanzierung des Mittelstands weniger geeignet.[109] Hier kommen allerdings partiarische Darlehen, stille Gesellschaften und Genussscheine, welche zudem nicht börsennotierten Unternehmen den Zugang zum öffentlichen Kapitalmarkt ermöglichen können, zum Einsatz.[110] Erwähnt sei, dass mit der Auflegung von sogenanntem Programm-Mezzanine zwischen 2004 und 2007 der Zugang des Mittelstands zu Hybridkapital erleichtert wurde. Die Anbieter der Programme schufen dabei Portfolien mit standardisierten Genussscheinen und Nachrangdarlehen verschiedener Unternehmen; die Refinanzierung erfolgte durch Ausgabe von Wertpapieren am Kapitalmarkt.[111]

Was spezielle Einsatzbereiche der Hybridfinanzierung anbelangt, sind Management Buy-Outs (MBOs) und Leveraged Buy-Outs (LBOs), die Finanzierung im Vorfeld eines Börsengangs (Brückenfinanzierung), die Projektfinanzierung und die Wachstumsfinanzierung (insbesondere im Venture Capital-Bereich) zu nennen.[112] Speziell Hybridanleihen wurden für die Ausfinanzierung von Pensionsverpflichtungen (über *Contractual Trust Agreements* – CTAs) eingesetzt.[113] Genussscheine und stille Beteiligungen dienen auch der Beteiligung von Arbeitnehmern am Erfolg des Unternehmens (Arbeitnehmer-Genussscheine).[114]

---

109 *Gleske* in Habersack/Mülbert/Schlitt, Unternehmensfinanzierung, § 16 Rn. 2.

110 Zur Finanzierung des Mittelstands durch Hybridkapital *Kamp/Solmecke*, FinanzBetrieb 2005, S. 618.

111 Dazu *Stamm/Ries* in Habersack/Mülbert/Schlitt, Unternehmensfinanzierung, § 20 Rn. 14ff. mit Überblick über die wichtigsten Programme.

112 Zum Ganzen *Natusch* in Häger/Elkemann-Reusch, Mezzanine Finanzierungsinstrumente, Rn. 77ff.; *Hinz* in Bösl/Sommer, Mezzanine Finanzierung, S. 37ff.; *Görtz*, Hybridanleihen, S. 54ff.; *Laudenklos/Sester*, WM 2004, S. 2417 (2417ff.); *Rudolph* in Gerke/Siegert, Finanzmanagement, S. 153 (174ff.). Speziell zum Einsatz von Hybridanleihen *Vater*, FinanzBetrieb 2006, S. 44 (48ff.); *Nölling/Jendruschewitz*, FinanzBetrieb 2006, S. 435 (437).

113 So bei der Hybridanleihe von Henkel (2005), vgl. *Nölling/Jendruschewitz*, FinanzBetrieb 2006, S. 435 (437).

114 Dazu *Lutter* in Kölner Kommentar AktG, Band 5/1, § 221 Rn. 324ff. Stille Gesellschaften und Genussscheine rangieren hinsichtlich der Bedeutung bei der Mitarbeiterbeteiligung hinter der Belegschaftsaktie auf den Rängen zwei und drei, vgl. FAZ vom 23. 4. 2008, S. 25 (Stand: 2007).

Teil 1. *Phänomen*: Hybride Finanzierungsinstrumente und ihre Module

Die folgende Beschreibung der Module hybrider Finanzierungsinstrumente ist bewusst relativ knapp gehalten, erfasst aber die wesentlichen Gestaltungsmöglichkeiten. Für detaillierte Information wird auf die einschlägige Literatur und Rechtsprechung verwiesen. Ziel dieses Teils der Arbeit ist es, einen Überblick über hybride Finanzierungsinstrumente zu geben und aufzuzeigen, dass zum Teil unabhängig von der Bezeichnung und unabhängig davon, ob die Vereinbarung rein schuldrechtlicher oder gesellschaftsrechtlicher Natur ist, im Ergebnis die gleichen Module vorliegen können.

Von Interesse für die späteren insolvenzrechtlichen, bankaufsichtsrechtlichen und bilanzrechtlichen Ausführungen sind allein die Vermögensrechte, ausgenommen nach dem oben Gesagten Wandlungs- und Bezugsrechte sowie (bedingte und unbedingte) Pflichtwandlungsklauseln. Diese werden jedoch der Vollständigkeit halber kurz dargestellt. Gleiches gilt für Informations- und Mitwirkungsrechte.

Unterschieden wird zwischen Modulen, die den Rückzahlungsanspruch betreffen[115] und solchen, welche die Vergütung regeln. Bisweilen wird bei den einzelnen Modulen auf bilanzielle und steuerrechtliche Aspekte verwiesen, die eine bestimmte Gestaltung der Module in der Praxis nahelegen. Dabei muss eine kurze Erwähnung genügen; die ausführliche bilanzrechtliche Erfassung von Hybridkapital bleibt Teil 3 überlassen. Soweit beispielhaft für die Ausgestaltung von Finanzierungsinstrumenten auf Wertpapierbedingungen konkreter Emissionen von Industrieunternehmen Bezug genommen wird, handelt es sich um solche des öffentlichen Kapitalmarkts; daher beschränken sich die Verweise auf Genussscheine und Hybridanleihen.

Die Darstellung der Nachrangdarlehen an erster Stelle erklärt sich dadurch, dass ihr charakteristisches Modul, der Rangrücktritt, auch bei Genussrechten, stillen Gesellschaften und Hybridanleihen Verwendung finden kann. Tendenziell stehen Genussrechte und stille Beteiligungen dem Eigenkapital nach HGB, Hybridanleihen dem Eigenkapital nach IFRS am nächsten. Wie bereits mehrfach erwähnt, kommt es jedoch entscheidend auf die konkreten Module der Instrumente an.

---

115 Nach *Ekkenga*, Anlegerschutz, S. 173 „Kapitalsubstanzkomponenten".

A. Nachrangdarlehen

I. Überblick

Wird bei einem Darlehen (§ 488 BGB) eine Vereinbarung getroffen, wonach Forderungen des Darlehensgebers erst nach der Befriedigung anderer Gläubiger erfüllt werden müssen (bezeichnet als Forderungs- bzw. Rangrücktritt, Subordination oder Nachrangabrede), so liegt ein Nachrangdarlehen[116] vor. In der Regel gilt eine solche Vereinbarung (auch) für den Fall der Insolvenz und sowohl bezüglich des Rückzahlungs- als auch des Vergütungsanspruchs. Wenn überhaupt, dann ist der Nachrangdarlehensgeber zweitrangig besichert.[117] Die Nachrangvereinbarung kann sich zugunsten bestimmter (relativer Rangrücktritt) oder aller aktuellen und zukünftigen Gläubiger (absoluter Rangrücktritt) auswirken. Nur der freiwillige, privatautonom herbeigeführte Rangrücktritt, nicht aber der kraft Gesetzes (etwa für Gesellschafterdarlehen, § 39 Abs. 1 Nr. 5 InsO) angeordnete, führt zur Bezeichnung des Kredits als Nachrangdarlehen. Ebenso außer Betracht bleibt, da nicht durch die Vertragsgestaltung herbeigeführt, der strukturelle Nachrang eines Darlehens. Er wird dadurch erreicht, dass der Kredit in der Konzernstruktur des finanzierten Unternehmens nicht auf der operativen („unteren") Ebene, sondern einer Holdinggesellschaft „oberhalb" (und ohne operativen Cashflow) gewährt wird.[118]

Beim normalen Finanzierungsdarlehen wird der Schuldner dem Gläubiger im Gegenzug für das zusätzliche Risiko regelmäßig eine höhere Verzinsung anbieten.[119] Diese muss nicht in der Einräumung eines ergebnisabhängigen (partiarischen) Zinssatzes bestehen. Vielmehr hat das Nachrangdarlehen mit festem (oder variablem, aber nicht gewinnabhängigen) Zinssatz, ggf. zzgl. eines *equity kicker* am Ende der Laufzeit, eine erhebliche Bedeutung erlangt.[120] Zweck der zur regulären Unternehmensfinanzierung aufgenommenen Nachrangdarlehen ist es, die Fremdfinanzierung auszubauen, ohne die Kreditwürdigkeit zu verschlechtern. Häufig ist eine weitere Aufnahme erstrangiger, ggf. besicherter Darlehen (*Senior Debt*) auch erst wieder nach der Erweiterung des nachrangigen Kapitals möglich.[121]

---

116 Zur Litertaur siehe oben Fn. 66.

117 *Golland/Gehlhaar/Grossmann/Eickhoff-Kley/Jänisch*, BB-Special 4/2005, S. 1 (18 f.); *Wagner* in Bösl/Sommer, Mezzanine Finanzierung, S. 246.

118 Ein strukturell „erstrangiges" Darlehen zeichnet sich also dadurch aus, dass für Zins und Tilgung die operativen Cashflows der Kreditnehmerin selbst zur Verfügung stehen und nicht nur die Zahlungen, welche der Schuldnerin seitens ihrer operativen Töchter zukommen. Die Subordination der strukturell nachrangigen Darlehen wird in der Praxis über die Bestellung von (*up-stream*-) Sicherheiten durch operative Gesellschaften gemildert; zu den Beschränkungen dieser Praxis durch die Vorschriften zur Kapitalerhaltung siehe etwa *Hueck/Fastrich* in Baumbach/Hueck, GmbHG, § 30 Rn. 58 f. Instruktiv zur strukturellen Subordination *Laudenklos/Sester*, WM 2004, S. 2417 (2420).

119 Zur Renditeerwartung der Kapitalgeber bei Nachrangdarlehen vgl. *Natusch* in Häger/Elkemann-Reusch, Mezzanine Finanzierungsinstrumente, S. 25 (Abb. 2); *Werner/Kobabe*, Unternehmensfinanzierung, S. 154.

120 *Wagner* in Bösl/Sommer, Mezzanine Finanzierung, S. 252.

121 Vgl. *Steinhauer* in Häger/Elkemann-Reusch, Mezzanine Finanzierungsinstrumente, Rn. 499.

Der Übergang zum zweiten wichtigen Anwendungsbereich des nachrangigen Darlehens, der Sanierung von Unternehmen,[122] ist fließend. Insbesondere Banken und Gesellschafter sind in der Krise häufig bereit, Sanierungskredite zur Verfügung zu stellen und/oder bzgl. bestehender Darlehen Rangrücktritte zu vereinbaren, um die Überschuldung und damit die Insolvenz zu vermeiden oder zu beseitigen. Letztlich geschieht dies, um den Ausfall mit bereits bestehenden Kreditforderungen so gering wie möglich zu halten bzw. den Verlust der Einlagen zu vermeiden.[123] Die nachträgliche Vereinbarung eines Rangrücktritts steht in Alternative zu anderen wichtigen Methoden, die Überschuldung zu vermeiden oder zu beseitigen, wie dem Forderungsverzicht gegen Besserungsschein, dem *Debt-Equity-Swap* und der Umwandlung der Forderung in Wandelgenussrechte.[124] Die Sanierung durch Nachrang(-darlehen) hat den Vorteil, dass sie besonders einfach (formfrei) und schnell ist.[125]

Spezielle Einsatzbereiche des Nachrangdarlehens liegen im Bereich der Akquisitionsfinanzierung im Rahmen von Leveraged Buy-Outs (LBO) und Management Buy-Outs (MBO) sowie der Projekt- und Immobilienfinanzierung. Wegen der erwarteten geringen Insolvenzquote im Falle des Scheiterns basiert die Kreditentscheidung des Nachrangdarlehensgebers in erheblichem Maße auf dem erwarteten Cashflow, den die Gesellschaft bzw. das Projekt generiert.[126]

II. Rückzahlung

1. Dauer der Kapitalüberlassung

Nachrangdarlehen werden in der Regel über einen Zeitraum von fünf bis zehn Jahren gewährt.[127] Der Rückzahlungsanspruch aus § 488 Abs. 1 S. 2 BGB ist entweder fällig mit Ablauf der Laufzeit oder mit Wirksamwerden der Kündigung, § 488 Abs. 3 BGB. Bisweilen wird aber auch eine Tilgung über die Laufzeit vereinbart. Insbesondere bei Projektfinanzierungen kann die Rückzahlung erst nach einer Startphase beginnen, da der Cashflow ohnehin nicht für die Tilgung ausreichen würde. Darlehen mit relativen Rangrücktrittsvereinbarungen haben typischerwei-

---

122 *Teller/Steffan*, Rangrücktrittsvereinbarungen, Rn. 1 ff.; *Peifer* in Münchener Kommentar AktG, Band 4, vor § 182 Rn. 35.

123 *De Bra/Weber*, Festschrift Braun (2007), S. 1 (18).

124 Dazu *De Bra/Weber*, Festschrift Braun (2007), S. 1 (4 f.).

125 *Fassnacht*, Die Fremdfinanzierung durch Gesellschafter, S. 9 ff.; *Teller/Steffan*, Rangrücktrittsvereinbarungen, Rn. 57. Bzgl. Gesellschafterdarlehen im Allgemeinen *Lutter/Hommelhoff*, ZGR 1979, S. 31 (52).

126 Dazu *Gleske/Laudenklos* in Eilers/Rödding/Schmalenbach, Unternehmensfinanzierung, Kapitel D Rn. 46; *Laudenklos/Sester*, WM 2004, S. 2417 (2417 ff.). Vgl. auch *Natusch* in Häger/Elkemann-Reusch, Mezzanine Finanzierungsinstrumente, Rn. 12.

127 *Natusch* in Häger/Elkemann-Reusch, Mezzanine Finanzierungsinstrumente, Rn. 10.

se eine längere Laufzeit als die vorrangigen (Senior-)Darlehen, um die gewünschte Rangfolge bei der Tilgung zu erreichen.[128]

2. Kündigungsrechte

Wie für jedes Darlehen gelten auch für Nachrangdarlehen die Vorschriften zum ordentlichen und außerordentlichen Kündigungsrecht aus den §§ 489, 490 BGB. Aufgrund der meist begrenzten Laufzeit der Darlehen werden keine Vereinbarungen zu ordentlichen Kündigungsrechten getroffen.

Was das Recht zur außerordentlichen Kündigung anbelangt, so wird häufig dasjenige des Gläubigers aus § 490 Abs. 1 BGB (wesentliche Verschlechterung der wirtschaftlichen Verhältnisse beim Schuldner) ausgeschlossen.[129] Standard ist dagegen die Einräumung des Kündigungsrechts für den Fall der Liquidation und Insolvenz. Darüber hinaus knüpfen wichtige Gründe an die Verletzung von Zahlungspflichten sowie Pflichten, die sich aus bisweilen weitreichenden Verpflichtungserklärungen (*covenants*) bzgl. der Einhaltung betriebswirtschaftlicher Eckdaten und der Übermittlung von Informationen ergeben, an. Um allerdings die Nachrangvereinbarung nicht zu konterkarieren, ist die Ausübung des Kündigungsrechts durch den Gläubiger erst nach Erfüllung von Informationspflichten gegenüber den vorrangigen Darlehensgebern sowie der Einhaltung einer Stillhaltefrist (*standstill period*) von 90 bis 180 Tagen möglich.[130] Wird ein vorrangiges Darlehen gekündigt, so darf meist auch das Nachrangdarlehen gekündigt werden; der Nachrang bezüglich des Rückzahlungsanspruchs bleibt jedoch erhalten.

3. Allgemeines zum Rangrücktritt

Zentrale Regelung des Vertrages über ein subordiniertes Darlehen ist die Rangrücktrittsklausel. Sie stellt neben der Umwandlung von Darlehen in Anteilsrechte und der Verlustbeteiligung i.e.S., wo es zur Herabsetzung des Rückzahlungsanspruchs durch Anknüpfung z.B. an den Bilanzverlust kommt (*write-down, sharing in losses*), eine Form der Verlustbeteiligung i.w.S. dar.[131] Der Nachrang wird auch als die Verlustteilnahme in Liquidation und Insolvenz bezeichnet.[132]

---

128 *Laudenklos/Sester*, WM 2004, S. 2417 (2419); *Natusch* in Häger/Elkemann-Reusch, Mezzanine Finanzierungsinstrumente, Rn. 10.

129 *Wagner* in Bösl/Sommer, Mezzanine Finanzierung, S. 254.

130 *Steinhauer* in Häger/Elkemann-Reusch, Mezzanine Finanzierungsinstrumente, Rn. 503; *Wagner* in Bösl/Sommer, Mezzanine Finanzierung, S. 254; *Golland/Gehlhaar/Grossmann/Eickhoff-Kley/Jänisch*, BB-Special 4/2005, S. 1 (20).

131 Vgl. dazu CEBS/EBA, Proposal Tier 1 hybrids, Ziff. 4 (S. 13); *Karollus* in Geßler/Hefermehl/Eckardt/Kropff, AktG, Band IV, § 221 Rn. 314; *Golland/Gehlhaar/Grossmann/Eickhoff-Kley/Jänisch*, BB-Special 4/2005, S. 1 (18).

132 *Lutter* in Kölner Kommentar AktG, Band 5/1, § 221 Rn. 306. Vgl. auch *Huertas*, FSA City & Financial Bank Capital Seminar. Allerdings nehmen in diesem weiten Sinne auch erstrangige Gläubiger am Verlust teil, da selten eine vollständige Befriedigung in der Insolvenz erfolgt.

Beim Rangrücktritt handelt es sich um ein im allgemeinen Zivilrecht angesiedeltes Rechtsgeschäft.[133] Der Grundsatz der Vertragsfreiheit[134] führt dazu, dass Rangrücktrittsklauseln häufig maßgeschneidert werden und eine breite Palette zum Einsatz kommt.[135] Die Nachrangigkeit kann mit Entstehung der Forderung begründet werden oder aber nachträglich herbeigeführt werden. Wie eingangs erwähnt, wird ein Nachrang zugunsten bestimmter oder aller aktuellen und zukünftigen Gläubiger erklärt.

4. Absoluter Rangrücktritt

Zweck eines absoluten Rangrücktritts ist meist die Verbesserung der Kapitalstruktur zu Rating- und Kreditaufnahmezwecken und/oder die Verhinderung bzw. Beseitigung der insolvenzrechtlichen Überschuldung einer Gesellschaft.[136] Allerdings hängt das Erreichen dieser Ziele von der konkreten Formulierung der Klausel ab; wird der Wortlaut den Anforderungen nicht gerecht, so kann es bisweilen zur entsprechenden Auslegung der Vereinbarung kommen.

Was die Reichweite (abgesehen vom Kreis der Begünstigten) anbelangt, so können sich Nachrangvereinbarungen lediglich auf Liquidation und Insolvenz beziehen oder schon vorher, ggf. nach Unterschreiten bestimmter Finanzkennzahlen, Wirkung entfalten.[137] Hinsichtlich Liquidation und Insolvenz ist ein unterschiedlich „tiefer" Rücktritt möglich. Darlehensgeber gelten grundsätzlich als (normale) Insolvenzgläubiger i.S.v. § 38 InsO, rangieren mit ihren Ansprüchen damit also hinter den Aus- und Absonderungsberechtigten (§ 47f. bzw. 49ff. InsO) sowie den Massegläubigern, jedoch vor den nachrangigen Insolvenzgläubigern (§ 39 InsO). Eher theoretischer Natur ist die Verteilung des nach Befriedigung aller Insolvenz-

---

133 Die genaue Rechtsnatur des Rangrücktritts (bzw. die Qualität der geeigneten vertraglichen Konstruktion) ist umstritten. Die Meinungen reichen vom *pactum de non petendo* über einen verfügenden Schuldänderungsvertrag bzw. Vertrag *sui generis* bis hin zum bedingten Forderungserlass, vgl. die ausführliche Darstellung des Streitstandes bei *Teller/Steffan*, Rangrücktrittsvereinbarungen, Rn. 305ff.; zusammenfassend auch *Habersack*, ZGR 2000, S. 384 (403). Zweifelhaft ist die bisweilen geäußerte Hoffnung, je nach Qualifikation ergäbe sich möglicherweise ein Aufhebungshindernis, so dass Kreditgeber und -nehmer die Vereinbarung nicht zu Lasten anderer Gläubiger beseitigen könnten, etwa bei *Habersack*, ZGR 2000, S. 384 (407).

134 In den USA war die Zulässigkeit von Nachrangklauseln wegen des Prinzips der Gleichbehandlung der Gläubiger lange umstritten. Heute sieht der Bankruptcy Code ausdrücklich die Möglichkeit solcher Vereinbarungen vor, § 510 (a). Ein kodifiziertes „Eigenkapitalersatzrecht" für die erzwungene Subordination besteht nicht, aber der Konkursrichter kann nach § 510 (c) Bankruptcy Code von Fall zu Fall die Subordination anordnen, wenn dies den *principles of equitable subordination* entspricht; dazu *Habersack*, ZGR 2000, S. 384 (391).

135 Überblick über verschiedene Formulierungen bei *Teller*, Rangrücktrittsvereinbarungen, 1. Auflage 1993, S. 4ff.; *Herrmann*, Quasi-Eigenkapital, S. 135f.; *Priester*, DB 1977, S. 2429 (2430f.).

136 Vgl. zum Zweck der Vermeidung bzw. Beseitigung der Überschuldung *Habersack*, ZGR 2000, S. 384 (400); *Schulze-Osterloh*, WPg 1996, S. 97 (97); *Priester*, ZGR 1999, S. 533 (543).

137 Siehe zur Reichweite außerdem OLG Bamberg WM 2006, 2093, wonach Schadensersatzansprüche der Gläubiger aus § 826 BGB wegen arglistiger Täuschung durch die Gesellschaft über ihre Vermögensverhältnisse nicht vom Nachrang erfasst sind. Hinsichtlich sonstiger Schadenersatzansprüche BGHZ 83, 341 (345).

gläubiger verbleibenden Überschusses unter den Anteilseignern der insolventen Gesellschaft, vgl. § 199 S. 2 InsO. Innerhalb der Gruppe der nachrangigen Gläubiger sieht das Gesetz wiederum eine Hierarchie für die kraft Gesetzes subordinierten Forderungen vor, und zwar mit jeweils absteigendem Rang § 39 Abs. 1 Nr. 1 bis 5 InsO. Den letztgenannten Rang (Nr. 5) nehmen Gesellschafterdarlehen ein sowie Forderungen aus Rechtshandlungen, die einem solchen Darlehen wirtschaftlich entsprechen. Ausnahmen sind in § 39 Abs. 4 S. 2 und 5 InsO (Sanierungs- und Kleinbeteiligtenprivileg) vorgesehen. Forderungen mit vertraglichem Rangrücktritt rangieren gemäß § 39 Abs. 2 InsO im Zweifel noch hinter denjenigen nach § 39 Abs. 1 InsO. Bestimmen die Parteien eines Nachrangdarlehens jedoch den Rang (z.B. „unmittelbar vor den Forderungen gemäß § 39 Abs. 1 Nr. 5 InsO"), so bleibt selbstredend kein Raum für die Anwendung der Zweifelsregel.

In Literatur und Rechtsprechung[138] finden sich die Bezeichnungen „einfacher", „harter" und „qualifizierter" Rangrücktritt; jedoch sind die inhaltlichen Anforderungen an die jeweiligen Klauselbezeichnungen nicht einheitlich. Im Folgenden sollen einige gängige Klauseln anhand ihrer Bezeichnungen dargestellt werden.

Mit „einfachem" (auch: „unechtem")[139] Rangrücktritt ist meist eine Klausel gemeint, nach welcher der Darlehensgläubiger „hinter alle (aktuellen und zukünftigen) anderen Gläubiger der Gesellschaft zurücktritt und mit seiner Forderung erst befriedigt werden soll, nachdem alle übrigen Gläubiger befriedigt sind."[140] Dem Wortlaut nach gilt solch eine Formulierung sowohl für die Insolvenz als auch für die Zeit außerhalb der Insolvenz. Häufig werden als einfache Rangrücktrittserklärungen lediglich solche bezeichnet, die sich ausschließlich auf die Insolvenz beziehen.[141] Welche „Tiefe" der Rangrücktritt aufweist, ist für die „einfache" Klausel nicht von Belang; in der Regel wird § 39 Abs. 2 InsO greifen.[142]

Mit einer solchen Klausel kann die Gesellschaft jedoch vor Eröffnung des Insolvenzverfahrens Zahlungen nicht mit dem Hinweis auf eine (drohende) Überschuldung verweigern, sollte eine entsprechende Auslegung nicht möglich sein. Der „harte" Nachrang, in der älteren Literatur auch als „echter"[143] oder „qualifizierter"[144] Rücktritt bezeichnet, bezieht sich dagegen ausdrücklich auch auf den Zeitraum vor der Insolvenz und beinhaltet eine zusätzliche Auszahlungssperre. Gängige Formulierungen lassen Zahlungen an den Darlehensgeber nur aus „künftigen Jahresüberschüssen, einem Liquidationsüberschuss oder aus weiterem, die sonsti-

---

138 Nachweise sogleich unten.
139 *Lorch*, Genußschein, S. 45 f.; *Küting/Kessler/Harth*, BB 1996, Beilage 4, S. 1 (6).
140 Siehe etwa bei *Janssen*, BB 2005, S. 1895 (1895); *de Bra/Weber*, Festschrift Braun (2007), S. 1 (24).
141 *Küting/Kessler/Harth*, BB 1996, Beilage 4, S. 1 (6); *Smerdka*, Finanzierung mit mezzaninem Haftkapital, S. 32; *Lorch*, Genußschein, S. 45 f.
142 Bei *K. Schmidt* in Festschrift Raupach (2006), S. 405 (415) wird die Bezeichnung als „einfache" Klausel allerdings am Rücktritt auf den Rang nach § 39 Abs. 2 InsO festgemacht.
143 *Lorch*, Genußschein, S. 45 ff.; *Küting/Kessler/Harth*, BB 1996, Beilage 4, S. 1 (6).
144 *Smerdka*, Finanzierung mit mezzaninem Haftkapital, S. 33.

gen Schulden der Gesellschaft übersteigenden Vermögen“[145] zu (bzw. statt Jahresüberschüssen: „Bilanzgewinnen“)[146] bzw. beschränken sie auf freies (ungebundenes) Vermögen.

Seit einer Entscheidung des Bundesgerichtshofs zur Behandlung eigenkapitalersetzender Gesellschafterdarlehen im Jahr 2001 wird die Bezeichnung „qualifizierte“ Rangrücktrittsklausel meist verwendet, wenn der Gläubiger erklärt, er wolle wegen seiner Forderungen „erst nach der Befriedigung sämtlicher Gesellschaftsgläubiger und – bis zur Abwendung der Krise – auch nicht vor, sondern nur zugleich mit den Einlagerückgewähransprüchen der Gesellschafter berücksichtigt, also so behandelt werden, als handle es sich um statutarisches Kapital“.[147]

5. Relativer Rangrücktritt

Allen vorgenannten Formulierungen war gemeinsam, dass der Rangrücktritt sämtlichen anderen Gläubigern zugute kommt. Wie bereits erwähnt, wird Hybridkapital in Form des Nachrangdarlehens jedoch oft mit einem bloß relativen Rangrücktritt versehen; ein solcher wirkt nur zugunsten bestimmter anderer Kapitalgeber. Um dies zu erreichen, wird neben dem Darlehensvertrag (§§ 488ff. BGB) eine Rangrücktrittsvereinbarung zwischen dem Hybridkapitalgeber und den begünstigten, meist erstrangigen Gläubigern (*Senior*-Darlehensgeber) vereinbart (*priority agreement* oder *inter-creditor agreement*), häufig unter Einbeziehung des Kreditnehmers.[148] Darin wird im Einzelnen geregelt, inwieweit der Kreditnehmer Zahlungen an den Nachrangdarlehensgeber leisten darf. Der Darlehensgeber ist im Übrigen beim relativen Rangrücktritt den Parteien gegenüber in der Regel verpflichtet, seine Forderungen als Insolvenzgläubiger anzumelden und den Insolvenzverwalter anzuweisen, die auf ihn entfallende Quote an die *Senior*-Darlehensgeber auszukehren. Wirtschaftlich gesehen handelt es sich bei der Rangrücktrittsvereinbarung zugunsten bestimmter Gläubiger um eine Abtretung der Forderungen des Nachrangdarlehensgebers für den Fall der Insolvenz.[149]

---

145 Vgl. *Janssen*, BB 2005, S. 1895 (1895); IDW, WP Handbuch 2006, Band I, Abschnitt V Rn. 34. Als „einfache“ Rangrücktrittserklärung wird eine solche Formulierung bezeichnet bei *Förschle/Heinz* in Budde/Förschle/Winkeljohann, Sonderbilanzen, Kapitel Q Rn. 54; BMF-Schreiben vom 8. 9. 2006 – IV B 2 – S 2133 – 10/06, abgedruckt in DB 2006, S. 2037.

146 *De Bra/Weber*, Festschrift Braun (2007), S. 1 (24).

147 Vgl. BGHZ 146, 264 (271); *Förschle/Heinz* in Budde/Förschle/Winkeljohann, Sonderbilanzen, Kapitel Q Rn. 54; *de Bra/Weber*, Festschrift Braun (2007), S. 1 (24); *Janssen*, BB 2005, S. 1895 (1896); *Gleske/Laudenklos* in Eilers/Rödding/Schmalenbach, Unternehmensfinanzierung, Abschnitt D Rn. 32; *Wagner* in Bösl/Sommer, Mezzanine Finanzierung, S. 250.

148 *Laudenklos/Sester*, WM 2004, S. 2417 (2419); *Golland/Gelhaar/Grossmann/Eickhoff-Kley/Jänisch*, BB-Special 4/2005, S. 1 (19); *Wagner* in Bösl/Sommer, Mezzanine Finanzierung, S. 249.

149 *Steinhauer* in Häger/Elkemann-Reusch, Mezzanine Finanzierungsinstrumente, Rn. 501 f.; *Golland/Gelhaar/Grossmann/Eickhoff-Kley/Jänisch*, BB-Special 4/2005, S. 1 (20).

III. Vergütung

Der Vergütungsanspruch des Darlehensgebers ergibt sich aus § 488 Abs. 1 S. 2 BGB. Die Rendite(-erwartung) liegt wegen der entsprechenden Risikostruktur meist zwischen derjenigen eines regulären Darlehens und der Anteilseignerschaft.

Beim Nachrangdarlehen werden in der Praxis die verschiedensten Vergütungsmodelle verwendet. So kann die Verzinsung fix oder variabel (z. B. Euribor[150]-abhängig) sein. Auch eine (zusätzliche) am Gewinn der Gesellschaft ausgerichtete Vergütung kann vereinbart sein (partiarisches Nachrangdarlehen).[151] Insbesondere bei stark am Cashflow des Unternehmens ausgerichteter Finanzierung bietet es sich an, die Pflicht zur Zinszahlung erst nach Ablauf einer Startphase einsetzen zu lassen.[152]

Die Nachrangabrede erstreckt sich häufig neben dem Rückzahlungsanspruch auch auf die laufenden Ausschüttungen; ggf. sind die Zinsen dann ebenfalls nur aus dem die Schulden der Gesellschaft übersteigenden Vermögen zu bezahlen. Beim relativen Rangrücktritt regelt das *inter-creditor agreement* detailliert, unter welchen Voraussetzungen der Nachrangdarlehensgeber seine Vergütung erhält.[153]

IV. Informationsrechte

Im Zusammenhang mit der außerordentlichen Kündigung des Darlehensgebers wurden bereits besondere Verpflichtungserklärungen des Kreditnehmers (*covenants*) in Bezug auf seine wirtschaftliche Situation und Entwicklung angesprochen.[154] Regelmäßig verpflichtet sich der Schuldner zur Einhaltung bestimmter Umsatz- oder Ertragskennzahlen, Cashflow- und Zinsdeckungskennzahlen sowie einer Mindest-Eigenkapitalquote; der Kreditgeber ist regelmäßig über deren Einhaltung zu informieren. Das besondere Interesse des Kreditgebers an den Kennzahlen hängt wiederum mit der Bedeutung des erwarteten Cashflows für die Kreditvergabe zusammen.[155]

---

150 *European Interbank Offered Rate*: Dies ist der bei variabel verzinslichen Euro-Anleihen wichtigste Referenzzinssatz.

151 *Laudenklos/Sester*, WM 2004, S. 2417 (2419); *Golland/Gelhaar/Grossmann/Eickhoff-Kley/Jänisch*, BB-Special 4/2005, S. 1 (19); *Gleske/Laudenklos* in Eilers/Rödding/Schmalenbach, Unternehmensfinanzierung, Abschnitt D Rn. 49.

152 *Gleske/Laudenklos* in Eilers/Rödding/Schmalenbach, Unternehmensfinanzierung, Abschnitt D Rn. 49.

153 *Steinhauer* in Häger/Elkemann-Reusch, Mezzanine Finanzierungsinstrumente, Rn. 501; *Gleske/Laudenklos* in Eilers/Rödding/Schmalenbach, Unternehmensfinanzierung, Abschnitt D Rn. 48.

154 Oben A.II.2.

155 *Wagner* in Bösl/Sommer, Mezzanine Finanzierung, S. 253; *Gleske/Laudenklos* in Eilers/Rödding/Schmalenbach, Unternehmensfinanzierung, Abschnitt D Rn. 46; *Golland/Gehlhaar/Grossmann/Eickhoff-Kley/Jänisch*, BB-Special 4/2005, S. 1 (20).

B. Genussrechte

I. Überblick

Der Begriff des Genussrechts[156] wird an einigen Stellen im Gesetz verwendet, etwa in § 160 Abs. 1 Nr. 6 (Angaben im Anhang zum Jahresabschluss), § 221 Abs. 3 und 4 AktG (Beschluss der Hauptversammlung zur Emission, Bezugsrecht der Aktionäre), § 10 Abs. 5 KWG und § 53c Abs. 3a VAG (Eigenmittel von Kreditinstituten bzw. Versicherungsunternehmen) oder § 8 Abs. 3 S. 2 KStG (Abzugsfähigkeit der Vergütung als Betriebsausgabe). Mangels Legaldefinition werden Genussrechte gemeinhin als schuldvertraglich[157] begründete Instrumente mit mitgliedschaftstypischen Vermögensrechten bezeichnet.[158] Wertpapiermäßig verbriefte Genussrechte bzw. deren Urkunden heißen auch Genussscheine. Typischerweise sind dies Inhaberschuldverschreibungen i.S.d. §§ 793 ff. BGB, ausnahmsweise auch Namensschuldverschreibungen.[159]

Dadurch, dass keine gesetzliche Regelung des Genussrechtsverhältnisses erfolgt ist, finden sich unter der Bezeichnung „Genussrecht" eine unüberschaubare Vielzahl verschiedener vertraglicher Ausgestaltungen. Grenzen setzt insbesondere das Recht der Allgemeinen Geschäftsbedingungen[160] sowie das Gesellschaftsrecht, welches bestimmte Rechte den Mitgliedern vorbehält (etwa das Stimmrecht in der Hauptversammlung). Mit Letzterem verknüpft ist die Frage, ob „aktiengleiche" oder „aktienähnliche" Genussrechte zulässig sind, also die (nahezu) vollständige schuldrechtliche Nachbildung der vermögensrechtlichen Position des Aktionärs (Frage nach dem *numerus clausus* der „Eigenkapitaltitel"). Zumindest teilweise als geklärt gilt dies seit der *Klöckner*-Entscheidung des Bundesgerichtshofs aus dem Jahr 1992,[161] durch die das Genussrecht einer breiten Öffentlichkeit bekannt wurde. Dem zwingenden Zusammenhang von Mitgliedschaft und Haftung[162] wurde eine Absage erteilt: Jedenfalls dann, wenn gegenüber den Aktionären eine Besserstellung erfolgt, wie (im Fall *Klöckner*) durch eine Kündigungsmöglichkeit nach

---

156 Zu Begriff und Literatur oben Fn. 64.

157 Es handelt sich nicht um eine gesellschaftsrechtlich geprägte Mitgliedschaft, ganz h.M.: BGH WM 1959, 434 (436); BGHZ 119, 305 (309, 316); *Lutter* in Kölner Kommentar AktG, Band 5/1, § 221 Rn. 21; *Habersack* in Münchener Kommentar AktG, Band 4, § 221 Rn. 86 m.w.N.

158 BGHZ 119, 305 (309); *Lutter* in Kölner Kommentar zum AktG, Band 5/1, § 221 Rn. 21; *Habersack* in Münchener Kommentar zum AktG, Band 6, § 221 Rn. 64; *Karsten Schmidt*, Gesellschaftsrecht, § 18 II 2 d; *Perridon/Steiner/Rathgeber*, Finanzwirtschaft der Unternehmung, S. 422.

159 *Hüffer*, AktG, § 221 Rn. 3; *Luttermann*, Genußrechte, S. 78. Beispiel für einen Namensgenussschein Wesermündung (2005), § 1.

160 Dazu etwa BGHZ 119, 309 (312 ff.); *Feddersen/Knauth*, Genußscheine, S. 121; *Lutter*, DB 1993, S. 2441 (2442). Einschränkend im Hinblick auf den Anwendungsbereich des AGB-Rechts etwa *von Randow* in Baums/Cahn, Die Reform des Schuldverschreibungsrechts, S. 25 (33 ff.).

161 BGHZ 119, 305.

162 Dafür insbesondere *Reuter*, NJW 1984, S. 1849 (1851 ff.); *Hirte*, ZIP 1988, S. 477 (482); *ders.*, ZIP 1991, S. 1461 (1461 ff.). Ausführlich zu den Umgehungsthesen *Frantzen*, Genußscheine, S. 167 ff.

20 Jahren und dem Vorrang des Rückzahlungsanspruchs der Genussrechtsinhaber in der Liquidation, liege keine Umgehung der §§ 139ff. AktG vor.[163]

Genussrechte werden z.T. ohne Gegenleistung ausgegeben, insbesondere an Arbeitnehmer, die dadurch am Erfolg des Unternehmens partizipieren, ohne Gesellschafter zu werden.[164] Als nicht in Geld zu bewirkende Gegenleistungen kommen vor allem Sacheinlagen, Patente und Lizenzen sowie Dienstleistungen von Gründern in Betracht.[165] Bei weitem am häufigsten werden Genussrechte allerdings zum Zweck der Beschaffung von liquiden Mitteln ausgegeben. In diesem Zusammenhang wird auch von Finanzierungsgenussrechten[166] gesprochen; sie allein sind Gegenstand der weiteren Ausführungen. Das ihnen zugrunde liegende Rechtsverhältnis kann verkürzt beschrieben werden als Gewinnbeteiligung von Nichtgesellschaftern gegen Anlage von Kapital in einem Unternehmen bei auf den Einsatz beschränkter Haftung.[167] Bisweilen wird bei Finanzierungsgenussrechten vom „magischen Fünfeck" gesprochen, das durch die folgenden, bei der Emission maßgeblichen Ziele des Emittenten gebildet wird: Genussrechtskapital soll (1) Haftungsfunktion übernehmen und damit möglichst (2) die Eigenkapitalquote steigern, (3) die Vergütung soll nur im Falle positiver Ergebnisse zu bedienen aber (4) steuerrechtlich als Betriebsausgabe abzugsfähig sein und schließlich soll (5) den Inhabern der Genussrechte keine Mitsprache im Unternehmen zustehen. Bei nicht börsennotierten Gesellschaften kommt bisweilen hinzu, dass (6) der Zugang zum öffentlichen Kapitalmarkt möglich ist („magisches Sechseck").[168]

Besondere Bedeutung haben Genussrechte für Banken und Versicherungsunternehmen, da bei bestimmter Ausgestaltung der Genussrechte eine Anrechnung als regulatorisches Eigenkapital erfolgt, § 10 Abs. 5 KWG, § 53c Abs. 3a VAG. Industrieunternehmen dagegen können den weiten Gestaltungsspielraum, den das Gesetz ihnen lässt, je nach Bedürfnissen und Marktumfeld ausschöpfen. Einschränkungen ergeben sich für die Praxis aus steuerrechtlichen und bilanzrechtlichen Erwägungen sowie aufgrund von Ratingaspekten. In der Vergangenheit wurden Genussrechte vielfach mit dem Ziel des Ausweises als Eigenkapital in der Handelsbilanz ausgegeben. Was die Rechnungslegung nach IFRS angeht, so führen die typischen Module des Genussrechts zu einem Fremdkapitalausweis. Mit der obligatorischen Konzernrechnungslegung nach IFRS für kapitalmarktorientierte Unternehmen aufgrund Art. 4 der IAS-Verordnung haben Genussrechte für kapital-

---

163 BGHZ 119, 305 (311).

164 Zu Arbeitnehmer-Genussrechten siehe *Habersack* in Münchener Kommentar AktG, Band 4, § 221 Rn. 83.

165 Aufzählung der vielfältigen Verwendungsmöglichkeiten bei *Frantzen*, Genußscheine,S. 47ff. und 160ff.

166 Begriff etwa bei *Habersack* in Münchener Kommentar AktG, Band 4, § 221 Rn. 80; *Berghaus/Bardelmeier* in Habersack/Mülbert/Schlitt, Unternehmensfinanzierung, § 11 Rn. 4; ähnlich „Investitionsgenussrecht" bei *Luttermann*, Genußrechte, S. 123.

167 *Luttermann*, Genußrechte, S. 36.

168 Vgl. etwa bei *Luttermann*, Genußrechte, S. 24.

marktorientierte Unternehmen an Bedeutung zugunsten der Hybridanleihen verloren.[169]

Im Folgenden werden die bei emittierten Genussrechten anzutreffenden Module dargestellt. Je nach Ausgestaltung und Kombination liegen Titel mit eher obligationsähnlichem (fremdkapitalnahem) oder beteiligungsähnlichem (eigenkapitalnahem) Charakter vor.

II. Rückzahlung

1. Dauer der Kapitalüberlassung und Kündigungsrechte

Genusskapital wird in der Regel für eine Dauer von fünf bis zehn Jahren bereitgestellt.[170] Mindestlaufzeiten ergeben sich für die Praxis aus bilanz- und aufsichtsrechtlichen Erwägungen sowie aufgrund der Ratingpraxis. Laufzeiten von über 30 Jahren werden wiederum meist vermieden: Ausschüttungen auf Genussrechte, welche die Beteiligung an Gewinn und Liquidationserlös enthalten, können vom Emittenten nicht als Betriebsausgaben angesetzt werden, § 8 Abs. 3 S. 2 KStG, wobei die Finanzverwaltung eine Beteiligung am Liquidationserlös schon bei einer über 30jährigen Laufzeit annimmt.[171] Es werden jedoch auch Genussscheine mit unbegrenzter Laufzeit emittiert, wobei bisweilen ein ordentliches Kündigungsrecht des Genussrechtsinhabers und/oder des Emittenten, ggf. nach Ablauf einer Mindestlaufzeit verabredet wird.[172]

Nicht ausgeschlossen (wenn auch eingeschränkt) werden kann dagegen das Recht zur außerordentlichen Kündigung. Das ergibt sich schon aus der zwingenden Vorschrift des § 314 Abs. 1 BGB. Wichtige Gründe sind häufig für beide Seiten in den Vertragsbedingungen definiert. Für die Kündigung durch den Emittenten betrifft dies meist Fälle wie die Änderung der Rechtslage sowie der Praxis von Ratingagenturen (wenn die Anerkennung als Eigenkapital wegfällt) und Steuerbehörden (falls

---

169 Siehe oben Einführung IV.6.

170 *Von Alvensleben* in Häger/Elkemann-Reusch, Mezzanine Finanzierungsinstrumente, Rn. 666; *Heinemann/Kraus* in Bösl/Sommer, Mezzanine Finanzierung, S. 174; *Golland/Gelhaar/Grossmann/Eickhoff-Kley/Jänisch*, BB-Special 4/2005, S. 1 (17). Vgl. etwa auch Genussscheine PREPS (2005-1), Ziff. 3.1 (7 Jahre).

171 BMF-Schreiben vom 8. 12. 1986, BB 1987, 667; BMF-Schreiben vom 27. 12. 1995, BStBl. I 96, 49. Siehe dazu oben Einführung IV.4.

172 Genussscheine Bertelsmann (2001), § 15 Abs. 1 (Kündigungsrecht des Inhabers nach 15 Jahren); Genussscheine Stadtwerke Hannover (2003), § 7 (beidseitiges Kündigungsrecht nach unterschiedlicher Mindestlaufzeit); Genussscheine Drägerwerk Serie A (Kündigungsrecht des Emittenten, vgl. § 6 Ziff. 1 und 2); Genussscheine Drägerwerk Serie D (erstmaliges Kündigungsrecht des Kapitalgebers nach 30 Jahren mit einer Kündigungsfrist von 5 Jahren, § 6 Ziff. 1; Kündigungsrecht des Emittenten mit einer Frist von 6 Monaten zum Jahresende); Genussscheine Drägerwerk Serie K (erstmaliges Kündigungsrecht des Kapitalgebers nach 30 Jahren mit einer Kündigungsfrist von 5 Jahren, Kündigungsrecht des Emittenten mit einer Frist von 2 Jahren zum Jahresende, § 6 Ziff. 3, jedoch gehemmt, solange Rückzahlungsanspruch verlustbedingt herabgesetzt ist).

Ausschüttungen nicht mehr als Betriebsaufwand gelten sollten).[173] Der Kapitalgeber ist bisweilen zur Kündigung berechtigt im Falle der Eröffnung des Insolvenzverfahrens über das Vermögen des Kapitalnehmers, (unter weiteren Voraussetzungen) bei einem Kontrollwechsel sowie im Fall des Zahlungsverzugs über einen bestimmten Zeitraum (z.B. 90 Tage).[174] Das Recht des Kapitalgebers zur außerordentlichen Kündigung im Fall der wesentlichen Verschlechterung der wirtschaftlichen Verhältnisse beim Schuldner aus § 490 Abs. 1 BGB dagegen wird häufig ausgeschlossen.[175] Entsprechend werden Finanzierungsverträge über Hybridkapital wegen der Risiko-Rendite-Struktur der Titel jedoch häufig ohnehin auszulegen sein, da dem Kapitalgeber das erhöhte Risiko zuzumuten ist, vgl. § 314 Abs. 1 S. 2 BGB.[176] Im Falle einer außerordentlichen Kündigung ist nicht nur der Nominalbetrag des Genussrechts, sondern sind bisweilen auch die abgezinsten Werte der Marktausgleichszinsen zu bezahlen (wobei die hypothetische Vergütung bis zur laufzeitgemäßen Endfälligkeit zugrunde gelegt wird).[177]

2. Verlustteilnahme

Die Teilnahme (auch: Beteiligung) am Verlust i.e.S.[178] ist zwar kein konstitutives Merkmal des Genussrechts,[179] wird aber vielfach zur Erhöhung des Risikocharakters des Kapitals vereinbart. Die Verlustbeteiligung kann auf vielfältige Weise strukturiert werden.

Verbreitet ist die Ausgestaltung der Genusskapitalkonten als bewegliche Konten wie bei denjenigen der Anteilseigner von Personengesellschaften. Hier wird durch die Anrechnung der Verluste eine Verminderung des Nennkapitals herbeigeführt (*write-down, sharing in losses*). In der Regel ist dann auch der Rückzahlungsanspruch auf die Höhe des zum Zeitpunkt der Fälligkeit vorhandenen Genusskapitals begrenzt. Dabei muss jedoch keine (ständige bzw. jährliche) laufende Herabsetzung des Genusskapitals erfolgen, auch eine Verrechnung der Verluste erst bei Fälligkeit des Rückzahlungsanspruchs ist denkbar. Keine Verlustteilnahme im eigentlichen Sinn liegt dagegen vor, wenn ein bloß virtuelles Kapitalkonto besteht, der Rückzahlungsanspruch jedoch nicht geschmälert wird. Eine Auswirkung hat diese Form der „Verlustteilnahme" lediglich für die Höhe der Vergütung, die sich am Betrag des virtuellen Kapitalkontos orientiert.

---

173 Etwa Genussscheine Stadtwerke Hannover (2003), § 7 Abs. 2; Genussscheine Sixt (2004), § 13; Genussscheine Schaltbau (2003), § 4 Abs. 4.

174 Z.B. Genussscheine PREPS (2004-2), § 3.2.

175 Siehe etwa Genussscheine PREPS (2004-2), § 3.3.

176 *Lutter* in Kölner Kommentar AktG, Band 5/1, § 221 Rn. 271.

177 Vgl. etwa Genussscheine PREPS (2005-1), Ziff. 3.3.

178 Zu den verschiedenen Formen der Verlustteilnahme i.w.S. siehe oben A.II.3. Im Folgenden wird die Bezeichnung „Verlustteilnahme" stets i.e.S. gebraucht.

179 Beispiele für Genussrechte ohne Verlustbeteiligung PREPS (2004-2) und PREPS (2005-1); Genussscheine Wesermündung (2005), vgl. § 7.

Die häufig anzutreffende Formulierung, die Verlustbeteiligung könne nach-, gleich- oder vorrangig im Verhältnis zur Verlustbeteiligung der Gesellschafter geregelt sein,[180] ist ungenau. Der Nach-, Gleich- bzw. Vorrang einer Verlustbeteiligung des Genussrechtskapitals bezieht sich in der Regel auf bestimmte Bestandteile des formellen Eigenkapitals. Er kann etwa so gestaltet werden, dass das Genusskapital spätestens dann auf Null herabgesetzt wird, wenn die besonders gegen Ausschüttung geschützten Kapitalbestandteile angegriffen werden[181] oder wenn das Grund- bzw. Stammkapital angegriffen wird.[182] Bei gleichrangiger Verlustbeteiligung reduziert sich der Betrag des Genusskapitals in selbem Maße wie der des formellen Eigenkapitals,[183] bisweilen jedoch erst nach Verbrauch der nicht gegen Ausschüttung besonders geschützten Bestandteile des formellen Eigenkapitals.[184] Es finden sich auch Bedingungen, die eine Verlustteilnahme nur im Jahr der Rückzahlung des Kapitals vorsehen.[185] Die Reduzierung des Kapitals auf Null tangiert den Bestand der Genussrechte nicht, es ist sogar (bei entsprechender Vereinbarung) ein negatives Kapitalkonto denkbar.[186]

Die Verlustteilnahme bei beweglichem Kapitalkonto kann an unterschiedliche Bezugsgrößen anknüpfen, insbesondere an den Bilanzverlust[187] oder den Jahresfehlbetrag.[188] Gelegentlich werden sogar von ein und demselben Emittenten Genussscheine ausgegeben, die je nach Emission an den Jahresfehlbetrag oder an den Bilanzverlust anknüpfen.[189] Als Bezugsgröße dienen aber auch andere Kennzahlen, etwa eine auf bestimmte Weise zu errechnende negative Gesamtkapitalrendite.[190]

---

180 Etwa bei *von Alvensleben* in Häger/Elkemann-Reusch, Mezzanine Finanzierungsinstrumente, Rn. 697.

181 Genussscheine Drägerwerk Serie D, § 9; Genussscheine Four Gates (2007), § 4 Abs. 1.

182 Genussscheine Schaltbau (2003), § 2 Abs. 3.

183 Genussscheine Four Gates (2003) und Four Gates (2006), § 4 Abs. 1; Genussscheine Magnum (1999), § 7 Abs. 1; Genussscheine Plambeck (2004), § 6 Abs. 1; Genussscheine Bertelsmann (2001), § 5 (Herabsetzung nach der „negativen Gesamtkapitalrendite“); Genussscheine GWB (2005), Ziff. 3.1; Genussscheine Salvator (2006), § 7 Abs. 1.

184 Genussscheine Fuchs Oil (1998), § 9; Genussscheine Sixt (2004), § 5 Abs. 1.

185 Genussscheine Edeka (2007), Ziff. 4.2.

186 *Habersack* in Münchener Kommentar AktG, Band 4, § 221 Rn. 109, 106.

187 So etwa bei Genussscheine Plambeck (2004), § 6 Abs. 1; Genussscheine Pongs Zahn (2005), § 8 Abs. 1; Genussscheine Windsor (2005), § 7 Abs. 1. Ein Bilanzverlust ergibt sich, wenn ein Jahresfehlbetrag nicht durch eine Entnahme aus den Rücklagen oder einen Gewinnvortrag ausgeglichen werden kann. Ausgangsgröße zur Ermittlung des Bilanzverlustes ist der Jahresfehlbetrag als ausgewiesenes Jahresergebnis nach Abzug von Steuern. Zunächst wird das Jahresergebnis um einen Ergebnisvortrag aus dem Vorjahr korrigiert. Berücksichtigt man außerdem die Entnahmen bzw. die Einstellungen in die offenen Rücklagen, erhält man entweder einen Bilanzgewinn als ausschüttbaren Teil des Jahresergebnisses oder einen Bilanzverlust.

188 So etwa bei Genussscheinen Magnum (1999), § 7 Abs. 1; Genussscheine Schaltbau (2003), § 2 Abs. 3.

189 So bei den Genussscheinen der IKB bis Ausgabe 2002 einerseits und ab 2003 andererseits.

190 Genussscheine Bertelsmann (2001), § 5 Abs. 1: Hier wird an einen bereinigten Jahresfehlbetrag angeknüpft, der zum arithmetischen Mittel des Konzernvermögens im betreffenden Geschäftsjahr in Beziehung gesetzt wird.

Analog zum Kapital der Kapitalgesellschaft ist auch eine Ausgestaltung des Genussrechtskapitals als Festkapital denkbar.[191] Dann führt die Herabsetzung des Grund- bzw. Stammkapitals (insbesondere zum Zwecke des Verlustausgleichs, §§ 229ff. AktG; §§ 58a ff. GmbHG) zu einer Kürzung des Genusskapitals.[192] Bisweilen findet sich auch eine Kombination aus laufender Verlustteilnahme und Herabsetzung des Genusskapitals parallel zum Grund- oder Stammkapital.[193]

Teilweise sehen die Genussscheinbedingungen für die Auflösung der Gesellschaft eine Verknüpfung der Module Verlustteilnahme und Rangrücktritt vor. In einem solchen Fall kann eine Klausel etwa enthalten, dass der nicht durch Verluste aufgezehrte Teil der Genussrechtseinlage zurückzuzahlen ist, jedoch nachrangig zu den restlichen (nicht-nachrangigen) Gläubigern.[194] Meist enthalten die Nachrangklauseln jedoch keine Regelung, ob das Genussrechtskapital in Höhe des durch die Verlustteilnahme herabgesetzten Betrages oder aber des Nennwerts nachrangig zurückzuzahlen ist.

3. Besserungsabrede

Nimmt ein Genussrecht am Verlust teil, so sorgt eine Besserungsabrede (*write-up* oder *write-on*) dafür, dass ein infolge von Verlusten herabgesetzter Nominalwert bei Rückkehr in die Gewinnzone wieder aufgefüllt wird.[195] Ist die Wiederauffüllung des Genusskapitals nicht ausdrücklich vereinbart, so wird der Vertrag in aller Regel ergänzend dahingehend auszulegen sein.[196]

Eine Besserungsabrede kann auch über die Laufzeit des Genussrechts hinaus reichen, etwa wenn vorgesehen ist, dass bei vermindertem Rückzahlungsbetrag der Restbetrag aus nicht besonders gegen Ausschüttung geschützten Eigenkapitalbestandteilen, die in den Folgejahren entstehen, nachzuzahlen ist.[197] Teilweise ist eine Nachzahlungspflicht des Unternehmens befristet auf einen bestimmten Zeitraum nach Ablauf der Laufzeit.[198]

---

191 *Habersack* in Münchener Kommentar AktG, Band 4, § 221 Rn. 107; z.B. Genussscheine Drägerwerk Serie A, § 9.

192 Genussscheine Drägerwerk Serie K, § 9; Genussscheine Drägerwerk Serie D, § 10; Genussscheine Klöckner (1986), § 7, abgedruckt in BGHZ 119, 305 und bei *Frantzen*, Genußscheine, S. 441 ff.

193 Genussscheine Drägerwerk Serie D, §§ 9 f.; Genussscheine Plambeck (2004), § 6 Abs. 1; Genussscheine Pongs Zahn (2005) und Pongs Zahn (2006), § 8 Abs. 1; Genussscheine Salvator (2006), § 7 Abs. 1 f.; Genussscheine Windsor (2005), § 7 Abs. 1 f.

194 Genussscheine Bertelsmann (2001), § 15 Abs. 6.

195 Genussscheine Four Gates (2003), Four Gates (2006) und Four Gates (2007), § 4 Abs. 2; Genussscheine Magnum (1999), § 7 Abs. 2; Genussscheine Pongs Zahn (2005) und Pongs Zahn (2006), § 8 Abs. 2; weitere Ausgestaltungsmöglichkeiten bei *Frantzen*, Genußscheine, S. 128 f.

196 *Karollus* in Geßler/Hefermehl/Eckhardt/Kropff, AktG, Band IV, § 221 Rn. 302; *Lutter* in Kölner Kommentar AktG, Band 5/1, § 221 Rn. 368; *Frantzen*, Genußscheine, S. 244 f.

197 Genussscheine Edeka (2007), Ziff. 4.3.

198 Genussscheine Sixt (2004), § 5 Abs. 3.

4. Nachrang

Eine Nachrangvereinbarung kann die einzige Form der Verlustteilnahme hinsichtlich des Rückzahlungsanspruchs sein[199] oder aber in Kombination mit einer Verlustteilnahme i. e. S. bestehen.[200] Von Bedeutung bzgl. der Kündigungsmöglichkeit bei Zahlungsverzug sind die bisweilen in den Vertragsbedingungen festgelegten Stillhalte-Fristen (*standstill periods*) zugunsten vorrangiger Gläubiger, d. h. die Fälligkeit der nachrangigen Forderung tritt nicht sofort bei Kündigung ein.[201] Hinsichtlich der verschiedenen Möglichkeiten der Ausgestaltung von Nachrangklauseln sei nach oben verwiesen.[202]

5. Teilnahme an stillen Reserven und Liquidationserlös

In den Genussrechtsbedingungen kann auch eine Beteiligung an den stillen Reserven bzw. am Liquidationserlös vereinbart sein. Letzteres beinhaltet Ersteres für den Fall der Liquidation des Unternehmens, falls nach Befriedigung der Gläubiger entsprechendes Vermögen vorhanden ist. Außerdem bedeutet die Beteiligung am Liquidationserlös in Ermangelung sonstiger Regelungen über die Laufzeit des Vertrages, dass es sich um eine unbefristete Kapitalüberlassung handelt. Jedoch auch für den Fall der Beendigung des Genussrechtsverhältnisses vor Liquidation des Unternehmens kann eine Beteiligung an den stillen Reserven vereinbart sein. Hier stehen vielfältige Berechnungsmethoden zur Auswahl; so kann der Einfachheit halber etwa an den Aktienkurs angeknüpft werden.[203]

Die Beteiligung an einem solchen Mehrerlös ist ein typisches „Genussrecht", nämlich ein vermögensrechtlicher Anspruch, der üblicherweise den Anteilseignern zusteht.[204] Es handelt sich um ein (zusätzliches) Gewinnbeteiligungsrecht auf zurückgehaltene frühere Gewinne. Aus steuerrechtlichen Gründen findet sich eine Beteiligung an stillen Reserven bzw. am Liquidationserlös jedoch äußerst selten. Nach § 8 Abs. 3 S. 2 KStG sind Ausschüttungen auf Genussrechte, welche die Beteiligung an Gewinn und Liquidationserlös enthalten, vom Emittenten nicht als Betriebsausgaben absetzbar. Häufig wird ein Anspruch auf Teilnahme am Liquidationserlös sogar ausdrücklich (deklaratorisch) ausgeschlossen.[205]

---

199 So z. B. Genussscheine PREPS (2004-2), § 8; PREPS (2005-1), § 8.
200 Etwa Genussscheine Bertelsmann (1992), §§ 4 Abs. 3, 15 Abs. 6; Genussscheine Bertelsmann (2001), § 3 Abs. 3; Genussscheine Drägerwerk Serie A, §§ 9 und 11.
201 Siehe bei Genussscheine PREPS (2004-2), § 8.2; PREPS (2005-1), § 8.2.
202 Siehe bei A.II.4.
203 *Habersack* in Münchener Kommentar AktG, Band 4, § 221 Rn. 114.
204 *Habersack* in Münchener Kommentar AktG, Band 4, § 221 Rn. 114.
205 Vgl. Genussscheine PREPS (2005-1), Ziff. 3.5.

III. Vergütung

1. Zinsanspruch

Die Vergütung für Genussrechtsinhaber kann auf die unterschiedlichste Art und Weise ausgestaltet sein. Falls keine Beteiligung am Liquidationserlös und kein Bezugsrecht auf Aktien oder andere, mit Beteiligung am Gewinn verbundene Wertpapiere vorliegt, stellt die Ergebnisbeteiligung ein konstitutives Merkmal des Finanzierungsgenussrechts dar. Die Ergebnisbeteiligung und damit die Konkurrenz zu anteilseignertypischen Vermögensrechten ist der Grund, warum zur Emission von Genussrechten durch Aktiengesellschaften ein Beschluss der Hauptversammlung notwendig ist und Aktionäre grundsätzlich ein Bezugsrecht auf die Genussrechte haben (§ 221 AktG).

Zu unterscheiden ist zunächst, ob die Verzinsung *gewinnorientiert* oder lediglich *gewinnabhängig* ist.[206] Von einer gewinnabhängigen Vergütung spricht man, wenn ein Zinssatz vereinbart wird, der nicht von unternehmensbezogenen Werten abhängt. Er kann konstant (Festzins)[207] oder variabel (z.B. Euribor-abhängig) sein. Die Auszahlung allerdings hängt davon ab, ob ein Gewinn oder Jahresüberschuss vorliegt bzw. wie weit er zur Befriedigung ausreicht (Frage der Bemessungsgrundlage, dazu sogleich). Bei der gewinnorientierten Verzinsung ist eine Begrenzung auf eine Höchstverzinsung nicht vorgesehen, vielmehr richtet sich die Vergütung allein nach der Bemessungsgrundlage. Zwischen Gewinnabhängigkeit und Gewinnorientierung liegen Vereinbarungen, bei denen gestaffelt nach Höhe des Gewinns eine unterschiedliche „Fest"-Verzinsung vorgesehen ist.[208]

Eine Kombination von beidem sehen Genussrechte mit einer gewinnabhängigen Basisverzinsung zuzüglich einer gewinnorientierten Zusatzverzinsung vor.[209] Eher rentenähnlich ausgestaltet sind Genussrechte, die einen festen Mindestzins vorsehen (ohne Rücksicht auf ein positives Ergebnis) und zusätzlich einen gewinnorientierten oder gewinnabhängigen Anspruch beinhalten.[210]

Hinsichtlich der Bemessungsgrundlage gilt: Die geläufigsten sind Bilanzgewinn bzw. -verlust[211] und der Jahresüberschuss bzw. Jahresfehlbetrag[212] nach Handels-

206 Dazu etwa *Singhof* in Wysocki/Schulze-Osterloh/Hennrichs/Kuhner, Handbuch des Jahresabschlusses, 3. Band, Abteilung III/2 Rn. 174; *Habersack* in Münchener Kommentar AktG, Band 4, § 221 Rn. 99. Zur Frage, ob nur gewinnabhängige Titel unter § 221 AktG fallen (und damit zur Ausgabe ein Beschluss der Hauptversammlung notwendig ist) ebenda, Rn. 100 m. w. N.
207 Z. B. Genussscheine Bertelsmann (2001), § 4 Abs. 1; Genussscheine Edeka (2007), Ziff. 2.1.
208 Vgl. Genussscheine PREPS (2005-1), Ziff. 2.1.; ähnlicher Ansatz bei Genusscheinen Bertelsmann (1992), § 4 Abs. 1.
209 So bei Genussscheinen Four Gates (2003), § 3; Genussscheinen GWB (2005), Ziff. 2.1. und 2.2.
210 So z.B. Genussscheine PREPS (2005-1), Ziff. 2.7; der Festzins wird hierbei als „Garantiegewinn" bezeichnet.
211 Genussscheine Edeka (2007), Ziff. 2.3; Genussscheine Fuchs Oil (1998), § 2 Abs. 2; Genussscheine Magnum (1999), § 2 Abs. 2.

oder Steuerbilanz. Für den Genussrechtsinhaber sicherer ist die Anlehnung an den Jahresüberschuss, da hier die Gestaltungsmöglichkeiten der Unternehmensorgane hinsichtlich Gewinn- und Verlustvortrag sowie sonstige Gewinnrücklagen den Anspruch nicht berühren. Als weitere Bemessungsgrundlagen kommen der ausschüttungsfähige Gewinn, die Dividende,[213] das Ergebnis eines Teils des Unternehmens (nach dem Prinzip der *tracking stocks*) oder etwa eine näher präzisierte Eigenkapital- oder Gesamtkapitalrendite[214] in Betracht.[215] In vielen Fällen enthalten die Bedingungen genauere Angaben, wie die jeweilige Bemessungsgrundlage zu verstehen ist. Daneben werden bisweilen Korrekturposten eingefügt, etwa hinsichtlich außerordentlicher Aufwendungen und Erträge, Aufwendungen für Abschreibungen und Zuschreibungen sowie Subventionen und Gewinnabführungsverträgen.[216]

In der Regel lauten Genussrechte auf einen am eingezahlten Kapital orientierten Nennbetrag. Aus der Relation des Nennbetrages des Genussrechtskapitals zum Grundkapital ergibt sich der Schlüssel für die Aufteilung des Gewinns zwischen Gesellschaftern und Genussrechtsinhabern. Eine Verlustteilnahme kann sich also in zweifacher Weise auf die Vergütung auswirken: Zum einen entfällt in Jahren der Verlustteilnahme die (Zahlung der) Vergütung, was sich regelmäßig schon aus den Vergütungsregeln ergibt, zum anderen führt die Verlustteilnahme zur Herabsetzung der Berechnungsgrundlage des Gewinnanspruchs.[217] Die Besserungsabrede kann sich aber auch auf die Vergütung erstrecken. In diesem Fall werden bei Rückkehr in die Gewinnzone auch die ausgefallenen Ausschüttungen nachgeholt (*roll up*).[218] Bisweilen wird die Vergütung insgesamt erst am Ende der Laufzeit fällig (*deferred interest*).[219] Schließlich kann sich auch die Nachrangabrede bei Genussrechten auf die Vergütung erstrecken.[220]

Bei Kapitalerhöhungen aus Gesellschaftsmitteln schützt § 216 Abs. 3 AktG den Genussrechtsinhaber vor einer Verwässerung seines Gewinnanteils. Im Fall einer Kapitalerhöhung gegen Einlagen stellt sich dagegen die Frage, ob der Genussrechtsinhaber zur Einzahlung weiterer Mittel berechtigt ist und damit seinen Gewinnanteil halten kann.[221]

---

212 Vgl. Genussscheine PREPS (2005-1), Ziff. 2.1; Genussscheine Four Gates (2003), Four Gates (2006) und Four Gates (2007), § 3; Genussscheine Bertelsmann (2001), § 4 Abs. 3; Genussscheine GWB (2005), Ziff. 2.1 und 2.2; Genussscheine Plambeck (2004), § 2 Abs. 1.

213 Genussscheine Drägerwerk Serien A, D und K, § 2 Abs. 1.

214 Genussscheine Bertelsmann (1992), § 4 Abs. 1.

215 Zum Ganzen *Feddersen/Knauth*, Genußscheine, S. 32; *Habersack* in Münchener Kommentar AktG, Band 4, § 221 Rn. 95.

216 Vgl. Genussscheine PREPS (2005-1), Ziff. 2.1.

217 *Von Alvensleben* in Häger/Elkemann-Reusch, Mezzanine Finanzierungsinstrumente, Rn. 692.

218 Genussscheine Bertelsmann (2001), § 4 Abs. 2.

219 *Von Alvensleben* in Häger/Elkemann-Reusch, Mezzanine Finanzierungsinstrumente, Rn. 689.

220 *Von Alvensleben* in Häger/Elkemann-Reusch, Mezzanine Finanzierungsinstrumente, Rn. 712; *Habersack* in Münchener Kommentar AktG, Band 4, § 221 Rn. 113.

221 Zum Verwässerungsschutz *Prosser*, Anlegerschutz bei Genußscheinen, S. 73 ff.; *Lutter* in Kölner Kommentar AktG, Band 5/1, § 221 Rn. 381 ff.

2. Kicker

Als weiteres Vermögensrecht wird bisweilen bei Genussrechten ein *equity kicker* vereinbart;[222] er kann auch als Modul bzgl. der Rückzahlung gesehen werden. Dabei handelt es sich um Bezugsrechte (Wandel- oder Optionsrechte) auf Aktien oder auf die Titel des § 221 AktG (Genussrechte inklusive Gewinnschuldverschreibungen; Wandel- oder Optionsanleihen).[223] Bei Wandelrechten wird dem Gläubiger das Recht eingeräumt, seinen Anspruch auf Rückzahlung des Kapitals gegen eine bestimmte Anzahl von Aktien oder sonstigen Wertpapieren einzutauschen. Wird das Wandelrecht wahrgenommen, so folgt also etwa ein Tausch von Obligationen in Aktien, wobei erstere untergehen – aus Kreditgebern werden Anteilseigner. Bei Optionsrechten dagegen erlischt das Genussrecht nicht, sondern bleibt weiterhin bestehen. Es findet bei Ausübung des Optionsrechts ein Wertpapiergeschäft zu im Voraus festgelegten Konditionen statt.

Konstruktionen, wodurch der Genussrechtsinhaber zwar an einer bis zu einem bestimmten Zeitpunkt eingetretenen Wertsteigerung partizipiert, nicht aber Gesellschafter wird, werden virtuelle *equity kicker* (auch *phantom stock*) genannt. Der Investor wird so gestellt, als hätte er eine ihm (fiktiv) eingeräumte Option zu einem bestimmten Zeitpunkt ausgeübt.[224] Ihm wird ein festgelegter Anteil der Wertsteigerung zuteil, ähnlich der Beteiligung an den stillen Reserven. *Non-equity kicker* dagegen sind Vereinbarungen über Sonderverzinsungen, die unabhängig von der Unternehmensentwicklung gewährt werden.[225] Dabei wird eine Einmalzahlung (*back end fee*) für das Laufzeitende vereinbart.

IV. Informationsrechte

Genussrechtsinhabern werden bisweilen weitgehende Informationsrechte eingeräumt. Dazu zählen der Anspruch auf Rechnungslegung sowie die zeitnahe Information über wesentliche vertragsrelevante Veränderungen beim Kapitalnehmer, wie die Verschlechterung der Ertrags-, Finanz-, Liquiditäts- oder Geschäftslage sowie der unmittelbar bevorstehende oder eingetretene Kontrollwechsel.[226] Zum Teil lassen sich Gläubiger für den Fall der Bonitätsverschlechterung oder des Zahlungsrückstandes ganz erhebliche Informations- und Konsultationsrechte einräumen: Einsicht in die laufenden Finanzplanungen und die Gesellschafterprotokolle; Gespräche mit der Geschäftsleitung und der Berater des Schuldners sowie Vorrang bzgl. Sanierungsgesprächen; Bestellung eines *recovery*

---

222 Siehe zum Folgenden *Golland/Gehlhaar/Grossmann/Eickhoff-Kley/Jänisch*, BB-Special 4/2005, S. 1 (21 f.).
223 *Habersack* in Münchener Kommentar AktG, Band 4, § 221 Rn. 116 f.; *Frantzen*, Genußscheine, S. 160 ff.
224 *Hellich/Grossmann* in Häger/Elkemann-Reusch, Mezzanine Finanzierungsinstrumente, Rn. 143.
225 *Von Einem/Schmid/Pütz*, BB Special 5/2005, S. 9 (11).
226 Vgl. Genussscheine PREPS (2005-1), Ziff. 4.

managers seitens des Gläubigers mit Zugang zu allen relevanten Daten des Unternehmens.[227]

Mitwirkungsrechte scheiden aus Gründen der Verbandssouveränität weitgehend aus. So ist die Einräumung mitgliedschaftlicher Kontrollrechte (Anfechtungsrechte) nicht zulässig und die Teilnahme an der Willensbildung seitens der Genussrechtsinhaber ist ausgeschlossen.[228] Teilweise wird die Absenz von Mitwirkungs- und Stimmrechten sowie Weisungsrechten gegenüber der Unternehmensleitung ausdrücklich in die Bedingungen aufgenommen.[229] Schutz vor Übervorteilung bieten allein die vermögensrechtlichen Ansprüche (Schadensersatz) sowie das Kündigungsrecht.

C. Stille Gesellschaften

I. Überblick

Bei der stillen Gesellschaft[230] oder stillen Beteiligung handelt es sich um eine BGB-Innengesellschaft, wobei ein Gesellschafter in das Unternehmen des anderen eine Einlage leistet und dafür eine Gewinnbeteiligung erhält. Weder entsteht dabei ein Gesamthandsvermögen noch wird der Stille Inhaber des Handelsgeschäfts. Die Einlage geht in das Vermögen des Unternehmensträgers über, § 230 Abs. 1 HGB. Vertragspartner des Stillen ist der Unternehmensträger, d.h. der Einzelunternehmer, die Personen- oder Kapitalgesellschaft.[231]

Die stille Gesellschaft ist in den §§ 230ff. HGB geregelt. Subsidiär und mit Ausnahme der Vorschriften, die das Auftreten nach außen und die Vermögensgemeinschaft regeln, gelten die §§ 705ff. BGB. Das Gesetz behandelt aber nur einige wenige Aspekte der stillen Gesellschaft, und auch hier sind für die Qualifikation eines Rechtsverhältnisses als stille Gesellschaft nicht alle Vorschriften zwingend. Unabdingbar ist lediglich, dass die Einlage in das Vermögen des Unternehmensträgers (Betreiber eines „Handelsgewerbes“) übergeht, § 230 Abs. 1 HGB, und dass der Stille am Gewinn beteiligt wird, vgl. § 231 Abs. 2, 2. Hs. HGB. Letzteres bedeutet, dass jedenfalls nicht nur ein Festzins vereinbart sein darf.[232] Ein fester *Mindest*zins ist dagegen bei der stillen Beteiligung zulässig. Des Weiteren kann sich die Ge-

227 Vgl. Genussscheine PREPS (2005-1), Ziff. 5.
228 Ganz h.M., in diese Richtung bereits RGZ 70, 52 (54); außerdem BGHZ 119, 305 (316f.); *Lutter* in Kölner Kommentar AktG, Band 5/1, § 221 Rn. 197 und 219; *Habersack* in Münchener Kommentar AktG, Band 4, § 221 Rn. 119; *Hüffer*, AktG, § 221 Rn. 26. Im Gegensatz dazu steht etwa die Rechtslage in den (Bundesstaaten der) Vereinigten Staaten, dazu *Herrmann*, Quasi-Eigenkapital, S. 145ff.
229 Vgl. Genussscheine PREPS (2005-1), Ziff. 1.4.
230 Zur Abgrenzung von anderen partiarischen Rechtsverhältnissen siehe oben Fn. 63.
231 *K. Schmidt*, Gesellschaftsrecht, § 62 II 1.
232 *Blaurock*, Stille Gesellschaft, Rn. 7.4f.; *K. Schmidt* in Münchener Kommentar HGB, Band 3, § 230 Rn. 41.

winnbeteiligung auf Teile des Unternehmens, nicht jedoch auf ein konkretes Geschäft beziehen.[233]

Darüber hinaus aber haben Vertragsfreiheit und verschiedene Interessenlagen der Beteiligten in der Praxis zu vielfältigen Ausgestaltungen geführt. Insbesondere haben sich im Sprachgebrauch die Bezeichnungen „typische stille Gesellschaft" und „atypische stille Gesellschaft" eingebürgert. Zur Häufigkeit der Verwendung im Wirtschaftsleben verhält es sich aber umgekehrt: Das Wort „typisch" bezieht sich auf den gesetzlichen Regelfall, der selten anzutreffen ist.[234]

Grund für die weitreichende Gestaltungsfreiheit ist, dass die stille Gesellschaft weder am Rechtsverkehr teilnimmt, noch über eine besondere innere Organisation verfügt: Das macht Gläubigerschutzbestimmungen und Organisationsnormen weitgehend entbehrlich.[235] In der Praxis hängt die Ausgestaltung vielfach von steuerrechtlichen Bestimmungen ab. Dort ist die Unterscheidung zwischen typischer und atypischer stiller Gesellschaft von großer Bedeutung.[236]

II. Typische stille Gesellschaften

Im gesetzlichen Regelfall beschränkt sich die stille Gesellschaft auf ein qualifiziertes Kreditverhältnis (typische stille Gesellschaft).[237] Es wird auf gesellschaftsrechtlicher Grundlage vereinbart, dass der Stille dem Unternehmen Mittel bereitstellt und an Gewinn und Verlust teilnimmt, §§ 230 Abs. 1, 231 Abs. 1 HGB. Die Leitidee der stillen Gesellschaft verkörpert sich, was die Rechtsposition des Stillen angeht, vor allem im Nichtvorhandensein eines gemeinschaftlichen Vermögens und der fehlenden Befugnis des Stillen zur Geschäftsführung.

1. Rückzahlung

a) Allgemeines zum Rückzahlungsanspruch

Ein Anspruch auf Rückzahlung der Einlage ergibt sich nach Auflösung der stillen Gesellschaft (Auseinandersetzung, § 235 Abs. 1 HGB); Auflösungsgründe sind insbesondere Zeitablauf, Kündigung und Insolvenz eines Gesellschafters (vgl. zu Letzterem § 236 Abs. 1 HGB).

Liegt eine stille Gesellschaft ohne Verlustbeteiligung vor, so erhält der Stille in der Auseinandersetzung den vollen Betrag seiner Einlage zurück. Die Auseinandersetzung dient bei der typischen stillen Gesellschaft ansonsten nur der regulären Er-

---

233 *K. Schmidt*, Gesellschaftsrecht, § 62 II 1 e.
234 *Bezzenberger/Keul* in Münchener Handbuch des Gesellschaftsrechts, Band 2, § 73 Rn. 28; *Blaurock*, Stille Gesellschaft, Rn. 4.25.
235 *Bezzenberger/Keul* in Münchener Handbuch des Gesellschaftsrechts, Band 2, § 73 Rn. 27.
236 *Häger/Müller* in Häger/Elkemann-Reusch, Mezzanine Finanzierungsinstrumente, Rn. 340.
237 *K. Schmidt*, ZHR 140 (1976), S. 475 (477 ff.).

mittlung des Gewinn- oder Verlustanteils des Stillen seit der letzten Gewinn-/Verlustrechnung.[238]

Bei der vermögensrechtlichen Stellung des Stillen ist für die Qualifikation als typische stille Gesellschaft besonders wichtig, dass keine Beteiligung am Vermögen bzw. an den stillen Reserven des Unternehmens vereinbart ist und bei Beendigung höchstens ein Anspruch auf Rückzahlung der nominellen Einlage besteht.[239] Um der Gefahr der übermäßigen Bildung stiller Rücklagen entgegenzuwirken, werden in der Praxis diesbezüglich detaillierte Regelungen getroffen.

b) Dauer der Kapitalüberlassung und Kündigungsrechte

Stille Gesellschaften werden sowohl befristet als auch auf unbestimmte Zeit eingegangen. Den Gesellschaftern einer stillen Gesellschaft steht für den Fall, dass die Gesellschaft auf unbestimmte Zeit eingegangen ist, ein ordentliches Kündigungsrecht nach §§ 234 Abs. 1 S. 1, 132 HGB zu. Die Kündigung ist demnach wie bei der OHG zum Schluss eines Geschäftsjahres möglich unter Einhaltung einer sechsmonatigen Frist, wobei auch eine längere oder kürzere Frist vereinbart werden kann.[240] Zwar ist dieses Recht bei der auf unbestimmte Zeit geschlossenen stillen Gesellschaft nicht gänzlich abdingbar (vgl. § 723 Abs. 3 BGB),[241] es kann jedoch für eine begrenzte Zeit ausgeschlossen werden. Langfristige Bindungen sind auch durch auf bestimmte Zeit ohne Kündigungsrecht geschlossene Gesellschaften möglich.[242] Die Rechtsprechung hält einen Zeitraum von 30 Jahren im Regelfall für unbedenklich.[243]

Bei Vorliegen eines wichtigen Grundes haben die Gesellschafter ein außerordentliches Kündigungsrecht. Für die Auflösungsklage aus dem Recht der OHG besteht hier kein Bedürfnis; es gilt die Bestimmung aus dem Recht der GbR, § 234 Abs. 1 S. 2 HGB i.V.m. § 723 Abs. 1 S. 3 BGB.

c) Verlustbeteiligung

Im Gegensatz zur Gewinnbeteiligung ist die Verlustbeteiligung kein konstitutives Merkmal der stillen Gesellschaft. Das Gesetz sieht in den §§ 231 Abs. 1, 232 Abs. 2 S. 1 HGB eine Verlustbeteiligung bis zur Höhe der Einlage vor; sie kann aber gänzlich ausgeschlossen werden, § 231 Abs. 2, 1. Hs. HGB. Selbstverständlich ist daher auch eine (betragsmäßig oder anteilig) beschränkte Verlustteilnahme möglich.[244] Auch ist, wie beim Genussrecht, die Nach-, Gleich- bzw. Vorrangigkeit der Ver-

---

238 *Koller* in Koller/Roth/Morck, HGB, § 235 Rn. 3.
239 *Bezzenberger/Keul* in Münchener Handbuch des Gesellschaftsrechts, Band 2, § 73 Rn. 29.
240 *Blaurock*, Stille Gesellschaft, Rn. 15.28.
241 BGHZ 50, 316 (321); BGH NJW 1992, 2696 (2698); *K. Schmidt* in Münchener Kommentar HGB, Band 3, § 234 Rn. 47; *Blaurock*, Stille Gesellschaft, Rn. 15.23.
242 *K. Schmidt* in Münchener Kommentar HGB, Band 3, § 234 Rn. 47; *Polzer* in Münchener Handbuch des Gesellschaftsrechts, Band 2, § 91 Rn. 6.
243 Vgl. BGH WM 1967, 315 (316); siehe auch *K. Schmidt* in Münchener Kommentar HGB, Band 3, § 234 Rn. 47.
244 *Blaurock*, Stille Gesellschaft, Rn. 7.42.

lustbeteiligung des Stillen bezüglich jeweils bestimmter Bestandteile des formellen Eigenkapitals des Unternehmensträgers möglich.[245]

Im Fall der Teilnahme am Verlust wird der Betrag, der vom Einlagenkonto des Stillen abzuschreiben ist, in der Regel[246] nach den gleichen Grundsätzen ermittelt, welche für die Gewinnermittlung gelten. Insbesondere ist auch hier von Bedeutung, dass der Stille typischerweise nur am betriebsbedingten Verlust teilnimmt.[247] Letzteres bedeutet wiederum vor allem, dass negative Wertänderungen des Anlagevermögens außer Betracht bleiben. Gewinne in späteren Jahren sind zunächst dafür zu verwenden, das Einlagenkonto des Stillen wieder aufzufüllen, § 232 Abs. 2 S. 2, 2. Hs. HGB. Ist das Einlagenkonto erschöpft, besteht keine Nachschusspflicht. Das Konto kann aber im Falle weiterer Verluste buchmäßig einen negativen Betrag annehmen. Kommt es dazu, sind darauffolgende Gewinne zunächst zur Tilgung des Passivsaldos und schließlich zur Wiederauffüllung der Einlage zu verwenden.[248]

Eine Klausel, wonach der Stille seine Einlage in voller Höhe zurückerhalten soll, bedeutet nicht, dass keine Verlustbeteiligung vorliegt: In der Regel wird dann während des Bestehens der Gesellschaft eine Verlustbeteiligung vorliegen, jedoch ein Anspruch auf volle Rückzahlung bei Beendigung der Gesellschaft gegeben sein (begrenzte Verlustausschlussvereinbarung).[249] Die (laufende) Beteiligung am Verlust dient dann zwar nicht dem Schutz der Gesellschaft und der Gläubiger vor der (übermäßigen) Entziehung von Kapital im Verlust- bzw. Insolvenzfall, wohl aber der Begrenzung von Gewinnausschüttungen in Rechnungsperioden, die auf solche mit Verlust folgen.[250]

d) Nachrang

Für den Fall der Insolvenz gilt regelmäßig, dass der Stille die Rückzahlung seiner Einlage, soweit sie nicht durch Verluste aufgezehrt wurde, als Insolvenzgläubiger i.S.v. § 38 InsO geltend machen kann, § 236 Abs. 1 HGB. Im Insolvenzverfahren „verantwortliches Kapital“[251] ist die Einlage also im Regelfall nur in Höhe des Verlustanteils. Etwas anderes gilt nur für solche typischen stillen Einlagen, die den früher als Eigenkapitalersatzrecht bezeichneten und durch das MoMiG abgeänderten Regeln unterliegen.

---

245 Siehe oben B.II.2.
246 In der Praxis wird die Verlustbeteiligung bisweilen weiter beschränkt, als § 232 Abs. 2 S. 1 HGB es vorsieht, vgl. *Blaurock*, Stille Gesellschaft, Rn. 7.42.
247 *K. Schmidt* in Münchener Kommentar HGB, Band 3, § 232 Rn. 31; *Bezzenberger/Keul* in Münchener Handbuch des Gesellschaftsrechts, Band 2, § 86 Rn. 33; vgl. BGH NJW 1992, 2696 (2697).
248 *K. Schmidt* in Münchener Kommentar HGB, Band 3, § 232 Rn. 31.
249 *Blaurock*, Stille Gesellschaft, Rn. 7.39; *Bezzenberger/Keul* in Münchener Handbuch des Gesellschaftsrechts, Band 2, § 86 Rn. 51.
250 Das Einlagenkonto wird dann zunächst mit Gewinnen wieder aufgefüllt, und erst danach folgt eine Ausschüttung, vgl. *Blaurock*, Stille Gesellschaft, Rn. 7.39.
251 RGZ 168, 284 (286).

2. Vergütung

a) Gewinnbeteiligung

Das zentrale Recht des Stillen, sowohl in der typischen als auch in der atypischen stillen Gesellschaft, ist die Beteiligung am Gewinn, § 231 Abs. 2, 2. Hs. HGB (Umkehrschluss). Fehlt dieses Merkmal, so tritt nicht etwa die Rechtsfolge von § 134 BGB ein. Es wird sich dann vielmehr um ein anderes Rechtsverhältnis handeln, etwa ein Darlehen oder, falls ein gemeinsamer Zweck vorliegt, eine Gesellschaft bürgerlichen Rechts gemäß §§ 705 ff. BGB.[252]

Der Gewinnbegriff des Handels- und Steuerrechts geht vom Prinzip der nominellen Kapitalerhaltung aus. Gewinn ist danach die unter Berücksichtigung von Einlagen und Entnahmen ermittelte positive Differenz zwischen dem am Ende der Periode und dem am Anfang der Periode eingesetzten nominellen Kapital.[253] Ablesbar ist er am Jahresabschluss (Bilanz, Gewinn- und Verlustrechnung) eines Handelsgewerbes. Der Gewinn des Stillen richtet sich regelmäßig nach dem in der Handelsbilanz ausgewiesenen Gewinn. Das ist aber nicht zwingend. Möglich ist auch die Ausrichtung am Steuerbilanzgewinn[254], am Ergebnis einer Niederlassung o.Ä. Nicht in Frage kommt lediglich ein Festzins oder eine Beteiligung am Umsatz. Dagegen sind Höchst- oder Mindestanteile am Gewinn zulässig.[255]

Von entscheidender Bedeutung ist, dass der typische stille Gesellschafter nur an solchen Gewinnen teilnimmt, die aus dem Betrieb des Unternehmens herrühren, denn die Beteiligung bezieht sich nach § 230 Abs. 1 HGB nur auf das Handelsgewerbe (ordentliches Betriebsergebnis).[256] Bei Partizipation an solchen Vermögenszuwächsen, welche auf Veränderungen des Marktwerts von Anlagegegenständen[257] beruhen, liegt somit keine typische stille Gesellschaft vor. Bei Bilanzierung nach HGB wird das regelmäßig aber nur im Fall der Veräußerung von Gegenständen oder Unternehmensteilen von Bedeutung sein, da dann die Differenz zwischen Buch- und Verkaufswert als Gewinn realisiert wird. Zu beachten ist aber, dass betriebsbedingte Wertänderungen auch gegenüber dem Stillen gelten. Das ist vor allem bei planmäßigen Abschreibungen für Abnutzungen der Fall, wobei sie in der Regel nicht auf Kosten des Stillen zur Bildung verdeckter Rücklagen führen dürfen.[258]

---

252 BGHZ 127, 176 (181); *Koller* in Koller/Roth/Morck, HGB, § 231 Rn. 2.
253 *Wöhe/Bilstein/Ernst/Häcker*, Unternehmensfinanzierung, S. 397.
254 Sowohl bei Ausrichtung an der Handels- als auch an der Steuerbilanz werden die Parteien i.d.R. gewisse Korrekturen vornehmen, da die Bilanzen kein getreues Bild des Gewinns zeichnen, z.B. aufgrund handelsrechtlich zulässiger Unterbewertungen auf der Aktivseite; vgl. *Blaurock*, Stille Gesellschaft, Rn. 14.19 ff..
255 *Blaurock*, Stille Gesellschaft, Rn. 7.6 f.
256 RGZ 120, 410 (410 f.); 126, 386 (393); BGH WM 1960, 13 (13); *Bezzenberger/Keul* in Münchener Handbuch des Gesellschaftsrechts, Band 2, § 86 Rn. 2; *Blaurock*, Stille Gesellschaft, Rn. 14.40 ff.; grds. auch *K. Schmidt* in Münchener Kommentar HGB, Band 3, § 232 Rn. 6; a.A. *Wachter*, Gewinnermittlung in der stillen Gesellschaft, S. 132.
257 Zum Begriff siehe § 247 Abs. 2 HGB.
258 *K. Schmidt* in Münchener Kommentar HGB, Band 3, § 232 Rn. 9.

b) Zusätzliche Festverzinsung

Neben dem Gewinnanteil des Stillen kann eine zusätzliche Festverzinsung vereinbart werden. Eine solche „Gewinngarantie“, welche auch dann zu zahlen ist, wenn das Unternehmen keinen Gewinn erwirtschaftet, ist mit dem Wesen der stillen Gesellschaft vereinbar.[259] Entscheidend ist, dass es sich dabei nur um ein zur eigentlichen Gewinnbeteiligung hinzutretendes Recht handelt. Ist die Gewinnbeteiligung neben der Festzinsgarantie im Einzelfall unbedeutend, so liegt keine Gewinnbeteiligung i.S.v. § 231 HGB vor.[260]

3. Informations- und Mitwirkungsrechte

Über Informationsrechte verfügt der Stille bereits kraft Gesetzes (§ 233 HGB). Sie stellen ein Korrelat zur Mitgliedschaft dar und spielen auch bei der Abgrenzung der stillen Gesellschaft von anderen Rechtsverhältnissen eine Rolle. Die gesetzliche Regelung zugunsten des Stillen entspricht zum Teil wörtlich (Abs. 1 und 3) und zum Teil sachlich (Abs. 2) der des Kommanditisten in § 166 HGB. Das Informationsrecht erstreckt sich auf den Jahresabschluss und der zur Prüfung desselben notwendigen Unterlagen.

Mitwirkungsrechte, also etwa die Beteiligung an der Geschäftsführung[261] oder gar die Vertretung des Unternehmens nach außen sieht das Gesetz nicht vor. Aus der gesellschaftsrechtlichen Treuepflicht und dem Gesellschaftszweck ergibt sich allerdings ein Mitspracherecht des stillen Gesellschafters bei Änderung der wesentlichen Grundlagen des Unternehmens.[262]

III. Atypische stille Gesellschaften

Vom gesetzlichen Regelfall abweichende Gestaltungen, die eine stärkere Verbundenheit des Stillen zum Unternehmen mit sich bringen, werden als atypische stille Gesellschaften bezeichnet. Wegen der Vielfalt der Gestaltungsmöglichkeiten gibt es *die* atypische stille Gesellschaft nicht. Gemeinsam ist ihnen aber, dass der Stille im Vergleich zum gesetzlichen Regelfall stärker an der Wertentwicklung des Unternehmens beteiligt ist (Unternehmerrisiko) und/oder mit unternehmerischen Mitwirkungsrechten ausgestattet ist (Unternehmerinitiative).[263]

---

259 RGZ 31, 33 (34); BGHZ 127, 176 (181); *K. Schmidt* in Münchener Kommentar HGB, Band 3, § 230 Rn. 38 und 63.

260 RGZ 20, 163 (165): „accessorische und eventuelle Bedeutung“; *Schön*, ZGR 1993, S. 210 (223 f.).

261 § 230 Abs. 1 HGB: „Handelsgewerbe, das ein anderer betreibt ...“.

262 BGH BB 1963, 1277 (1277).

263 Daneben werden Ausgestaltungen des stillen Gesellschaftsverhältnisses als Publikumsgesellschaft als eigene Fallgruppen atypischer stiller Gesellschaften bezeichnet, siehe *K. Schmidt* in Münchener Kommentar HGB, Band 3, § 230 Rn. 76; *Blaurock*, Stille Gesellschaft, Rn. 4.27. Darauf wird hier nicht gesondert eingegangen, da es für die vorliegende Arbeit nicht von Interesse ist; erwähnt

Im Steuerrecht bezieht sich der Begriff der atypischen stillen Gesellschaft ebenfalls auf Unternehmerinitiative und Unternehmerrisiko. Eine im gesellschaftsrechtlichen Sinn atypische stille Gesellschaft kann, muss aber keine solche im steuerrechtlichen Sinn sein. Die Untergrenze der unternehmerischen Beteiligung bildet im Steuerrecht die Qualifikation der stillen Beteiligung als Mitunternehmerschaft i.S.v. § 15 Abs. 2 S. 1 Nr. 2 EStG durch Kumulation von Unternehmerinitiative und Unternehmerrisiko. Ist die Qualifikation erfüllt, so erzielt der Stille Einkünfte aus Gewerbebetrieb, andernfalls aus Kapitalvermögen.

1. Rückzahlung

a) Beteiligung an den stillen Reserven

Hinsichtlich des Rückzahlungsanspruchs gilt: Bei Auflösung der Gesellschaft hat der Stille den Auseinandersetzungsanspruch aus § 235 Abs. 1 HGB, wobei im Falle der atypischen stillen Gesellschaft mit Vermögensbeteiligung das gesamte Gesellschaftsvermögen anhand einer (fiktiven) Liquidations- oder Abschichtungsbilanz ermittelt wird und danach das Auseinandersetzungsguthaben berechnet wird.[264] Dies beinhaltet eine Beteiligung an den stillen Reserven.

b) Verlustbeteiligung

Hinsichtlich der Verlustbeteiligung des atypischen Stillen gilt das zur typischen stillen Gesellschaft Gesagte, wobei die Vermögensbeteiligung des Stillen zur Folge hat, dass von der Jahresrechnungslegung inkl. Wertänderungen des Anlagevermögens und stiller Reserven ausgegangen wird.

c) Nachrangvereinbarung

In der Insolvenz kann, wie bereits dargelegt, der Stille seinen nicht durch Verluste aufgezehrten Anspruch nach § 236 Abs. 1 HGB als Insolvenzgläubiger (§ 38 InsO) geltend machen. Bei der atypischen stillen Gesellschaft wird häufig zur Verhinderung des Eintritts der Überschuldung (§ 19 InsO) ein Nachrang hinsichtlich der Einlageforderung vereinbart mit der Folge, dass § 236 HGB keine Anwendung findet.[265]

Unterliegt die Einlage den früher als Eigenkapitalersatzrecht bezeichneten (und durch das MoMiG abgeänderten) Regeln, so liegt Nachrangigkeit gemäß § 39 Abs. 1 Nr. 5 InsO vor. Letzteres ist bei der atypischen stillen Gesellschaft unter Um-

---

sei nur, dass wegen der gewünschten Qualifikation der stillen Publikumspersonengesellschaft als Mitunternehmerschaft i.S.v. § 15 Abs. 1 S. 1 Nr. 2 EStG dem Stillen ein gewisses Maß an Unternehmerinitiative und Unternehmerrisiko zugewiesen wird, vgl. *Blaurock,* Stille Gesellschaft, Rn. 19.8.

264 *Blaurock*, Stille Gesellschaft, Rn. 16.25.

265 BGHZ 83, 341 (345); 156, 38 (44). Hinsichtlich der Gestaltungsmöglichkeiten einer Nachrangklausel sei nach oben A.II.4 verwiesen.

ständen auch ohne gleichzeitige Gesellschafterstellung des Stillen im Hinblick auf das Handelsgeschäft der Fall: Ist der bloß still Beteiligte wegen seiner Mitwirkungsrechte und der Partizipation am Erfolg des Unternehmens der Stellung eines Gesellschafters stark angenähert, so hat auch er für die Erhaltung des Stamm- bzw. Grundkapitals zu sorgen.[266] Ist die Beteiligung am Liquidationserlös vereinbart, steht der Rückzahlungsanspruch des Stillen im Rang auf derselben Stufe wie die Einlagen der Gesellschafter (§ 199 S. 2 InsO).

2. Vergütung

a) Qualifizierter Gewinnanspruch

Der atypische Stille nimmt (außer im Fall, dass sich die Atypizität in Mitwirkungsrechten erschöpft) nicht bloß am ordentlichen Betriebsergebnis teil, sondern ist schuldrechtlich am Unternehmensvermögen beteiligt.[267] Es entsteht dabei kein Gesellschaftsvermögen i.S.d. § 718 BGB. Im Unterschied zur typischen stillen Gesellschaft werden hier aber Wertänderungen des Anlagevermögens, (sonstige) stille Reserven und evtl. auch der Wert des Unternehmens als Ganzes einbezogen. Der Stille erhält also eine quasi-handelsgesellschaftliche Position[268] und wird so gestellt, als wäre er am Gesamthandsvermögen beteiligt.[269]

b) Zusätzliche Verzinsung

Auch bei der atypischen stillen Gesellschaft wird neben dem Gewinnanteil häufig ein zusätzliches Zinsentgelt vereinbart. Im Gegensatz zur typischen stillen Gesellschaft wird hier aber meist eine laufzeitbezogene Konstruktion gewählt (variabler Zins).[270] Außerdem verbreitet ist wie bei der Finanzierung mit Genussrechten die Vereinbarung eines *kickers*.[271] Dadurch partizipiert der Stille zusätzlich an der Wertsteigerung oder erhält schlicht eine weitere Festvergütung am Laufzeitende.[272]

3. Informations- und Mitwirkungsrechte

Atypische Stille erhalten neben den Informationsrechten aus § 233 HGB oft darüber hinaus das Recht auf jederzeitige Einsichtnahme in Geschäftsbücher und Pa-

---

266 BGH WM 1989, 14 (15); BGH WM 2006, 691 (691); OLG Hamm WM 1997, 2323 (2325).
267 RGZ 126, 386 (390); BGHZ 7, 174 (178); *K. Schmidt* in Münchener Kommentar HGB, Band 3, § 230 Rn. 79; *Bezzenberger/Keul* in Münchener Handbuch des Gesellschaftsrechts, Band 2, § 73 Rn. 32.
268 *K. Schmidt*, Gesellschaftsrecht, § 62 I 2 a.
269 RGZ 126, 386 (390); BGHZ 7, 174 (178); *Wöhe/Bilstein/Ernst/Häcker*, Unternehmensfinanzierung, S. 52.
270 *Hellich/Grossmann* in Häger/Elkemann-Reusch, Mezzanine Finanzierungsinstrumente, Rn. 119.
271 *Hellich/Grossmann* in Häger/Elkemann-Reusch, Mezzanine Finanzierungsinstrumente, Rn. 121.
272 Zu den Ausgestaltungen oben B.III.2.

piere. Außerdem werden ihnen regelmäßig Controlling-Berichte und sonstige Auswertungen zuteil.[273]

Mitwirkungsrechte des atypischen Stillen können bei entsprechender Ausgestaltung darin bestehen, bezüglich bestimmter Maßnahmen von Geschäftsführung oder Gesellschaftern über Anhörungs- oder Stimmrechte zu verfügen, zu Untersagungen befugt zu sein, Initiativ- oder Weisungsrechte zu haben oder die Geschäftsführung selbst besorgen zu dürfen.[274] Letzteres kann als Alleingeschäftsführung ausgestaltet sein, sie kann sich aber auch auf einen bestimmten Teil der Geschäftsführung beschränken. Darüber hinaus ist es möglich, den Stillen im Außenverhältnis für das Unternehmen auftreten zu lassen.[275]

D. Hybridanleihen

I. Überblick

Zuletzt sollen die Module der in jüngerer Zeit bedeutsamen Hybridanleihen[276] dargestellt werden. Es handelt sich dabei um Schuldverschreibungen i. S. v. §§ 793 ff. BGB mit ewiger oder sehr langer Laufzeit, die insbesondere hinsichtlich der Vergütung eine charakteristische Vertragsgestaltung aufweisen. Entwickelt wurde das Instrument für die internationalen Kapitalmärkte Anfang der 1980er Jahre. Zunächst nur im Banken- und Versicherungssektor eingesetzt,[277] werden Hybridanleihen seit dem Jahr 2003 in Deutschland auch von Industrieunternehmen emittiert, wobei 2005 ein vorläufiger Höchststand erreicht wurde. Während die Emission seitens der Finanzdienstleistungsunternehmen den Vorschriften des Bankaufsichtsrechts über die Eigenmittelanforderungen geschuldet ist, kann die neueste Entwicklung in erster Linie auf die IAS-Verordnung und die damit verbundene obligatorische Konzernrechnungslegung nach IFRS für kapitalmarktorientierte Unternehmen zurückgeführt werden: Hybridanleihen werden in der Regel so strukturiert, dass eine Qualifikation als Eigenkapital nach IFRS erfolgt. Eine Rolle für den Bedeutungszuwachs spielt auch die Praxis der Ratingagenturen. Die Komplexität und die damit verbundenen Kosten der Instrumente führen dazu, dass die Mindestemissionsvolumina recht hoch sind; unter den Emittenten finden sich daher nur wenige mittelständische Unternehmen.[278] Hybridanleihen werden

---

273 *Hellich/Grossmann* in Häger/Elkemann-Reusch, Mezzanine Finanzierungsinstrumente, Rn. 125.

274 *K. Schmidt* in Münchener Kommentar HGB, Band 3, § 230 Rn. 77; Zur aktienrechtlichen Beurteilung der Mitwirkungsrechte des Stillen siehe *Oehlschläger*, Stille Beteiligung an einer Aktiengesellschaft, S. 127 ff.

275 BGH WM 1961, 574. Zur Vertretung bei der Aktiengesellschaft *Oehlschläger*, Stille Beteiligung an einer Aktiengesellschaft, S. 254 f.

276 Zu Begriff und Literatur oben Fn. 68.

277 Zur Entwicklung *Siebel*, Rechtsfragen internationaler Anleihen, S. 39; *Nölling/Jendruschewitz*, FinanzBetrieb 2006, S. 435 (435); *Thomas*, ZHR 171 (2007), S. 684 (685).

278 Die geringsten Volumina betrugen bisher 50 Mio. Euro im Falle der Hybridanleihe Georgsmarienhütte (2005) und 80 Mio. Euro im Falle der Hybridanleihe Claas (2005). Dazu *Gleske* in Ha-

aus steuerrechtlichen Gründen häufig von ausländischen Finanzierungstöchtern der Unternehmen begeben, etwa einer niederländischen B. V.[279] oder einer irischen plc[280]; in diesem Fall wird eine (nachrangige) Garantie seitens der Konzernmutter abgegeben.

II. Vergütung

Hybridanleihen verfügen über eine außerordentlich komplexe Vergütungsregelung. Da die Kündigungsklauseln an diese Vergütungsregelung anknüpfen, soll sie vor der Rückzahlung dargestellt werden.

1. Höhe der Vergütung

Typisch ist eine Zweiteilung des Vergütungszeitraumes. Dabei ist für eine Zinsperiode von sieben bis zehn Jahren eine feste Vergütung vorgesehen (*fixed interest period*), an die sich ein variabler Vergütungszeitraum (*floating interest period*) anschließt (*fixed to floating rate*).[281] Bei Letzterem setzt sich die Höhe des Zinses zusammen aus einem (variablen) Referenzzinssatz, einer (festen) Marge sowie einem weiteren (festen) Aufschlag. Marge und Aufschlag machen dabei zwischen 200 und 600 Basispunkte, d.h. zwei bis sechs Prozent aus. Als Referenzzinssatz bietet sich derjenige an, den europäische Banken untereinander beim Handel von Einlagen verlangen (Euribor), etwa für solche über drei Monate.[282] In der Regel führt der Wechsel vom festen zum variablen Zins durch den Aufschlag zu einer mehr oder weniger signifikanten Erhöhung des Zinses und wird daher auch als *step-up* bezeichnet.[283] In Kombination mit einem Kündigungsrecht des Emittenten kommt es daher zu einem wirtschaftlichen Anreiz, die Anleihe trotz ihrer sehr langen oder ewigen Laufzeit zurückzuzahlen. Auch im Falle eines Kontrollwechsels beim Emittenten kann es zu einer Zinserhöhung kommen.[284] Seltener finden sich Hybridanleihen ohne Zweiteilung des Vergütungszeitraumes mit durchgehend festem Zinssatz.[285]

---

bersack/Mülbert/Schlitt, Unternehmensfinanzierung, § 16 Rn. 2; *Nölling/Jendruschewitz*, FinanzBetrieb 2006, S. 435 (437 f.).

279 Z. B. der Südzucker International Finance B. V., Niederlande.

280 Beispielsweise der Porsche International Financing plc, Irland.

281 Beispiele sind die Hybridanleihen von Linde (2003) und (2006), jeweils § 5; Hybridanleihe Bayer (2005), § 3; Hybridanleihe Otto (2005), § 3; Hybridanleihe Henkel (2005), § 3; Hybridanleihe Südzucker (2005), § 5.

282 Vgl. etwa § 4 Abs. 2 der Hybridanleihe Claas (2005).

283 Als Beispiel sei auf die Hybridanleihe Claas (2005) verwiesen, der zunächst einen Kupon i. H. v. 7,62% vorsieht, später einen Zins i. H. des 3-Monats-Euribor zzgl. 550 Basispunkte.

284 Etwa bei Hybridanleihe Linde (2006), § 5 Abs. 1 lit. a.

285 Hybridanleihe Porsche (2006), § 5 Abs. 1.

2. Zinsausfall, -aufschub und Nachzahlung

Der Eigenkapitalausweis eines Finanzierungsinstruments nach IFRS setzt, vereinfacht ausgedrückt, voraus, dass jeglicher Kapitalabfluss im Ermessen des Emittenten liegt, IAS 32.11, 16 lit. a (i).[286] Ähnliches gilt für die (teilweise) Zuordnung von Hybridkapital zum Eigenkapital durch die Ratingagenturen. Daher lautet der Grundsatz hinsichtlich der Vergütungsregelung bei Hybridanleihen, dass die Zahlung der Zinsen (jedenfalls zum vorgesehenen Zinszahlungstag) im Ermessen des Emittenten liegt; es handelt sich um fakultative Zinszahlungstage. Entscheidet sich der Emittent gegen die Zahlung, so kommt es zum (optionalen) Zinsaufschub (*interest deferral*,[287] hier als *optional deferral*). Da die Ansprüche der Gläubiger jedoch nicht erlöschen, wird von einer kumulativen Zinsstruktur gesprochen. Die Vergütung wird lediglich gestundet,[288] es kommt nicht zum Verzug (§ 286 BGB).

Gewisse Ereignisse (*trigger*) lösen allerdings eine Zahlungspflicht, auch bzgl. gestundeter Zinszahlungen, aus (obligatorisches Zinszahlungsereignis). Ein obligatorischer Zahlungstag tritt etwa ein, wenn der Emittent die Zahlung einer Vergütung zugunsten bestimmter anderer (meist nach- oder gleichrangiger) Kapitalgeber beschlossen hat, etwa an Aktionäre durch den Gewinnverwendungsbeschluss der Hauptversammlung, oder Rückzahlungen an eben solche Kapitalgeber vorgenommen hat (Rückkauf von Aktien, Rückkauf oder sonstige Rückzahlung von Anleihen). Außerdem sind sämtliche Rückstände in der Regel zahlbar bei Fälligkeit des Rückzahlungsanspruchs, also nach Kündigung der Anleihe, auch in Liquidation und Insolvenz.[289] Bisweilen wird ein maximaler Zeitraum für den Zinsaufschub vereinbart, z.B. von 5 Jahren.[290]

Um die Nähe zum formellen Eigenkapital für Ratingzwecke weiter nachzubilden, werden oft zusätzlich Ereignisse definiert, an denen die Zinszahlung zwingend zu unterbleiben hat (*mandatory deferral*). Meist tritt dies ein, wenn bestimmte Finanzkennzahlen des Emittenten nicht erreicht werden, etwa bzgl. der Relation von Cashflow zu Nettoverbindlichkeiten[291] oder zum Umsatzerlös[292] (Cashflow-Ereignisse). Regelmäßig kommt es hier zum Erlöschen der Zahlungspflicht, die Zinsen werden also nicht nachbezahlt (*non-cumulative*-Struktur).

---

286 Ausführliche Darstellung unten Teil 3 C.II.2.

287 Zur Verwendung des Begriffs *deferral* siehe Fitch Ratings, Equity Credit for Hybrids & Other Capital Securities, Dezember 2009, S. 7.

288 Etwa Hybridanleihe Deutsche Börse (2008), § 4 Abs. 5; Hybridanleihen Linde (2003) und (2006), § 5 Abs. 3; Hybridanleihe Südzucker (2005), § 5 Abs. 3; Hybridanleihe Porsche (2006), § 5 Abs. 2; Hybridanleihe Henkel (2005), § 3 Abs. 3; Hybridanleihe TUI (2005), § 4 Abs. 3.

289 Vgl. etwa Hybridanleihe Claas (2005), § 4 Abs. 3; Hybridanleihe Linde (2003), § 5 Abs. 3; Hybridanleihe Linde (2006), § 5 Abs. 4.

290 Hybridanleihe Deutsche Börse (2008), § 4 Abs. 6 lit. b (v).

291 Hybridanleihe Henkel (2005), § 3 Abs. 5.

292 Hybridanleihe Südzucker (2005), § 5 Abs. 4; Hybridanleihe Bayer (2005), § 3 Abs. 4.

3. Alternative Erfüllungsmechanismen

Allerdings können die Anleihebedingungen für den Fall eines Cashflow-Ereignisses auch vorsehen, dass eine Befriedigung der Kapitalgeber auf eine bestimmte Art oder durch eine alternative Leistung stattfindet.[293] Zum einen können die Bedingungen vorsehen, dass der Emittent eigene börsennotierte Aktien (zumal Vorzugsaktien) oder andere eigenkapitalnahe Titel auf den Kapitalmärkten veräußert und den Erlös zur Begleichung der Zinsschuld verwendet (*Alternative Coupon Settlement Mechanism* – ACSM). Dabei kann dies wiederum im Belieben des Emittenten stehen,[294] oder aber verpflichtend durchzuführen sein,[295] ggf. innerhalb einer bestimmten Frist.[296] Zum anderen kann eine Sachleistung an Erfüllungs statt (§ 364 Abs. 1 BGB) durch die Begebung weiterer Hybridanleihen vereinbart sein (*Payment In Kind* – PIK).[297] Insbesondere bei nicht börsennotierten Emittenten bietet sich eine solche Regelung an Stelle eines ACSM an. Bisweilen ist ein PIK-Mechanismus jedoch auch neben einem ACSM vorgesehen.[298]

III. Rückzahlung

1. Laufzeit

Hybridanleihen sehen meist eine ewige[299], zumindest aber eine sehr lange Laufzeit von 30 bis 100 Jahren vor.[300] In steuerrechtlicher Hinsicht ist dies bedeutsam, da die Finanzverwaltung das Vorliegen einer Beteiligung am Liquidationserlös i.S.v. § 8 Abs. 3 S. 2 KStG schon bei einer über 30jährigen Laufzeit eines Finanzierungsinstruments annimmt.[301]

---

293 Keine alternativen Mechanismen finden sich etwa bei den Anleihen von Claas (2005) und Linde (2003). Auf den internationalen Kapitalmärkten finden sich alternative Regelungen zur Befriedigung der Gläubiger auch im Falle des nur fakultativen Zinsaufschubs, vgl. Fitch Ratings, Equity Credit for Hybrids & Other Capital Securities, Dezember 2009, S. 11.

294 Z.B. bei Hybridanleihe Südzucker (2005), § 5 Abs. 5.

295 Etwa Hybridanleihe Linde (2006), § 5 Abs. 4 lit. c; Hybridanleihe Pfleiderer (2007), § 4 lit. d. Die Pflicht entfällt bei Undurchführbarkeit.

296 So Hybridanleihe Henkel (2005), § 3 Abs. 6 lit. b.

297 Etwa Hybridanleihe Henkel (2005), § 3 Abs. 6.

298 Hybridanleihe Siemens (2006), § 5 Abs. 6; Hybridanleihe Henkel (2005), § 3 Abs. 6. Siehe zum Ganzen *Sester*, ZBB 2006, S. 443 (452).

299 Vgl. etwa Hybridanleihe Claas (2005), § 5 Abs. 1; Hybridanleihe Eurogate (2007), § 4 lit. a; Hybridanleihe Pfleiderer (2007), § 5 lit. a; Hybridanleihe TUI (2005), § 5 Abs. 1.

300 30 Jahre bei Hybridanleihe Deutsche Börse (2008), § 5 Abs. 1; 60 Jahre bei Hybridanleihe Linde (2006), § 6 Abs. 1, und Hybridanleihe Siemens (2006), § 6 Abs. 1; 100 Jahre bei Hybridanleihe Bayer (2005), § 4 Abs. 1, und Hybridanleihe Henkel (2005), § 4 Abs. 1.

301 BMF-Schreiben vom 8. 12. 1986, BB 1987, 667; BMF-Schreiben vom 27. 12. 1995, BStBl. I 96, 49. Damit kommt es für die Abzugsfähigkeit der Vergütungszahlungen als Betriebsausgaben des Emittenten entscheidend darauf an, ob zugleich eine Beteiligung am Gewinn i.S.v. § 8 Abs. 3 S. 2 KStG vorliegt. Letzteres wird in der Literatur u.a. mit Hinweis darauf verneint, dass es bei Nichtzahlung der Vergütung i.d.R. nicht zum endgültigen Erlöschen der Pflicht kommt, sondern die

2. Ordentliches Kündigungsrecht des Emittenten

Stark relativiert wird die formal ewige oder sehr lange Laufzeit jedoch durch das ordentliche Kündigungsrecht des Emittenten in Verbindung mit den Vergütungsregelungen (*step-up*).

Hybridanleihen sind in der Regel nach Ablauf von sieben bis zehn Jahren erstmals und anschließend in regelmäßigen Abständen bzw. fristgebunden seitens des Emittenten kündbar (*issuer call option*).[302] Da die erste Kündigungsmöglichkeit mit dem Wechsel vom festen zum variablen Zinssatz und so regelmäßig mit einer Verteuerung für den Emittenten einher geht, besteht meist ein erheblicher Anreiz zur Kündigung der Anleihe (*call option associated with an incentive to redeem*, im Gegensatz zur *pure call option*). Abgesehen davon erwartet auch der Kapitalmarkt, dass die Anleihen zum frühest möglichen Zeitpunkt gekündigt werden. Diesem Druck der Anleger wird der Emittent in der Regel unter dem Gesichtspunkt des guten Rufs und damit dem ungestörten Zugang zu weiterem Kapital nachgeben.[303] Dieser Aspekt spielt jedoch eine umso geringere Rolle, je erheblicher der Bonitätsverlust des Emittenten seit Ausgabe der Anleihen war, da die Refinanzierung in diesem Fall nicht nur teurer sein wird, sondern auch insgesamt schwieriger zu beschaffen.

3. Außerordentliche Kündigungsrechte des Emittenten

Daneben sehen viele Hybridanleihen außerordentliche Kündigungsrechte des Emittenten für besondere Fälle der Zweckverfehlung, insbesondere nach Änderung der wirtschaftlichen Grundlagen, vor. Am häufigsten anzutreffen sind dabei sogenannte Steuer- und Rechnungslegungsereignisse.[304] Ein Steuerereignis liegt insbesondere dann vor, wenn sich die Abzugsfähigkeit der Zinsen auf die Anleihe hinsichtlich der Körperschafts- und Gewerbesteuer verringert. Ein Rechnungslegungsereignis ist gegeben, wenn die Qualifikation der Anleihe als Eigenkapitalinstrument unter IFRS nicht mehr möglich ist. Manche Bedingungen sehen eine Kündigungsmöglichkeit für den Fall des Kontrollwechsels beim Emittenten bzw. beim Garanten vor.[305] Bisweilen wird auch die Verringerung bei der Anrechnung als Eigenkapital in der Ratingpraxis als wichtiger Grund statuiert.[306]

Zahlung nur aufgeschoben wird; siehe dazu *Häuselmann*, BB 2007, S. 931 (934); *Görtz*, Hybrid-Anleihen, S. 187 f.; *Sester*, ZBB 2006, S. 443 (458).

302 Nach 10 Jahren etwa Hybridanleihe Claas (2005), § 5 Abs. 3; Hybridanleihe Südzucker (2005), § 6 Abs. 5; Hybridanleihen Linde (2003), § 6 Abs. 4 und Linde (2006), § 6 Abs. 2. Nach 7 Jahren kündbar sind die Anleihen von Otto (2005), § 4 Abs. 3. Die Anleihe von Porsche (2006) ist (ohne *step-up*) nach 5 Jahren kündbar, § 6 Abs. 3.

303 *Vater*, FinanzBetrieb 2006, S. 44 (46 f.); zu Gegenbeispielen siehe unten Fn. 475.

304 Vgl. etwa Hybridanleihe Claas (2005), § 5 Abs. 2; Hybridanleihe Otto (2005), § 4 Abs. 4; Hybridanleihen Linde (2003), § 6 Abs. 2 und Linde (2006), § 6 Abs. 3; Hybridanleihe Henkel (2005), § 4 Abs. 3; Hybridanleihe TUI (2005), § 5 Abs. 2.

305 Hybridanleihe TUI (2005), § 5 Abs. 9; Hybridanleihe Otto (2005), § 4 Abs. 7; Hybridanleihe Deutsche Börse (2008), § 5 Abs. 7.

306 Hybridanleihe Linde (2006), § 6 Abs. 3 lit. b; Hybridanleihe Pfleiderer (2007), § 5 lit. d (iv).

4. Kapitalersatzbeschaffung

Die Ausübung des Kündigungsrechts durch den Emittenten steht häufig unter der Bedingung, dass es zur Emission anderer Wertpapiere kommt, die im Wesentlichen ähnliche Merkmale aufweisen bzw. gemäß der Kriterien der Ratingagenturen einen ebenso hohen Eigenkapitalgehalt erreichen (*Replacement Capital Covenants* – RCC).[307] Andere Anleihebedingungen enthalten nur eine Absichtserklärung des Emittenten, im Fall der Rückzahlung der Anleihe ähnliches bzw. „eigenkapitalnäheres" Kapital aufzunehmen (*intent-based replacement language*).[308] Ersatzbeschaffungsklauseln haben Bedeutung im Hinblick auf das Rating des Emittenten; es finden sich jedoch auch Hybridanleihen ohne dieses Modul.[309]

5. Kündigungsrechte des Kapitalgebers

Die Kündigung seitens des Investors ist bei Hybridanleihen im Hinblick auf die Rechnungslegung nach IFRS sowie die Ratingpraxis nur sehr eingeschränkt möglich. Es besteht lediglich die Möglichkeit zur außerordentlichen Kündigung, wobei die am häufigsten vereinbarten wichtigen Gründe die Insolvenz und Liquidation des Emittenten sowie die Nichtzahlung fälliger Zinsen nach Fristablauf (meist 30 Tage) sind.[310] Da der Eintritt der Fälligkeit nach den typischen Vergütungsregelungen bei Hybridanleihen zumindest mittelbar vom Emittenten gesteuert werden kann, hat der letztgenannte Kündigungsgrund keine sonderlich große Bedeutung.

6. Höhe des Rückzahlungsanspruchs

Hybridanleihen sind bei Ende der Laufzeit bzw. nach Kündigung regelmäßig zum Nennbetrag (ggf. zuzüglich aufgelaufener Zinsen) rückzahlbar. Im Falle einer außerordentlichen Kündigung des Emittenten ist statt des Nennbetrags ggf. der höhere abgezinste Marktpreis (*make-whole amount*) der Anleihe zu zahlen, wobei die hypothetische Vergütung bis zum Zeitpunkt der ersten ordentlichen Kündigung zugrunde gelegt wird.[311] Die Beteiligung am Liquidationserlös ist im Hinblick auf § 8 Abs. 3 S. 2 KStG in den Bedingungen von Hybridanleihen z. T. ausdrücklich ausgeschlossen.[312]

Eine Verlustbeteiligung sehen die derzeit auf dem Markt befindlichen Hybridanleihen nicht vor. Einzige Ausnahme ist der *Claas*-Hybrid (2005), welcher eine

---

307 Hybridanleihe Südzucker (2005), § 6 Abs. 3 und 6; Hybridanleihe TUI (2005), § 5 Abs. 3.
308 Hybridanleihe Pfleiderer (2007), § 5 lit. f; Hybridanleihe Linde (2006), § 6 Abs. 7; Hybridanleihe Bayer (2005), § 4 Abs. 3 und 6.
309 Etwa Hybridanleihen Otto (2005) und Linde (2003).
310 Hybridanleihe Henkel (2005), § 9; Hybridanleihe Linde (2003), § 9; Hybridanleihe Bayer (2005), § 9; Hybridanleihe Deutsche Börse (2008), § 13; Hybridanleihe Eurogate (2007), § 7.
311 Hybridanleihe Deutsche Börse (2008), § 5 Abs. 3; Hybridanleihe Eurogate (2007), § 4 lit. e (iv); Hybridanleihe Pfleiderer (2007), § 5 lit. i
312 Vgl. etwa Hybridanleihe Claas (2005), § 13 Abs. 2; Hybridanleihe Pfleiderer (2007), § 13.

Nennwertreduktion vorsieht (*write-down, sharing in losses*).[313] Zwar nehmen die Wertpapiere am Jahresfehlbetrag für ein Geschäftsjahr teil, der im Konzernabschluss der Gesellschaft ausgewiesen wird, allerdings erst nach vorheriger Verrechnung mit Kapital- und Gewinnrücklagen, Grundkapital und Einlagen von Komplementären. Bei der Wiederauffüllung gilt Entsprechendes: Sie geht Zahlungen des Emittenten auf nachrangige Wertpapiere, Komplementär-Ausschüttungen, der Erhöhung des Einlagekontos der Komplementäre und der Bildung von Rücklagen im Rang vor. Die Reduzierung des Nennwerts berührt im Übrigen nicht die Zahlung der Vergütung.

7. Nachrang und Aufrechnungsverbot

Hybridanleihen sind in aller Regel mit einer Nachrangklausel für Liquidation, Auflösung und Insolvenz versehen. Meist erstreckt sie sich auch auf ein Verfahren, das der Abwendung der Insolvenz des Emittenten dient; Gleiches gilt für die Garantie der Konzernmutter. Zur Absicherung des Nachrangs wird außerdem ein beidseitiges Aufrechnungsverbot sowie ein Ausschluss der Stellung von Sicherheiten seitens des Emittenten vereinbart.[314]

IV. Informationsrechte

Besondere Informationsrechte des Investors sucht man in den Bedingungen von Hybridanleihen vergebens. Die anderweitig üblichen *Reporting Covenants* sind hier nicht enthalten. Bisweilen finden sich Klauseln, in denen ausdrücklich angeordnet ist, dass mit den Wertpapieren keine Gesellschafterrechte in Bezug auf den Emittenten verbunden sind.[315]

E. Zwischenfazit und Zusammenfassung

Als Ergebnis von Teil 1 der Untersuchung kann festgehalten werden, dass die Prämisse hinsichtlich der geringen Aussagekraft der Bezeichnungen von Hybridinstrumenten Bestätigung findet. Zwar gibt es charakteristische Module für einzelne hybride Finanzierungsformen. So macht die Rangrücktrittsvereinbarung ein Darlehen erst zum Nachrangdarlehen, so wie ein vermögensrechtlicher Anspruch, der üblicherweise den Anteilseignern zusteht, Voraussetzung für die Bezeichnung eines Hybridinstruments als Genussrecht ist. Für die Bezeichnung als stille Gesellschaft ist die Gewinnbeteiligung nach § 231 Abs. 2, 2. Hs. HGB konstitutiv, und bei Hybridanleihen finden sich typische Regelungen hinsichtlich Laufzeit und

---

313 § 6 der Hybridanleihe Claas (2005).

314 Hybridanleihe Deutsche Börse (2008), § 3; Hybridanleihe TUI (2005), § 3; Hybridanleihe Siemens (2006), §§ 3 und 4; Hybridanleihe Porsche (2007), §§ 3 und 4.

315 Etwa Hybridanleihe Claas (2005), § 13 Abs. 1; Hybridanleihe Pfleiderer (2007), § 13.

Vergütung. Diese Merkmale sind jedoch allesamt nicht auf das eine oder andere Instrument beschränkt. Im Einzelnen lassen sich in Finanzierungsverträgen folgende Module identifizieren:

Beim Nachrangdarlehen sind insbesondere Regelungen zu Laufzeit und Kündigungsrechten, Rangrücktritt und Vergütung vorhanden. Die Kündigungsklauseln sind von der Übernahme eines grundsätzlich höheren Risikos des Gläubigers im Gegensatz zum normalen Darlehensgeber geprägt. Was die Rangrücktrittsklausel anbelangt, so ist zwischen der relativen Subordination gegenüber bestimmten anderen Gläubigern oder Forderungen und der absoluten Subordination gegenüber einer unbestimmten Zahl von Forderungen zu unterscheiden. Neben dem Kreis der Begünstigten ist auch nach der zeitlichen Reichweite zu differenzieren, ob sich die Klausel nur in Insolvenz und Liquidation oder auch vor- und ggf. nachher auswirkt. Beim absoluten Rangrücktritt ist für Insolvenz und Liquidation schließlich die „Tiefe" der Subordination entlang der gesetzlichen Ränge der InsO regelungsbedürftig.

Bei Genussrechten gilt hinsichtlich Laufzeit, Kündigung und Rangrücktritt das zum Nachrangdarlehen Gesagte. Neben der Subordination finden sich dort aber auch Regelungen zur Verlustbeteiligung i. e. S., welche durch die Herabsetzung des Rückzahlungsanspruchs erreicht wird. Hier ist zu unterscheiden zwischen dem festen und beweglichen Kapitalkonto sowie bei Letzterem, ab welchem Zeitpunkt die Beteiligung an Verlusten beginnt und wie weitreichend diese ist. „Genuss"rechte zur Kompensation des höheren Risikos finden sich in Form der Beteiligung an stillen Reserven bzw. am Liquidationserlös sowie der gewinnabhängigen oder gewinnorientierten Vergütung. Hier sind verschiedene Regelungen zu Bemessungsgrundlage und ggf. Nachholung der Vergütung denkbar.

Bei der stillen Gesellschaft heißt der gesetzliche Regelfall mit Verlustbeteiligung und Gewinnbeteiligung typische stille Gesellschaft. Bei der atypischen stillen Gesellschaft ist der Stille stärker an der Wertentwicklung eines Unternehmens beteiligt und/oder verfügt über unternehmerische Mitwirkungsrechte. Ersteres äußert sich in der Beteiligung an stillen Reserven bzw. an der Wertsteigerung des Anlagevermögens. Bisweilen liegt zudem neben dem Rangrücktritt auch eine Verlustbeteiligung vor.

Bei Hybridanleihen sind die Module in der Regel so gestaltet, dass die Eigenkapitalqualifikation nach IFRS erreicht wird; das setzt voraus, dass sich der Kapitalnehmer einem Mittelabfluss jederzeit entziehen kann. Die damit einhergehende charakteristische Vergütungsregelung sieht vor, dass grundsätzlich keine Verpflichtung zur Zinszahlung vorhanden ist. Die Laufzeit ist in der Regel unbegrenzt. Über eine Erhöhung des Zinssatzes nach einigen Jahren verbunden mit einem Kündigungsrecht des Emittenten wird jedoch effektiv eine Beschränkung der Laufzeit erreicht. Umfangreiche Regelungen sind meist zu Zinsausfall, -aufschub und Nachzahlung vorhanden. Auch findet sich meist eine Rangrücktrittsklausel, eine Verlustbeteiligung ist bei Hybridanleihen jedoch äußerst selten.

Teil 2. *Bedeutung*: Informationsbedarf über einzelne Module

In Teil 2 wird nun der Informationsbedarf von Akteuren, die über aktuelle oder potentielle vertragliche Zahlungsansprüche aus ihrer rechtlichen Beziehung zum Hybridkapitalnehmer verfügen (im Folgenden: Adressaten),[316] an konkreten Hybridfinanzierungen ermittelt. Es handelt sich dabei um einen Ausschnitt dessen, was an Information über Finanzierung und Kapitalstruktur(-risiko) des Unternehmens benötigt wird. Die überblicksartige Darstellung der Instrumente im vorangehenden Teil hat bestätigt, dass deren Bezeichnungen wegen der Vielfalt an unterschiedlichen Ausgestaltungen kaum Rückschlüsse auf den Vertragsinhalt zulassen. Entscheidend sind die Module des jeweiligen Instruments, auf die sich deshalb die weitere Bearbeitung konzentriert. Die Ausgangsfrage lautet also: Wer hat aufgrund welcher Interessenlage ein Informationsbedürfnis bzgl. der Module einer anstehenden oder getätigten Ausgabe von hybriden Kapitaltiteln?

In einem ersten Schritt werden die Adressaten samt ihrer vermögensrechtlichen Ansprüche und der damit verbundenen Zielvorstellungen bzgl. Finanzierung und Kapitalstruktur der Gesellschaft dargelegt. Aus den finanziellen Zielvorstellungen werden im nächsten Schritt die Informationsbedürfnisse an den einzelnen Modulen hybrider Finanzierungsinstrumente ermittelt. Dazu wird nach den Auswirkungen der einzelnen Rückzahlungs- und Vergütungsmodule auf die Zielvorstellungen gefragt und daraus die Relevanz der einzelnen Module für die (Des-)Investitionsentscheidung ermittelt (*decision usefulness*).[317] Die Auswirkungen sind hauptsächlich in zweifacher Weise von Bedeutung: im Hinblick auf den Zu- und Abfluss von Zahlungsmitteln (Cashflow-Relevanz) beim Unternehmen und auf die Anspruchskonkurrenz der Kapitalgeber in der Insolvenz. Gleichzeitig wird die entscheidungserhebliche Information auf ein geeignetes Maß reduziert.

Bei einigen Modulen, insbesondere denjenigen zur Vergütung, liegen die Auswirkungen auf der Hand; die Ausführungen beschränken sich dort auf wenige Absätze. Ganz anders hingegen verhält es sich insbesondere bei Verlustbeteiligung und Rangrücktritt, wo zudem die Änderungen im Insolvenzrecht durch das MoMiG[318] im November 2008 neue Rechtsfragen aufgeworfen haben. Hier liegt daher der

---

316 Im Hinblick auf den darauf folgenden Teil 3, der sich auf die Übermittlung der Information im Jahresabschluss bezieht, wird diese Bezeichnung schon hier verwendet.

317 Die Untersuchung geht gelegentlich mit der Prüfung der rechtlichen Zulässigkeit bestimmter Vertragsklauseln einher; dabei wird die Anwendbarkeit des deutschen Rechts unterstellt.

318 Gesetz zur Modernisierung des GmbH-Rechts und zur Bekämpfung von Missbräuchen vom 23. 10. 2008, BGBl. 2008 Teil I, S. 2026 ff.

Schwerpunkt dieses Teils, an dessen Schluss eine systematische Zusammenfassung der wesentlichen Informationsbedürfnisse steht.

A. Adressaten und ihre finanziellen Zielvorstellungen

Alle Inhaber von Zahlungsansprüchen sind an einem möglichst geringen Kapitalabfluss an Dritte und an hohen Zuflüssen an die Gesellschaft interessiert (Cashflow). Dadurch erhöht sich die Wahrscheinlichkeit, dass sie künftig Zahlungsströme generieren wird und die Erwartungen der Adressaten bezüglich der eigenen Zahlungsansprüche erfüllt. Die Verschiedenartigkeit dieser Ansprüche (insbesondere: fix oder erfolgsabhängig) führt zumindest zu einer graduell unterschiedlichen Interessenlage, was sich auf das Informationsbedürfnis auswirkt.[319]

I. Anteilseigner

Als erste große Gruppe von Adressaten lassen sich die vorhandenen sowie potentiellen Anteilseigner identifizieren. Ihnen können Zahlungsansprüche gegenüber dem Kapitalnehmer in ihrer Eigenschaft als Mitglieder zustehen. Darüber hinaus können sie Inhaber von Ansprüchen gegenüber Dritten aus dem Verkauf ihrer Anteile werden. Information benötigen sie für ihre Entscheidungen über Halten, Kaufen oder Verkaufen der Anteile sowie für die Ausübung ihrer Mitwirkungsrechte.

Von primärem Interesse ist für Anteilseigner die Optimierung des Zahlungsstroms aus ihrem Kapitaleinsatz, d.h. die Erzielung der größtmöglichen Rendite, und zwar über Ausschüttungen oder über Wertsteigerungen ihrer Anteile.[320] Letztere resultieren in höheren potentiellen Ansprüchen gegenüber Käufern ihrer Anteile. Was Erstere anbelangt, so steht dem Aktionär eine (abstrakte) mitgliedschaftliche Gewinnberechtigung aus § 58 Abs. 4 AktG zu; durch den Gewinnverwendungsbeschluss der Hauptversammlung entsteht der schuldrechtliche Dividendenanspruch als Gläubigerrecht. Vorzugsaktionären steht ein Vorzug bzgl. des Ranges bei der Gewinnverteilung (Dividendenvoraus, Vorabdividende), § 139 Abs. 1 AktG, und ein Recht auf Nachzahlung im Falle des Ausfalls der Dividende zu, § 140 Abs. 2 AktG. Das Gewinnrecht („Anspruch auf den Jahresüberschuss") des Gesellschafters einer GmbH ergibt sich aus § 29 Abs. 1 GmbHG.[321] Aus diesem Gewinnstammrecht erwächst durch den Beschluss der Gesellschafterversammlung (§ 46

---

319 *Bieg/Kußmaul*, Externes Rechnungswesen, S. 50ff. Empirische Studie zu Informationsbedürfnissen von Adressaten bei PAAinE, Financial Information.

320 Allgemein zu den Informationsbedürfnissen der Anteilseigner *Wöhe/Döring*, Bilanzierung und Bilanzpolitik, S. 45f.; *Bieg/Kußmaul*, Externes Rechnungswesen, S. 52f.; PAAinE, Liabilities and Equity, Ziff. 1.16ff. Vgl. auch IFRS Rahmenkonzept F.9 lit. a.

321 Im Gegensatz zur Aktiengesellschaft gilt hier nicht der Gleichbehandlungsgrundsatz: Der Verteilungsmaßstab ist vertraglich festlegbar; die Gewinnausschüttung kann gänzlich ausgeschlossen werden (gGmbH).

Nr. 1 GmbHG) der konkrete, schuldrechtliche Gewinnanspruch. In besonderem Maße ist für alle Anteilseigner von Bedeutung, welcher Anteil des Vermögenszuwachses und der Ausschüttung ihnen jeweils zusteht (Information über andere erfolgsabhängige Ansprüche, insbesondere solche, die im Rang vorgehen).

Kommt es zur Liquidation der Gesellschaft, so liegt ein möglichst hoher (Rück-)Zahlungsanspruch im Interesse des Anteilseigners. Der Anspruch auf den Liquidationserlös („Das nach der Berichtigung der Verbindlichkeiten verbleibende Vermögen der Gesellschaft“) ergibt sich für den Aktionär aus § 271 Abs. 1 AktG, für den Gesellschafter einer GmbH aus § 72 GmbHG. Vorzugsaktionären wird bisweilen auch beim Liquidationserlös ein Vorrang eingeräumt. Möglich ist auch die Beschränkung des Anteils am Liquidationserlös auf den Nennwert der Vorzugsaktien (gegebenenfalls zzgl. Aufgeld, „obligationsähnliche Vorzugsaktien“). Wegen der in der Praxis ohnehin meist geringen Insolvenzquoten selbst für erstrangige Ansprüche besteht auf den ersten Blick kein Grund, warum sich Anteilseigner mit ihren am Ende (§ 199 S. 2 InsO) rangierenden Ansprüchen für das Rangverhältnis unterschiedlicher Kapitalgeber interessieren sollten, zumindest über ein allgemeines Informationsbedürfnis an der Kapitalstruktur hinaus.[322] Wie zu zeigen sein wird, ist der Rangrücktritt Dritter jedoch insbesondere in finanziell angespannten Lagen von Bedeutung, was den Zeitpunkt der Insolvenzreife angeht.

II. Darlehensgeber

Weitere wichtige Adressaten stellen die aktuellen und künftigen Darlehensgeber dar. Ihre Entscheidungen beziehen sich auf Neugewährung, Prolongation, Kündigung oder Veräußerung von Krediten.[323]

Der Zins- und Rückzahlungsanspruch der Darlehensgeber folgt aus § 488 Abs. 1 S. 2 BGB. In der Regel werden diese Ansprüche aus Einzahlungsüberschüssen der Unternehmung bestritten, so dass ein Interesse an einer größtmöglichen Haftungsmasse und möglichst geringen Entnahmen seitens der Anteilseigner besteht (Cashflow-Relevanz). Was die Anspruchskonkurrenz der Kapitalgeber in der Insolvenz betrifft, so ist das Informationsbedürfnis an der Rangfolge der Befriedigung von Ansprüchen klar erkennbar.

III. Sonstige Adressaten

Neben Anteilseignern und Darlehensgebern verfügen über vertragliche Zahlungsansprüche aus ihrer rechtlichen Beziehung zum Unternehmen insbesondere Ar-

---

322 Nachrangige Gläubiger gehen in aller Regel ohnehin leer aus, vgl. *Habersack*, ZGR 2000, S. 384 (387).

323 Allgemein zu den Informationsbedürfnissen der Darlehensgeber *Wöhe/Döring*, Bilanzierung und Bilanzpolitik, S. 45 f.; *Bieg/Kußmaul*, Externes Rechnungswesen, S. 51 f.; PAAinE, Liablilties and Equity, Ziff. 1.16 ff.; vgl. auch IFRS Rahmenkonzept F.9 lit. d.

beitnehmer, Lieferanten und Vermieter.[324] Deren maßgebliche Ansprüche ergeben sich aus § 611 Abs. 1, 2. Hs. BGB (Lohnanspruch) und etwa § 433 Abs. 2 BGB (Kaufpreisanspruch) oder § 631 Abs. 1, 2. Hs. BGB (Werklohnanspruch) sowie § 535 Abs. 2 BGB (Miete). Ihre Informationsbedürfnisse als Gläubiger decken sich weitgehend mit denjenigen der Darlehensgeber. Überschneidungen mit den Interessen der Anteilseigner bestehen seitens der Arbeitnehmer bei gewissen erfolgsabhängigen Lohnansprüchen (wenn sie dafür nicht schon als echte Anteilseigner am Unternehmenserfolg beteiligt werden). An der wirtschaftlichen Lage des Unternehmens als Ganzes sind Arbeitnehmer aber auch wegen der Sicherheit der Arbeitsplätze interessiert (vgl. etwa § 106 Abs. 3 Nr. 1 BetrVG).

Finanziert sich das Unternehmen durch verschiedene hybride Finanzierungsinstrumente, so benötigen Hybridkapitalgeber Information über die Ausgestaltung der jeweils anderen Instrumente. Je nach Ausgestaltung der eigenen Titel deckt sich das Interesse eher mit dem von herkömmlichen Gläubigern bzw. Darlehensgebern oder von Anteilseignern.

IV. Zusammenfassung

Bei der Ermittlung des Informationsbedürfnisses an den einzelnen Modulen hybrider Finanzierungsinstrumente wird auf die Adressatengruppen der Anteilseigner und Gläubiger Bezug genommen. Sie werden später in Teil 3 auch als die wesentlichen Adressaten der Abschlüsse nach HGB und IFRS identifiziert.[325] Die Module werden im Hinblick auf den Cashflow des Unternehmens und die Anspruchskonkurrenz der Kapitalgeber in der Insolvenz untersucht.

B. Rückzahlung

I. Laufzeit

Zentrale Regelung des Rückzahlungsanspruchs und von größter Bedeutung für den Einblick in die Finanzlage, insbesondere die Liquiditätslage zu einem konkreten Zeitpunkt, ist die Laufzeit des Finanzierungstitels.[326] Die Dauer der Kapitalüberlassung entscheidet über die Frage, ob und wann dem Unternehmen das zur Verfügung gestellte Kapital wieder entzogen wird (Belastung des Cashflows). Die (künftige) Solvabilität des Unternehmens hat jedenfalls mittelbar Bedeutung für die Rechte aller Adressaten, denn diese beeinflusst die Fähigkeit des Unterneh-

---

324 Zu den Informationsbedürfnissen dieser Gruppen *Bieg/Kußmaul*, Externes Rechnungswesen, S. 51 f.; IFRS Rahmenkonzept F.9 lit. b, d und e.

325 Dies ist der Vereinfachung geschuldet. Nicht verkannt wird, dass sich für Anteilseigner ebenfalls Gläubigerrechte aus der Mitgliedschaft ergeben können.

326 *Hüttemann* in Großkommentar HGB-Bilanzrecht, 1. Teilband, § 268 Rn. 32.

mens, Ansprüche bedienen zu können bzw. sie lässt Rückschlüsse auf die Wahrscheinlichkeit eines Unternehmenszusammenbruchs zu.[327]

Was die Genauigkeit der Information über die verbleibende Laufzeit anbelangt, so ist zu differenzieren. Innerhalb eines Zeitraumes, in dem Prognosen über die Finanzlage des Unternehmens möglich sind, ist jeweils das Jahr der Fälligkeit von Interesse.[328] Anhaltspunkte für den Prognosezeitraum kann die Praxis der Wirtschaftsprüfer und Analysten liefern: Die Einschätzung wesentlicher Chancen und Risiken im Rahmen der Aufstellung des Lageberichts gemäß § 289 HGB (Abs. 1 S. 4: „voraussichtliche Entwicklung“) erfolgt regelmäßig über einen Zeitraum von mindestens zwei Jahren, jedenfalls für Unternehmen mit längeren Produktionszyklen.[329] Detaillierte Planungsrechnungen und ebensolche Prognosen der finanziellen Überschüsse im Rahmen einer Unternehmensbewertung erfolgen häufig über einen Zeitraum von fünf Jahren.[330] Ein solcher Zeitraum scheint geeignet, um mit Angaben zur jährlichen Fälligkeit entscheidungserhebliche Information zu liefern. Die Angabe lediglich von zwei Laufzeitbändern (etwa „Fälligkeit innerhalb zwei Jahren“ und „Fälligkeit innerhalb fünf Jahren“) ist nicht ausreichend.[331]

Genaue Prognosen hinsichtlich der wirtschaftlichen Entwicklung und insbesondere der Möglichkeit, Kapital zu einem Zeitpunkt aufzunehmen, der weiter als fünf Jahre in der Zukunft liegt, sind in der Regel nicht durchführbar.[332] Jedoch liegt ein Informationswert in der gebündelten Information über Kapitaltitel mit sehr langer (etwa 10, 20 oder 30 Jahre) sowie mit unbefristeter Laufzeit.[333] Daraus lassen sich Rückschlüsse ziehen auf das Vertrauen, das die Kapitalgeber dem Unternehmen bzw. seiner Leitung entgegenbringen, was wiederum bei der Prognose über das Schicksal der eigenen Ansprüche und des Werts der Investition hilfreich sein kann. Sehr lange bzw. ewige Kapitalüberlassung beseitigt Refinanzierungsrisiken und bietet (zusammen mit einem Kündigungsrecht des Unternehmens) die größtmögliche finanzielle Flexibilität.

---

327 *Revsine/Collins/Johnson*, Financial reporting and analysis, S. 159 f.; *Bieg/Kußmaul*, Externes Rechnungswesen, S. 55 f.; PAAinE, Liablilties and Equity, Ziff. 1.23.

328 Etwas anderes mag gelten für Kreditgeber, wenn ein größerer Teil der Fremdfinanzierung in einem kurzen Zeitraum rückzahlbar wird; hier interessiert es den Kreditgeber, ob eine solche Fälligkeit (kurz) vor der Fälligkeit der eigenen Forderung eintritt, also eine genauere Angabe als nur das Jahr der Fälligkeit.

329 IDW RS HFA 1 Rn. 36. *Küting/Kessler*, BB 1994, S. 2103 (2112), halten ebenfalls die Zweijahresfrist für die Entscheidende zur Information der Gläubiger, da sie somit „in jedem Fall rechtzeitig über den bevorstehenden Abfluss (...) unterrichtet werden“; ebenfalls für Information über Mindestlaufzeiten von fünf und zwei Jahren *Breker/Harrison/Schmidt*, KoR 2005, S. 469 (478).

330 Siehe IDW, Entwurf einer Neufassung des IDW-Standards: Grundsätze zur Durchführung von Unternehmensbewertungen (IDW ES 1 n.F.), WPg 2005, S. 28 ff. Tz. 86; *Fischer/Jansen/Meyer*, Langfristige Finanzplanung, S. 27 (mit empirischer Untersuchung zum Planungszeitraum).

331 So auch *Brüggemann*, Anhang des IFRS-Abschlusses, S. 234 f. Vgl. auch die Angabepflichten nach IFRS 7.39, wonach für eine solche Verkürzung der Information kein Raum ist.

332 *Breker/Harrison/Schmidt*, KoR 2005, S. 469 (478).

333 Für Information mit dem Laufzeitband 10 Jahre *Luttermann*, Genußrechte, S. 532 Fn. 184; Planungshorizont bei Standard & Poor's sowie Fitch Ratings von 20 Jahren, siehe Fitch Ratings, Equity Credit for Hybrids & Other Capital Securities, Dezember 2009, S. 13; Standard & Poor's, Criteria: Harmonized Standards For Minimum Term Of Hybrid Capital Issues, Februar 2007.

II. Kündigungsrechte des Kapitalgebers

Im Hinblick auf ordentliche Kündigungsrechte des Kapitalgebers (*put option*) und die diesbezüglichen Fristen sind die zur Laufzeit angestellten Überlegungen zu übertragen.[334] So ist etwa eine zeitlich unbegrenzte Kapitalüberlassung bei fünfjähriger Kündigungsfrist seitens des Hybridkapitalgebers im Hinblick auf eine drohende Cashflow-Belastung und das Refinanzierungsrisiko gleichbedeutend mit einer (Rest-)Laufzeit eines unkündbaren Instruments von fünf Jahren. Dem kann auch nicht entgegengehalten werden, dass es bei entsprechendem Zinsniveau und guter finanzieller Lage nicht zur Kündigung kommen wird, denn in diesem Fall besteht ohnehin kein hohes Refinanzierungsrisiko, d. h. auch eine feste Laufzeit stellt dann keine Gefahr für die Finanzlage des Unternehmens dar.

Für den Fall des Ausschlusses des ordentlichen Kündigungsrechts stellt sich die Frage der rechtlichen Wirksamkeit. Zunächst ist festzuhalten, dass das Recht des Darlehensvertrags dem nicht entgegensteht: § 489 BGB (ordentliches Kündigungsrecht des Darlehensnehmers) gilt nicht für den Kapitalgeber. Auf Schuldverschreibungen finden die Vorschriften zum Darlehensvertrag im Übrigen keine Anwendung.[335] Allerdings sind, wenn kein individuell ausgehandeltes Hybridprodukt vorliegt, die §§ 305 ff. BGB anwendbar.[336] Auch wenn man die ewige Laufzeit unter Ausschluss des Kündigungsrechts des Kapitalgebers nicht zu den Hauptleistungen zählt, die keiner Inhaltskontrolle unterliegen (vgl. § 307 Abs. 3 S. 1 BGB),[337] so wird man zumindest bei Bestehen einer Veräußerungsmöglichkeit des Titels (zumal bei Börsennotierung) nicht von einer unangemessenen Benachteiligung i. S. v. § 307 Abs. 1 BGB ausgehen können.[338] Aus diesem Grund dürfte auch keine Sittenwidrigkeit gemäß § 138 Abs. 1 BGB vorliegen.[339] Bei der stillen Gesellschaft ist zu beachten, dass das ordentliche Kündigungsrecht bei unbestimmter Laufzeit nicht gänzlich abdingbar ist (vgl. § 723 Abs. 3 BGB).[340] Ein Ausschluss über einen Zeitraum von 30 Jahren wird im Regelfall jedoch unbedenklich sein.[341]

Was die außerordentlichen Kündigungsrechte anbelangt, so stellt § 314 BGB für Finanzierungsverträge als Dauerschuldverhältnisse in seinem Kern zwingendes

---

334 Ebenso *Breker/Harrison/Schmidt*, KoR 2005, S. 469 (478).

335 *Berger* in Münchener Kommentar BGB, Band 3, § 489 Rn. 5; ausführlich *Schäfer* in Festschrift Kümpel (2003), S. 453 (457 ff.).

336 Zur Anwendbarkeit des AGB-Rechts auf Schuldverschreibungen siehe BGH NJW 2005, 2917 (2917 f.); BGHZ 119, 305 (312); *Ulmer/Habersack* in Ulmer/Brandner/Hensen, AGB-Recht, § 305 Rn. 70 ff. Aus dem früher intensiv geführten Streit etwa *Hopt* in Festschrift Steindorff (1990) S. 341 (364 ff.).

337 Dazu BGHZ 100, 157 (173); 119, 305 (315).

338 Im Ergebnis ebenso *Thomas*, ZHR 171 (2007), S. 684 (697).

339 *Sester*, ZBB 2006, S. 443 (451); *Thomas*, ZHR 171 (2007), S. 684 (697).

340 BGHZ 50, 316 (321); BGH NJW 1992, 2696 (2698); *K. Schmidt* in Münchener Kommentar HGB, Band 3, § 234 Rn. 47; *Blaurock*, Stille Gesellschaft, Rn. 15.23.

341 Siehe oben Fn. 243.

Recht dar.[342] Allerdings ist eine Konkretisierung durch Festlegung wichtiger Gründe, die gleichzeitig andere Gründe ausschließen soll, insofern zulässig, als damit eine zumutbare Verteilung bestimmter Risiken im Vertragsverhältnis vorgenommen wird.[343]

Von erheblicher Bedeutung für die Finanzlage in finanziell angespannten Zeiten sind außerordentliche Kündigungsrechte, welche sich auf die wesentliche Verschlechterung der wirtschaftlichen Verhältnisse beziehen, etwa das Kündigungsrecht des Darlehensgebers aus § 490 Abs. 1 BGB oder ein explizit vertraglich vereinbartes Kündigungsrecht für den Fall der Krise. Sie können zu einer existenzbedrohenden Cashflow-Belastung führen. Der Ausschluss dieses Kündigungsrechts ist allerdings möglich.[344] Wegen der Cashflow-Relevanz ist ein hohes Informationsbedürfnis am Bestehen solcher Kündigungsrechte bzw. deren Ausschluss vorhanden. Der Ausschluss wird sich bei hybriden Finanzierungsinstrumenten wegen der besonderen Risikoübernahmen des Kapitalgebers häufig auch im Wege der Vertragsauslegung ergeben. Eine Informationsvermittlung könnte hier jedoch nur unter Unsicherheit erfolgen, so dass sie zu unterbleiben hat.

III. Kündigungsrecht des Emittenten

1. Allgemeines

Anders als die Kündigungsrechte des Hybridkapitalgebers sind diejenigen des Kapitalnehmers (*call options*) für die Adressaten von ungleich geringerer Relevanz. Sie werden davon ausgehen dürfen, dass das Management ein Kündigungsrecht nur dann ausüben wird, wenn dies im finanziellen Interesse des Unternehmens ist, das Kapital nicht gebraucht wird bzw. eine günstigere Refinanzierungsmöglichkeit besteht.[345]

2. Kündigungsanreize

Anders verhält es sich dagegen, wenn ein von vornherein im Vertrag angelegter Anreiz zur Kündigung besteht. Ist ein *step-up* mit einem Kündigungsrecht des Kapitalnehmers verbunden, so stellt der Zeitraum vom Anfang der Laufzeit bis zu diesem Moment die effektive Laufzeit (im Gegensatz zur nominalen, z.B. ewigen

---

342 *Grüneberg* in Palandt, BGB, § 314 Rn. 3; *Gaier* in Münchener Kommentar BGB, Band 2, § 314 Rn. 4.

343 *Gaier* in Münchener Kommentar BGB, Band 2, § 314 Rn. 4.

344 *Berger* in Münchener Kommentar BGB, Band 3, § 490 Rn. 22; *K. Schmidt*, ZIP 1999, S. 1241 (1247).

345 Vgl. Moody's, Refinements to Moody's Tool Kit: Evolutionary, not Revolutionary!, Februar 2005, S. 3. Die Gefahr einer unvorteilhaften Entscheidung zur Kündigung besteht jedoch aufgrund möglicher Kollusion mit dem Kapitalgeber oder aufgrund sonstiger Fehlentscheidungen des Mangements.

Laufzeit) des Instruments dar. Insofern kommt die Struktur einer festen Laufzeit gleich. Hinzu kommt die Erwartungshaltung des Kapitalmarkts, die einen zusätzlichen Kündigungsanreiz bietet. Nur bei erheblichen Refinanzierungsschwierigkeiten oder Verschlechterung der Bonität des Unternehmens wird das Management von einer Kündigung Abstand nehmen.[346] In jedem Fall besteht ein Informationsbedürfnis an den konkreten Regelungen im Finanzierungsvertrag, damit die Adressaten die Wahrscheinlichkeit des Kapitalabzuges einschätzen können.

3. Klauseln zur Kapitalersatzbeschaffung

Was die Beschaffung von Ersatzkapital (*replacement language*) betrifft, so sind die derzeit in der Praxis zum Einsatz kommenden Vertragsklauseln für die Adressaten von geringer Bedeutung. Dies gilt zunächst für die bloße Absichtserklärung, da sie selbstredend den Erhalt von Risikokapital nicht zu garantieren vermag. Aber auch die als Bedingung für die Kündigung formulierten Klauseln zur Kapitalersatzbeschaffung sind in ihrer Bedeutung höchst fragwürdig:[347] Es besteht (anders als bei Finanzdienstleistungsunternehmen, aus deren Finanzierungspraxis die Klauseln stammen)[348] keine Aufsichtsinstanz, welche die Einhaltung der Klauseln überwacht und gegebenenfalls durchsetzt. Die Hybridkapitalgeber haben in der Regel nach Kündigung ihres Engagements kein Interesse daran, dass das Unternehmen Ersatzkapital aufnimmt. In der Literatur wird diesbezüglich auf den kondiktionsrechtlichen Anspruch aus § 812 Abs. 1 S. 1, 1. Alt. BGB verwiesen, den der Insolvenzverwalter durchsetzen könne, falls es zur Rückzahlung des Kapitals ohne Ersatzbeschaffung gekommen sei.[349] Jedoch steht es Hybridkapitalnehmer und -geber frei, die Klausel über die Ersatzbeschaffung aufzuheben, ggf. konkludent mit Rückzahlung des Kapitals. Anders verhielte es sich, wenn die Klausel als Vertrag zugunsten Dritter (d.h. anderer Gläubiger des Unternehmens) i.S.v. § 328 BGB ausgestaltet wäre.[350] Es müsste aber auch sichergestellt sein, dass die Gläubiger vor einer Kündigung seitens des Managements informiert und in die Lage versetzt werden, gegebenenfalls durch einstweiligen Rechtsschutz, den Verbleib des Kapitals (bzw. den Ersatz des Kapitals vor Rückzahlung des Gekündigten) sichern zu können.[351] In der Vertragspraxis hat sich eine solche Klausel jedoch noch nicht durchgesetzt.

---

346 Beispiele aus dem Bankensektor unten Fn. 475.

347 Zweifelnd auch Fitch Ratings, Equity Credit for Hybrids & Other Capital Securities, Dezember 2009, S. 25 („There is sufficient doubt about the legal efficacy of such covenants"); Moody's Investors Service, Hybrid Tool Kit: Limiting Equity Credit in the Capital Structure, März 2008, S. 3.

348 Aufsichtsmittel in § 10 Abs. 4 S. 3, Abs. 5 S. 4, 1. Hs. KWG.

349 *Sester*, ZBB 2006, S. 443 (450 f.).

350 Vgl. Moody's Investors Service, Refinements to Moody's Tool Kit: An Addendum for Banks and Insurers, Januar 2006, S. 4, mit einem Beispiel aus der US-amerikanischen Finanzierungspraxis.

351 Aber hier stellten sich Probleme der rechtlichen Zulässigkeit, etwa wegen Verstoßes gegen § 138 Abs. 1 BGB. Sittenwidrig wäre es möglicherweise, wenn das Management auch im Fall eines mit der Refinanzierung einhergehenden Verstoßes gegen ihre Sorgfaltspflichten (vgl. § 93 Abs. 1

IV. Relativer Rangrücktritt

Ebenfalls unbedeutend für die Adressaten ist Information über einen relativen Rangrücktritt. Solche Vereinbarungen sind nur für die dadurch Begünstigten relevant. Da diese aber regelmäßig Parteien des Vertrages sind, zumindest aber an den Vertragsverhandlungen beteiligt waren, verfügen sie bereits über die notwendigen Kenntnisse. Weder sonstige Gläubiger noch Anteilseigner haben hieran ein Informationsbedürfnis. Auch bei der Qualifikation als materielles Eigenkapital (etwa im Ratingverfahren) spielen solche Rangrücktrittsvereinbarungen keine Rolle.[352]

V. Absoluter Rangrücktritt

1. Allgemeines

Gänzlich anders verhält es sich mit dem Informationsbedürfnis der Adressaten an einer Nachrangvereinbarung, die sich nicht nur zugunsten bestimmter Kapitalgeber auswirkt (absoluter Rangrücktritt). Neben der Reihenfolge der Befriedigung von Ansprüchen in der Insolvenz kann ein absoluter Rangrücktritt auch den Mittelabfluss außerhalb der Insolvenz (Cashflow-Relevanz) sowie den Zeitpunkt des Eintritts der Insolvenz beeinflussen.

Alle Adressaten, die im Falle der Insolvenz Gläubiger gemäß § 38 InsO (Insolvenzgläubiger) wären, interessieren sich erstens dafür, wie das Rangverhältnis ihrer Ansprüche zu denen anderer Anspruchsinhaber ist, ob also der Rückzahlungsanspruch des Hybridkapitalgebers dem Ihrigen vor- oder nachgeht oder etwa gleichrangig ist. Der Nachrang bringt schließlich eine (vorrangige) Beteiligung an den Verlusten in Liquidation und Insolvenz mit sich.[353] Die Anteilseignerinteressen berührt allerdings eine Gleichrangigkeit mit ihren Ansprüchen (d.h. „Letztrangigkeit" des Hybridkapitalgebers) in aller Regel nicht, da im Fall der Insolvenz ohnehin kaum einmal ein Liquidationserlös (§ 199 InsO) vorhanden ist.[354] Allerdings lässt das Wissen über die Nachrangigkeit von Forderungen (§ 39 InsO) Rückschlüsse auf die Kreditwürdigkeit des Unternehmens zu.

Ein Informationsbedürfnis aller Adressaten besteht zweitens dahingehend, inwieweit Nachrangvereinbarungen unter verschiedenen wirtschaftlichen Bedingungen den Mittelabfluss zum Zeitpunkt der Fälligkeit des Rückzahlungsanspruchs steuern (Höhe und ggf. Zeitpunkt des Rückzahlungsanspruchs außerhalb der Insolvenz, also vor und ggf. nach einer wirtschaftlichen Gesundung des Unternehmens). Schließlich ist die Liquidität und damit der Cashflow des Unterneh-

---

AktG), etwa wegen der unvorteilhaften Konditionen der Ersatzkapitalbeschaffung, zur Leistung an die Gläubiger verpflichtet würde.

352 *Habersack*, ZGR 2000, S. 384 (401); bzgl. des Ratingverfahrens *Gleske* in Habersack/Mülbert/Schlitt, Unternehmensfinanzierung, § 16 Rn. 31.

353 *Lutter* in Kölner Kommentar AktG, Band 5/1, § 221 Rn. 306; *Thiele*, Eigenkapital, S. 151.

354 *Becker*, Insolvenzrecht, Rn. 1449; vgl. auch *Habersack*, ZGR 2000, S. 384 (387).

mens entscheidend für die Bedienung der eigenen Ansprüche der Adressaten. Hier ist nach möglichen Rückzahlungssperren durch die Rangrücktrittsvereinbarung zu fragen.

Drittens bezieht sich das Interesse der Adressaten auch auf eine Rechtsfolge, welche sich aus dem Insolvenzrecht ergibt und deren Tatbestandserfüllung durch den Inhalt der Rangrücktrittsvereinbarung beeinflusst wird: Die Überschuldung, § 19 InsO,[355] und die damit verbundene Insolvenzantragspflicht, § 15a Abs. 1 bis 3 InsO.[356] Ob ein Unternehmen überschuldet ist, wird durch Aufstellung einer Sonderbilanz, dem Überschuldungsstatus (§ 19 Abs. 2 InsO), ermittelt. Dabei werden dem Vermögen die Verbindlichkeiten gegenübergestellt; je nach Inhalt der Nachrangvereinbarung muss der Rückzahlungsanspruch des Kapitalgebers den Verbindlichkeiten hinzugerechnet werden (passiviert werden) oder nicht. In letzterem Fall handelt es sich also um einen Schutz vor Insolvenz und ggf. Liquidation (*liquidation protection*)[357] – nicht durch Fehlen eines Insolvenzantragsrechts, sondern über einen (temporären) Schirm, der über dem Vermögen der Gesellschaft aufgespannt ist. Nur bei Kenntnis darüber, ob eine Forderung in der Überschuldungsbilanz passiviert werden muss oder nicht, können die Adressaten sich ein Bild davon machen, wie lange das Unternehmen weiterarbeiten kann, ohne dass eine Insolvenzantragspflicht besteht.[358] Vorauszuschicken ist, dass in der Finanzberichterstattung lediglich eine Momentaufnahme erfolgt, so dass nur über die zum maßgeblichen Zeitpunkt bestehenden Rangrücktrittsvereinbarungen informiert

---

355 Insolvenz- oder Eröffnungsgründe sind die Zahlungsunfähigkeit (§ 17 InsO; ermittelt wird sie mittels einer „Liquiditätsbilanz“), die drohende Zahlungsunfähigkeit (§ 18 InsO; hier wird ein Finanzplan über einen Prognosezeitraum erstellt) und die Überschuldung (§ 19 InsO; Feststellung durch Überschuldungsbilanz bzw. -status, dazu sogleich). Unmittelbar nach Eintritt der Eröffnungsgründe nach §§ 17 oder 19 InsO besteht in Kapitalgesellschaften, in Gesellschaften, für deren Schulden keine natürliche Person haftet, und in rechtsfähigen Vereinen Insolvenzantragspflicht, § 15a Abs. 1 bis 3 InsO (vor Inkrafttreten des MoMiG: §§ 92 Abs. 2 AktG, 64 Abs. 1 GmbHG, 130a Abs. 1, 177a HGB, 99 GenG, jeweils a.F.) und § 42 Abs. 2 BGB. Flankiert wird die Antragspflicht durch die Strafbarkeit der Insolvenzverschleppung, § 15a Abs. 4 und 5 InsO.

356 Was den Insolvenzgrund der Zahlungsunfähigkeit angeht, so wird das Informationsbedürfnis der Adressaten durch die Angaben zur Cashflow-Entlastung bei den relevanten Modulen befriedigt. Zudem dürfte eine Klausel, welche den Eintritt der Überschuldung verhindert, regelmäßig auch ausreichen, damit bei Fälligkeit des Rückzahlungsanspruchs keine (drohende) Zahlungsunfähigkeit eintritt (vgl. *Schumacher* in Bartsch/Pollak/Buchegger, Österreichisches Insolvenzrecht – Kommentar, Band II/2, § 66 Rn. 39).

357 Siehe zu den verschiedenen Schutzrichtungen der *liquidation protection* durch Beschränkungen und Zuweisungen im Hinblick auf Vermögensgegenstände der Gesellschaft (*asset partitioning*, insbesondere *affirmative asset partitioning* als Schutz des Gesellschaftsvermögens vor dem Zugriff von Gläubigern der Gesellschafter) *Hansmann/Kraakman/Squire*, Law and the Rise of the Firm, Harvard Law Review 119 (2006), S. 1333 (1335 ff.); erste Gedanken dazu bereits in *dies.*, Organizational law as asset partitioning, Yale Law Journal 110 (2000), S. 387.

358 Dies gilt im „positiven“ (Hat die Geschäftsführung noch die Möglichkeit, die Insolvenz abzuwenden?) wie im „negativen“ Sinn (Hinauszögern des Eröffnungszeitpunkts, Verlängerung des „Todeskampfs“). Die besondere Bedeutung dessen, dass ein Hybridtitel nicht bei der Frage nach der Überschuldung berücksichtigt werden muss, wird auch (unter dem Gesichtspunkt der Verlustpufferfunktion für bankaufsichtsrechtliches Eigenkapital) hervorgehoben in CEBS/EBA, Consultation Paper on Implementation Guidelines regarding Hybrid Capital Instruments (Juni 2009), Ziff. 106.

werden kann. Im Ernstfall sind häufig weitere Gläubiger zu einem solchen Schritt bereit.

2. Rang in der Insolvenz

Zunächst soll das Informationsbedürfnis der Adressaten hinsichtlich des konkreten Rangs der Forderung des Hybridkapitalgebers in der Insolvenz untersucht werden. Zwar ist die Nachrangvereinbarung, die sich auf den Rang in der Insolvenz bezieht, bei Unternehmensfortführung (*going concern*) unbeachtlich.[359] Gleichwohl kann sich das Interesse der Adressaten, insbesondere bei Unternehmen mit geringerer Kreditwürdigkeit, darauf erstrecken.

Betrachtet man die Information über den Rang isoliert, d.h. ohne die mit dem Rang verbundenen Folgen für die Überschuldung(-sbilanz), so ist festzuhalten, dass sich die Adressaten nur dafür interessieren, ob eine Forderung vor-, gleich- oder nachrangig im Verhältnis zur ihrigen ist; innerhalb der vor- und nachrangigen Forderungen interessiert der konkrete Rang nicht. So haben einfache (erstrangige) Darlehensgläubiger kein Interesse daran, wie die Rangfolge hinter ihnen beschaffen ist.

Da die Forderungen der Marktteilnehmer sich ihrerseits auf den verschiedensten Rängen befinden können (so etwa der Anspruch des Gesellschafters auf einen Teil des Liquidationserlöses auf dem Rang des § 199 S. 2 InsO; der Anspruch eines Hybridkapitalgebers mit entsprechender Nachrangvereinbarung auf dem des § 39 Abs. 2 InsO), ist grundsätzlich über alle Rangstufen zu informieren. Um die Entscheidungserheblichkeit zu bestimmen, ist jedoch einzubeziehen, wer bei der Verteilung der Insolvenzmasse inwieweit in der Praxis berücksichtigt wird. Es kommt selten vor, dass überhaupt alle nicht nachrangigen Insolvenzgläubiger voll befriedigt werden (Insolvenz mit hinreichender Masse); in der Regel erhalten diese nämlich lediglich einen Bruchteil ihrer Forderungen (Insolvenzquote).[360] Entscheidend ist damit vor allem, *ob* ein Nachrang gemäß § 39 InsO vereinbart wurde. Insbesondere ist bei allen Formen von Hybridkapital auch ausdrücklich darüber zu informieren, wenn *kein* Nachrang vereinbart wurde, um falsche Annahmen bei den Adressaten zu verhindern.

3. Auszahlungssperre außerhalb der Insolvenz

Nachrangvereinbarungen wirken sich auch außerhalb einer Insolvenz aus, wenn dies vereinbart wird. Bisweilen jedoch beschränkt sich der Nachrang dem Wortlaut nach auf das Insolvenzverfahren (meist als „einfache“ Nachrangerklärung bezeichnet). Da jedoch (wie im Einzelnen zu zeigen sein wird) zur Vermeidung der Berücksichtigung der Rückzahlungsforderung im Überschuldungsstatus eine

359 Vgl. auch *Luttermann*, Genußrechte, S. 530.
360 Siehe oben Fn. 354.

Auszahlungssperre schon vor Eintritt der Überschuldung notwendig ist, muss eine Rangrücktrittsvereinbarung, die erkennbar der Vermeidung oder Beseitigung der Überschuldung dienen soll, ggf. entsprechend ausgelegt werden.[361] Bei der Information der Adressaten kann jedoch darauf nicht abgestellt werden; relevant sind nur ausdrückliche Auszahlungssperren.[362]

Entscheidend ist, ab welcher Schwelle die Auszahlungssperre eingreift. Auslegungsbedürftig sind ggf. Formulierungen, welche einen Rücktritt „hinter alle anderen Gläubiger" vorsehen oder auf das Vorhandensein einer „Krise" abstellen, zumal Letzteres als gesetzliches Merkmal mit der Streichung von § 32a GmbHG aufgegeben wurde. Geeignet sind solche Nachrangklauseln, die auf bilanzielle Kennzahlen abstellen. Zur Systematisierung seien zunächst die Bestandteile des Kapitals der Aktiengesellschaft und der GmbH sowie das Konzept des Kapitalschutzes grob skizziert:[363]

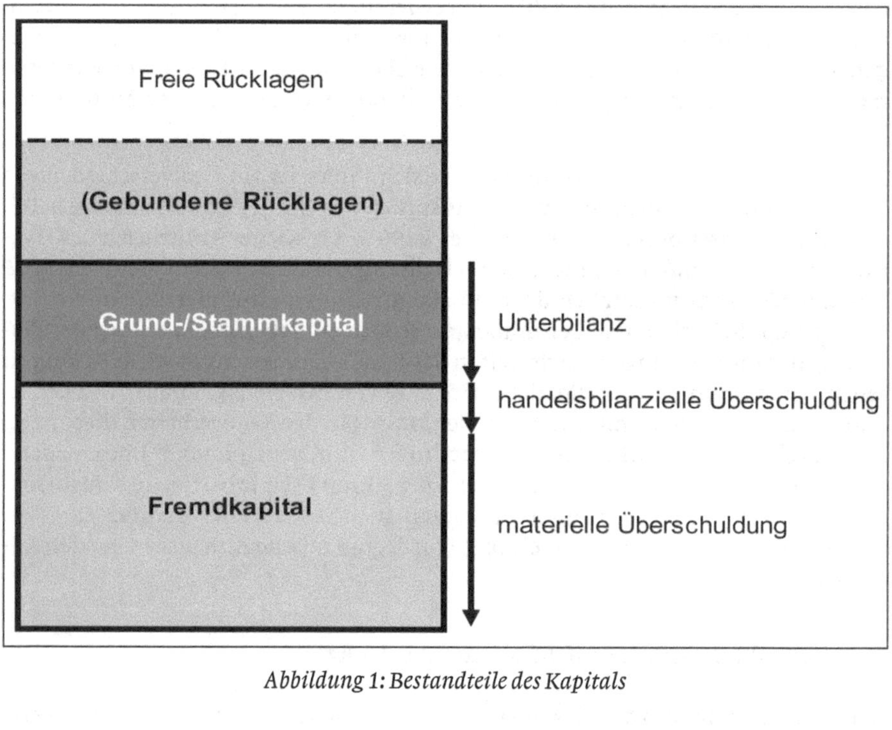

Abbildung 1: Bestandteile des Kapitals

361 Adler/Düring/Schmaltz, Rechnungslegung, Teilband 6, § 246 HGB Rn. 131, 135; *Wittig*, NZI 2001, S. 169 (170f.); *Habersack*, ZGR 2000, S. 384 (404); *Knobbe-Keuk*, ZIP 1983, S. 127 (129); wohl auch *Herrmann*, Quasi-Eigenkapital, S. 136.

362 Siehe dazu auch unten Teil 2 B.V.4.d)aa).

363 Siehe auch die Abbildung bei *Bezzenberger*, Kapital der Aktiengesellschaft, S. 24.

Das für Ausschüttungen gesperrte Kapital bildet das finanzielle Rückgrat des Unternehmens („korporatives Sparschwein").[364] Es kann zur Deckung von Verlusten herangezogen und nur unter Einhaltung von gläubigerschützenden Publizitäts- und Sicherungsvorschriften (§§ 58ff. GmbHG; §§ 222ff. AktG) ausgezahlt werden, wobei das Mindestkapital erhalten bleiben muss, §§ 5 Abs. 1, 58 Abs. 2 GmbHG, §§ 7, 228 Abs. 1 AktG. Zudem gilt ein Rangverhältnis bei der Verlustverrechnung, §§ 150 Abs. 3 und 4, 229 Abs. 2 AktG, § 58a Abs. 2 GmbHG: Vorrangig ist zur Verlustverrechnung das gebundene Kapital heranzuziehen.[365] Dieses System dient dem Schutz der Gläubiger, der Gesellschaft und auch, bei der Aktiengesellschaft, der (Minderheits-)Aktionäre im Hinblick auf das Gleichbehandlungsgebot.[366] Es führt, zusammen mit der „Letztrangigkeit" der Ansprüche auf Einlagenrückgewähr in Liquidation und Insolvenz (§§ 38, 199 InsO, §§ 268, 271 AktG, 70ff. GmbHG), zur Erfüllung der Haftungsfunktion (Garantiefunktion) durch das formelle Eigenkapital. Dieses System von Aufbringung und Erhalt eines Kapitalstocks ist, nach herkömmlicher kontinentaleuropäischer Konzeption, das Korrelat für eine Marktteilnahme mit beschränkter Haftung.[367]

Bei der GmbH[368] unterliegt nur das zur Erhaltung des Stammkapitals erforderliche Vermögen der Bindung, § 30 Abs. 1 GmbHG.[369] Bei der Aktiengesellschaft[370] gilt das Verbot der Einlagenrückgewähr aus § 57 Abs. 1 S. 1 AktG. Vor Auflösung der Gesellschaft darf nur der Bilanzgewinn verteilt werden, Abs. 3. Ein Teil der Rücklagen (u.a. die Kapitalrücklage gemäß § 272 Abs. 2 Nr. 1 bis 3 HGB und die gesetzliche Rücklage, siehe § 150 Abs. 3 und 4 AktG) kann wiederum nicht in Bilanzgewinn umgewandelt werden, so dass neben dem Vermögen i.H.d. Grundkapitals auch dasjenige, welches der Deckung des Rücklagenpuffers dient, ge-

---

364 *Windbichler*, Gesellschaftsrecht, § 23 Rn. 18.

365 Zur Parallelität von Ausschüttungssperre und Verlustverrechnung *Emmerich/Naumann*, WPg 1994, S. 677 (679).

366 *Raiser/Veil*, Kapitalgesellschaften, § 19 Rn. 1; *Bayer* in Bayer/Habersack, Aktienrecht im Wandel, Band II, 17. Kapitel Rn. 132.

367 *Wiedemann*, Gesellschaftsrecht, Band I, S. 557; *Raiser/Veil*, Kapitalgesellschaften, § 19 Rn. 1; *K. Schmidt*, Gesellschaftsrecht, § 18 IV 1; *Grundmann*, Europäisches Gesellschaftsrecht, Rn. 318 und 320ff. (zusammenfassend zur ökonomischen und rechtspolitischen Kritik). Maßgeblichen Anstoß zur Überdenkung der Grundsätze der Kapitalrichtlinie gab der Bericht der *Winter*-Gruppe: Europäische Kommission, High Level Group of Company Law Experts, Report on a Modern Regulatory Framework for Company Law in Europe, 2002. Siehe zum Thema auch den Bericht der *Rickford*-Gruppe, Reforming Capital, EBLR 15 (2004), S. 919 (Abschaffung von Mindestkapital und Kapitalerhaltung; Einführung eines Solvenztests) und des Arbeitskreises Kapital in Europa (Beibehaltung des Systems des Kapitalstocks, allerdings auf Grundlage des Einzelabschlusses nach IFRS; zusätzliche Einführung eines Solvenztests) in Lutter (Hrsg.), Das Kapital der Aktiengesellschaft in Europa, ZGR 2006, Sonderheft 17.

368 Zur Kapitalerhaltung bei der GmbH siehe *Windbichler*, Gesellschaftsrecht, § 23 Rn. 17ff.; *K. Schmidt*, Gesellschaftsrecht, § 37 III 1.

369 Für die Rückzahlung von Nachschusskapital gilt allerdings ein gesondertes Verfahren zum Schutz der Gläubiger, § 30 Abs. 2 GmbHG. Zu weiteren Ausschüttungsverboten siehe §§ 269, 272 Abs. 4, 274 Abs. 2 HGB.

370 Zur Kapitalerhaltung bei der Aktiengesellschaft siehe *K. Schmidt*, Gesellschaftsrecht, § 29 II 2; *Bezzenberger*, Kapital der Aktiengesellschaft, S. 16ff.; *Bayer* in Bayer/Habersack, Aktienrecht im Wandel, Band II, 17. Kapitel Rn. 106ff.

bunden ist. Verluste treffen das formelle Eigenkapital also in der Reihenfolge nicht gebundene Rücklagen, gebundene Rücklagen und Grund- bzw. Stammkapital.[371]

Nachrangvereinbarungen mit expliziten Auszahlungssperren außerhalb der Insolvenz lassen sich im Hinblick darauf ordnen, in welchem Verhältnis sie zu den Bestandteilen des formellen Eigenkapitals stehen. Ein hohes Entlastungspotential für den Cashflow bieten Klauseln, welche die Rückzahlung lediglich aus Bilanzgewinnen bzw. ungebundenem Vermögen erlauben. Hier liegt die Schwelle der Auszahlungssperre bei Eintritt der Unterbilanz (GmbH) bzw. beim Angriff des besonders gegen Ausschüttung geschützten Vermögens (Aktiengesellschaft), da eine Umwandlung in Bilanzgewinn nicht stattfinden kann.

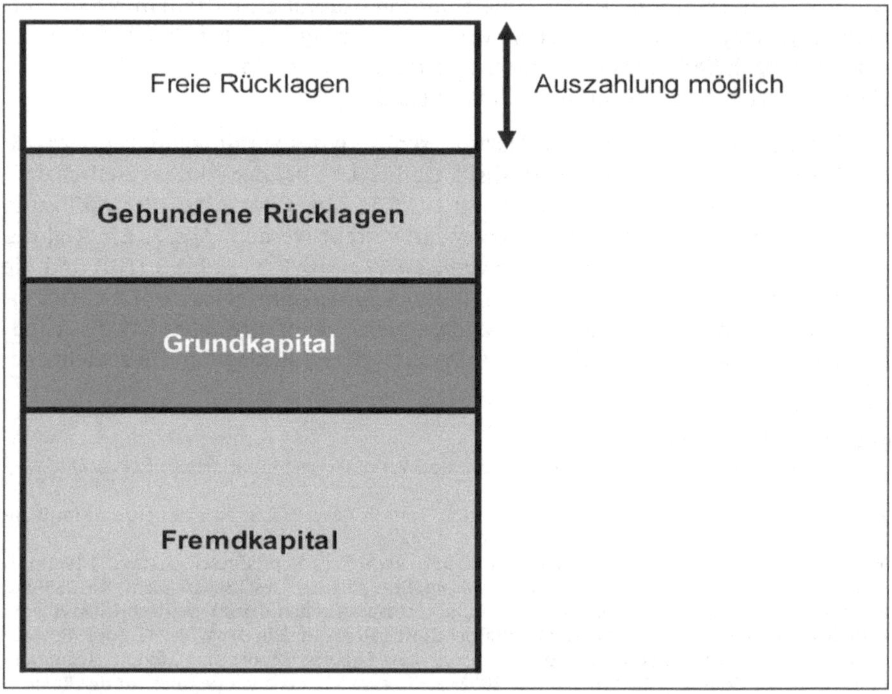

Abbildung 2: Auszahlung aus ungebundenem Vermögen bei der Aktiengesellschaft

371 Siehe zur „Gefährdungsreihenfolge" auch *Wittgen*, Betriebswirtschaftslehre, S. 236.

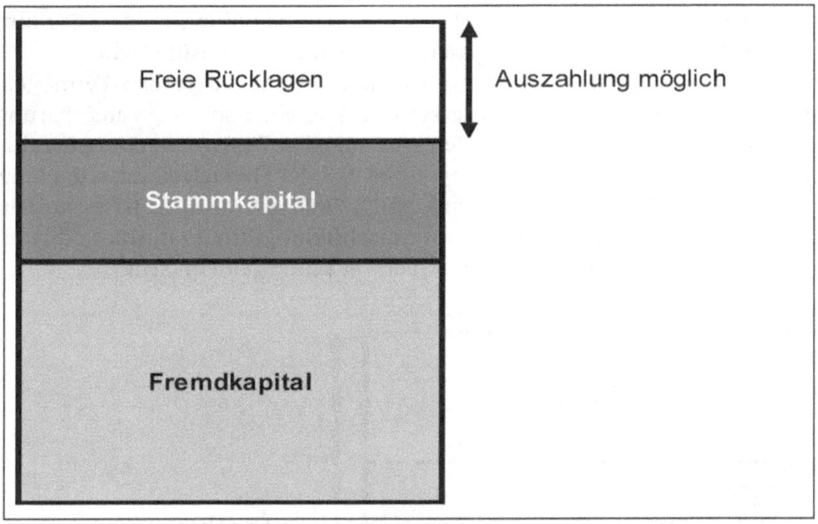

Abbildung 3: Auszahlung aus ungebundenem Vermögen bei der GmbH

Bei der Aktiengesellschaft liegt immerhin noch ein recht hoher Schutz für den Cashflow vor, wenn die Auszahlungssperre ab dem Angriff des Vermögens i.H.d. Grundkapitals greift:

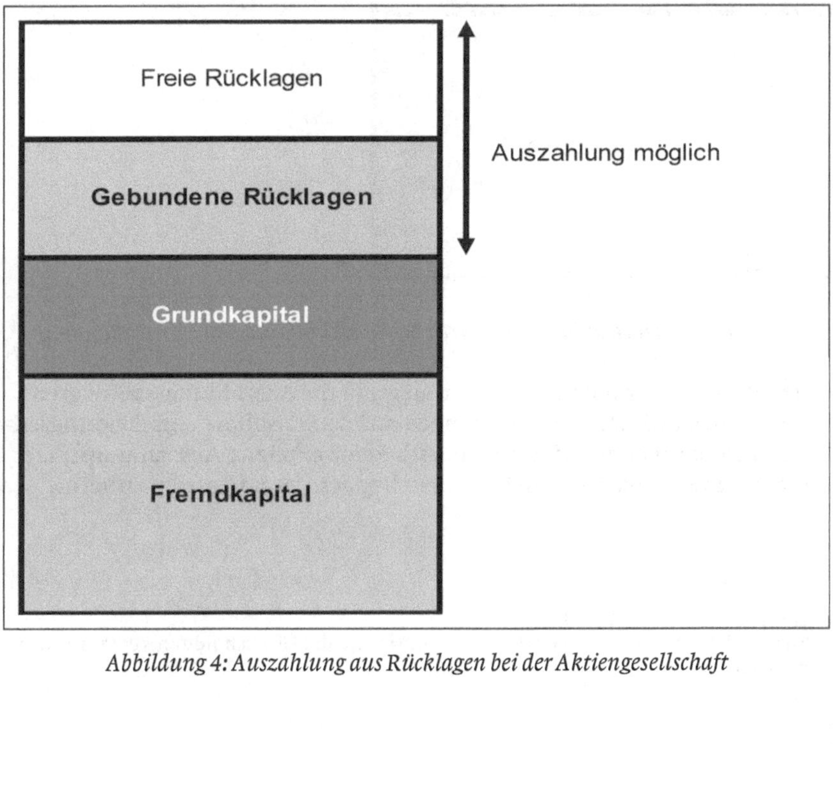

Abbildung 4: Auszahlung aus Rücklagen bei der Aktiengesellschaft

Geringer ist der Schutz für den Cashflow bei der Formulierung, dass Zahlungen nur aus künftigen Jahresüberschüssen, einem Liquidationsüberschuss oder aus weiterem, die sonstigen Schulden der Gesellschaft übersteigenden Vermögen erfolgen dürfen. Maßgebend ist der letzte Halbsatz einer solchen Vereinbarung:[372] Eine Tilgung ist also nur aus dem Nettovermögen zulässig, d.h. eine Auszahlung ist nicht gestattet, wenn das Eigenkapital gemäß der Handelsbilanz aufgebraucht ist (handelsbilanzielle Überschuldung, vgl. § 268 Abs. 3 HGB). Ist ausdrücklich vereinbart, dass die Tilgung nicht zur Überschuldung führen dürfe, so dürfte damit regelmäßig die handelsbilanzielle Überschuldung gemeint sein.[373]

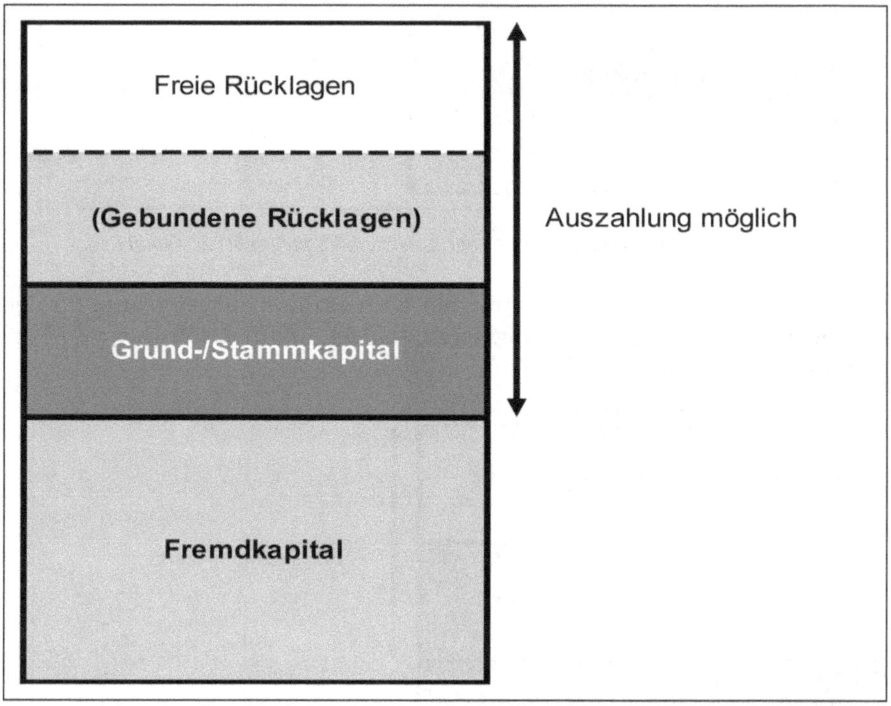

Abbildung 5: Auszahlung bis Eintritt der handelsbilanziellen Überschuldung

Für die Adressaten ist die Information, ab wann die Auszahlungssperre greift, wegen der unterschiedlichen Auswirkungen auf den Cashflow entscheidungserheblich. Auch ist darüber zu informieren, falls keine explizite Auszahlungssperre vor der Insolvenz vereinbart ist, um Fehlvorstellungen der Adressaten zu vermeiden.

---

372 *Groh*, BB 1993, S. 1882 (1883).
373 Dies ergibt sich aus dem Zweck der Vereinbarung, die Überschuldung zu vermeiden; zum Ganzen sogleich unten B.V.4.

4. Rangrücktritt und Überschuldungsbilanz

a) Zu Überschuldung und Überschuldungsbilanz

Wie bereits oben vorweggenommen, beeinflusst die Nachrangvereinbarung über die Frage der Passivierung des Darlehens in der Überschuldungsbilanz[374] mittelbar den Zeitpunkt der Insolvenz. Die Überschuldung tritt in der Regel früher ein als der Insolvenzgrund der Zahlungsunfähigkeit, da nicht selten ein überschuldetes Unternehmen aufgrund einer Fortbestehensprognose seitens der Gläubiger weiterhin Kredit erhält.[375] Sie ist Insolvenzgrund nicht nur bei juristischen Personen, § 19 Abs. 1 InsO, sondern grundsätzlich[376] auch bei Personengesellschaften ohne natürliche Personen als persönlich haftende Gesellschafter, § 19 Abs. 3 S. 1 InsO.

Zu unterscheiden ist die materielle Überschuldung i. S. d. Insolvenzrechts von der buchmäßigen, formellen Überschuldung, wie sie aus der Handelsbilanz ersichtlich wird. Letztere ist gegeben, wenn das bilanzielle Eigenkapital durch Verluste „aufgebraucht"[377] ist und somit ein weiterer Verlust zum Ausweis eines nicht durch Eigenkapital gedeckten Fehlbetrags i. S. v. § 268 Abs. 3 HGB auf der Aktivseite der Handelsbilanz führt.

Die Überschuldung i. S. d. Insolvenzrechts[378] ist legaldefiniert als Zustand, in dem das Vermögen des Schuldners die bestehenden Verbindlichkeiten nicht mehr deckt, § 19 Abs. 2 S. 1 InsO. Zur Feststellung werden Aktiva und Passiva im Überschuldungsstatus, einer Sonderbilanz, gegenübergestellt.[379] Die Vermögensgegenstände (und Schulden) sind dabei jedoch nicht mit den Buchwerten der Handelsbi-

---

374 Nicht verwechselt werden darf die Überschuldungsbilanz mit der Insolvenz-Eröffnungsbilanz und der Verlustanzeigebilanz. Letztere ist aufzustellen, wenn das Netto-Vermögen niedriger ist als der Betrag des halben Grund-/Stammkapitals, vgl. §§ 92 Abs. 1 AktG, 49 Abs. 3 GmbHG. Erstere dient der Abgrenzung der Verantwortungszeiträume von Gesellschaftern und Insolvenzverwalter, vgl. § 155 Abs. 2 InsO und dazu *Förschle/Weisang* in Budde/Förschle/Winkeljohann, Sonderbilanzen, Abschnitt R Rn. 75.

375 Vgl. *Förschle/Hoffmann* in Budde/Förschle/Winkeljohann, Sonderbilanzen, Abschnitt P Rn. 70; *Schumacher* in Bartsch/Pollak/Buchegger, Österreichisches Insolvenzrecht – Kommentar, Band II/2, § 67 Rn. 122; *Müller* in Kölner Schrift zur Insolvenzordnung, 1. Auflage (1997), S. 98 m. w. N.

376 Eine Ausnahme besteht nach § 19 Abs. 3 S. 2 InsO, wenn schließlich doch eine natürliche Person haftet.

377 Die Grundkonzeption des § 266 HGB und das Saldierungsverbot führen dazu, dass dann auf der Passivseite ein Jahresfehlbetrag, Bilanzverlust oder Verlustvortrag bis zur Höhe der sonstigen Eigenkapitalposten innerhalb des Bilanzpostens „Eigenkapital" gezeigt werden; zur Verrechnung siehe allgemein § 150 Abs. 3 und 4 AktG sowie, für den Fall der vereinfachten Kapitalherabsetzung, § 229 Abs. 2 AktG, § 58a Abs. 2 GmbHG. Überschreitet der Verlust den Betrag der sonstigen Eigenkapitalposten, wird gemäß § 268 Abs. 3 HGB ein nicht durch Eigenkapital gedeckter Fehlbetrag ausgewiesen. Zum Ganzen *Reiner/Haußer* in Münchener Kommentar HGB, § 268 Rn. 28 m. w. N.

378 An den insolvenzrechtlichen Überschuldungsbegriff knüpfen auch § 92 Abs. 2 S. 1 AktG und § 64 S. 1 GmbHG an.

379 Ganz h.M., vgl. *Müller* in Kölner Schrift zur Insolvenzordnung, 1. Auflage (1997), S. 99 m. w. N. Ein kodifiziertes Überschuldungsbilanzrecht existiert in Deutschland nicht, einziger legislativer Anker ist § 19 Abs. 2 InsO, vgl. *Kebekus*, ZGR 2008, S. 275 (282).

lanz anzusetzen, sondern auf der Basis von Verkehrs- bzw. Liquidationswerten.[380] Dabei kommt es zum Ausweis von z.T. beträchtlichen stillen Reserven.[381] Zudem sind auf der Passivseite der Überschuldungsbilanz ggf. Aufwandsrückstellungen nicht anzusetzen,[382] so dass die buchmäßige Überschuldung in der Handelsbilanz in der Regel nicht schon die materielle Überschuldung bedeutet: Eine in der Jahresbilanz ausgewiesene Überschuldung hat bei der Prüfung der Insolvenzreife der Gesellschaft allenfalls indizielle Bedeutung und ist lediglich Ausgangspunkt für die weitere Ermittlung des wahren Wertes des Gesellschaftsvermögens.[383] Im Folgenden wird der Begriff der Überschuldung im insolvenzrechtlichen Sinn verwendet, wenn nicht ausdrücklich anders bezeichnet.

Da nach dem zuvor Gesagten die Überschuldung eintritt, sobald die Verbindlichkeiten (Passiva) das Vermögen (Aktiva) übersteigen, gilt: Je weniger auf der Passivseite aufzuführen (zu passivieren) ist, desto später tritt die Überschuldung ein, d.h. desto mehr Vermögen kann verbraucht sein, bevor die Insolvenzantragspflicht greift. Entscheidend ist demnach, was im Überschuldungsstatus der Passivierungspflicht unterliegt.

Schon aufgrund des Begriffs „Überschuldung" und des weiteren Wortlautes des § 19 Abs. 2 S. 1 InsO („Verbindlichkeiten") ist klar, dass die Bestandteile des formellen Eigenkapitals (§ 266 Abs. 3 Teil A HGB) im Überschuldungsstatus nicht auf der Passivseite anzusetzen sind.[384] Problematisch ist die Einordnung bei Kapital, das der erzwungenen Subordination unterliegt sowie bei hybridem Kapital. Fällt es unter Verbindlichkeiten i.S.v. § 19 Abs. 2 S. 1 InsO? Also: Ist es zu passivieren?

---

380 Genauer: auf Basis von Liquidations- oder Fortführungswerten, wobei die Liquidationswerte (Zerschlagungswerte) der Maschinen etc. meist erheblich unter den sogenannten Fortführungswerten (*going concern*-Werten) liegen, da bei diesen der sich aus der Aussicht künftiger Gewinne ergebende Wert des Unternehmens auf die Unternehmensbestandteile umgelegt wird. § 19 Abs. 2 S. 2 InsO a.F. (vor der temporären Änderung durch Art. 5 Finanzmarktstabilisierungsgesetz (FMStG) vom 17. Oktober 2008, BGBl. 2008 Teil I, S. 1988) machte die Bewertungsgrundlage von einer Prognose über die Fortführung abhängig. Zur vorübergehenden Rückkehr zum zweistufigen Überschuldungsbegriff durch das FMStG *K. Schmidt*, DB 2008, S. 2467 (gleichzeitig Überblick über die Entwickung des Begriffs); *Hölzle*, ZIP 2008, S. 2003; *Holtzer*, ZIP 2008, S. 2108; *Hecker/Glozbach*, BB 2009, S. 1544. Zu § 19 Abs. 2 S. 2 InsO i.d.F. vor dem FMStG *Förschle/Hoffmann* in Budde/Förschle/Winkeljohann, Abschnitt P Rn. 90 ff. Ab dem 1. Januar 2014 soll § 19 Abs. 2 S. 1 und 2 InsO wieder in der Form vor Änderung durch das FMStG gelten, Art. 6 Abs. 3, 7 Abs. 2 FMStG i.d.F. von Art. 1 Abs. 2 des Gesetzes zur Erleichterung der Sanierung von Unternehmen vom 24. 9. 2009, BGBl. 2009 Teil I, S. 3151. Der redaktionelle Fehler des FMStG bzgl. der Ergänzung des § 19 Abs. 2 InsO durch Art. 9 Nr. 4 MoMiG wurde beseitigt durch Art. 4 des FMStErgG vom 7. 4. 2009, BGBl. 2009 Teil I, S. 725 (732).

381 *De Bra/Weber* in Festschrift Braun (2007), S. 1 (3).

382 BGH NJW 1983, 676 (676 f.); *H.-F. Müller* in Jaeger, Großkommentar InsO, 1. Band, § 19 Rn. 77. Äußerst umstritten ist dabei die Frage, ob und inwieweit ungewisse Verbindlichkeiten, zumal mögliche Schadensersatzverpflichtungen, zu berücksichtigen sind, vgl. dazu *Uhlenbruck* in Uhlenbruck, InsO, § 19 Rn. 100.

383 BGH NJW-RR 2001, 1043; ähnlich OGH RdW 2001, 320; *Kleindiek* in Lutter/Hommelhoff, GmbHG, Anh. zu § 64 Rn. 14.

384 BGHZ 31, 258 (272); OLG München NJW 1966, 2366 (2366 f.); *Uhlenbruck* in Uhlenbruck, InsO, § 19 Rn. 96; *K. Schmidt* in Festschrift Goerdeler (1987), S. 487 (492).

Hinsichtlich der erzwungenen Subordination war die Frage, ob eine Rückstufung nach den Regeln des Eigenkapitalersatzrechts (§ 32a GmbHG, § 39 Abs. 1 Nr. 5 InsO a.F. und Rechtsprechungsregeln) zum Wegfall der Passivierungspflicht im Überschuldungsstatus führte, äußerst umstritten.[385] Für die Praxis entschärfte sie sich, nachdem der Bundesgerichtshof im Jahr 2001 entschieden hatte, dass es einer (zusätzlichen) Rangrücktrittsvereinbarung bedürfe.[386] Die InsO nach dem MoMiG macht – trotz der in § 39 Abs. 1 Nr. 5 InsO n.F. angeordneten Subordination aller[387] Gesellschafterdarlehen – eine Vereinbarung nun ausdrücklich zur Voraussetzung dafür, dass ein solches Darlehen im Überschuldungsstatus nicht angesetzt wird, § 19 Abs. 2 S. 2 InsO.

Zur (rein) vertraglichen Subordination schweigt die InsO in der Fassung des MoMiG. Im Folgenden soll gezeigt werden, dass ein Wegfall der Passivierungspflicht für Hybridkapital durch eine Nachrangvereinbarung erreicht werden kann und welche Anforderungen an die Klausel zu stellen sind. Dazu wird in einem ersten Schritt gezeigt, dass das Schweigen des MoMiG zum Hybridkapital nicht dazu führt, dass es immer passiviert werden müsste. In einem zweiten Schritt werden die gläubigerschützenden Mechanismen des ausdrücklich nach dem Gesetz nicht zu passivierenden Kapitals dargelegt, um in einem dritten Schritt die Anforderungen an eine Nachrangklausel zu ermitteln, die bei Hybridkapital zum Wegfall der Passivierungspflicht führen.

b) Allgemeines zu § 19 Abs. 2 S. 2 InsO

§ 19 Abs. 2 S. 2 InsO hat nach dem MoMiG folgenden Wortlaut:

Forderungen auf Rückgewähr von Gesellschafterdarlehen oder aus Rechtshandlungen, die einem solchen Darlehen wirtschaftlich entsprechen, für die gemäß § 39 Abs. 2 (...) der Nachrang (...) hinter den in § 39 Abs. 1 Nr. 1 bis 5 bezeichneten Forderungen vereinbart worden ist, sind nicht bei den Verbindlichkeiten nach Satz 1 zu berücksichtigen.

Im Gegenschluss (*argumentum e contrario*) könnten Forderungen, die gemäß § 39 Abs. 2 InsO nachrangig sind, bei denen es sich jedoch nicht um Gesellschafterdarlehen oder solchen Darlehen wirtschaftlich entsprechende Forderungen[388] (im

---

385 Zur Diskussion *Lutter/Kleindiek* in Lutter/Hommelhoff, GmbHG, 15. Auflage, § 64 Rn. 17ff.; *Groth*, Überschuldung und eigenkapitalersetzende Gesellschafterdarlehen, S. 53ff. Weitere Nachweise bei BGHZ 146, 264 (270f.).

386 BGHZ 146, 264: „Forderungen eines Gesellschafters aus der Gewährung eigenkapitalersetzender Leistungen sind (...) in der Überschuldungsbilanz der Gesellschaft zu passivieren." (Leitsatz). Die Entscheidung erging zwar noch zum alten Konkursrecht, konnte jedoch nach der Einführung der InsO weiterhin Geltung beanspruchen, angedeutet ebenda BGHZ 146, 264 (269). Der einzige überzeugende Grund für die Passivierungspflicht lag im Gewinn an Rechtssicherheit für die Antragspflichtigen; im Übrigen hatten es die Gesellschafter in der Hand, durch Vereinbarung eines Nachrangs die Passivierung zu verhindern, d.h. es fand eine Verlagerung der Verantwortung auf die Gesellschafterebene statt („Ernsthaftigkeitsnachweis"), dazu *Paulus*, ZGR 2002, S. 321 (326f.); zur Vereinbarung des Nachrangs sogleich. Zur anschließenden Debatte um die Folgen des BGH-Urteils im Steuerrecht siehe etwa *Klein*, GmbHR 2005, S. 663 (663ff.).

387 Ausnahmen durch das Sanierungs- und Kleinbeteiligtenprivileg, § 39 Abs. 4 S. 2 und 5 InsO.

388 Vgl. § 32a Abs. 3 S. 1 GmbHG (a.F.); darauf nimmt auch die Begründung zum RegE MoMiG Bezug, BT-Drucksache 16/6140, S. 56.

Folgenden: Gesellschafterdarlehen) handelt, unabhängig von einem Rangrücktritt stets zu passivieren sein.

Eine solche Auslegung scheint angesichts der Entwicklung dieser Norm im Gesetzgebungsverfahren und dem Sinn und Zweck des Überschuldungsstatus nicht angezeigt. Noch der RegE zum MoMiG sah eine Ergänzung des § 19 Abs. 2 InsO dergestalt vor, dass Gesellschafterdarlehen auch ohne zusätzlichen rechtsgeschäftlichen Rangrücktritt von der Passivierung ausgenommen werden sollten:

> Forderungen auf Rückgewähr von Gesellschafterdarlehen (...) nach § 39 Abs. 1 Nr. 5 (...) sind nicht bei den Verbindlichkeiten nach Satz 1 zu berücksichtigen.

Der dahinter stehende Gedanke war, dass die Interessen der außenstehenden Gläubiger durch den Rangrücktritt (und die Anfechtbarkeit der Rückzahlung solcher Darlehen, dazu sogleich) hinreichend gewahrt seien. Dazu kommt, dass nach dem MoMiG jedes Gesellschafterdarlehen in der Insolvenz nachrangig ist[389] und somit die frühere Unsicherheit, ob das Gesellschafterdarlehen als eigenkapitalersetzend zu qualifizieren war (und wegen der damit verbundenen Nachrangigkeit in der Insolvenz von der Passivierungspflicht im Überschuldungsstatus ausgenommen sein könnte), beseitigt wurde.[390]

Die im Laufe des Gesetzgebungsverfahrens geäußerte Befürchtung, § 19 InsO in der Fassung des RegE werde zur Zunahme masseloser Insolvenzen führen,[391] hatte die Änderung des RegE durch den Rechtsausschuss des Deutschen Bundestages zur Folge. Anstatt allerdings § 19 Abs. 2 S. 2 InsO zu streichen, wie die Forderung der Kritiker lautete,[392] wurde die Norm (wie oben angegeben) inhaltlich beschränkt. In der Begründung wird lediglich darauf abgestellt, dass das Erfordernis einer aktiven Handlung (Rangrücktrittserklärung) seitens des Gesellschafters eine Zunahme masseloser Insolvenzen verhindern würde.[393] Die Frage der Passivierung von (ausschließlich) vertraglich subordiniertem Kapital hatte die Änderung nicht im Blick. Eine Unterscheidung lediglich danach, ob ein Gesellschafter oder ein Dritter Kapital zur Verfügung gestellt hat, entspricht auch nicht dem Zweck des Überschuldungsstatus, der im Gläubigerschutz liegt.[394] Es kann einzig und allein auf die gläubigerschützende Wirkung ankommen.

---

389 § 39 Abs. 1 Nr. 5 InsO; Ausnahmen durch das Sanierungs- und Kleinbeteiligtenprivileg, § 39 Abs. 4 S. 2 und 5 InsO.

390 Vgl. Begründung zum RegE MoMiG, BT-Drucksache 16/6140, S. 56; *Huber/Habersack*, BB 2006, S. 1 (6 f.); *Habersack*, ZIP 2007, S. 2145 (2151).

391 Aus der Literatur besonders deutlich *K. Schmidt*, BB 2008, S. 461 (461 ff.); außerdem *Hölzle*, GmbHR 2007, S. 729 (735 f.); und *Haas*, ZinsO 2007, S. 617 (626 f.) sowie *ders.*, Gutachten zu insolvenzrechtlichen Aspekten des RegE MoMiG, S. 7. Vgl. auch den diesbezüglichen Beschluss des 66. DJT, Abteilung Wirtschaftsrecht, IV.23, S. 24, abrufbar unter http://www.djt.de (Homepage → Die Tagungen → Beschlüsse früherer Juristentage → 66. DJT).

392 *K. Schmidt*, BB 2008, S. 461 (463); *Haas*, Gutachten zu insolvenzrechtlichen Aspekten des RegE MoMiG, S. 17 m. w. N.

393 Deutscher Bundestag, Rechtsausschuss, Beschlussempfehlung und Bericht zum RegE MoMiG, BT-Drucksache 16/9737, S. 104 f.

394 BGH GmbHR 1994, 176 (177); *Drukarczyk/Schüler* in Münchener Kommentar InsO, Band 1, § 19 Rn. 1.

Und genau daran ist anzuknüpfen, wenn nun die Anforderungen an die Rangrücktrittserklärung zu ermitteln sind, damit eine Passivierung im Überschuldungsstatus entfällt. Welche gläubigerschützenden Mechanismen gelten bzgl. Kapital, das im Überschuldungsstatus ausdrücklich nicht anzusetzen ist? Welche Gläubiger werden durch den Tatbestand der Überschuldung geschützt? Die Antwort scheint angesichts der Ausführungen zu § 19 Abs. 2 S. 2 InsO auf der Hand zu liegen (Vereinbarung eines Rangrücktritts hinter die in § 39 Abs. 1 Nr. 1 bis 5 bezeichneten Forderungen). Wie zu zeigen sein wird, ist es damit jedoch nicht getan, was insbesondere an der Frage der Ausgestaltung einer Rückzahlungssperre außerhalb der Insolvenz liegt.

c) Gläubigerschutz bei ausdrücklich nach der InsO nicht zu passivierendem Kapital

Wie bereits oben gezeigt wurde, sind die Bestandteile des formellen Eigenkapitals im Überschuldungsstatus nicht anzusetzen. Hier gelten wichtige Auszahlungssperren, die sich gläubigerschützend auswirken: die Vermögensbindung außerhalb der Insolvenz und die „Letztrangigkeit“ in der Insolvenz. Das System der Kapitalbindung wurde bereits skizziert.[395] Es führt zu einer Auszahlungssperre außerhalb der Insolvenz für die Anteilseigner (vgl. §§ 57 Abs. 1 S. 1, 150 Abs. 3 und 4, 229 Abs. 2 AktG; § 30 Abs. 1 GmbHG) bzw. die Auszahlung ist nur unter Einhaltung gläubigerschützender Mechanismen möglich (§§ 7, 222ff. AktG; §§ 5, 58ff. GmbHG). In Liquidation und Insolvenz stehen die Anteilseigner auf dem letzten Rang: Die Rückgewähr der Einlagen erfolgt erst nach Befriedigung sämtlicher Gläubiger, vgl. §§ 38, 199 InsO, §§ 268, 271 AktG, 70ff. GmbHG.

Die obigen Ausführungen haben gezeigt, dass auch Gesellschafterdarlehen nicht im Überschuldungsstatus zu passivieren sind; nach § 19 Abs. 2 S. 2 InsO ist dafür jedoch ein (zusätzlicher) vertraglicher Rangrücktritt erforderlich (zum Inhalt sogleich). Für alle Gesellschafterdarlehen sieht die InsO außerdem ein Rechtsinstitut vor, das zwar keine Ausschüttungssperre darstellt, jedoch gleichfalls den Zweck hat, die Befriedigung außenstehender Gläubiger sicherzustellen: die Insolvenzanfechtung. Zentrale Regel[396] ist dabei § 135 Abs. 1 Nr. 2 InsO, wonach eine Rechtshandlung, die auf Befriedigung einer Gesellschafterdarlehensforderung gerichtet war und im letzten Jahr vor dem Eröffnungsantrag vorgenommen wurde, der Anfechtung unterliegt. Da dies für jedes Gesellschafterdarlehen gilt, ergeben sich drei maßgebliche Kategorien von gesetzlich subordiniertem Kapital im Hinblick auf die Frage der Passivierung in der Überschuldungsbilanz:

- Formelles Eigenkapital, das nicht im Überschuldungsstatus passiviert wird (letztrangig in der Insolvenz; Rückzahlungssperre außerhalb der Insolvenz),
- Gesellschafterdarlehen mit Rangrücktrittsvereinbarung, die ebenfalls nicht im Überschuldungsstatus passiviert werden (Nachrang in der Insolvenz; Rückzahlung jedenfalls anfechtbar) und

395 Oben Teil 2 B.V.3.
396 So auch *Gehrlein*, BB 2008, S. 846 (852).

– Gesellschafterdarlehen ohne Rangrücktrittsvereinbarung, die im Überschuldungsstatus passiviert werden (Nachrang in der Insolvenz; keine Auszahlungssperre außerhalb der Insolvenz, aber Rückzahlung anfechtbar).

Fraglich ist, wie schon angedeutet, ob die Rangrücktrittsvereinbarung auch eine Auszahlungssperre außerhalb des Insolvenzverfahrens vorsehen muss, damit das Gesellschafterdarlehen (der zweiten Kategorie) nicht passiviert werden muss. Wie zu zeigen sein wird, ist die Beantwortung dieser Frage zwar nicht notwendig, um die inhaltlichen Anforderungen an eine Rangrücktrittserklärung für rein vertraglich subordiniertes Kapital zu bestimmen. Jedoch wird sie in Literatur und Rechtsprechung kaum problematisiert[397] und steht in engem Zusammenhang mit den wesentlichen Rechtsproblemen dieses Abschnitts, so dass eine kurze Erörterung hier nicht unterbleiben soll.

Klar ist: Ohne eine Rückzahlungssperre könnte der Gesellschafter sein Darlehen kurz vor dem Eintritt der Überschuldung abziehen und das Unternehmen damit in die Insolvenz treiben. Die Rechtsprechung wandte bisher, auch nach Inkrafttreten der Novellenregelungen (§§ 32a, 32b GmbHG), § 30 Abs. 1 GmbHG analog auf eigenkapitalersetzende Darlehen an und kam so zu einer Rückzahlungssperre kraft Gesetzes.[398] Nach § 30 Abs. 1 S. 3 GmbHG, § 57 Abs. 1 S. 4 AktG ist jeweils deren S. 1 und damit die Rückzahlungssperre aus § 30 Abs. 1 GmbHG (analog) jedoch ausdrücklich nicht mehr auf Gesellschafterdarlehen anzuwenden: An die Stelle der ex ante-Ausschüttungssperre tritt ein ex post-Schutz durch die Anfechtungsregeln.[399] Dieser wirkt jedoch auch vorbeugend, da einer ex post-Sanktion immer auch eine präventive Wirkung innewohnt: Die Sanktion wird ex ante in das ökonomische Kalkül des Entscheidungsträgers aufgenommen.[400]

Abgesehen davon, dass früher schon durch die Anwendung von § 30 Abs. 1 GmbHG analog eine Rückzahlung nach Eintritt einer Unterbilanz ausschied, musste der Gesellschafter nach der Rechtsprechung des Bundesgerichthofs zusätzlich in einer Rangrücktrittsvereinbarung erklären, er wolle „bis zur Abwendung der Krise“ wegen seiner Forderung nicht berücksichtigt werden.[401] Die Diskussion

---

397 Nur angedeutet bei *Oppenhoff*, BB 2008, S. 1630 (1632), diskutiert bei *Haas* in Baumbach/Hueck, GmbHG, § 64 Rn. 54, nicht problematisiert bei *Hirte*, WM 2008, S. 1429 (1434) („Der Inhalt der Rangrücktrittserklärung wird (...) vom Gesetz vorgegeben.“) sowie bei *Goette/Kleindiek*, Gesellschafterfinanzierung nach MoMiG, 6. Auflage, Rn. 272.

398 BGHZ 90, 370 (370, 376); 95, 188 (192 f.); BGH BB 1994, 392 (393); BGH ZIP 2005, 82 (83).

399 Es findet also im Bereich zwischen Eigen- und Fremdkapital ein Ersatz des Modells der Kapitalsicherung durch ein insolvenzrechtliches ex post-Instrumentarium statt. Darin kann man möglicherweise eine Vorentscheidung über die Zukunft des Kapitalschutzes nach §§ 57 ff. AktG, 30 f. GmbHG sehen, vgl. *K. Schmidt*, ZIP 2006, S. 1925 (1932). Es fragt sich aber, ob der Schwenk zur Anfechtungslösung nicht eher der Realität des Verlaufs von Unternehmenskrisen geschuldet ist – nämlich, dass es trotz der analogen Anwendbarkeit von § 30 GmbHG regelmäßig zur Auszahlung kam. Empirische Daten liegen dem *Verfasser* nicht vor.

400 *Haas*, Gutachten zu insolvenzrechtlichen Aspekten des RegE MoMiG, S. 4.

401 BGHZ 146, 264 (271). Nicht ganz klar war damit, ob nur Kreditunwürdigkeit (vgl. § 32a Abs. 1 GmbHG a. F.), handelsbilanzielle Überschuldung oder Insolvenzreife gemeint war; zur unscharfen Nomenklatur des BGH diesbezüglich *Goette/Kleindiek*, Eigenkapitalersatzrecht in der Praxis, 5. Auflage, Rn. 29 ff.; *Habersack/Mayer*, NZG 2001, S. 365 (366) und *Habersack/Huber*, BB 2006,

konzentrierte sich damals jedoch nicht auf diesen, eher beiläufig erwähnten und im Übrigen auch in der Entscheidung nicht begründeten Aspekt der Rangrücktrittserklärung, sondern auf die „Tiefe" des Rangs.[402] Dies lag wohl daran, dass gemeinhin wie selbstverständlich davon ausgegangen wurde, eine Beschränkung außerhalb der Insolvenz sei notwendig.[403] Ausdrückliche Absagen an eine solche Beschränkung fanden sich praktisch nicht.[404] Zu erklären ist die Ignorierung oder undeutliche Erwähnung wohl damit, dass die Diskussion über den notwendigen Inhalt eines Rangrücktritts fast ausschließlich im Zusammenhang mit eigenkapitalersetzenden Darlehen geführt wurde. Bei Letzteren war eine rechtsgeschäftliche Beschränkung, wie sie hier zu diskutieren ist, wegen der eingangs erwähnten analogen Anwendung von § 30 Abs. 1 GmbHG nicht virulent.[405] Eben aus diesem Grund konnte man sich jedoch fragen, wozu eine weitere rechtsgeschäftliche Beschränkung überhaupt notwendig war. Letztere bewirkte für die Krise gewissermaßen eine doppelt gesicherte Auszahlungssperre mit unterschiedlichen Rückerstattungsansprüchen der Gesellschaft für den Fall der Missachtung (§ 31 Abs. 1 GmbHG analog einerseits und § 812 Abs. 1 S. 1, 1. Alt. BGB[406] andererseits).

Um zur heutigen Rechtslage zurückzukehren: Der Wortlaut des § 19 Abs. 2 S. 2 InsO spricht nur davon, durch den Nachrang „gemäß § 39 Abs. 2" müsse die Forderung „hinter den in § 39 Abs. 1 Nr. 1 bis 5 bezeichneten Forderungen" rangieren. Eine Formulierung wie „für die Dauer der Krise" oder „bis zur Abwendung der Überschuldung" o.ä. findet sich nicht. Auch die Entstehungsgeschichte deutet

---

S. 1 (6), dort Fn. 30 interpretieren die Entscheidung im Sinne der Notwendigkeit einer Ausschüttungssperre bei handelsbilanzieller Überschuldung (und Zahlungsunfähigkeit); a.A. *Janssen*, BB 2005, S. 1895 (1896).

402 Zur Tiefe des Rangrücktritts sogleich unten. Nicht berücksichtigt wird der Aspekt der Rückzahlungssperre außerhalb der Insolvenz etwa von *Uhlenbruck* in Uhlenbruck, InsO, § 19 Rn. 114, 116ff.; *Müller* in Jaeger, Großkommentar InsO, 1. Band, § 19 Rn. 100ff.

403 Siehe etwa bei *Habersack*, ZGR 2000, S. 384 (401).

404 Die einzige dem Verfasser bekannte ausdrückliche Absage findet sich, ohne Begründung, bei *De Bra/Weber* in Festschrift Braun, S. 1 (24). Bisweilen lässt sich nicht erkennen, ob die Absenz von Ausführungen zur Problematik eine Absage an die Erforderlichkeit der Rückzahlungssperre bedeutet; symptomatisch ist etwa die Ausführung bei *Ehricke* in Münchener Kommentar InsO, Band 1, § 39 Rn. 47, wo es lediglich heißt: „Die Vereinbarung muss vom Inhalt her verdeutlichen, dass die Forderung innerhalb des Insolvenzverfahrens nur mit einem Rang hinter den einfachen Insolvenzgläubigern befriedigt werden darf." Ähnlich auch bei *Uhlenbruck* in Uhlenbruck, InsO, § 19 Rn. 118. Die Notwendigkeit der Sperre außerhalb der Insolvenz betonend *Habersack*, ZGR 2000, S. 384 (404); *Knobbe-Keuk*, ZIP 1983, S. 127 (128); *Schumacher* in Bartsch/Pollak/Buchegger, Österreichisches Insolvenzrecht – Kommentar, Band II/2, § 67 Rn. 109 a.E.; *Wittig*, NZI 2001, S. 169 (170); *Lorch*, Genußschein, S. 45, 47; *Witmer*, Rangrücktritt, S. 160; (in einer Wortmeldung) *Haas*, wiedergegeben in Deutscher Bundestag, Rechtsausschuss, 16. Wahlperiode, Protokoll der 85. Sitzung, S. 48.

405 Explizit erwähnt wird dieser Aspekt etwa bei OLG München NJW 1994, 3112 (3114); *Wittig*, NZI 2001, S. 169 (171). Siehe aber den Fall OLG Dresden DZWiR 2004, 476, wo ein Gesellschafter (!) bzgl. seines Darlehens lediglich eine Erklärung zum Rangrücktritt in der Insolvenz abgegeben hatte (auf die Stufe des § 39 Abs. 2 InsO) und der Senat den Antrag auf Einstellung des Verfahrens nach § 212 InsO als unzulässig ansah, weil sich die Erklärung nicht auch auf die Zeit der nach der Insolvenz andauernden Krise erstreckte. Über die bereits kraft Gesetzes ausgeschlossene Rückforderung auch nach Beendigung der Insolvenz (§ 30 GmbHG analog) finden sich keine Ausführungen.

406 Zum kondiktionsrechtlichen Anspruch *Habersack*, ZGR 2000, S. 384 (404); *Teller/Steffan*, Rangrücktrittsvereinbarungen, Rn. 373ff.

eher darauf hin, dass eine Rückzahlungssperre außerhalb der Insolvenz nicht verlangt werden sollte.[407] Im Gegensatz zur Forderung der Kritiker des § 19 Abs. 2 S. 2 InsO-RegE wurde die Vorschrift nicht gestrichen, sondern lediglich eingeschränkt.

Dass die Forderung der Kritiker nach einer Beibehaltung des ex ante-Schutzes durch Rückzahlungssperre nicht aufgegriffen wurde, zeigt sich an der Begründung der Änderungen am Regierungsentwurf in der Beschlussempfehlung des Rechtsausschusses:[408] Zweck der Ergänzung des § 19 Abs. 2 S. 2 InsO (Erklärung des Rangrücktritts) sei die damit verbundene „Warnfunktion": Durch die aktive Handlung seitens der Gesellschafter (Erklärung des Rangrücktritts in einer wirtschaftlich schwierigen Situation) würden diese zu einer Analyse der kritischen Situation gezwungen. Der Inhalt der Rangrücktrittserklärung sei „künftig vom Gesetz vorgegeben" (vgl. dazu die Ausführungen zum Wortlaut). Und: „Sollte ungeachtet des Nachrangs eine Rückzahlung des Darlehens erfolgen, so gelten die Anfechtungstatbestände (...)." Die Auszahlung entgegen einer vertraglich vereinbarten Rückzahlungssperre aber führt schon zu einem Anspruch der Gesellschaft aus § 812 Abs. 1 S. 1, 1. Alt. BGB.

Schließlich sprechen gegen das Erfordernis der Rückzahlungssperre systematische wie teleologische Erwägungen. Die Anwendung von § 30 Abs. 1 GmbHG, § 57 AktG ist ausgeschlossen und die Anfechtungsmöglichkeiten nach der InsO unverändert. Im Gesetz angelegt bleibt demnach der ex post-Mechanismus durch die Anfechtung und die Absage an die Kapitalbindung für Gesellschafterdarlehen. Diese Lösung verhilft dem Überschuldungsstatus mindestens ebenso gut zur Erfüllung seines Zwecks wie der Weg über die Kapitalbindung:

Der Insolvenzgrund der Überschuldung dient letztlich der Befriedigung der Gläubiger aus dem vorhandenen Gesellschaftsvermögen und der Abwendung von Gefahren für den Rechtsverkehr, die von einem überschuldeten Unternehmen ausgehen (präventiver Gläubigerschutz).[409] Der Status soll feststellen, ob die Befriedigung der Gläubiger noch möglich ist, vgl. § 19 Abs. 2 S. 1 InsO. Ein Nichtansatz von Verbindlichkeiten ist nur denkbar, wenn das Ziel (Sicherstellung der Befriedigung) nicht gefährdet wird.[410] Letzteres tritt ein, wenn im Status Verbindlichkeiten nicht aufgenommen werden, die entweder durch *Befriedigung* (insbesondere) zwischen Aufstellung des Status und Eröffnung des Insolvenzverfahrens zu einer Verringerung des im Status aufgeführten Vermögens führen und so die Masse reduzieren, die im Insolvenzverfahren zur Verfügung steht, oder jedenfalls in der Insolvenz *in Konkurrenz* zu den restlichen Gläubigern stehen und dadurch die Masse (für die anderen Gläubiger) verringern. Die Frage der Konkurrenz betrifft die Anforderung an die Nachrangigkeit in der Insolvenz. Der Reduzierung der

---

407 A. A. offensichtlich *Haas* in Baumbach/Hueck, GmbHG, § 64 Rn. 55.

408 Deutscher Bundestag, Rechtsausschuss, Beschlussempfehlung und Bericht zum RegE MoMiG, BT-Drucksache 16/9737, S. 104f.

409 Vgl. BGHZ 126, 181 (190); *Dauner-Lieb*, ZGR 1998, S. 617 (619); *Lutter*, ZIP 1999, S. 641 (642); *K. Schmidt*, GmbHR 1999, S. 9 (12).

410 *Priester*, DB 1977, S. 2429 (2430).

Masse (insbesondere) zwischen Aufstellung des Überschuldungsstatus und Verfahrenseröffnung kann auf zwei Arten vorgebeugt werden: Auszahlungsverbot (verbunden mit einem Rückerstattungsanspruch der Gesellschaft im Fall der Missachtung) oder Rückerstattungsanspruch (ohne Auszahlungsverbot). Die Kritiker der Lösung ohne Auszahlungsverbot sehen eine Gefahr durch die Nichtpassivierung, da bei der Überschuldungsprüfung die Gläubiger „auf ein finanzielles Ruhekissen gebettet [würden], das sich [nach einer Auszahlung] als Fiktion erweist".[411] Tatsächlich aber wird es sich eher so verhalten: Sollte nach einer Überschuldungsprüfung keine Insolvenzantragspflicht bestehen, weil Gesellschafterdarlehen nicht zu passivieren waren, so führt eine anschließende Befriedigung eben jener Gesellschafterdarlehen sofort in die Überschuldung und damit zur Antragspflicht. Über die Anfechtung der Rückzahlung des Gesellschafterdarlehens wird das Vermögen zur Masse zurückgeführt, es hat sich also nicht als „Fiktion" erwiesen (bei Masselosigkeit:[412] erweiterte Anfechtungsmöglichkeiten nach §§ 6, 6a AnfG). Im Gegenteil: Je nach Verhältnis von Nettovermögen vor Rückzahlung zur Höhe des zurückgezahlten Gesellschafterdarlehens kann über die Anfechtungslösung mehr Masse zur Verteilung oder für die Sanierung bereitstehen als über die Lösung mit Auszahlungssperre. Nach alledem muss beim Rangrücktritt eines Gesellschafters keine Auszahlungssperre außerhalb der Insolvenz vereinbart werden; für sein Darlehen sieht die InsO „nur" die Anfechtung vor. Es sei noch bemerkt, dass ab Feststellung der Überschuldung ohnehin ein Auszahlungsverbot bzw. ein faktisches Auszahlungsverbot wegen der Haftung von Geschäftsführung und Vorstand gilt, §§ 64 S. 1 GmbHG, 92 Abs. 2 S. 1, 93 Abs. 3 Nr. 6 AktG.

Zusammenfassend kann Folgendes festgehalten werden: Ausdrücklich nach der InsO nicht im Überschuldungsstatus zu passivieren ist das formelle Eigenkapital sowie Gesellschafterdarlehen, wenn zusätzlich vertraglich der Rangrücktritt vereinbart wurde. Die gläubigerschützenden Mechanismen, welche den Wegfall der Passivierungspflicht rechtfertigen, unterscheiden sich. Hinsichtlich des formellen Eigenkapitals gelten eine Auszahlungssperre außerhalb der Insolvenz sowie die „Letztrangigkeit" in der Insolvenz. Gesellschafterdarlehen[413] sind nachrangig in der Insolvenz (kraft Gesetzes und Vereinbarung). Sie können zwar außerhalb der Insolvenz jederzeit zurückgezahlt und vergütet werden; die im letzten Jahr vor dem Eröffnungsantrag vorgenommenen Zahlungen unterliegen jedoch der Insolvenzanfechtung.

d) Anforderungen an den Rangrücktritt bei vertraglich subordiniertem Hybridkapital

Ausgehend vom eben genannten Ergebnis können nun die Anforderungen an die Rangrücktrittserklärung bei Hybridkapital ermittelt werden. Die Vorgabe dazu

---

411 *K. Schmidt*, BB 2008, S. 461 (463).

412 Vgl. § 26 Abs. 1 InsO. Siehe dazu etwa die Ausführungen bei *Gehrlein*, BB 2008, S. 846 (854). Zur Befürchtung der Zunahme masseloser Insolvenzen durch das MoMiG (RegE) ausführlich *Haas*, Gutachten zu insolvenzrechtlichen Aspekten des RegE MoMiG, S. 7 ff.

413 Ausnahmen durch das Sanierungs- und Kleinbeteiligtenprivileg, § 39 Abs. 4 S. 2 und 5 InsO.

lautet: Rein vertraglich subordiniertes Kapital muss zur Vermeidung der Passivierung im Überschuldungsstatus in ähnlicher Weise dem Zweck des Insolvenzgrundes und der Aufstellung des Status gerecht werden wie das ausdrücklich nach der InsO nicht zu passivierende Kapital. Dies folgt auch aus dem Gedanken des Vertrauensschutzes. Von einer Bilanz, die nur noch durch die Herausrechnung jener Kapitalteile keine Überschuldung anzeigt (bzw. von den entsprechenden Handlungen der Organe oder Antragsberechtigten) geht eine Signalwirkung[414] insbesondere an außenstehende Gläubiger dergestalt aus, dass dieses Kapital eine entsprechende Risikoposition darstellt. Schon vorher besteht eine Signalwirkung, wenn im Jahresabschluss der Rangrücktritt von Verbindlichkeiten ausgewiesen wird. Die folgenden Ausführungen sind unterteilt in die Anforderungen an die Klausel außerhalb der Insolvenz (aa), in der Insolvenz/Tiefe des Rangrücktritts (bb) und sonstige Anforderungen (cc).

aa) Auszahlungssperre außerhalb der Insolvenz

Bezüglich des Zeitraums außerhalb der Insolvenz soll zunächst kurz dargelegt werden, dass es für Hybridkapital keine gesetzlichen Mechanismen bzgl. des Kapitalabzugs entsprechend denjenigen für Gesellschafterdarlehen oder formelles Eigenkapital gibt.

In Frage käme § 136 InsO,[415] welcher die Anfechtbarkeit von Rechtshandlungen auf Rückgewähr der Einlage eines stillen Gesellschafters vorsieht, wenn die *zugrunde liegende Vereinbarung* im letzten Jahr vor dem Antrag auf Eröffnung des Insolvenzverfahrens des Kapitalnehmers erfolgte. Da mit der Vereinbarung ein gesondertes Rechtsgeschäft, etwa die Auflösung der stillen Gesellschaft, gemeint ist, sind Rückzahlungen nach vertragsgemäßer Kündigung oder Laufzeitende nicht erfasst.[416]

Als weiterer Anfechtungstatbestand ist § 135 Abs. 1 Nr. 2 InsO zu nennen, der auch dem Gesellschafterdarlehen gleichgestellte bzw. wirtschaftlich entsprechende Sachverhalte umfasst, vgl. § 39 Abs. 1 Nr. 5 InsO. Dies entspricht in personeller Hinsicht dem „Dritten“ aus § 32a Abs. 3 S. 1 GmbHG a.F.,[417] so dass damit nur

---

414 Zum *signaling* (als Gegenstrategie zum Marktversagen) in der ökonomischen Literatur siehe *Fleischer*, Informationsasymmetrie, S. 124 m.w.N.; zur Signalwirkung des ausgewiesenen Nennkapitals *Schön*, ZGR 2000, S. 706 (727f.).

415 Zur begrenzten Bedeutung der Anfechtung nach §§ 131, 138 Abs. 2 InsO zusammenfassend *Krolop*, ZIP 2007, S. 1738 (1741). Angesichts der Entwicklung des Eigenkapitalersatzrechts (insbesondere die Einbeziehung von Kapitalgebern, die nicht Gesellschafter sind, vgl. § 32a Abs. 3 S. 1 GmbHG a.F., und jetzt §§ 39 Abs. 1 Nr. 5, 135 Abs. 1 InsO) stellt sich die Frage nach dem Anwendungsbereich und Sinn des § 136 InsO. Dazu *Florstedt*, ZInsO 2007, S. 914; *K. Schmidt*, ZHR 140 (1976), S. 475 (490f.); *Krolop*, ZIP 2007, S. 1738 (1743).

416 BGH NJW 2001, 1270 (1271f.); *Henckel* in Jaeger, Großkommentar InsO, 4. Band, § 136 Rn. 13; *Stodolkowitz* in Münchener Kommentar InsO, Band 2, § 136 Rn. 9.

417 Vgl. Begründung zum RegE MoMiG, BT-Drucksache 16/6140, S. 56.

Hybridkapitalgeber mit besonderen Informations- und Kontrollrechten sowie Teilnahme an Risiko und Chance der Unternehmung erfasst werden.[418]

Bisweilen wird (außerhalb des Eigenkapitalersatzrechts, d.h. auch nach MoMiG) vertreten, auf Hybridkapital seien unter bestimmten materiellen Voraussetzungen[419] oder auch nur bei Ausweis als Eigenkapital in der Bilanz[420] die für formelles Eigenkapital geltenden Kapitalerhaltungsregeln (§§ 57, 62 AktG, §§ 30f. GmbHG) analog anwendbar, so dass eine Rückzahlung nicht möglich wäre, wenn das gebundene Vermögen angegriffen wird. Unabhängig davon, ob dem zu folgen ist, ist darauf jedenfalls hier schon deshalb nicht abzustellen, da dies auf keinen Fall für alle Ausprägungen von Hybridkapital gelten kann.[421] Anerkannt ist die Geltung des Kapitalbindungsgebots aus § 30 GmbHG lediglich für atypische stille Gesellschafter bei der GmbH & Still. Sie werden so behandelt, als wären sie unmittelbar an der GmbH beteiligt.[422]

Ein übergreifender gesetzlicher Mechanismus für alle vertraglich im Insolvenzverfahren subordinierten Forderungen im Hinblick auf den Zeitraum außerhalb der Insolvenz ist somit nicht gegeben. Aus der Vorgabe, rein vertraglich subordiniertes Kapital müsse zur Vermeidung der Passivierung im Überschuldungsstatus in ähnlicher Weise dem Zweck des Insolvenzgrundes und der Aufstellung des Status gerecht werden wie das ausdrücklich nach der InsO nicht zu passivierende Kapital, ergibt sich: Die Nachrangklausel muss auch eine außerhalb der Insolvenz reichende Regelung vorsehen, welche die Nichtpassivierung im Überschuldungsstatus rechtfertigt.[423] Nicht vertieft werden soll hier die Möglichkeit einer vertraglichen Nachbildung der gesetzlichen Regelung bzgl. Gesellschafterdarlehen (Anfechtungsmöglichkeit der Rückzahlung). Von besonderem Interesse (und praktischer Bedeutung) ist jedoch die Frage, wie die gesetzliche Regelung beim formellen Eigenkapital (Auszahlungssperre außerhalb der Insolvenz) vertraglich nachzubilden ist, da sich hier die Frage nach dem Umfang der Auszahlungssperre stellt.[424]

---

418 Zur Auslegung etwa *K. Schmidt*, ZHR 140 (1976), S. 475 (490f.); *Krolop*, GmbHR 2009, S. 397 (401ff.); vgl. auch BGHZ 119, 191 (196); *Steinhauer* in Häger/Elkemann-Reusch, Mezzanine Finanzierungsinstrumente, Rn. 518ff.

419 *Vollmer*, ZGR 1983, S. 445 (452f.): Danach soll die (daraus folgende) Bindung gemäß § 30 GmbHG gleichzeitig Voraussetzung für den Eigenkapitalcharakter von Genussrechten sein.

420 Nach *Todtenhöfer*, Kapitalaufbringung und -erhaltung bei Genußrechten, S. 140f., 153, 178, sollen die Regeln bei bestimmter Ausgestaltung des Hybridkapitals zur Anwendung kommen, aber auch dann, wenn die Parteien Eigenkapital „beschaffen wollen“ und ein entsprechender Ausweis in der Bilanz erfolgt.

421 Vgl. etwa *W. Müller* in Großkommentar GmbHG, Band II, Anh. § 29 Rn. 27.

422 *K. Schmidt* in Münchener Kommentar HGB, Band 3, § 230 Rn. 170ff.; *Kühn* in Münchener Handbuch des Gesellschaftsrechts, Band 2, § 83 Rn. 43ff.; *Habersack* in Großkommentar GmbHG, Band II, § 30 Rn. 68; BGHZ 106, 7 (10f.); BGH BB 2006, 792 (794). Ausführlich zum Ganzen (und der Trennung von den Grundsätzen des Eigenkapitalersatzrechts) *Florstedt*, Der „stille Verband“, S. 140ff.

423 Unklar insoweit die Antwort auf eine entsprechende schriftliche Frage der MdB Dyckmans an die Bundesregierung, BT-Drucksache 16/11525, S. 13 (Frage 18).

424 Mit diesem Problem haben sich, soweit ersichtlich, lediglich *Priester*, DB 1977, S. 2429 (2430f.) und *Göhrum*, Genußrechte bei notleidender GmbH oder AG, S. 150ff. eingehend auseinandergesetzt; andernorts finden sich kaum Begründungen für die jeweilige Meinung zum Umfang der Auszahlungssperre.

Richtigerweise muss die Auszahlungssperre spätestens bei Eintritt der *handelsbilanziellen* Überschuldung greifen; Zahlungen, auch Zinszahlungen, sind also nur aus dem die Verbindlichkeiten übersteigenden Vermögen (Nettovermögen) erlaubt.[425] Abzulehnen sind strengere Forderungen, die auf das Bestehen einer Unterbilanz (Zahlungen sind nur aus dem die Verbindlichkeiten und das Stamm- bzw. Grundkapital übersteigenden Vermögen gestattet)[426] oder auf das Vorliegen einer „Krise" abstellen,[427] Letzteres schon aus Gründen der Rechtssicherheit.[428] Erst Recht gilt das, wenn Zahlungen nur aus Bilanzgewinnen bzw. ungebundenem Vermögen (oder einem Liquidationserlös) erlaubt sein sollen,[429] da hier, über die Auffüllung des Stamm- bzw. Grundkapitals hinaus, gegebenenfalls noch eine Rücklagendotierung stattgefunden haben muss. Andererseits greift die Auszahlungssperre bei einem Abstellen auf die *materielle* Überschuldung in der Regel nicht früh genug.[430]

Die durch das Vorliegen einer handelsbilanziellen Überschuldung bedingte Auszahlungssperre bewirkt, dass die Nichtpassivierung der Forderung dem Zweck des Überschuldungsstatus gerecht wird, nämlich der Feststellung, ob die Befriedigung der (außenstehenden) Gläubiger noch möglich ist. Diese Gläubiger können darauf vertrauen, dass zu jenem Zeitpunkt keine weiteren Forderungen bestehen, deren

425 So die wohl überwiegende Meinung, etwa *Förschle/Hoffmann* in Budde/Förschle/Winkeljohann, Abschnitt P Rn. 120; *Knobbe-Keuk*, ZIP 1983, S. 127 (128); *dies.*, Bilanz- und Unternehmenssteuerrecht, S. 108; *Temme*, Eröffnungsgründe der Insolvenzordnung, S. 193, 199; *Kozikowski/Schubert* in Beck'scher Bilanz-Kommentar, § 247 Rn. 232; Adler/Düring/Schmaltz, Rechnungslegung, Teilband 6, § 246 HGB Rn. 138; *Küting/Kessler* in Küting/Weber, Handbuch der Rechnungslegung, Band Ia, § 272 Rn. 187; *Wittig*, NZI 2001, S. 169 (170); *ders.* in K. Schmidt/Uhlenbruck, Die GmbH in Krise, Sanierung und Insolvenz, Rn. 2.262; *Altmeppen* in Roth/Altmeppen, GmbHG, Vorb § 64 Rn. 45; (vor dem Urteil BGHZ 146, 264) *Küting/Kessler*, BB 1994, S. 2103 (2108); *Göhrum*, Genußrechte bei notleidender GmbH oder AG, S. 154f.; wohl auch *Lorch*, Genußschein, S. 46, 48. Teilweise ist der Gehalt der Aussage nicht ganz klar, wenn z.B. vom „freien" Vermögen gesprochen wird (zur Problematik dieses Begriffs *Lorch*, Genußschein, S. 47ff.), so z.B. bei *Janssen*, BB 2005, S. 1895 (1896), oder wenn vom „Gewinn" gesprochen wird, ohne dass erkennbar ist, ob der Jahresüberschuss oder der Bilanzgewinn gemeint ist. Aus der Rechtsprechung BGH DB 1987, 979 (979); OLG Düsseldorf GmbHR 1996, 616 (618); zu BGHZ 146, 264 siehe sogleich im Text und oben Fn. 401.

426 *Vollmer/Maurer*, DB 1994, S. 1173 (1174, 1177); *Smerdka*, Finanzierung mit mezzaninem Haftkapital, S. 33 (mit zweifelhaftem Hinweis auf *Wittig*, NZI 2001, S. 169) und S. 188.

427 Was in BGHZ 146, 264 (271) damit gemeint war, ist jedoch nicht klar, siehe dazu oben Fn. 401. Auf die „Krise" stellt auch ab *Kleindiek* in Lutter/Hommelhoff, GmbHG, 16. Auflage, § 42 Rn. 47; offensichtlich auch *Habersack* in Großkommentar GmbHG, Band II, §§ 32a/b Rn. 241, wo aber auch auf das „Nettoaktivvermögen" und das Vorliegen einer Unterbilanz abgestellt wird, Rn. 240. Ähnlich ungenau („dauerhafte Überwindung der Überschuldung") *Duss*, AG 1974, S. 133 (135).

428 Das Merkmal der „Krise" wurde mit der Streichung von § 32a GmbHG aufgegeben.

429 So aber offensichtlich *K. Schmidt*, GmbHR 1999, S. 9 (13), und *ders.* in Festschrift Goerdeler (1987), S. 487 (500) sowie *Habersack*, ZGR 2000, S. 384 (401, 404). *Janssen*, BB 2005, S. 1895 (1896) interpretiert die Entscheidung BGHZ 146, 264 dergestalt und damit im Gegensatz zu *Habersack/Huber*, BB 2006, S. 1 (6); zu dem damit verbundenen steuerrechtlichen Problem ebenda bei *Janssen*.

430 So jedoch *Priester*, DB 1977, S. 2429 (2431); offensichtlich auch *Teller/Steffan*, Rangrücktrittsvereinbarungen, Rn. 436 (ohne Begründung; in Rn. 293 ist nur vom „Aktivvermögen" die Rede, ohne Angabe der Bewertungsmethode). Ab Feststellung der Überschuldung gilt jedoch ohnehin ein tatsächliches Auszahlungsverbot bzw. ein faktisches Auszahlungsverbot wegen der Haftung von Geschäftsführung und Vorstand, §§ 64 S. 1 GmbHG, 92 Abs. 2 S. 1, 93 Abs. 3 Nr. 6 AktG.

Befriedigung ihre Position gefährden könnte: Die handelsbilanzielle Überschuldung ist regelmäßig Anlass zur Erstellung des Überschuldungsstatus.

Die Auszahlungssperre greift auch früh genug, denn zu jenem Zeitpunkt ist die Gesellschaft regelmäßig nicht überschuldet im insolvenzrechtlichen Sinn, was insbesondere an den Unterschieden bei Ansatz und Bewertung liegt.[431] Eine handelsbilanzielle Überschuldung hat bei der Prüfung der Insolvenzreife der Gesellschaft allenfalls indizielle Bedeutung und ist lediglich Ausgangspunkt für die weitere Ermittlung des wahren Wertes des Gesellschaftsvermögens.[432] Zu strenge Anforderungen an die Auszahlungssperre senken die Bereitschaft, eine die Überschuldung vermeidende Rangrücktrittserklärung abzugeben und führen möglicherweise dazu, dass Sanierungsversuche unterbleiben.

Eine Formulierung dahingehend, dass die Begleichung der Forderung nur aus dem die Verbindlichkeiten übersteigenden Vermögen erfolgen kann, wurde auch bisher überwiegend in Literatur und Praxis für ausreichend angesehen. Das gilt ebenso für die Rechtsprechung;[433] etwas anderes kann nicht daraus abgeleitet werden, dass der BGH (bei Gesellschafterdarlehen) forderte, der Gläubiger dürfe „bis zur Abwendung der Krise“ wegen seiner Forderung nicht berücksichtigt werden: Es war ohnehin nicht klar, ob auf Kreditunwürdigkeit (vgl. § 32a Abs. 1 GmbHG a.F.) oder Insolvenzreife abgestellt wurde.[434] Angemerkt sei auch, dass der österreichische Gesetzgeber durch Einfügung von § 67 Abs. 3 KO (österreichische Konkursordnung) im Jahr 2004 ausdrücklich eine Auszahlungssperre ab Vorliegen der handelsbilanziellen Überschuldung verlangt, damit eine Passivierung im Überschuldungsstatus unterbleibt: Der Gläubiger muss erklären, dass er Befriedigung erst nach Beseitigung eines negativen Eigenkapitals (§ 225 Abs. 1 österreichisches HGB) begehrt.[435]

Damit kann festgehalten werden, dass zur Vermeidung der Passivierung im Überschuldungsstatus die Rangrücktrittsklausel vorsehen muss, dass Auszahlungen nur aus dem die Verbindlichkeiten übersteigenden Vermögen erfolgen können. In der Praxis beschränkt sich die Nachrangklausel jedoch bisweilen auf eine Regelung zur Tiefe des Rangrücktritts (dazu sogleich unter bb)). Da Rangrücktritte häufig gerade zum Zweck des Wegfalls der Passivierungspflicht vereinbart werden, sind sie regelmäßig dahingehend auszulegen, dass sie sich im eben genannten Umfang auch außerhalb der Insolvenz auswirken.[436] Die häufig anzutreffende Formulierung, die Forderung trete in der „Krise“ zurück, ist wegen der Intention, die Über-

431 Siehe dazu oben Teil 2 B.V.4.a).
432 BGH NJW-RR 2001, 1043; in diesem Sinne auch *Lutter*, ZIP 1999, S. 641 (643).
433 Vgl. oben Fn 425.
434 Siehe dazu oben Fn. 401.
435 § 67 Abs. 3 KO eingefügt durch Art. II Z 6 GIRÄG 2003, österreichisches BGBl. 2003/92.
436 Gleiches gilt für die Erstreckung der Auszahlungssperre auf Zinsen, vgl. Adler/Düring/Schmaltz, Rechnungslegung, Teilband 6, § 246 HGB Rn. 131, 135; *Wittig*, NZI 2001, S. 169 (170f.); *ders.* in K. Schmidt/Uhlenbruck, Die GmbH in Krise, Sanierung und Insolvenz, Rn. 2.262 (zur häufig anzutreffrenden unpräzisen Formulierung in der Praxis). Zu den Zinsen *Wimer*, Rangrücktritt, S. 174f.; *Teller/Steffan*, Rangrücktrittsvereinbarungen, Rn. 356.

schuldung zu vermeiden, ebenfalls entsprechend auszulegen. Im Hinblick auf die Darstellung im Jahresabschluss kann jedoch eine bloße Auslegung nicht genügen – die *Information* darüber, dass eine Forderung im Überschuldungsstatus nicht zu passivieren ist, setzt eine ausdrückliche und im Umfang ausreichende Auszahlungssperre im Finanzierungsvertrag voraus.

bb) Rang in der Insolvenz

Ist nun die notwendige Reichweite der Rangrücktrittsvereinbarung außerhalb der Insolvenz geklärt, so stellt sich noch folgende Frage: Welchen Rang muss die Vereinbarung für den Fall der Insolvenz vorsehen, damit die Passivierung in der Überschuldungsbilanz unterbleiben kann? Oder mit anderen Worten: Wie „tief" muss der Rangrücktritt sein? Im Wesentlichen wurden hierzu vor Inkrafttreten des MoMiG fünf Auffassungen vertreten,[437] nämlich jeweils das Erfordernis des Rangs unmittelbar vor § 39 Abs. 1 Nr. 5,[438] aus § 39 Abs. 1 Nr. 5,[439] aus § 39 Abs. 2,[440] unmittelbar vor § 199 S. 2[441] und aus § 199 S. 2 InsO (letztrangig)[442]. Da nun für Gesellschafterdarlehen das Gesetz den Rang hinter § 39 Abs. 1 Nr. 5 InsO vorschreibt, ist ein Rücktritt bis unmittelbar vor oder auf die Ebene des § 199 S. 2 InsO auch für rein vertraglich subordinierte Forderungen nicht mehr notwendig. Gegen das Erfordernis eines Rücktritts bis auf diesen Rang sprach schon vorher, dass die Auslegungsregel des § 39 Abs. 2 InsO ins Leere gegangen wäre: Der Rangrücktritt eines Gläubigers i.S. dieser Norm dient ja gerade der Vermeidung der Überschuldung. Zum anderen war und ist nicht ersichtlich, warum von einer Rangrücktrittserklärung, die nur der Vermeidung der Überschuldung dient, die Gesellschafter durch eine größere Chance auf einen Liquidationserlös profitieren sollen.[443] Und: Es mag nicht einleuchten, warum man Gläubigern, die ausschließlich kraft Vereinbarung ein höheres Risiko übernehmen, mehr abverlangen sollte als solchen, die schon gesetzlich zur Übernahme verpflichtet sind.

---

437 Überblick dazu bei *Müller* in Jaeger, Großkommentar InsO, 1. Band, § 19 Rn. 100ff. Nicht mehr vertreten wird die Ansicht, zur Verhinderung der Passivierung sei ein Forderungserlass notwendig (so aber in der Gesetzesbegründung zu § 23 RegE InsO 1994 [in Kraft 1999], der dem jetzigen § 19 InsO entspricht, BT-Drucksache 12/2443, S. 115). Dies ist mit der Gesetzeskonzeption, zumal § 39 Abs. 2 InsO, und dem Zweck der Nachrangvereinbarungen nicht vereinbar, vgl. *Müller/Haas* in Kölner Schrift zur Insolvenzordnung, S. 1799, 1818 (Rn. 47).

438 *Wittig*, NZI 2001, S. 169 (174); *De Bra/Weber* in Festschrift Braun (2007), S. 1 (12f.).

439 *K. Schmidt*, ZIP 1999, S. 1241 (1247); *Paulus*, ZGR 2002, S. 321 (328).

440 *Altmeppen*, ZIP 2001, S. 240 (241); *Felleisen*, GmbHR 2001, S. 195 (196).

441 *Teller/Steffan*, Rangrücktrittsvereinbarungen, Rn. 286.

442 *Bork* in Festschrift Röhricht (2005), S. 47 (54ff.). Das Urteil BGHZ 146, 264 wurde dahingehend gedeutet, denn dort heißt es: „Stellt sich der Gesellschafter (...) wegen seiner Ansprüche [aus einem Darlehen] (...) auf dieselbe Stufe, auf der er selbst und seine Mitgesellschafter hinsichtlich ihrer Einlagen stehen, besteht keine Notwendigkeit, diese Forderungen in den Schuldenstatus der Gesellschaft aufzunehmen." (S. 271). Jedoch hat der damalige Vorsitzende des II. Zivilsenats später von einem „bedauerlichen Mißverständnis" gesprochen, vgl. *Röhricht* in VGR – Gesellschaftsrechtliche Vereinigung (Hrsg.), Gesellschaftsrecht in der Diskussion 2001 (2002), S. 3 (20); ähnlich *Förschle/Heinz* in Budde/Förschle/Winkeljohann, Sonderbilanzen, Abschnitt Q Rn. 54 („Überinterpretation"); dagegen der damals ebenfalls dem Senat angehörende, heutige Vorsitzende *Goette*, DStR 2001, S. 179.

443 Vgl. *Paulus*, ZGR 2002, S. 321 (327).

Ebenfalls schon vor Inkrafttreten des MoMiG sprachen die besseren Argumente dafür, eine Rückstufung auf den Rang unmittelbar vor § 39 Abs. 1 Nr. 5 InsO (bzw. nach § 39 Abs. 1 Nr. 4 InsO) genügen zu lassen. Entscheidend ist, dass der Sinn und Zweck des Insolvenzgrundes der Überschuldung im Schutz der erstrangigen, außenstehenden Gläubiger (ohne Informations- und Mitwirkungsrechte) liegt. Deutlicher: Das Insolvenzverfahren soll nicht schon dann zu eröffnen sein, wenn sogar noch die kraft Gesetzes subordinierten Gesellschafterdarlehen praktisch vollständig durch das Vermögen der Gesellschaft gedeckt sind; um dieser Forderungen willen findet das Insolvenzverfahren nicht statt.[444]

Daran hat sich auch durch das MoMiG nichts geändert. Zwar müssen Gesellschafter mit ihren Darlehensforderungen hinter den Rang des § 39 Abs. 1 Nr. 5 InsO zurücktreten, um eine Passivierung im Überschuldungsstatus zu vermeiden, § 19 Abs. 2 S. 2 InsO. Darin liegt allerdings keine Einbeziehung der nicht mit einer Rücktrittserklärung versehenen Gesellschafterdarlehen in den Schutzbereich des Insolvenzgrundes der Überschuldung, zumal auch diese Darlehen gemäß § 39 Abs. 1 Nr. 5 InsO nachrangig sind und die Anfechtung gemäß § 135 InsO greift.[445] Grund für die Pflicht des Rücktritts *hinter* § 39 Abs. 1 Nr. 5 InsO dürfte schlicht sein, dass es seltsam anmuten würde, wenn die Parteien vertraglich eine ohnehin schon gesetzlich geltende Rechtsfolge herbeiführen müssten. Auch hat laut Gesetzesbegründung die Pflicht, einen Rangrücktritt zu vereinbaren, lediglich eine Warnfunktion. Die Vorverlagerung des Eintritts der Überschuldung ist lediglich ein Reflex der (ohnehin zweifelhaften) gesetzlichen Regelung.

Es scheint auch nicht angemessen, von Kapitalgebern, die mangels Gesellschafterstellung weniger nah am Unternehmen stehen, einen Rangrücktritt hinter kraft Gesetzes subordinierte Gesellschafterforderungen zu verlangen. Solche Kapitalgeber sind in der Praxis dazu meist ohnehin nicht bereit.[446] Dies führt, zusammen mit einem Erfordernis der Rückstufung hinter § 39 Abs. 1 Nr. 5 InsO zur Vermeidung der Passivierung, dazu, dass zunächst alle Gesellschafter einen Rücktritt hinter den Rang des rein gewillkürten Nachrangkapitals vereinbaren müssten. Lässt man zur Vermeidung der Passivierung von gewillkürtem Nachrangkapital einen Rang nach § 39 Abs. 1 Nr. 4 InsO ausreichen, wird die Handhabung in der Praxis erleichtert.

cc) Sonstige Anforderungen

Zu Ergänzen bleibt noch, dass auf eine Passivierung nicht verzichtet werden kann, wenn das Hybridkapital besichert ist. Außerdem muss eine Aufrechnung ausge-

---

444 *K. Schmidt*, GmbHR 1999, S. 9 (13); *Lutter*, ZIP 1999, S. 641 (645, 647); *Wittig*, NZI 2001, S. 169 (174); anders wohl *Altmeppen*, ZIP 2001, S. 240 (241) und *Bork* in Festschrift Röhricht (2005), S. 47 (57 ff.), der nur die Einlagen nach § 199 S. 2 InsO nicht im Schutzbereich sieht. Diese Auffassung dürfte seit Inkrafttreten des MoMiG wohl nicht mehr vertretbar sein, vgl. § 19 Abs. 2 S. 2 InsO.

445 Vgl. auch *K. Schmidt*, DB 2008, S. 2467 (2471): „Rücktritt in den Rang des § 39 Abs. 1 Nr. 5 InsO hätte ausreichen können".

446 *Wittig*, NZI 2001, S. 169 (170); *De Bra/Weber* in Festschrift Braun (2007), S. 1 (12 f.).

schlossen sein, andernfalls bestünde die Gefahr der Konterkarierung des Nachrangs.[447]

e) Ergebnis

Die Frage nach dem notwendigen Inhalt einer Rangrücktrittserklärung, die zum Wegfall der Passivierungspflicht von Hybridkapital im Überschuldungsstatus führt, kann wie folgt beantwortet werden: Es muss vereinbart werden, dass Auszahlungen nur aus dem die Verbindlichkeiten übersteigenden Vermögen erfolgen dürfen, ein Rücktritt in der Insolvenz mindestens hinter die Forderungen nach § 39 Abs. 1 Nr. 4 InsO erfolgt und eine Aufrechnung nicht gestattet ist. Die Forderungen des Hybridkapitalgebers müssen zudem unbesichert sein. Das Informationsbedürfnis der Adressaten bezieht sich darauf, ob alle diese Kriterien erfüllt sind und damit eine Passivierung des Hybridkapitals in der Überschuldungsbilanz unterbleibt.

5. Systematisierung der Information

Fasst man nun die Ergebnisse aus den vorangehenden Abschnitten 2., 3. und 4. zusammen, ergibt sich das gesamte Informationsbedürfnis am Modul „absoluter Rangrücktritt". Es bezieht sich darauf, ob ein Nachrang in der Insolvenz vorliegt (2.), ob eine Auszahlungssperre außerhalb der Insolvenz besteht und wann diese greift (3.) und ob die Klausel insgesamt (2. + 3.) ausreicht, damit eine Passivierung des Kapitals in der Überschuldungsbilanz nicht stattfindet (4.). Es bietet sich an, die Bezeichnungen „einfache", „harte" und „qualifizierte" Rangrücktrittsvereinbarung für die Informationsübermittlung zu verwenden, wobei die bislang überwiegend mit diesen Bezeichnungen verbundenen inhaltlichen Anforderungen[448] beibehalten werden können, was die „einfache" und „harte" Erklärung anbelangt. Die inhaltlichen Kriterien, welche seit der oben zitierten Entscheidung des Bundesgerichtshofs zur Passivierung von Gesellschafterdarlehen in der Überschuldungsbilanz aus dem Jahr 2001 (BGHZ 146, 264) für den „qualifizierten" Rangrücktritt verlangt wurden, haben ihre Bedeutung mit der Änderung der InsO durch das MoMiG jedoch verloren: Ein Rangrücktritt auf die Stufe der Einlagen ist zur Vermeidung der Passivierung von Gesellschafterdarlehen in der Überschuldungsbilanz nun ausdrücklich nicht mehr notwendig (und war dies nach richtiger Auslegung schon vorher nicht). Demnach kann die Bezeichnung „qualifizierter" Rangrücktritt neu besetzt werden. Dem oben ermittelten Informationsbedürfnis der Adressaten folgend soll damit eine Vereinbarung bezeichnet werden, die zusätzlich zum Nachrang in der Insolvenz eine besonders Cashflow-schonende („qualifizierte") Auszahlungssperre vorweist, die sich spätestens dann auswirkt, wenn das Vermögen unter die Höhe der Grund- oder Stammkapitalziffer sinkt. Demnach ergib sich folgende Systematisierung:

---

447 *Gleske* in Habersack/Mülbert/Schlitt, Unternehmensfinanzierung, § 16 Rn. 32.
448 Siehe oben Teil 1 A.II.4.

- Einfacher Rangrücktritt: Aufrechnungsverbot und Nachrang in der Insolvenz mindestens hinter § 39 Abs. 1 Nr. 4 InsO (Folge: Passivierung in der Überschuldungsbilanz);
- Harter Rangrücktritt: Aufrechnungsverbot, Nachrang in der Insolvenz mindestens hinter § 39 Abs. 1 Nr. 4 InsO sowie Auszahlungssperre dergestalt, dass Auszahlungen nur aus dem die Verbindlichkeiten übersteigenden Vermögen erfolgen dürfen (Folge: keine Passivierung in der Überschuldungsbilanz);
- Qualifizierter Rangrücktritt: Aufrechnungsverbot, Nachrang in der Insolvenz mindestens hinter § 39 Abs. 1 Nr. 4 InsO sowie Auszahlungssperre dergestalt, dass Auszahlungen nur aus dem das Grund- bzw. Stammkapital übersteigenden Vermögen erfolgen dürfen (Folge: keine Passivierung in der Überschuldungsbilanz).

Mit diesen Angaben werden die Informationsbedürfnisse der Adressaten am Modul „absoluter Rangrücktritt" vollständig befriedigt.

VI. Verlustbeteiligung und Besserungsabrede

Als nächstes wird das Informationsinteresse an Verlustteilnahmeklauseln untersucht. Insbesondere bei der Vereinbarung eines beweglichen Kapitalkontos sind die Gestaltungsmöglichkeiten mannigfaltig. In einem ersten Schritt sollen diese systematisiert werden, anschließend wird die Bedeutung der Verlustteilnahme für die Adressaten im Einzelnen erörtert.

1. Systematisierung bei beweglichem Kapitalkonto

Wie die Nachrangvereinbarungen können auch die wesentlichen Formen der Verlustbeteiligung mit beweglichem Kapitalkonto im Hinblick auf die Bestandteile des formellen Eigenkapitals geordnet werden.[449] Die rechnerisch[450] vollständige Aufzehrung jeweils eines Bestandteils stellt eine Schwelle dar, die als Anknüpfung für die Verlustbeteiligung genutzt werden kann (vgl. dazu Abbildung 1 oben).

Selbstverständlich erfasst die nachfolgende Systematisierung nicht alle denkbaren Mechanismen der Verlustbeteiligung, denn deren Anzahl ist unbegrenzt. Im Hinblick auf die Schwellen kann auf jede denkbare Unternehmenskennzahl abgestellt werden. Im Vergleich zum Verlust des Eigenkapitals können sich alle möglichen asymmetrischen Verlustbeteiligungen des Hybridkapitals durch Vereinbarung ergeben.[451] Die Rechtswirklichkeit zeigt jedoch, dass die oben genannten, „natürlichen" bilanziellen Schwellen vielfach genutzt werden, und dass sich im Vergleich zu den Eigenkapitalbestandteilen zumeist eine (symmetrische) Vor-, Gleich- oder

---

449 Von einer Rangfolge der Verlustteilnahme im Zusammenhang mit verschiedenen Eigenkapitalbestandteilen spricht auch *Lutter* in Kölner Kommentar AktG, Band 5/1, § 221 Rn. 303.
450 Zur tatsächlichen Darstellung des Eigenkapitals siehe oben Fn. 377.
451 Verlustbeteiligung und Besserungsabrede (Wiederauffüllung des Kapitals) des Hybridtitels werden jedoch i. d. R. symmetrisch gestaltet sein.

Nachrangigkeit ergibt. Hybridkapital, das gleichrangig zu einem der Eigenkapitalbestandteile durch Verluste herabgesetzt wird, verfügt über eine laufende Verlustbeteiligung in diesem Bereich. Beschränkt sich die Verlustbeteiligung auf einen Teil des zur Verfügung gestellten Kapitals, so gelten die nachfolgenden Ausführungen lediglich für den risikobehafteten Betrag.

a) Aktiengesellschaft

Bei der Aktiengesellschaft sind, abhängig vom Zeitpunkt, in dem das Hybridkapital auf Null herabgesetzt wird, drei verschiedene Gruppen von Verlustbeteiligungen denkbar. Zunächst sollen diejenigen Mechanismen dargestellt werden, die zu einer vollständigen Herabsetzung des Hybridkapitals erst bei handelsbilanzieller Überschuldung, d.h. bei Verlust des gesamten Grundkapitals (genauer: des der Ziffer entsprechenden Vermögens) führen; sie sollen als *einfache Verlustbeteiligung* bezeichnet werden. Liegt dabei eine Gleichrangigkeit zum gesamten Eigenkapital vor, so handelt es sich um eine einfache, vollständig laufende Verlustbeteiligung (Abbildung 6, Referenz a). Wird das Kapital erst nach Verbrauch der freien Rücklagen gleichrangig herabgesetzt, so liegt eine einfache, überwiegend laufende Verlustbeteiligung vor (Gleichrangigkeit zu Grundkapital und geschützten Rücklagen, Abbildung 6, Referenz b). Eine Verlustbeteiligung gleichrangig nur zum Grundkapital kann als einfache, teilweise laufende Verlustbeteiligung bezeichnet werden (Abbildung 6, Referenz c). Findet eine Verlustbeteiligung erst unmittelbar vor Verlust des gesamten Grundkapitals oder bei Verlust des gesamten Grundkapitals statt, so liegt eine (schlicht) einfache Verlustbeteiligung vor (Abbildung 6, Referenz d).

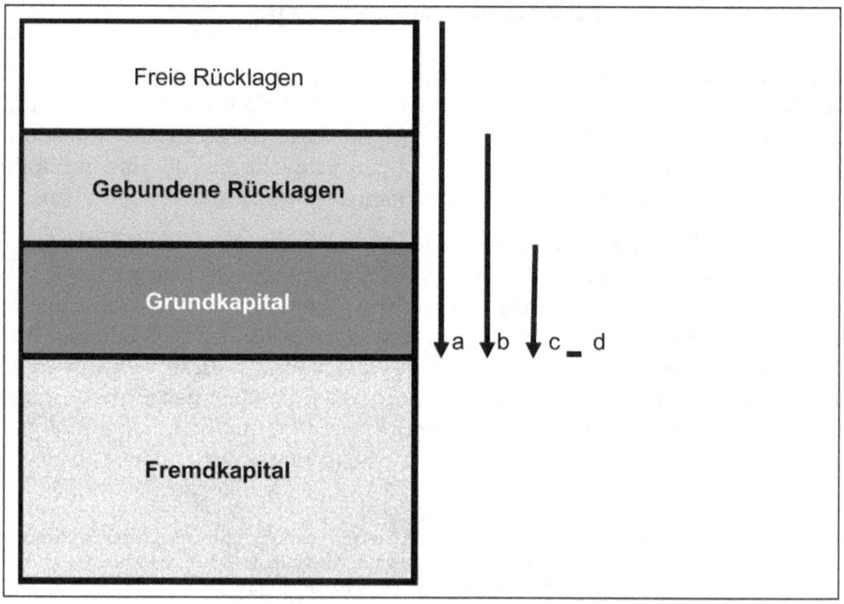

Abbildung 6: Einfache Verlustbeteiligung bei der Aktiengesellschaft

Es folgen die Mechanismen, welche zur vollständigen Herabsetzung des Kapitals führen, bevor das Grundkapital angegriffen wird; sie sollen als *harte Verlustbeteiligung* bezeichnet werden. Dabei kann eine harte, vollständig laufende Verlustbeteiligung vorliegen (Gleichrangigkeit zu den gesamten Rücklagen, Abbildung 7, Referenz a), eine harte, teilweise laufende Verlustbeteiligung (Gleichrangigkeit zu geschützten Rücklagen, Abbildung 7, Referenz b) und eine (schlicht) harte Verlustbeteiligung gegeben sein (Abbildung 7, Referenz c).

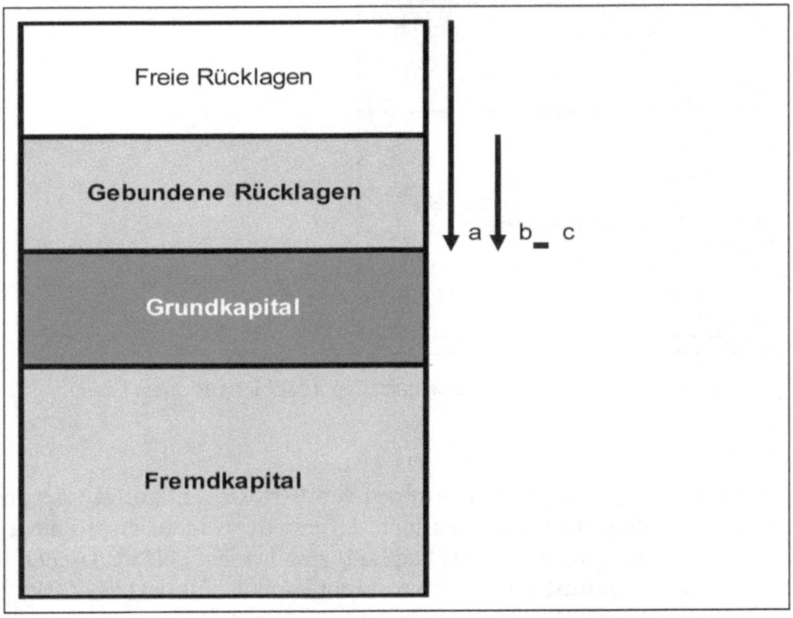

Abbildung 7: Harte Verlustbeteiligung bei der Aktiengesellschaft

Eine Verlustbeteiligung, die zur vollständigen Herabsetzung des Kapitals führt, bevor das Grundkapital und die geschützten Kapitalrücklagen angegriffen werden, soll als *qualifizierte Verlustbeteiligung* bezeichnet werden. Dabei kann eine qualifizierte, laufende Verlustbeteiligung (Gleichrangigkeit zu freien Rücklagen, Abbildung 8, Referenz a) sowie eine (schlicht) qualifizierte Verlustbeteiligung (Abbildung 8, Referenz b) vorliegen.

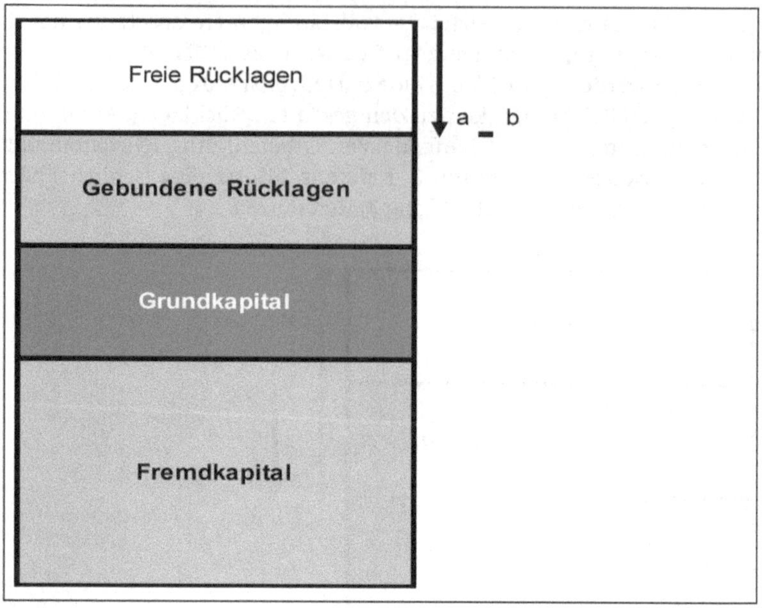

Abbildung 8: Qualifizierte Verlustbeteiligung bei der Aktiengesellschaft

b) GmbH

Bei der GmbH dagegen sind zwei Gruppen von Verlustbeteiligungen denkbar.[452] Als erstes sollen diejenigen Mechanismen dargestellt werden, die zu einer vollständigen Herabsetzung des Hybridkapitals erst bei handelsbilanzieller Überschuldung, d.h. bei Verlust des gesamten Stammkapitals, führen (*einfache Verlustbeteiligung*). Liegt dabei eine Gleichrangigkeit zum gesamten Eigenkapital der GmbH vor, so handelt es sich um eine einfache, vollständig laufende Verlustbeteiligung (Abbildung 9, Referenz a). Wird das Kapital erst nach Verbrauch der Rücklagen gleichrangig herabgesetzt, so liegt eine einfache, teilweise laufende Verlustbeteiligung vor (Abbildung 9, Referenz b). Findet eine Verlustbeteiligung erst unmittelbar vor Verlust des gesamten Stammkapitals oder bei Verlust des gesamten Stammkapitals statt, so liegt eine (schlicht) einfache Verlustbeteiligung vor (Abbildung 9, Referenz c).

452 Die auch bei der GmbH geltenden Ausschüttungssperren (§§ 269, 272 Abs. 4, 274 Abs. 2 HGB) werden hier zur Vereinfachung der Darstellung nicht berücksichtigt.

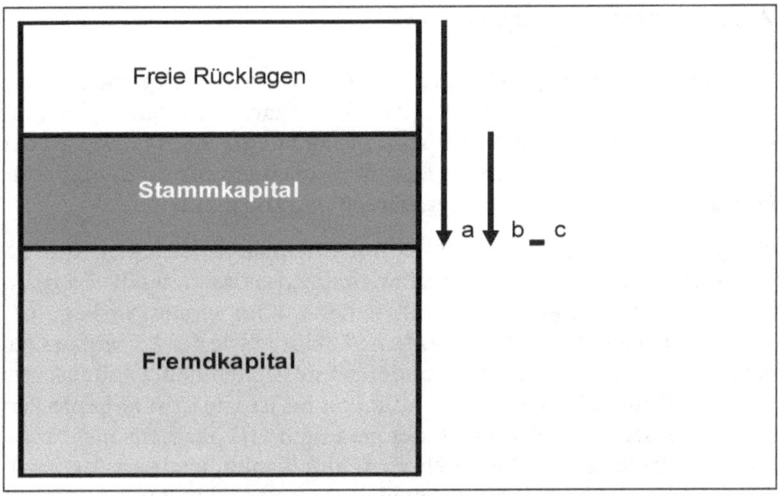

Abbildung 9: Einfache Verlustbeteiligung bei der GmbH

Eine Verlustbeteiligung, die zur vollständigen Herabsetzung des Kapitals führt, bevor das Stammkapital angegriffen wird, soll als *qualifizierte Verlustbeteiligung* bezeichnet werden. Dabei kann eine qualifizierte, laufende Verlustbeteiligung (Abbildung 10, Referenz a) oder eine (schlicht) qualifizierte Verlustbeteiligung (Abbildung 10, Referenz b) vorliegen.

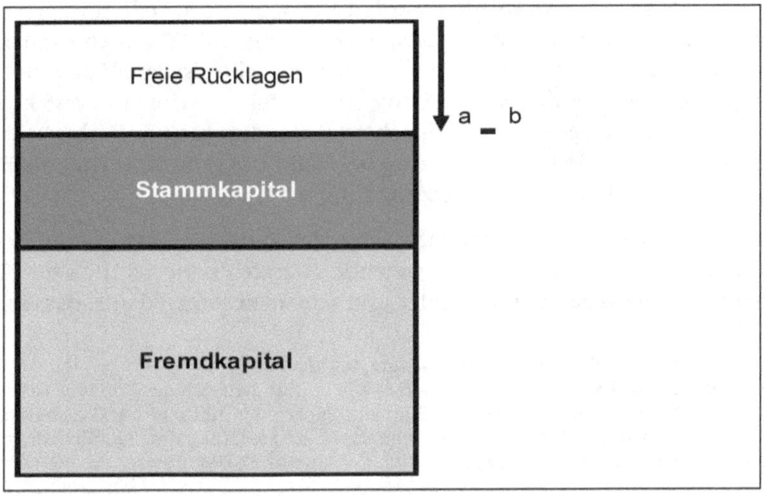

Abbildung 10: Qualifizierte Verlustbeteiligung bei der GmbH

2. Auswirkungen auf den Cashflow

Was den Rückzahlungsanspruch betrifft, hat die Verlustbeteiligung auf den Cashflow Auswirkungen am Ende der Laufzeit bzw. nach Kündigung des Finanzierungsvertrages: Ist das Kapital zur Rückzahlung fällig, jedoch teilweise oder vollständig durch Verluste herabgesetzt, kommt es zu einer geringeren Auszahlung an den Hybridkapitalgeber als bei der regulären Fremdfinanzierung.

Je nach Verlustteilnahmemechanismus und finanzieller Situation des Kapitalnehmers ist eine unterschiedlich hohe Entlastung des Cashflows die Folge. Keinerlei Auswirkung besteht, wenn ein bloß virtuelles Kapitalkonto vorliegt. Gleiches gilt für den Fall, dass unternehmensexterne Faktoren wie der Börsenkurs oder das gewogene Mittel der Ausgabepreise anderer Emissionen den Tilgungsbetrag beeinflussen.[453] Hinsichtlich des festen Kapitalkontos ist zunächst zu bemerken, dass eine Entlastung selbst bei Verbrauch des gesamten Eigenkapitals nicht zwingend ist: Es kommt darauf an, ob die Gesellschaft eine Kapitalherabsetzung beschließt. Jedenfalls aber kann beim festen Kapitalkonto das hybride Kapital nicht vor der vollständigen Herabsetzung des Grund- bzw. Stammkapitals auf Null herabgesetzt sein (ebenso wie bei der einfachen Verlustteilnahme beim beweglichen Kapitalkonto). Insgesamt ist die Cashflow-Entlastung bei der Verlustteilnahme mit festem Kapitalkonto eher gering ausgeprägt.[454]

Beim beweglichen Kapitalkonto ist zunächst zur Anknüpfung an den Bilanzverlust als Bemessungsgrundlage zu bemerken, dass im Gegensatz zur Anknüpfung an den Jahresfehlbetrag bei entsprechender Bilanzpolitik eine Herabsetzung des Hybridkapitals so lange vermieden werden kann, als noch freie und gebundene Rücklagen zur Verlustdeckung aufgelöst werden können.[455] Dadurch kann es ohne sonstige Beschränkungen zu einer bloß einfachen, teilweise laufenden Verlustbeteiligung kommen. Bei der Anknüpfung an den Jahresverlust (Jahresfehlbetrag) liegt (ohne weitere Regelung) eine einfache, vollständig laufende Verlustteilnahme vor. In der Regel werden daher Verluste bei Wahl des Jahresverlustes als Bemessungsgrundlage früher zur Herabsetzung führen.[456]

Die Systematisierung der wesentlichen Arten der Verlustbeteiligung mit beweglichem Kapitalkonto hat keine durchgehende Hierarchie hinsichtlich der Entlastung des Cashflow gezeigt: Manche der Mechanismen sorgen dafür, dass schon in

---

453 In diesem Sinne auch *Ekkenga*, Anlegerschutz, S. 183.
454 Als Gegenbeispiel kann der *Klöckner*-Genussschein, mit dem sich der Bundesgerichtshof im Jahr 1992 beschäftigte, aufgeführt werden. Hier wurde nach der Bildung von Rückstellungen für drohende (!) Verluste (§ 249 Abs. 1 S. 1 HGB) eine Kapitalherabsetzung durchgeführt, die zur Herabsetzung des Genussrechtskapitals von 100 Mio. DM auf nur 37 DM führte, siehe BGHZ 119, 305 (307).
455 *Küting/Kessler/Harth*, BB 1996, Beilage 4, S. 1 (11).
456 Vgl. *Lorch*, Genußschein, S. 56. Deutlich wurden die Unterschiede in der Verlusttragung bei den Genussscheinen der IKB Deutsche Industriebank AG im Geschäftsjahr 2007/2008: Die am Jahresverlust beteiligten Genussscheine (Ausgabe bis 2002) wurden um rund 52% herabgesetzt, die am Bilanzverlust beteiligten um rund 47%. Siehe dazu die Pressemitteilung der Emittentin vom 3. Juli 2008, abrufbar unter http://www.ikb.de (Homepage → Presse → Pressemitteilungen).

„guten" Zeiten eine Verlustbeteiligung stattfindet, in denen das Eigenkapital noch in ähnlichem Umfang zur Verfügung steht wie zur Zeit der Emission des Hybridkapitals; dafür jedoch wird es lediglich gleichrangig zum gesamten Eigenkapital herabgesetzt (siehe z.B. Abbildung 6, Referenz a). Andere Mechanismen sorgen zwar zunächst nicht für eine Schonung des Eigenkapitals, führen jedoch zu einer kompletten Herabsetzung des Hybridkapitals, bevor überhaupt das Grund- oder Stammkapital angegriffen wird (siehe z.B. Abbildung 7, Referenz b). Unzweifelhaft früher als bei allen anderen Mechanismen ist die Risikoteilnahme bei der qualifizierten laufenden Verlustbeteiligung (Gleichrangigkeit zu freien Rücklagen, siehe Abbildung 8, Referenz a für die AG und Abbildung 10, Referenz a für die GmbH). Den Gegenpol bildet die (schlicht) einfache Verlustbeteiligung (Abbildung 6, Referenz d für die AG und Abbildung 9, Referenz c), gefolgt von der einfachen, teilweise laufenden (Gleichrangigkeit zu Grund- bzw. Stammkapital, siehe Abbildung 6, Referenz c für die AG und Abbildung 9, Referenz b für die GmbH).

Zusammenfassend kann im Hinblick auf die Cashflow-Entlastung festgehalten werden, dass wegen der großen Unterschiede ein umfassendes Informationsbedürfnis der Adressaten am konkreten Mechanismus der Verlustteilnahme besteht. Zur entscheidungserheblichen Information gehört zum einen, ob es sich um ein bewegliches oder ein festes Kapitalkonto handelt. Beim beweglichen Konto interessiert die Bemessungsgrundlage sowie die Frage, ob es sich um eine einfache, harte oder qualifizierte Verlustteilnahme handelt. Letztere Angaben sind darum zu ergänzen, ob die Verlustteilnahme vollständig, überwiegend oder teilweise laufend (d.h. gleichrangig zu bestimmten Bestandteilen des formellen Eigenkapitals) ist. Zuletzt ist anzugeben, ob sich eine Besserungsabrede über die Laufzeit des Instruments hinaus erstreckt. Nicht von Bedeutung für die Cashflow-Entlastung bzgl. des Rückzahlungsanspruchs ist dagegen die Frage, ob es zur Verrechnung mit den Verlusten schon während der Laufzeit oder erst bei Rückzahlung kommt.

3. Verlustbeteiligung und Überschuldungsbilanz

Analog zum Rangrücktritt besteht auch ein Informationsbedürfnis der Adressaten daran, ob und ggf. inwieweit ein Titel mit Verlustbeteiligung in der Überschuldungsbilanz passiviert werden muss, da dies den Zeitpunkt der Insolvenz beeinflusst. Nochmals: Je weniger im Überschuldungsstatus auf der Passivseite aufzuführen (zu passivieren) ist, desto später tritt die Überschuldung ein. Schließlich liegt Überschuldung vor, sobald die Verbindlichkeiten (Passiva) das Vermögen (Aktiva) übersteigen.[457]

Entsprechend den Ausführungen bei der Rangrücktrittserklärung ist zu ermitteln, ob Kapital mit Verlustteilnahme in ähnlicher Weise dem Zweck des Insolvenzgrundes und der Aufstellung des Status gerecht wird wie das ausdrücklich nach der InsO nicht zu passivierende Kapital. Ein Nichtansatz von Verbindlichkeiten ist

---

457 Zum Ganzen oben Teil 2 B.V.4.a).

nur denkbar, wenn dadurch die Befriedigung von Ansprüchen, die im Schutzbereich von § 19 Abs. 2 InsO liegen, nicht vereitelt wird. Dazu muss einerseits eine Auszahlungssperre oder ein vergleichbarer Mechanismus außerhalb der Insolvenz vorhanden sein, der die Verringerung der Vermögensmasse verhindert. Andererseits darf keine Konkurrenz der Titel mit Verlustbeteiligung zu den genannten Ansprüchen in der Insolvenz bestehen. Beides zusammen rechtfertigt den Wegfall der Passivierungspflicht.

Die Anforderungen sind jedenfalls insoweit erfüllt, als das Hybridkapital durch die Verlustbeteiligung aufgezehrt, d.h. herabgesetzt ist. In dieser Höhe besteht weder ein Anspruch auf Rückzahlung bei Fälligkeit des Titels außerhalb der Insolvenz, noch kann ein solcher in der Insolvenz geltend gemacht werden (jedenfalls nicht in Konkurrenz zu den nicht nachrangigen Gläubigern). Es handelt sich insoweit nicht um eine Verbindlichkeit i.S.v. § 19 Abs. 2 S. 1 InsO.[458] Etwas anderes gilt nur, wenn das Kapital trotz Verlustbeteiligung in der Insolvenz ausdrücklich zum Nennbetrag zurückgefordert werden kann, sowie beim virtuellen Kapitalkonto.

Hinsichtlich des (noch) nicht durch Verlustteilnahme aufgezehrten Kapitals ist die Passivierungspflicht umstritten. Da Genussrechte häufig neben einer Verlustbeteiligung auch über einen Rangrücktritt verfügen, wird die Frage in Literatur und Rechtsprechung im Zusammenhang mit der Einlage des stillen Gesellschafters behandelt, wo ein Rangrücktritt seltener ist. Ausgangspunkt ist § 236 Abs. 1 HGB, wonach der Stille wegen der Einlage, soweit sie den Betrag des auf ihn fallenden Anteils am Verlust übersteigt, seine Forderung als (nicht nachrangiger) Insolvenzgläubiger geltend machen kann. Im Hinblick darauf wird vielfach formuliert, ohne Rangrücktritt müsse die Einlage des Stillen passiviert werden. Eine bloße Beteiligung am Verlust genüge zum Wegfall der Passivierungspflicht nicht.[459] Andererseits wird vertreten, jede Einlage mit voller Verlustbeteiligung stelle insgesamt haftendes Kapital dar; sie sei daher im Überschuldungsstatus nicht zu berücksichtigen.[460]

---

458 Ganz h.M., vgl. nur *Uhlenbruck* in Uhlenbruck, InsO, § 19 Rn. 116; *Temme*, Eröffnungsgründe der Insolvenzordnung, S. 177f. Auch *Lutter*, DB 1993, S. 2441 (2444) sowie CEBS/EBA, Proposal Tier 1 hybrids, Rn. 26 (S. 17) und Fitch Ratings, Equity Credit for Hybrids & Other Capital Securities, Dezember 2009, S. 6, gehen davon aus, dass eine Überschuldung durch Verlustteilnahme verhindert werden kann.

459 *Uhlenbruck* in K. Schmidt/Uhlenbruck, GmbH in Krise, Sanierung und Insolvenz, Rn. 5.190; *ders.* in Uhlenbruck, InsO, § 19 Rn. 116; *Müller* in Jaeger, Großkommentar InsO, 1. Band, § 19 Rn. 104; *Casper* in Großkommentar GmbHG, Band III, § 64 Rn. 56; *Altmeppen* in Roth/Altmeppen, GmbHG, Vorb § 64 Rn. 42f.; *Temme*, Eröffnungsgründe der Insolvenzordnung, S. 177f.; *Schumacher* in Bartsch/Pollak/Buchegger, Österreichisches Insolvenzrecht – Kommentar, Band II/2, § 67 Rn. 110; *Landsmann*, Stille Gesellschaft in der Insolvenz, S. 134f.; *Ekkenga*, Anlegerschutz, S. 182; sinngemäß *K. Schmidt* in Scholz, GmbHG, Band II, vor § 64 Rn. 31. In diese Richtung jedenfalls auch BGHZ 83, 341 (345). Obwohl stets in diesem Zusammenhang zitiert, enthält BGH NJW 1983, 1855 (1856) keine solche Aussage; der Fall bezieht sich auf eine stille Beteiligung ohne Verlustbeteiligung.

460 Prominent *Knobbe-Keuk*, ZIP 1983, S. 127 (130); außerdem *Kupsch*, BB 1984, S. 159 (164); *Gehrlein* in Ebenroth/Boujong/Joost/Strohn, HGB, Band 1, § 236 Rn. 1. Erwähnt sei auch, dass PAAinE,

Richtig ist, dass schon aufgrund von § 236 Abs. 1 HGB der nicht aufgezehrte Teil der Einlage als nicht nachrangige Insolvenzforderung i.S.v. § 38 InsO geltend gemacht werden kann. Wie kommt es jedoch dazu, dass nach Eröffnung des Insolvenzverfahrens die Einlage noch nicht vollständig durch Verluste herabgesetzt ist? Dazu wird (wenn überhaupt) schlicht behauptet, eine Teilnahme am Verlust bewirke eben noch nicht, dass die Einlage im Insolvenzfall auch aufgezehrt sei.[461] Andererseits findet sich auch die Feststellung, bei voller Verlustteilnahme sei die stille Einlage in der Praxis verloren.[462]

Nimmt man die Kautelarpraxis als Ausgangspunkt, so kann festgehalten werden: Alle echten Verlustteilnahmeklauseln führen dazu, dass spätestens bei oder ab Eintritt der handelsbilanziellen Überschuldung das Kapital auf Null herabgesetzt ist bzw. wird. Da die materielle, insolvenzrechtliche Überschuldung regelmäßig erst später eintritt,[463] ist bei Eröffnung des Insolvenzverfahrens aufgrund Überschuldung kaum denkbar, dass noch ein Anspruch des Hybridkapitalgebers in Konkurrenz zu den nicht nachrangigen Gläubigern treten könnte. Dies gilt auch für den Fall, dass die Verlustbeteiligung denkbar spät, d.h. erst nach Verbrauch des gesamten Nettovermögens bzw. Eigenkapitals greift (vgl. Abbildung 6, Referenz d für die AG und Abbildung 9, Referenz c für die GmbH).[464] Der Überschuldungsstatus wird außerdem meist erst aufgestellt, wenn die handelsbilanzielle Überschuldung eingetreten[465] und damit das Hybridkapital mit Verlustbeteiligung aufgezehrt ist. Die praktische Bedeutung der Streitfrage ist also denkbar gering.

Damit dürfte sich auch die Bedeutung von § 236 Abs. 1 HGB auf Fälle des (partiellen) Ausschlusses der Verlustteilnahme (vgl. § 231 Abs. 2, 1. Hs. HGB) sowie der Insolvenz aufgrund von Zahlungsunfähigkeit beschränken. Zu Letzterem ist allerdings zu bemerken, dass die Überschuldung regelmäßig schon vorher eintritt.[466] Außerdem ist die Möglichkeit einer Restforderung im Falle der Zahlungsunfähigkeit ohne Belang für die Frage der Passivierung im Überschuldungsstatus, denn hier ist ein anderer Insolvenzgrund betroffen.

Im Hinblick auf das Informationsbedürfnis der Adressaten kann festgehalten werden: In der Regel verzögert eine volle Verlustbeteiligung bei beweglichem Kapitalkonto den Eintritt der materiellen Überschuldung ebenso wie ein harter oder qualifizierter Rangrücktritt.[467] Wenn überhaupt, so kann im Falle der einfachen

---

Liabilities and Equity, Ziff. 1.25 und 3.14 (ohne Bezug zum deutschen Insolvenzrecht) eine Nachrangklausel für die Qualifikation als Eigenkapital nicht für notwendig halten, da die volle Verlustbeteiligung diese beinhalte.

461 BGHZ 83, 341 (345); *Polzer* in Riegger/Weipert, Münchener Handbuch des Gesellschaftsrechts, Band 2, § 84 Rn. 9; *Groh*, BB 1993, S. 1882 (1892); *Temme*, Eröffnungsgründe der Insolvenzordnung, S. 178.

462 *K. Schmidt*, Gesellschaftsrecht, § 18 II 2.

463 Siehe oben Teil 2 B.V.4.a).

464 Passendes Beispiel ist der Fall BGHZ 83, 341; Abdruck der Vertragsklauseln (§ 3 Abs. 3 der Bedingungen, Kläger zu 3.) bei BGH NJW 1983, 42 (43).

465 Siehe oben Teil 2 B.V.4.a).

466 Siehe oben Teil 2 B.V.4.a).

467 Siehe zur Idee der *liquidation protection* oben Fn. 357 mit Nachweisen.

Verlustbeteiligung noch ein Teil des Rückforderungsanspruchs mit den Ansprüchen der nicht nachrangigen Gläubiger in der Insolvenz konkurrieren. Die Information über den konkreten Mechanismus der Verlustteilnahme lässt Rückschlüsse darauf zu, inwieweit die Verlustbeteiligung den Eintritt der Überschuldung im Vergleich zur regulären Fremdkapitalfinanzierung verzögert; zusätzliche Information ist nicht notwendig.

4. Zum Verhältnis von Verlustbeteiligung und Rangrücktritt

Zum Verhältnis von Verlustteilnahme und absolutem Rangrücktritt sei noch bemerkt, dass diese Module sowohl außerhalb der Insolvenz als auch im Insolvenzverfahren vergleichbare Auswirkungen haben können. Was den Zeitraum außerhalb betrifft, so kommt es auf die Art der Auszahlungssperre beim Rangrücktritt und den Mechanismus der Verlustteilnahme an. So führen etwa sowohl eine qualifizierte Nachrangvereinbarung (keine Zahlungen ab Eintritt der Unterbilanz) als auch eine harte Verlustteilnahmeklausel (volle Verlustteilnahme spätestens vor Angriff des Grundkapitals) dazu, dass es zu keiner Rückzahlung des Hybridkapitals (Cashflow-Belastung) in der Unterbilanz kommt. In der Insolvenz konkurrieren die Rückzahlungsansprüche in beiden Fällen nicht mit den regulären Darlehensgebern, denn es liegt ein Rücktritt mindestens hinter die Stufe des § 39 Abs. 1 Nr. 4 InsO vor bzw. der Rückzahlungsanspruch ist auf Null herabgesetzt. Andererseits kann ein einfacher Nachrang (egal, wie „tief“ dieser ist) zur Vermeidung des Eintritts der Insolvenz nichts beitragen. Eine einfache, vollständig laufende Verlustteilnahme (wie sie in der Praxis häufig vorkommt) kann selbst etwa nach Verbrauch der Hälfte des Grundkapitals noch zu einer erheblichen Cashflow-Belastung bei Fälligkeit führen. Entscheidend ist also immer die konkrete Ausgestaltung der Module Rangrücktritt und Verlustbeteiligung.

5. Exkurs: Das insolvenzrechtliche Haftkapital in der Übersicht

Bevor das Informationsbedürfnis der Adressaten an den übrigen Modulen ermittelt wird, sollen die im Laufe der vorangehenden Abschnitte gewonnenen Erkenntnisse zur Überschuldungsbilanz für eine zusammenfassende Betrachtung genutzt werden. Das „Eigenkapital“ gemäß der InsO, insolvenzrechtliches Haftkapital genannt,[468] setzt sich zusammen aus dem formellen Eigenkapital und weiteren Kapitalbestandteilen, die als ergänzendes Haftkapital bezeichnet werden können.[469] Letzteres kann wiederum nach der Herkunft der Subordination unter-

---

468 Zum Begriff oben Einführung IV.4. Die Haftung bezieht sich dabei jeweils auf die im Rang bei der Befriedigung vorgehenden Forderungen.

469 Zum Begriff *Krolop*, ZIP 2007, S. 1738 (1739); freilich findet beim Ergänzungskapital nach § 10 Abs. 2b KWG im Gegensatz zum insolvenzrechtlichen ergänzenden Haftkapital nur eine beschränkte Anrechnung statt. An Stelle von Haftkapital wird auch der Begriff „funktionales Eigenkapital“ benutzt, vgl. BGHZ 146, 264 (270).

teilt werden in erzwungenes ergänzendes Haftkapital und gewillkürtes ergänzendes Haftkapital.[470] Im Überblick:

- Formelles Eigenkapital: Keine Passivierung im Überschuldungsstatus; „Letztrangigkeit“ in der Insolvenz, § 199 S. 2 InsO; Rückzahlung nach Maßgabe der §§ 30 Abs. 1 GmbHG, 57 Abs. 1 AktG untersagt;
- Erzwungenes ergänzendes Haftkapital:
  - o Gesellschafterdarlehen[471] mit Nachrangvereinbarung:
    Keine Passivierung im Überschuldungsstatus, Rückstufung durch Vereinbarung hinter § 39 Abs. 1 Nr. 5 InsO; Rückzahlung anfechtbar insbesondere gemäß § 135 InsO;
  - o Gesellschafterdarlehen[472] ohne Nachrangvereinbarung:
    Passivierung im Überschuldungsstatus; Nachrangigkeit gemäß § 39 Abs. 1 Nr. 5 InsO; Rückzahlung anfechtbar insbesondere gemäß § 135 InsO;
- Gewillkürtes ergänzendes Haftkapital:
  - o Gewillkürtes Haftkapital mit hartem oder qualifiziertem Nachrang:
    Keine Passivierung im Überschuldungsstatus; Rückstufung durch Vereinbarung unmittelbar vor § 39 Abs. 1 Nr. 5 InsO; Auszahlungssperre ab handelsbilanzieller Überschuldung;
  - o Gewillkürtes Haftkapital mit einfachem Nachrang:
    Passivierung im Überschuldungsstatus; Rückstufung durch Vereinbarung unmittelbar vor § 39 Abs. 1 Nr. 5 InsO;
  - o Gewillkürtes Haftkapital mit Verlustbeteiligung:
    Passivierung im Überschuldungsstatus nur, soweit noch nicht durch Verlustteilnahme herabgesetzt (bei voller Verlustbeteiligung in der Praxis kaum denkbar); Nachrang einer ggf. vorhandenen Restforderung in der Insolvenz.

Der RegE MoMiG hat sich (bedauerlicherweise) in der Frage der Passivierungspflicht nicht durchsetzen können, sodass ein Bestandteil des insolvenzrechtlichen Haftkapitals weiterhin (voll) in der Überschuldungsbilanz zu passivieren ist.

VII. Beteiligung an stillen Reserven und Liquidationserlös

Was den Rückzahlungsanspruch betrifft, so bleibt noch das Informationsbedürfnis der Adressaten über die Beteiligung an den stillen Reserven bzw. am Liquidationserlös zu klären. Bedeutet in Ermangelung einer Klausel zur Laufzeit des Vertrages die Beteiligung am Liquidationserlös, dass eine unbestimmte Laufzeit vorliegt, so gehört dies schlicht zur Information über die Dauer der Kapitalüberlassung. Entsprechendes (Information zur Haftung) gilt für die Nachrangigkeit (§ 199 S. 2 InsO) als Folge einer solchen Klausel.

---

470 Zu den Begriffen „gewillkürt“ und „erzwungen“ siehe *Wiedemann* in Großkommentar AktG, 6. Band, vor § 182 Rn. 3; *Lutter/Hommelhoff*, ZGR 1979, S. 31 (52 ff.).

471 Und Forderungen aus Rechtshandlungen, die einem solchen Darlehen wirtschaftlich entsprechen.

472 Siehe oben Fußnote 471.

Was die Teilnahme an den stillen Reserven (auch als Folge der Beteiligung am Liquidationserlös) anbelangt, so ist diese bei unbefristeter Kapitalüberlassung kaum von Bedeutung für die Anteilseigner, auch wenn deren Ansprüche in Konkurrenz zu denjenigen der Hybridkapitalgeber stehen. Dies liegt darin begründet, dass die Insolvenzmasse in der Praxis ohnehin kaum einmal zur Befriedigung aller nicht nachrangigen Insolvenzgläubiger ausreicht.[473]

Bei befristeter Kapitalüberlassung und/oder kündbaren Instrumenten mit Beteiligung an den stillen Reserven bzw. virtuellem *equity kicker* kann die Rückzahlung des Instruments zu einer größeren Cashflow-Belastung führen, als zum Nennwert zurückzuzahlende Kapitaltitel. Für die Anteilseigner kann dies zusätzlich einen Wertverlust ihrer Anteile bedeuten; insofern besteht auch ein Informationsbedürfnis.

C. Vergütung

I. Höhe der Vergütung

Zentrale Regelung des Vergütungsanspruchs ist diejenige zur Höhe der Vergütung. Damit sind die Fragen der festen und variablen Verzinsung, der Ergebnisgebundenheit sowie der Zinsperioden und *step-ups* angesprochen.

Was die feste und variable Verzinsung anbelangt, so führt die Information darüber zur Möglichkeit der Einschätzung der relativen Zinsbelastung (im Vergleich zur Marktentwicklung).[474] Auch die Angabe verschiedener Zinsperioden, zumal wenn der Übergang mit einer Änderung von fester zu variabler Verzinsung und einem erwarteten Kündigungsanreiz einhergeht, ist von erheblicher Bedeutung. *Step-ups* können wirtschaftlich gesehen den gleichen Effekt haben wie eine Laufzeitregelung (ökonomischer Zwang). Die Höhe des Aufschlags (Vergütung zusätzlich zum Referenzzinssatz) lässt Rückschlüsse über die Stärke des Anreizes und damit die Wahrscheinlichkeit der Cashflow-Belastung zu. Die Finanzierungspraxis im Bankensektor zeigt jedoch, dass ein *step-up* trotz der Zinserhöhung und der Erwartungshaltung des Kapitalmarkts nicht immer zur Kündigung der Anleihe seitens des Kapitalnehmers führt. Dies gilt vor allem in Zeiten mit höherem Refinanzierungsrisiko.[475]

---

473 Siehe oben Teil 2 B.V.2.

474 Ebenfalls den Informationsbedarf bzgl. fixer und variabler Verzinsung hervorhebend *Brüggemann*, Anhang des IFRS-Abschlusses, S. 236f.

475 So hat das kleine italienische Kreditinstitut *Credito Valtellinese* den mit einem *step-up* verbundenen Kündigungstermin einer Nachranganleihe am 30. April 2008 verstreichen lassen. Der Aufschlag zum Euribor beträgt 160 Basispunkte, für eine neue Anleihe hätte das Institut jedoch einen erheblich höheren Aufschlag zahlen müssen, vgl. Euroweek vom 4. 11. 2008 (Nr. 1049), „Banks would be foolish to ‚do a Creval'", S. 69. Dem Beispiel folgte u.a. die *Deutsche Bank*, siehe Handelsblatt vom 18. 12. 2008 (Nr. 246), „Deutsche Bank bricht Tabu", S. 22.

Von besonderer Bedeutung ist schließlich die Gewinnorientierung oder Gewinnabhängigkeit der Vergütungszahlung. Dies gilt nicht nur für die Anteilseigner, deren eigener Vergütungsanspruch einen residualen Charakter hat; sie konkurrieren also mit dem Anspruch des Hybridkapitalgebers. Auch für Gläubiger ist die Information von großer Bedeutung, denn in finanziell schwierigen Zeiten entlasten ergebnisgebundene Zahlungen den Cashflow ihrer Schuldner. Die Hybridkapitalgeber konkurrieren wegen des residualen Vergütungsanspruchs – er ist nachrangig im Vergleich zu ergebnisunabhängigen Ansprüchen – nicht mit den Forderungen der Gläubiger. Dabei kommt es auch auf die Art der Koppelung an das Ergebnis an. Je nach Ausgestaltung müssen Rücklagen der Gesellschaft zur Zahlung einer ergebnisgebundenen Vergütung aufgelöst werden oder nicht. Ist etwa die Zahlung an den Bilanzgewinn gekoppelt, so ist ein Abfluss der besonders gegen Ausschüttungen geschützten Eigenkapitalbestandteile und damit eine Belastung des Cashflows in finanziell schwierigen Zeiten nicht zu befürchten: Der Bilanzgewinn errechnet sich nach § 158 Abs. 1 AktG aus dem Überschuss des abgelaufenen Geschäftsjahres (Jahresüberschuss) zzgl. oder abzgl. eines Verlustvortrags, Entnahmen aus oder Einstellungen in Rücklagen. Dabei können jedoch die geschützten Rücklagen nicht in Bilanzgewinn verwandelt werden. Gleiches gilt für die Verknüpfung mit der Dividendenzahlung.[476]

II. Zinsausfall, Zinsaufschub und Nachzahlung

Eng mit der Frage der Ergebnisabhängigkeit ist diejenige des Aufschubs und Ausfalls der Vergütung verbunden. Dabei geht es auch darum, ob dies im Ermessen des Managements liegt oder zwingend vorgesehen ist sowie um die Bedeutung alternativer Zahlungsmechanismen.

Die Möglichkeit des jederzeitigen Aufschubs (*optional deferral*) erhöht die finanzielle Flexibilität des Unternehmens und kann ein wichtiges Mittel sein, um den Cashflow zu entlasten und Verluste oder gar die Insolvenz zu vermeiden. Je länger der Zeitraum ist, über den das Management des Emittenten zum Aufschub berechtigt ist, desto größer ist die Bedeutung für die Adressaten. Insgesamt darf die Möglichkeit des Aufschubs jedoch nicht überschätzt werden. Wegen der Erwartungshaltung des Kapitalmarkts[477] dürfte davon erst im Krisenfall Gebrauch gemacht werden. Der Unterschied zwischen kumulativer und nicht-kumulativer Zinsstruktur beim Aufschub ist ebenfalls von eher untergeordneter Bedeutung. In der Literatur und seitens der Ratingagenturen wird zwar meist vertreten, eine nicht-kumulative Struktur stelle eine potentiell größere Entlastung des Cashflow dar.[478]

476 Zum Ganzen *Küting/Kessler/Harth*, BB 1996, Beilage 4, S. 1 (9).
477 Dazu *Vater*, FinanzBetrieb 2006, S. 44 (47f.); Moody's Investors Service, Hybrid Tool Kit, Dezember 1999, S. 6. oben, sowie Refinement to Moody's Tool Kit, February 2005, S. 4.
478 Moody's Investors Service, Refinements to Moody's Tool Kit: An Addendum for Banks and Insurers, Januar 2006, S. 2; Fitch Ratings, Equity Credit for Hybrids & Other Capital Securities, Dezember 2009, S. 7ff.; *Arnsfeld/Müller*, FinanzBetrieb 2008, S. 326 (338).

Zuzugeben ist, dass es bei fehlender Nachzahlungsverpflichtung zu einer schnelleren finanziellen Erholung des Emittenten kommen kann. Jedoch wird es bei nichtkumulativen Strukturen wegen der einschneidenderen Auswirkungen auf die Hybridkapitalgeber und der damit verbundenen Erwartungshaltung seltener zum Aufschub kommen als bei einer kumulativen Struktur.[479] Empirische Daten, die eine verlässlichere Einschätzung erlauben würden, sind jedoch nicht vorhanden.

Keine Rolle spielen die Erwartungshaltung und der Druck des Kapitalmarkts dagegen beim zwingenden Ausfall der Vergütung. Ein *mandatory deferral trigger* kann bei entsprechender Ausgestaltung im Hinblick auf die Zahlung der Vergütung die Wirkung einer Cashflow-Entlastung haben, wie sie mit § 57 Abs. 1 AktG, § 30 Abs. 1 GmbHG das Gesetz vorsieht. Bei Angriff des gegen Ausschüttung besonders geschützten Kapitals sollte die Zinszahlung durch den Mechanismus spätestens verhindert werden. Ein erhebliches Bedürfnis besteht daher seitens der Adressaten, den konkret vereinbarten *trigger* zu kennen,[480] um abschätzen zu können, wann er greift – die Information des Kapitalmarktes über die Vereinbarung kann gleichzeitig bewirken, dass entsprechend geeignete *trigger* zum Einsatz kommen, denn bisher werden diese nur seitens der Ratingagenturen überprüft, nicht aber in der Finanzberichterstattung aufgeführt. Geeignetheit des *triggers* heißt nicht nur, dass es sich bei den zugrundeliegenden Kennzahlen um gute Indikatoren für eine Krise handelt, sondern auch, dass sich die Regelung auf öffentlich zugängliche Finanz- oder operative Kennzahlen bezieht, damit die Bedeutung des *triggers* seitens der Adressaten eingeschätzt werden kann. Im Hinblick auf die bisher bei Anleiheemissionen zum Einsatz kommenden *trigger* sind allerdings auch noch keine empirischen Daten über die Auswirkungen unter finanziellem Stress vorhanden.[481]

III. Alternative Erfüllungsmechanismen

Durch alternative Erfüllungsmechanismen (ACSM und PIK) wird zwar der Cashflow nicht unmittelbar belastet. Bei ACSM muss allerdings zum einen die Ausgabe der Titel rechtlich möglich sein. Zum anderen wird das Unternehmen im Fall optionaler ACSM die Ausgabe von Aktien wegen des Verwässerungseffektes für die bestehenden Aktionäre möglichst vermeiden mit der Folge, dass es weiterhin zur Belastung des Cashflow kommt.[482] Die Befriedigung der Hybridkapitalgeber durch Ausgabe von Schuldverschreibungen an Erfüllungs statt (PIK) dürfte für die Adressaten eine ähnliche Bedeutung haben wie (kumulativ) aufgeschobene Zinszahlungen. Ein Informationsbedürfnis der Adressaten besteht jedenfalls daran, ob es sich

---

479 Kritisch auch Standard & Poor's, Financial Institutions: Hybrid Capital Handbook, Mai 2008 („Equity Content Categories").

480 Zur Bedeutung der Ausgestaltung Moody's Investors Service, Refinements to Moody's Tool Kit: An Addendum for Banks and Insurers, Jan 2006, S. 5.

481 Moody's Investors Service, Hybrid Tool Kit: Limiting Equity Credit in the Capital Structure, März 2008, S. 3.

482 Fitch Ratings, Equity Credit for Hybrids & Other Capital Securities, Dezember 2009, S. 27 f.

um optionale oder zwingende ACSM/PIK handelt und an den wichtigsten Durchführungsregeln im Finanzierungsvertrag.

IV. Verlustbeteiligung und Rangrücktritt

Im Hinblick auf das Modul der Verlustbeteiligung benötigen die Adressaten nicht nur Information darüber, wie sie sich bzgl. des Cashflows bei Rückzahlung des Kapitals auswirkt, sondern auch während der Laufzeit. In der Regel genügt der Hinweis, ob sich die Vergütung am Kapitalkonto orientiert oder nicht und ob eine ausgefallene Vergütung nachzuzahlen ist. Ein virtuelles Kapitalkonto ist diesbezüglich im Übrigen ebenso Cashflow-entlastend wie ein Kapitalkonto, welches die Höhe des Rückzahlungsanspruchs regelt. Nach der Herabsetzung schuldet der Hybridkapitalnehmer die volle Vergütung erst wieder, wenn das Konto über die Besserungsabrede ausgeglichen ist.

Eine Nachrangabrede bezieht sich üblicherweise ausdrücklich auf den Rückzahlungsanspruch, sie kann sich aber auch auf die laufenden Ausschüttungen erstrecken.[483] In einem solchen Fall, wenn also die Zinsansprüche nur solange und soweit bedient werden, wie alle anderen Gläubiger befriedigt sind bzw. Vermögen vorhanden ist, das die Schulden übersteigt, liegt eine Art der ergebnisabhängigen Vergütung vor. Die Vereinbarung dient der Vermeidung der Insolvenz[484] und ist auch insofern von Bedeutung für die Adressaten; dies gilt wiederum nur für den absoluten Rangrücktritt.

D. Zusammenfassung und Systematisierung

Zum Informationsbedürfnis über die Module hybrider Finanzierungsinstrumente gilt zusammenfassend, dass vor allem (aktuelle und potentielle) Anteilseigner und Gläubiger, insbesondere Darlehensgeber, als Adressaten in Betracht kommen. Als Inhaber von Zahlungsansprüchen sind sie an einem möglichst geringen Kapitalabfluss an Dritte und hohen Zuflüssen an die Gesellschaft interessiert (Cashflow-Relevanz). Dadurch wird die Fähigkeit des Unternehmens erhöht, künftige Zahlungsströme zu generieren. Die Verschiedenartigkeit der Zahlungsansprüche (insbesondere: fixe oder erfolgsabhängige Ansprüche) bringt eine leicht unterschiedliche Interessenlage mit sich. Neben den Auswirkungen der Module auf den Cashflow ist deren Bedeutung für die Insolvenz entscheidungserheblich für die Adressaten.

Hinsichtlich der Überlassungsdauer sind neben nominellen Angaben (Jahr der Fälligkeit) vor allem Angaben zur effektiven Laufzeit, welche eine Einschätzung im

---

483 Siehe oben Teil 1 A.III.
484 Die Bedeutung einer solchen Vereinbarung betont auch CEBS/EBA, Proposal Tier 1 hybrids, Ziff. 75 (S. 29).

Hinblick auf den Zeitpunkt der Cashflow-Belastung durch Rückzahlung des Hybridkapitals erlauben, von Bedeutung (Kündigungsmöglichkeiten/-anreize etc.). Klauseln, die eine Beschaffung von Ersatzkapital bei Kündigung seitens des Kapitalnehmers vorsehen (*replacement language*), sind für die Adressaten eher unerheblich, selbst wenn sie als Bedingung für die Kündigung formuliert sind. Schließlich kann die Cashflow-Belastung gleichwohl nicht ausgeschlossen werden, da potentiell beeinträchtigte Gläubiger die Ersatzbeschaffung nicht verlangen können.

Von erheblicher Relevanz für die Adressaten ist die konkrete Ausgestaltung von Nachrang und Verlustbeteiligung i. e. S., da hier im Vergleich zu idealtypischem Fremdkapital eine erhöhte Haftung (Verlustabsorption) des Hybridkapitalgebers hinsichtlich des Rückzahlungsanspruchs erreicht wird. Beide Module können sich sowohl außerhalb der Insolvenz auf den Cashflow sowie im Insolvenzverfahren auswirken:

Was den Rangrücktritt anbelangt, so ist dieser lediglich in seiner absoluten Ausprägung für einen breiten Adressatenkreis relevant. Der relative Rangrücktritt ist nur für die dadurch Begünstigten von Bedeutung, diese sind jedoch regelmäßig Parteien der Rangrücktrittsvereinbarung und verfügen bereits über die notwendigen Informationen. Hinsichtlich der absoluten Subordination sind drei Aspekte für die Adressaten entscheidungserheblich: Die Auswirkungen in der Insolvenz (wie „tief" ist der Rangrücktritt?), außerhalb der Insolvenz (ab wann greift eine Auszahlungssperre?) und, von beidem abhängig, die Frage der Passivierung in der Überschuldungsbilanz. Voraussetzung dafür, dass ein (Rückzahlungs-)Anspruch in der Überschuldungsbilanz nicht passiviert werden muss, ist zum einen, dass ein Rangrücktritt mindestens hinter die Forderungen gemäß § 39 Abs. 1 Nr. 4 InsO vorliegt (in der Insolvenz), zum anderen, dass eine Auszahlungssperre den Kapitalabfluss ab Eintritt der handelsbilanziellen Überschuldung verhindert (außerhalb der Insolvenz).

Rangrücktrittsvereinbarungen lassen sich unter Zusammenfassung der entscheidungserheblichen Information in folgende drei Klassen unterteilen:

- Einfacher Rangrücktritt: Aufrechnungsverbot und Nachrang in der Insolvenz mindestens hinter § 39 Abs. 1 Nr. 4 InsO (Folge bei Hybridkapital: Passivierung in der Überschuldungsbilanz);
- Harter Rangrücktritt: Aufrechnungsverbot, Nachrang in der Insolvenz mindestens hinter § 39 Abs. 1 Nr. 4 InsO sowie Auszahlungssperre dergestalt, dass Auszahlungen nur aus dem die Verbindlichkeiten übersteigenden Vermögen erfolgen dürfen (Folge: keine Passivierung in der Überschuldungsbilanz);
- Qualifizierter Rangrücktritt: Aufrechnungsverbot, Nachrang in der Insolvenz mindestens hinter § 39 Abs. 1 Nr. 4 InsO sowie Auszahlungssperre dergestalt, dass Auszahlungen nur aus dem das Grund- bzw. Stammkapital übersteigenden Vermögen erfolgen dürfen (Folge: keine Passivierung in der Überschuldungsbilanz).

Auch bei der Verlustbeteiligung i. e. S. (*write-down*) benötigen die Adressaten Information über die konkrete Ausgestaltung der Klausel. Hier wird der Schutz des

Cashflows nicht über eine Auszahlungssperre, sondern über eine Herabsetzung des Rückzahlungsanspruchs erreicht. Es wird bei Fälligkeit nur der (Rest-)Betrag zurückgezahlt, welcher zu jenem Zeitpunkt nicht durch Verluste aufgezehrt ist. Während beim festen Kapitalkonto der Rückzahlungsanspruch nur im Falle der Kapitalherabsetzung reduziert wird, kommt es beim beweglichen Kapitalkonto zu einer laufenden Verlustbeteiligung mit Verrechnung spätestens zum Zeitpunkt der Rückzahlung des Kapitals. Hier sind Informationen in Bezug auf die Bemessungsgrundlage (z.B. Jahresfehlbetrag, Bilanzverlust) und/oder die Vor-, Gleich- oder Nachrangigkeit der Verlustbeteiligung im Verhältnis zu konkreten Bestandteilen des Eigenkapitals entscheidungserheblich. Dabei kann, wie bei der Subordination, eine Klassifizierung der Verlustteilnahme danach vorgenommen werden, wann der Rückzahlungsanspruch auf Null herabgesetzt ist:

- Einfache Verlustbeteiligung: Herabsetzung des Rückzahlungsanspruchs auf Null spätestens bei Eintritt der handelsbilanziellen Überschuldung;
- Harte Verlustbeteiligung (nur für die Aktiengesellschaft): Herabsetzung des Rückzahlungsanspruchs auf Null spätestens bei Eintritt der Unterbilanz;
- Qualifizierte Verlustbeteiligung: Herabsetzung des Rückzahlungsanspruchs auf Null spätestens nach Verbrauch des ungebundenen Vermögens.

Auch bei den Modulen, welche die Vergütung des Hybridkapitals betreffen, ist die konkrete Information über den Mechanismus entscheidungserheblich. Das gilt nicht nur für Anteilseigner mit einem eigenen residualen Vergütungsanspruch, sondern auch für Gläubiger, da je nach Regelung der Cashflow in finanziell schwierigen Zeiten mehr oder weniger entlastet wird. Zu informieren ist über die Grundstruktur der Verzinsung (feste/variable Vergütung, ggf. gewinnabhängige Vergütung; gewinnorientierte Vergütung, Vergütungszeiträume und *step-ups*), aber auch über die Bemessungsgrundlagen zu Gewinnabhängigkeit und Gewinnorientierung, die Erfolgsabhängigkeit durch Erstreckung der Verlustteilnahme oder des Rangrücktritts (Auszahlungssperre) auf die Vergütung und sonstige zwingende Regelungen zu Ausfall oder Aufschub (*mandatory deferral*). Dadurch wird für den Adressaten ersichtlich, wie sicher es zur Entlastung des Cashflows durch Ausfall oder Aufschub der Vergütung kommt.

Systematisiert werden kann die gesamte entscheidungserhebliche Information über die Module anhand der Auswirkungen auf Vergütung und Rückzahlung, wobei Letzteres im Hinblick auf Laufzeit und Haftungsaspekte unterteilt wird. Die Zusammenfassung gibt damit die relevanten Module und ihre Ausprägungen im Hinblick auf Cashflow und Anspruchskonkurrenz in der Insolvenz an:

- **Laufzeit**
    - Nominelle Laufzeit (Jahr der Fälligkeit, ggf. „länger als 5/10/20 Jahre"/ unbegrenzt)
    - Effektive Laufzeit
        - Durch Kündigungsmöglichkeit des Kapitalgebers
            - Verbleibende Laufzeit/Frist/Ausschluss des ordentlichen Kündigungsrechts

        - Wichtige Gründe für außerordentliche Kündigung, Ausschluss § 490 Abs. 1 BGB
      - Durch Kündigungsmöglichkeit des Kapitalnehmers
        - Verbleibende Laufzeit/Frist
        - Anreiz (Datum eines *step-ups*)
      - Ggf. Quasi-Verlängerung durch Rangrücktritt/Besserungsabreden
- **Haftung**
  - Rangrücktritt
    - Einfach/hart/qualifiziert (und Bedeutung)
  - Verlustbeteiligung
    - Bewegliches/festes Kapitalkonto
    - Bemessungsgrundlage
    - Einfach/hart/qualifiziert (und Bedeutung)
    - Ggf. vollständig/überwiegend/teilweise laufend (und Bedeutung)
- **Vergütung**
  - Höhe
    - Fest/variabel/gewinnorientiert
    - *Step-up* (konkrete Regelung)
    - Beteiligung an stillen Reserven/*Kicker*
  - Mögliche Entlastung des Cashflow
    - Optionale Zahlung, Zeitraum
    - Anreiz (Kumulativ/nicht kumulativ und ACSM/PIK)
  - Sichere Entlastung des Cashflow
    - Gewinnabhängigkeit/Gewinnorientierung und Bemessungsgrundlage
    - Verlustteilnahme/Rangrücktritt/sonstige zwingende Regelung
    - Kumulativ/nicht kumulativ und ACSM/PIK

Teil 3. *Abbildung*: Module der Finanzierungsinstrumente im Jahresabschluss

Der folgende Teil widmet sich nun der Wiedergabe der als entscheidungserheblich identifizierten Information über die Module hybrider Finanzierungsinstrumente im Jahresabschluss nach HGB und IFRS. Im Mittelpunkt stehen die Rechnungslegungsnormen, ihre Auslegung und die Anwendung in der Praxis.

Von den Bestandteilen des Jahresabschlusses der Aktiengesellschaft und der GmbH dienen die Bilanz sowie der Anhang als Plattformen, um die Module abzubilden. Dabei ist der Anhang das erläuternde Element. Dort wird wiedergegeben, was in den anderen Bestandteilen keinen Platz hat. In der Bilanz wird die Kapitalstruktur auf der Passivseite abgebildet. Information über die Module hybrider Finanzierungsinstrumente kann durch die Bezeichnung des konkreten Gliederungspostens und durch die Verortung des Postens innerhalb der Passiva übermittelt werden (Ausweis). Letzteres führt dazu, dass es entscheidend auf die Abgrenzung von Eigen- und Fremdkapital ankommt, wobei die IFRS klare Vorgaben enthalten, das HGB hingegen nicht. Ein Schwerpunkt dieses Teils der Arbeit liegt daher auf der Auslegung der einschlägigen handelsbilanziellen Normen. Dabei wird festzustellen sein, dass die derzeit übliche Praxis der Rechnungslegung hybrider Instrumente nicht mit dem Gesetz in Einklang steht. Für die Verortung des Hybridkapitals ist daher der Weg zu beschreiten, der den Informationsbedürfnissen der Adressaten am ehesten gerecht wird und mit dem HGB konform geht (funktionale Betrachtung).

Was die Bezeichnung der Posten für Hybridkapital anbelangt, so konnte schon gezeigt werden, dass die Angabe als „Genussrechtskapital“ oder „Einlagen stiller Gesellschafter“ wenig Information über die konkrete Struktur des Finanzierungsvertrags enthält. Der Grundannahme dieser Arbeit gemäß wird eine Lösung mit Hilfe modulbezogener Kategorien zu suchen sein. Eine Kategorisierung von hybriden Finanzierungsinstrumenten begegnet in der Regulierung an zwei Stellen: im Aufsichtsrecht für Banken und Versicherungen (*public ordering*), wo es um die Frage der Anrechnung von Hybridkapital als Eigenmittel geht, und im Ratingverfahren (*private ordering*) bei der Ermittlung der Höhe des Eigenkapitals eines Unternehmens, wo je nach Vertragsstruktur ein hybrides Instrument eher dem Eigen- oder dem Fremdkapital zugerechnet wird. In beiden Fällen kann nicht nur von einer modulbezogenen, sondern auch von einer Kategorisierung nach dem Eigenkapitalgehalt (*equity content*) gesprochen werden. Wie zu zeigen sein wird, ist zwar das Konzept der Kategorisierung nach Modulen, nicht jedoch die anschließende Zuweisung eines Eigenkapitalgehalts auf die Abbildung zu Informationszwecken übertragbar. Am Schluss steht der Ausblick auf die weitere Entwicklung des Eigenkapitalbegriffs für die internationalen Rechnungslegungsstandards und deren Implikationen für die Darstellung hybrider Instrumente.

A. Allgemeines: Jahresabschluss nach HGB und IFRS

Zunächst sollen im Überblick das Bilanzrecht nach HGB und die IFRS vorgestellt werden. Dabei geht es um den rechtlichen Rahmen, die Bilanzierungszwecke sowie die Adressaten der jeweiligen Rechnungslegung. Die Ausführungen bilden den Grundstock für die darauf folgenden Abschnitte zu Anhang und Bilanz.

I. HGB-Bilanzrecht

1. Überblick und rechtlicher Rahmen

Das nationale Rechnungslegungsrecht[485] ist weitgehend im Dritten Buch des HGB (§§ 238ff. HGB) geregelt. Wenige Spezialvorschriften finden sich etwa noch in den §§ 150ff. AktG und §§ 42f. GmbHG. Das moderne HGB-Bilanzrecht, zumal dasjenige für Kapitalgesellschaften,[486] fußt in wesentlichen Teilen auf seinem europäischen Regelungshintergrund und erlangte seine heutige Konzeption durch das Bilanzrichtlinien-Gesetz (BiRiLiG) im Jahr 1986.[487] Neben der Konzernbilanz-[488] und Abschlussprüferrichtlinie[489] wurde mit dem BiRiLiG insbesondere die Bilanzrichtlinie (Vierte gesellschaftsrechtliche Richtlinie, auch Jahresabschlussrichtlinie)[490] umgesetzt. Sie wird im Laufe dieses Teils der Arbeit zur richtlinienkonformen Auslegung (vgl. Art. 249 Abs. 3 i.V.m. Art. 10 EGV) des HGB-Bilanzrechts herangezogen.[491] Die umfassendste Reform des handelsrechtlichen Bilanzrechts seit

---

485 Zur gegenwärtigen und zukünftigen Bedeutung der handelsrechtlichen Rechnungslegung *Ernst/Seidler* in Festschrift Knorr (2008), S. 107 (107ff.).

486 Zur Anwendbarkeit auf Personengesellschaften ohne eine (unmittelbar oder mittelbar haftende) natürliche Person als Gesellschafter vgl. § 264a HGB.

487 Gesetz zur Durchführung der Vierten, Siebenten und Achten Richtlinie des Rates der Europäischen Gemeinschaften zur Koordinierung des Gesellschaftsrechts vom 19. 12. 1985, BGBl. 1985 Teil I, S. 2355. Zum Gesetzgebungsverfahren *Hüffer* in Großkommentar HGB-Bilanzrecht, Teilband 1, vor § 238 Rn. 7f.

488 Siebente Richtlinie 83/349/EWG des Rates vom 13. Juni 1983 aufgrund von Artikel 54 Absatz 3 Buchstabe g des Vertrages über den konsolidierten Abschluß, ABl. Nr. L 193 vom 18. 7. 1983 S. 1.

489 Achte Richtlinie 84/253/EWG des Rates vom 10. April 1984 aufgrund von Artikel 54 Absatz 3 Buchstabe g des Vertrages über die Zulassung der mit der Pflichtprüfung der Rechnungslegungsunterlagen beauftragten Personen, ABl. Nr. L 126 vom 12. 5. 1984, S. 20.

490 Vierte Richtlinie 78/660/EWG des Rates vom 25. Juli 1978 aufgrund von Artikel 54 Absatz 3 Buchstabe g des Vertrages über den Jahresabschluß von Gesellschaften bestimmter Rechtsformen, ABl. Nr. L 222 vom 14. 8. 1978 S. 11 ff.

491 Zur richtlinienkonformen Auslegung allgemein EuGH Rs. C-106/89 (*Marleasing*), Slg. 1990, I-4135 Rn. 8; EuGH Rs. C-80/86 (*Kolpinghuis Nijmegen*), Slg. 1987, I-3969 Rn. 13. Speziell zum Rechnungslegungsrecht *Luttermann* in Münchener Kommentar AktG, Band 5/1 (2. Auflage), Einf BilanzR Rn. 252ff.; *Hennrichs*, Wahlrechte im Bilanzrecht, S. 84ff.; *Lutter* in Bierich/Busse von Colbe/Laßmann/Lutter, Rechnungslegung nach neuem Recht, ZGR Sonderheft 2 (1980), S. 3 (6f.); *Ulmer* in Festschrift Goerdeler (1987), S. 623 (646).

dem BiRiLiG, das Bilanzrechtsmodernisierungsgesetz (BilMoG), trat am 29. Mai 2009 in Kraft.[492] Es treibt den Internationalisierungsprozess weiter voran und dient der Umsetzung mehrerer europäischer Richtlinien.[493]

Von besonderer Bedeutung für den Abschluss nach HGB sind die formellen und materiellen Grundsätze ordnungsmäßiger Buchführung (GoB); der Jahresabschluss ist nach § 243 Abs. 1 HGB ihnen gemäß aufzustellen. Vor allem die zentralen GoB wie die Prinzipien der Bilanzwahrheit, Bilanzklarheit und der Einzelbewertung sowie das Vorsichtsprinzip sind mit dem BiRiLiG kodifiziert worden.[494] Auf die ungeschriebenen GoB muss aber zurückgegriffen werden, wo das Gesetz die Bilanzierung von Sachverhalten nicht (im Detail) regelt.[495] Von größter praktischer Wichtigkeit sind in diesem Zusammenhang die Fachgutachten, Stellungnahmen und Hinweise des Instituts der Wirtschaftsprüfer (IDW), einer privaten berufsständischen Organisation.[496]

Das handelsrechtliche Bilanzrecht enthält in den §§ 238ff. HGB neben der Buchführungspflicht Ansatz- und Bewertungsvorschriften für den von allen Kaufleuten aufzustellenden Jahresabschluss, bestehend aus Bilanz und Gewinn- und Verlustrechnung (GuV), § 242 HGB. Die ergänzenden Vorschriften für Kapitalgesellschaften, §§ 264ff. HGB, stellen erheblich höhere Anforderungen an die Rechnungslegung, nicht zuletzt durch die im Rahmen dieser Arbeit besonders interessierenden Gliederungsvorschriften. Der Jahresabschluss umfasst für Kapitalgesellschaften außerdem den Anhang zur Erläuterung der Posten von Bilanz und GuV; er ist um einen Lagebericht (mit Information zu Geschäftsverlauf, Lage und voraussichtlicher Entwicklung) zu ergänzen, § 264 Abs. 1 S. 1 HGB.

---

492 Gesetz zur Modernisierung des Bilanzrechts (Bilanzrechtsmodernisierungsgesetz – BilMoG), BGBl. 2009 Teil I, S. 1102. Aus der Literatur *Ernst/Seidler*, ZGR 2008, S. 631; *Hommelhoff*, ZGR 2008, S. 250; *Claussen*, AG 2008, S. 577; *Luttermann*, ZIP 2008, S. 1605.

493 Richtlinie 2006/43/EG des Europäischen Parlaments und des Rates vom 17. 5. 2006 über Abschlussprüfungen von Jahresabschlüssen und konsolidierten Abschlüssen zur Änderung der Richtlinien 78/660/EWG und 83/349/EWG des Rates und zur Aufhebung der Richtlinie 84/253/EWG des Rates, ABl. EU Nr. L 157, S. 87 (sog. Abschlussprüferrichtlinie); Richtlinie 2006/46/EG des Europäischen Parlaments und des Rates vom 14. 6. 2006 zur Änderung der Richtlinien des Rates 78/660/EWG, 83/349/EWG, 86/635/EWG und 91/674/EWG, ABl. EU Nr. L 224, S. 1 (sog. Abänderungsrichtlinie).

494 Umfassend zu den Bilanzierungsgrundsätzen *Baetge/Kirsch/Thiele*, Bilanzen, S. 112ff.; *Ballwieser* in Münchener Kommentar HGB, Band 4, § 243 Rn. 14ff.

495 Ausführliche Darstellung des Meinungsstandes zu Rechtsnatur und Herleitung bei *Hüffer* in Großkommentar HGB-Bilanzrecht, 1. Teilband, § 238 Rn. 35ff.; *Förschle* in Beck'scher Bilanzkommentar, § 243 Rn. 11ff. Siehe zur Herleitung auch Adler/Düring/Schmaltz, Rechnungslegung, Teilband 6, § 243 HGB Rn. 10ff.; *Baetge/Kirsch/Thiele*, Bilanzen, S. 105ff.; *Großfeld/Luttermann*, Bilanzrecht, Rn. 233.

496 Zur Qualifikation der „Standards" (Stellungnahmen zur Rechnungslegung) des IDW *Schulze-Osterloh* in Wysocki/Schulze-Osterloh/Hennrichs/Kuhner, Handbuch des Jahresabschlusses, 1. Band, Abteilung I/1, Rn. 17f.; *Hüffer* in Großkommentar HGB-Bilanzrecht, 1. Teilband, § 238 Rn. 45. Für die Konzernrechnungslegung entwickelt außerdem der ebenfalls private Deutsche Standardisierungsrat (DSR) des Deutschen Rechnungslegungs Standards Committee (DRSC) Empfehlungen (Deutsche Rechnungslegungs Standards, DRS), vgl. § 342 HGB. Bei Fragen, die den Einzel- und Konzernabschluss gleichermaßen betreffen, haben die DRS mittelbar Bedeutung auch für Einzelabschlüsse, vgl. *Baetge/Kirsch/Thiele*, Bilanzen, S. 49.

Zur Aufstellung, d.h. der Vorbereitung bis zur Beschlussreife,[497] verpflichtet sind nach § 264 Abs. 1 S. 1 HGB die gesetzlichen Vertreter der Gesellschaft. Geprüft werden Jahresabschluss und Lagebericht durch den Aufsichtsrat, § 171 Abs. 1 S. 1 AktG, § 42a Abs. 1 S. 3 GmbHG, und einen Abschlussprüfer, § 316 Abs. 1 HGB. Verbindlich wird er durch die Feststellung.[498] Zuständig ist bei der GmbH die Gesellschafterversammlung, § 46 Nr. 1 GmbHG, bei der Aktiengesellschaft Vorstand und Aufsichtsrat, sofern sie nicht (was in der Praxis äußerst selten geschieht) beschließen, die Feststellung der Hauptversammlung zu überlassen (§§ 172f. AktG). Dokumentiert wird die Feststellung durch die Unterzeichnung, welche in kollektiver Verantwortlichkeit durch sämtliche Vorstandsmitglieder bzw. Geschäftsführer erfolgt, vgl. § 245 S. 2 HGB.[499] Die Offenlegung im elektronischen Bundesanzeiger (Unternehmensregister) schließlich ist in den §§ 325ff. HGB geregelt. Erleichterungen bezüglich Aufstellung und Offenlegung gelten für kleine Kapitalgesellschaften (§ 267 Abs. 1 HGB), §§ 266 Abs. 1 S. 3, 326 S. 1 HGB, hinsichtlich Offenlegung auch für mittelgroße (§ 267 Abs. 2 HGB), § 327 Nr. 1 HGB.[500] Viele Vorschriften zu Aufstellung, Prüfung und Offenlegung des Jahresabschlusses sind darüber hinaus sanktionsbewehrt, zum Teil durch Strafvorschriften (§§ 331ff. HGB, 400ff. AktG, 283ff. StGB). Die Einhaltung der Rechnungslegungsvorschriften wird zudem in einem zweistufigen *Enforcement*-System[501] überwacht durch die Deutsche Prüfstelle für Rechnungslegung (DPR), §§ 342bff. HGB, und die Bundesanstalt für Finanzdienstleistungsaufsicht (BaFin), §§ 37nff. WpHG.

2. Zwecke und Adressaten

Aus den allgemeinen Vorschriften sowie den Ansatz-, Ausweis- und Bewertungsvorschriften ergeben sich eine Reihe von Jahresabschlusszwecken, die bisweilen schwierig miteinander in Einklang zu bringen sind. In der Literatur, zumal in der betriebswirtschaftlichen, wird eine Fülle von Zwecken genannt;[502] hauptsächlich sind dies jedoch die Dokumentation und Information sowie die Ausschüttungsbemessung.[503]

---

497 BGHZ 132, 263 (266).

498 Zu Begriff, Wirkung und der mit der Feststellung verbundenen Bilanzpolitik siehe *Kropff* in Münchener Kommentar AktG, Band 5/1 (2. Auflage), § 172 Rn. 9ff.

499 Dazu *Reiner* in Münchener Kommentar HGB, Band 4, § 264 Rn. 8.

500 Tabellarischer Überblick des jeweiligen Umfangs der Rechnungslegungspflicht bei *Baetge/Kirsch/Thiele*, Bilanzen, S. 44.

501 Dazu *Sanio* in Festschrift Knorr (2008), S. 515.

502 Derer zehn zählt auf etwa *Stützel*, ZfB 1967, S. 314 (314ff.). Nicht unmittelbarer Zweck des handelsrechtlichen Jahresabschlusses ist die Steuerbemessung, auch wenn er dafür über den Maßgeblichkeitsgrundsatz die Ausgangsbasis darstellt; freilich beeinträchtigt das Steuerrecht im Wege der sogenannten umgekehrten Maßgeblichkeit die Informationsfunktion des Jahresabschlusses, dazu *Ellerich* in Küting/Weber, Handbuch der Rechnungslegung, Band Ia, Grundlagen Rn. 190f.

503 Zum Ganzen *Hüttemann* in Großkommentar HGB-Bilanzrecht, 1. Teilband, § 264 Rn. 31; *Hüffer* in Großkommentar HGB-Bilanzrecht, 1. Teilband, § 242 Rn. 2; *Claussen/Korth* in Kölner Kommentar AktG, Band 4, § 242 HGB Rn. 3f.; *Ballwieser* in Münchener Kommentar HGB, Band 4, § 238 Rn. 1; *Baetge/Kirsch/Thiele*, Bilanzen, S. 92ff.; *Schulze-Osterloh* in Wysocki/Schulze-Osterloh/Hennrichs/Kuhner, Handbuch des Jahresabschlusses, 1. Band, Abteilung I/1 Rn. 28f.; *Ellerich* in Kü-

Ursprünglich diente die handelsrechtliche Buchführungspflicht wie ihr im französischen Merkantilismus entstandenes Vorbild aus der *Ordonnance pour le commerce* von 1673 der Dokumentation von Geschäftsvorfällen und wies einen engen Bezug zu Verfahrensrecht und Konkurs(straf)recht auf.[504] Zweck der Strafbewehrung etwa in § 283b StGB ist auch heute die Beweissicherung für den Insolvenzfall.[505] Gleichzeitig zielen Buchführung und Jahresabschluss auf Selbstinformation des Kaufmanns bzw. der Unternehmensleitung ab. Nicht zuletzt knüpfen Rechtspflichten der Leitung an bilanzielle Zustände an, etwa die Verlustanzeigepflicht der Geschäftsführung aus § 92 Abs. 1 AktG, § 49 Abs. 3 GmbHG.

Der Jahresabschluss ist darüber hinaus zentrales Dokument der Rechenschaft der Unternehmensleitung (Agent) gegenüber den Gesellschaftern (Prinzipal), was sich im Recht auf Vorlage der Abschlussunterlagen nach § 175 Abs. 2 AktG, § 42a Abs. 1 S. 1 GmbHG manifestiert. Es handelt sich dabei um eine spezielle Ausprägung der Rechenschaftspflicht des fremdnützig handelnden Beauftragten gegenüber dem Auftraggeber, wie sie in § 666 BGB zu finden ist.

Bei publizitätspflichtigen Unternehmen dient der Jahresabschluss zusätzlich der Information der Öffentlichkeit, insbesondere künftiger Gesellschafter, gegenwärtiger und künftiger Gläubiger und Arbeitnehmer sowie sonst Interessierter über die Lage der Gesellschaft.[506] Vor dem BiRiLiG musste der Jahresabschluss „im Rahmen der Bewertungsvorschriften einen möglichst *sicheren* Einblick in die Vermögens- und Ertragslage der Gesellschaft geben“, § 149 Abs. 1 S. 2 AktG 1965 (Hervorhebung durch den *Verfasser*). Heutige Generalnorm zur Wahrnehmung der Informationsfunktion ist § 264 Abs. 2 S. 1 HGB; er setzt Art. 2 Abs. 3 der Bilanzrichtlinie um, wonach „der Jahresabschluss [...] ein den tatsächlichen Verhältnissen entsprechendes Bild der Vermögens-, Finanz- und Ertragslage der Gesellschaft zu vermitteln [hat]“. Es handelt sich dabei um die (gemeinschaftsautonome) Kodifizierung des aus dem englischen Bilanzrecht stammenden Prinzips des *true and fair view* (Einblicksgebot oder Grundsatz der Bilanzwahrheit). Nach der handelsrechtlichen Generalnorm hat der Einblick allerdings „unter Beachtung der Grundsätze ordnungsmäßiger Buchführung“ zu geschehen.[507]

---

ting/Weber, Handbuch der Rechnungslegung, Band Ia, Grundlagen Rn. 181 ff.; *Baetge* in Festschrift Leffson (1976), S. 11 ff.

504 *Leffson*, Grundsätze ordnungsmäßiger Buchführung, S. 47; *Icking*, Rechtsnatur des Handelsbilanzrechts, S. 64 ff. Wer seine Bücher nicht ordentlich führte und in Konkurs geriet, dem drohte nach Titre III („*Des livres et registres des Negocians, Marchands et Banquiers*“), Art. 1–12 der *Ordonnance* sogar die Todesstrafe, vgl. *Leffson*, ebenda.

505 Vgl. die Gesetzesbegründung zu § 283b StGB, BT-Drucksache 7/3441, S. 38.

506 So spricht die Bilanzrichtlinie in den Erwägungsgründen vom „Schutz der Gesellschafter sowie Dritter“; Erwähnung findet auch der Gläubigerschutz sowie die „miteinander im Wettbewerb stehenden Gesellschaften“. Zur Frage der Adressaten *Claussen/Korth* in Kölner Kommentar AktG, Band 4, § 264 HGB Rn. 14 ff.; *Clemm* in Festschrift Goerdeler (1987), S. 93 ff.; *Hüttemann* in Großkommentar HGB-Bilanzrecht, 1. Teilband, § 264 Rn. 31.

507 Aus der umfangreichen Literatur *Alexander*, European Accounting Review 1993, S. 59; *Beisse* in Festschrift Döllerer (1988), S. 25; *Busse von Colbe*, WPg 1987, S. 117; *Claussen* in Festschrift Goerdeler (1987), S. 79; *van Hulle*, European Accounting Review 1993, S. 99; *Leffson* in Festschrift Goerdeler (1987), S. 316; *Moxter* in Festschrift Budde (1995), S. 419; *Streim* in Festschrift Moxter (1994), S. 392.

Über die Ertragslage gibt der Jahresabschluss in erster Linie in der GuV Auskunft; dort sind Höhe und Herkunft des wirtschaftlichen Erfolgs im abgelaufenen Geschäftsjahr dargestellt. Die Vermögens- und Finanzlage der Gesellschaft wird hauptsächlich in der Bilanz abgebildet. Dabei bezieht sich Ersteres auf Art und Bindung der Vermögensgegenstände (Aktiva) sowie die Höhe des bilanziellen Nettovermögens als Überschuss der Aktiva über die Passiva. Letzteres umfasst die Finanzierung der Gesellschaft einschließlich des Gesichtspunkts der Liquidität (Zahlungsfähigkeit). Ergänzende Funktion zur Darstellung der Vermögens-, Finanz- und Ertragslage hat der Anhang.[508]

Abzulehnen ist die gelegentlich (aus historischen Gründen) vertretene Ansicht, das Einblicksgebot gelte nur für den Anhang (sogenannte Abkoppelungsthese)[509]. Dagegen spricht schon der Wortlaut von § 264 Abs. 2 S. 1 HGB, wo auf den „Jahresabschluss" abgestellt wird, erst recht S. 2, wonach im Anhang zusätzliche Angaben zu machen sind, wenn der „Jahresabschluss" (gemeint sind Bilanz und GuV) dem Einblicksgebot nicht gerecht wird. Dazu kommt die systematische Stellung am Kopf der ergänzenden Vorschriften für Kapitalgesellschaften (§§ 264ff. HGB). Die Ansicht ist auch mit einer richtlinienkonformen Auslegung nicht vereinbar: zum einen gilt das systematische wie das Wortlautargument auch für die Bilanzrichtlinie; zum anderen wird auf das Prinzip der Bilanzwahrheit schon in den Erwägungsgründen der Bilanzrichtlinie prominent Bezug genommen: Der EuGH bezeichnet es als „Hauptzielsetzung" der Richtlinie.[510] Auch wenn die Frage der Reichweite des Einblicksgebots in erster Linie für Ansatz und Bewertung von Interesse ist, da die Einzelvorschriften häufig eher dem Vorsichtsprinzip folgen und sich die Frage nach der Abweichung zugunsten des besseren Einblicks stellt:[511] Das

---

Rechtsvergleichend zur Umsetzung von Art. 2 Abs. 3 der Bilanzrichtlinie *Großfeld/Luttermann*, Bilanzrecht, Rn. 252ff.; *Luttermann* in Münchener Kommentar AktG, Band 5/1 (2. Auflage), § 264 HGB Rn. 31ff. Zu den inneren Widersprüchen der Bilanzrichtlinie *Grundmann*, Europäisches Gesellschaftsrecht, Rn. 509ff.; *Schön/Osterloh-Konrad* in Bayer/Habersack, Aktienrecht im Wandel, Band II, 20. Kapitel Rn. 93ff. Vermittelnd zwischen Vorsichtsprinzip und Einblicksgebot die Leitentscheidung des EuGH Rs. C-234/94 (*Tomberger*), Slg. 1996, I-3145.

508 Zum Ganzen *Claussen/Korth* in Kölner Kommentar AktG, Band 4, § 264 HGB Rn. 30ff.; *Hüttemann* in Großkommentar HGB-Bilanzrecht, 1. Teilband, § 264 Rn. 34ff.; *Großfeld/Luttermann*, Bilanzrecht, Rn. 256ff.; *Winkeljohann/Schellhorn* in Beck'scher Bilanz-Kommentar, § 264 Rn. 37; besonders ausführlich *Baetge/Commandeur* in Küting/Weber, Handbuch der Rechnungslegung, Band Ia, § 264 Rn. 16ff.

509 Vertreten von *Moxter* in Festschrift Budde (1995), S. 419 (426ff.); *Beisse* in Festschrift Döllerer (1988), S. 25 (34ff.). Ausführliche Widerlegung der Abkoppelungsthese mit eindeutigem Ergebnis („abwegig") bei *Luttermann* in Münchener Kommentar AktG, Band 5/1 (2. Auflage), § 264 HGB Rn. 151ff.

510 EuGH Rs. C-234/94 (*Tomberger*), Slg. 1996, I-3133 Ziff. 17; Rs. C-275/97 (*DE+ES Bauunternehmung*), Slg. 1999, I-5331 Ziff. 26.

511 Richtigerweise darf von den einzelnen Ansatz- und Bewertungsvorschriften zugunsten des Einblicksgebots nur in Ausnahmefällen abgewichen werden. Dies folgt schon aus Art. 2 Abs. 5 der Bilanzrichtlinie; auch ist das Vorsichtsprinzip in der Bilanzrichtlinie als solches bezeichnet (Art. 31 Abs. 1 lit. c). Dazu *Grundmann*, Europäisches Gesellschaftsrecht, Rn. 510f. m.w.N.

Gebot des *true and fair view* gilt für die gesamte Bilanz und damit auch für die Gliederungsvorschriften.[512]

Eng mit der Frage, wie vorsichtig Ansatz und Bewertung zu erfolgen haben, ist schließlich der zweite Hauptzweck des Jahresabschlusses nach HGB verknüpft: die Ausschüttungsbemessung. Der Jahresabschluss ist Grundlage für die Berechnung des ausschüttbaren Gewinns, das System der Kapitalerhaltung mit den §§ 57 Abs. 3, 150 Abs. 3 und 4 AktG, § 30 Abs. 1 GmbHG basiert auf ihm.[513] Die Pflicht zur Aufstellung des Jahresabschlusses hat also über die entsprechenden gesellschaftsrechtlichen Normen ganz maßgeblich eine gläubigerschützende Wirkung. Allerdings wird der Gläubigerschutz auch über die Selbstkontrolle des Kaufmanns bzw. der Unternehmensleitung (Dokumentationsfunktion) sowie die Publizität (Informationsfunktion) verwirklicht. Durch den Einblick in die Vermögens-, Finanz- und Ertragslage kann der Gläubiger etwa den Verschuldungsgrad erkennen sowie Rückschlüsse auf die Liquidität ziehen. Nicht zuletzt deshalb erweist sich eine Überbetonung des Vorsichtsprinzips bei Ansatz und Bewertung der Aktiva als kontraproduktiv, was den Gläubigerschutz anbelangt: Durch die Auflösung von stillen Reserven kann die Geschäftsleitung u. U. eine schlechte Geschäftsentwicklung kaschieren, der sichtbare Zusammenbruch eines Unternehmens vollzieht sich entsprechend schnell und ohne Vorwarnung.[514] Zusammenfassend kann festgehalten werden, dass das handelsrechtliche wie auch das ihm zugrunde liegende europäische Bilanzrecht der Bilanzrichtlinie (schon wegen der vielen mitgliedstaatlichen Wahlrechte) für den Einzelabschluss von GmbH und Aktiengesellschaft wegen des gleichwohl bestehenden graduellen Zielkonflikts[515] zwischen Information und Kapitalschutz einen Kompromiss darstellt.

II. IFRS

1. Überblick und rechtlicher Rahmen

Die internationalen Rechnungslegungsstandards[516] werden vom *International Accounting Standards Board* (IASB) mit Sitz in London entwickelt, das seit dem Jahr 2001 als Nachfolger des 1973 gegründeten *International Accounting Standards Committee* (IASC)[517] fungiert. Die Mitglieder des Boards werden von dessen Träger (ge-

512 Vgl. *Reiner/Haußer* in Münchener Kommentar HGB, Band 4, § 265 Rn. 5; *Claussen/Korth* in Kölner Kommentar AktG, Band 4, § 265 Rn. 18; *Hüttemann* in Großkommentar HGB-Bilanzrecht, 1. Teilband, § 265 Rn. 8.

513 Zu den Ausschüttungssperren bei Aktiengesellschaft und GmbH oben Teil 2 B.V.3.

514 *Grundmann*, Europäisches Gesellschaftsrecht, Rn. 510; *Coenenberg/Haller/Schultze*, Jahresabschluss, S. 41, 340 f. Allgemein zum informationellen Gläubigerschutz *Niehues*, WPg 2001, S. 1209 (1219 ff.); *Kübler*, ZHR 159 (1995), S. 550 (560 f.).

515 Nach *Schön*, ZHR 161 (1997), S. 133 (134) besteht ein „latenter Widerspruch". Siehe zum Zielpluralismus auch *Leffson*, Grundsätze ordnungsmäßiger Buchführung, S. 59 ff.

516 Zum Begriff oben Fn. 4.

517 Die Initiative ging von einer Gruppe nationaler Berufsverbände der Wirtschaftsprüfer aus, u. a. dem deutschen Institut der Wirtschaftsprüfer (IDW).

nauer: seinen *Trustees*) ernannt, der *IASC Foundation* (IASCF). Es handelt sich also um Standardsetzung durch ein privatrechtlich organisiertes Gremium.[518] Neben dem Board ist als weiteres wichtiges Gremium das *International Financial Reporting Interpretations Committee* (IFRIC), früher *Standing Interpretations Committee* (SIC), zu erwähnen; es ist für die Auslegung der Standards zuständig.

Die IFRS im weiteren Sinn umfassen die Einzelstandards sowie die zugehörigen Interpretationen (IFRIC/SIC), vgl. IAS 1.11. Die älteren Einzelstandards werden *International Accounting Standards* (IAS; sie reichen von IAS 1 bis IAS 41) genannt. Seit dem Jahr 2003 wird die Bezeichnung IFRS (sie reichen derzeit bis IFRS 9) verwendet. Einzelstandards enthalten Regeln zu Ansatz, Ausweis, Bewertung und Erläuterung von Rechnungslegungsposten, wobei die Nummerierung der Standards die Reihenfolge der Beschlussfassung widerspiegelt. Neben Einzelstandards und Interpretationen stellt das Rahmenkonzept[519] (*Framework*, abgekürzt „F") das dritte Kernelement des Regelwerks dar. In ihm sind die Prinzipien der IFRS dargelegt, die aber den Standards normenhierarchisch untergeordnet sind (F.2f.). Eine Art „Allgemeinen Teil" der IFRS bilden IAS 1 (Darstellung des Abschlusses) und IAS 8 (Bilanzierungs- und Bewertungsmethoden).

Das Verfahren der Standardsetzung (*due process*) ist in der IASCF-Satzung niedergelegt. Die wesentlichen Schritte sind die Sondierung der Vorschläge zur Standardsetzung durch den *Standards Advisory Council* (SAC), die Veröffentlichung eines Vorentwurfes (*Discussion Paper*; DP) sowie eines Standardentwurfs (*Exposure Draft*; ED), die Beschlussfassung und die Veröffentlichung.

Selbstverständlich ist aufgrund der Veröffentlichung eines Standards durch das IASB als private Institution kein Unternehmen (außer ggf. gegenüber Vertragspartnern) verpflichtet, seine Rechnungslegung nach IFRS zu richten. Zweck der IFRS ist die internationale Harmonisierung der Rechnungslegung bzw. der Aufbau eines einheitlichen Regelwerks weltweiter Rechnungslegungsstandards (vgl. Vorwort zum Rahmenkonzept). Mittlerweile orientiert sich das Bilanzrecht einer großen Zahl von Staaten daran bzw. erklärt die IFRS für maßgeblich. Von größter Bedeutung war der Erlass der VO (EG) 1606/2002 (IAS-Verordnung),[520] welche die IFRS grundsätzlich als Rechnungslegungsstandards in der Europäischen Union

---

518 Als Vorbild für Organisation und Finanzierung diente das US-amerikanische *Financial Accounting Standards Board* (FASB).

519 Zum gemeinsamen Konzept von IASB und FASB zur Überarbeitung ihrer Rahmenkonzepte *Dobler/Hettich*, IRZ 2007, S. 29.

520 Verordnung (EG) Nr. 1606/2002 vom 19. Juli 2002 betreffend die Anwendung internationaler Rechnungslegungsstandards, ABl. L 243/1. Die Verordnung war zentraler Bestandteil des Aktionsplans für Finanzdienstleistungen (*Financial Services Action Plan*; FSAP) der Europäischen Union zur Vollendung des Binnenmarktes in diesem Bereich. Ermächtigungsgrundlage der IAS-Verordnung war Art. 95 Abs. 1 EGV. Zum Bestreben der europäischen Politik, durch die IAS/IFRS-Übernahme Einflussmöglichkeiten auf Standards mit weltweiter Ausstrahlung zu geben *Wagenhofer*, IFRS und Machtpolitik, FAZ vom 5. 9. 2005, S. 22. Von den kritischen Stimmen zu IFRS seien erwähnt *Moxter*, BFuP 2003, S. 480 (488); *Schildbach*, IRZ 2007, S. 9. Empirische Studie zur Bedeutung der IFRS am deutschen Kapitalmarkt bei *Zwirner*, IRZ 2009, S. 425.

einführte. Nach deren Art. 4 sind alle kapitalmarktorientierten[521] Gesellschaften verpflichtet, ihre Konzernabschlüsse nach IFRS zu erstellen.[522] Rechtsverbindlich wird ein Standard (inkl. SIC/IFRIC-Interpretationen) durch die Übernahme in das Gemeinschaftsrecht (*endorsement*) gemäß dem Komitologie-Verfahren, welches im Rahmen der von Parlament und Rat auf die Kommission übertragenen Durchführungsbefugnisse angewendet wird, vgl. Art. 202 i.V.m. Art. 211 EGV.[523] Das Parlament hat allerdings im seit 2006 geltenden „Regelungsverfahren mit Kontrolle" ein Vetorecht bzgl. der Übernahme oder Ablehnung eines Standards.[524] Als Komitologiekomitee wurde der Regelungsausschuss für Rechnungslegung (*Accounting Regulatory Committee*; ARC) eingerichtet, der mit Vertretern der für die Rechnungslegung zuständigen Ministerien der Mitgliedstaaten besetzt ist. Vor der Abstimmung im ARC wird die Kommission auf fachlicher Ebene vom privatrechtlich organisierten Fachgremium *European Financial Reporting Advisory Group* (EFRAG) beraten. Die Empfehlungen der EFRAG werden wiederum durch die Prüfgruppe für Standardempfehlungen (*Standards Advice Review Group*; SARG) überprüft.

Über diesen Mechanismus des Erlasses von Rechungslegungsregeln durch ein privatrechtlich organisiertes Gremium und deren Anerkennung durch den Gesetzgeber – auch als hybride Regelsetzung bezeichnet[525] – wurden fast alle internationalen Rechnungslegungsstandards in das Gemeinschaftsrecht übernommen.[526] Was die Frage der Auslegung der Standards anbelangt, so sind zwar die ggf. ebenfalls ins Gemeinschaftsrecht übernommenen IFRIC/SIC-Interpretationen zu beachten.

---

521 Kapitalmarktorientiert ist ein Unternehmen, wenn Wertpapiere der Gesellschaft in einem Mitgliedstaat der EU zum Handel an einem geregelten Markt i.S.v. Art. 1 Abs. 13 der RL 93/22/EWG (Wertpapierdienstleistungsrichtlinie) zugelassen sind; vgl. die Umsetzung in § 2 Abs. 5 WpHG. Das sind etwa 7.000 Unternehmen in der EU, vgl. *Großfeld/Luttermann*, Bilanzrecht, Rn. 147 (Stand 2005).

522 In Deutschland haben nicht kapitalmarktorientierte Unternehmen gemäß § 315a Abs. 3 HGB ein Wahlrecht zwischen der Konzernrechnungslegung nach HGB und IFRS. Die Mitgliedstaaten können zwar gemäß Art. 5 Abs. 2 IAS-Verordnung die IFRS auch für den Einzelabschluss einführen; Deutschland hat davon jedoch keinen Gebrauch gemacht.

523 Verfahren gemäß Art. 6 der IAS-Verordnung i.V.m. Art. 5f. des Beschlusses 1999/468/EG. Grundsätzlich zum Komitologie-Verfahren EuGH Rs. C-240/90 (Deutschland./.Kommission), Slg. 1992, I-5383 (5435); *Bergström*, Comitology. Zur Herausbildung von „EU-IFRS" siehe *Buchheim/Knorr/Schmidt*, KoR 2008, S. 334. In den USA sind die vom FASB erlassenen Standards rechtsverbindlich; die *Securities and Exchange Commission* (SEC) kann sie jedoch jederzeit für nicht anwendbar erklären, vgl. 15 U.S.C. §§ 77s (a), 78m (b) (1), dazu *Königsgruber*, IRZ 2008, S. 245 (245 ff.).

524 Eingeführt durch Art. 1 Nr. 7 des Beschluss des Rates vom 17. Juli 2006 zur Änderung des Beschlusses 1999/468/EG zur Festlegung der Modalitäten für die Ausübung der der Kommission übertragenen Durchführungsbefugnisse, ABl. der EU Nr. L 200 vom 22. 7. 2006, S. 11.

525 Zu hybrider Regelsetzung aus institutionenökonomischen Gesichtspunkten *Kirchner/Schmidt*, BFuP 2006, S. 387; zur verfassungsrechtlichen Diskussion *Luttermann* in Münchener Kommentar AktG, Band 5/1 (2. Auflage), §§ 243, 432 HGB, Rn. 48 ff. m.N. Kritisch zu privater Regelsetzung *Kirchhof*, ZGR 2000, S. 681.

526 Sie werden in allen Amtssprachen im Amtsblatt der EG veröffentlicht, vgl. Art. 3 Abs. 4 der IAS-Verordnung. Mit der VO (EG) 1126/2008 der Kommission wurden alle bis zum 3. November 2008 übernommenen Standards in einem einzigen Text zusammengefasst. Zu den materiellrechtlichen Voraussetzungen der Übernahme *Hennrichs*, NZG 2005, S. 783 (785); *ders./Schubert*, ZIP 2007, S. 563 (564 ff.). Aktueller Stand der übernommen Standards bei www.ec.europa.eu/internal_market/accounting/ias_de.htm.

Letztendlich entscheidet jedoch der EuGH über die Vereinbarkeit auch der Interpretationen mit höherrangigem Recht (Primärrecht) und über die Auslegung der übernommenen Standards, vgl. Art. 220 EGV.[527]

Ein vollständiger IFRS-Abschluss besteht gemäß IAS 1.8 aus Bilanz, GuV, Eigenkapitalspiegel, Kapitalflussrechnung und Anhang. Die Hauptkriterien bei der Aufstellung sind Verständlichkeit, Relevanz, Verlässlichkeit und Vergleichbarkeit (F.24ff.). Der überragende Grundsatz ist derjenige der Bilanzwahrheit; es ist ein den tatsächlichen Umständen entsprechendes Bild darzustellen (*fair presentation, true and fair view*), F.46, IAS 1.13ff. Dabei statuiert IAS 1.13 a.E. eine Vermutung dafür, dass durch die Anwendung der Standards ein den tatsächlichen Verhältnissen entsprechendes Bild gezeigt wird. Ist die Anwendung einer Bestimmung im Einzelfall irreführend, muss sie unterbleiben, um einen „Konflikt mit dem im Rahmenkonzept geschilderten Zweck der Abschlüsse“ zu vermeiden, IAS 1.17. Problematisch ist dabei allerdings die Bezugnahme auf das Rahmenkonzept, welches nicht in das Gemeinschaftsrecht übernommen wurde. Auch heißt es in F.2, keine Passage aus dem Rahmenkonzept gehe einem Standard vor.

Innerhalb der Standards verfolgt das IASB eine Mischung aus generell-abstrakten Regelungen und Regelbeispielen. Die Rechnungslegung aufgrund generell-abstrakter Normen wird als *principles-based accounting* (deduktive Rechnungslegung) bezeichnet. Im Gegensatz dazu steht die rein kasuistisch orientierte Bilanzierung der US-GAAP, dem *rules-based accounting* (induktive Rechnungslegung, „*cook book*-Methode“).[528] Ein IFRS beginnt mit Einleitung, Zielsetzung sowie der Definition des Anwendungsbereichs und wichtiger Begriffe. Die sich anschließenden eigentlichen Rechnungslegungsregeln bestehen, wie oben erwähnt, aus generell-abstrakten Vorschriften bzgl. Ansatz, Bewertung, Darstellung usf., an die sich Beispiele anschließen. Am Schluss stehen ggf. Übergangsvorschriften und Anhänge mit weiteren Beispielen und Anwendungsleitlinien.

Nach Art. 4 der IAS-Verordnung sind alle kapitalmarktorientierten Unternehmen seit 2005 verpflichtet, ihre Konzernabschlüsse nach IFRS zu erstellen. Nicht kapitalmarktorientierte Mutterunternehmen können ihren Konzernabschluss wahlweise nach HGB oder IFRS aufstellen, § 315a Abs. 3 HGB. Hinsichtlich des Jahresabschlusses gilt ein solches Wahlrecht nicht; (lediglich) bzgl. der Offenlegung hat ein Einzelabschluss nach IFRS allerdings befreiende Wirkung für mittelgroße (§ 267 Abs. 2 HGB) und große (§ 267 Abs. 3 HGB) Kapitalgesellschaften, § 325 Abs. 2a, 2b HGB.

---

527 Siehe dazu *Kirchner* in Festschrift Siegel (2005), S. 201 (208ff.); *Schön*, BB 2004, S. 763.
528 Dazu *Schroeder/Clark/Cathey*, Financial Accounting, S. 58ff.; *Beisse*, BFuP 1990, S. 499 (502). Aus der nach den großen Bilanzskandalen Anfang des Jahrhunderts entfachten Diskussion in den Vereinigten Staaten darüber, ob eine eher prinzipienbasierte Rechnungslegung einzuführen sei *Bratton*, EBOR 5 (2004), S. 7ff.

2. Ziele und Adressaten

Gemäß F.12/14, IAS 1.7 ist Ziel der Rechnungslegung nach IFRS die Bereitstellung von Information über die Finanz- und Ertragslage eines Unternehmens und die Leistungen des Managements, die den Adressaten bei deren wirtschaftlichen Entscheidungen nützlich ist (*decision usefulness*). Zu den Adressaten des Abschlusses gehören in erster Linie[529] derzeitige und potentielle Anteilseigner, aber auch Kreditgeber, Arbeitnehmer, Lieferanten und andere Gläubiger, Kunden, Regierungen und ihre Institutionen sowie die Öffentlichkeit, F.9. Konkret soll Information über Vermögenswerte, Schulden, Eigenkapital, Erträge und Aufwendungen (inkl. Gewinn und Verlust) sowie Cashflows die Adressaten in die Lage versetzen, künftige Cashflows sowie deren Zeitpunkt und Sicherheit des Entstehens vorhersehen zu können. Auskunft über die Finanzlage des Unternehmens wird vor allem in der Bilanz gegeben (Finanzstruktur, Liquidität, Zahlungsfähigkeit, F.16), über die Ertragskraft in erster Linie durch die Gewinn- und Verlustrechnung (Generierung von Cashflows mit gegebenen Ressourcen, F.17). Festzuhalten ist, dass dem Abschluss nach IFRS über die Informationsvermittlung hinaus keine weitere Funktion zukommt.

B. Anhang

Im Anschluss an die Darstellung der Grundlagen des Jahresabschlusses nach HGB und IFRS soll nun mit der Untersuchung zur Wiedergabe der als entscheidungserheblich identifizierten Information über die Module hybrider Finanzierungsinstrumente in den Abschlüssen begonnen werden. Im ersten Schritt wird ermittelt, inwieweit über die Module im Anhang zu berichten ist. Sowohl nach HGB (für Kapitalgesellschaften, § 264 Abs. 1 S. 1) als auch nach IFRS (IAS 1.8) ist der Anhang ein gleichwertiger Pflichtbestandteil des Jahresabschlusses. Ihm kommt auch im HGB-Abschluss vor allem eine Informationsfunktion zu. Im Verhältnis zu Bilanz und GuV dient er der Erläuterung, Entlastung und Ergänzung, beim handelsrechtlichen Abschluss auch der Korrektur (vgl. § 264 Abs. 2 S. 2 HGB). Aus diesen Funktionen ergibt sich, dass der Anhang nur Information enthält, die in Bilanz und GuV nicht bereitgestellt wird.[530] Trotz der subsidiären Funktion des Anhangs bei der Informationsübermittlung wird er hier vor der Bilanz behandelt. Es sei vorweggenommen, dass die Darstellung der konkreten Ausgestaltung aller Module in der Bilanz nicht möglich und daher eine Angabe im Anhang zur Vervollständigung der Information stets notwendig ist.

529 Diese Gewichtung geht aus F.9 nicht hervor, gleichwohl ist eine Vorrangigkeit der Interessen der Anteilseigner auszumachen, vgl. etwa *Baetge/Kirsch/Thiele*, Bilanzen, S. 143; *Dobler/Hettich*, IRZ 2007, S. 29 (32); *Brüggemann/Lühn/Siegel*, KoR 2004, S. 389 (396) m.w.N. Siehe zum Adressatenkreis im neuen Exposure Draft/ED (Phase A) des Conceptual Framework-Projekts von IASB und FASB *Pelger*, KoR 2009, S. 156 (158 ff.).

530 *Budde/Förschle*, DB 1988, S. 1457 (1460); *Großfeld/Luttermann*, Bilanzrecht, Rn. 1172.

I. HGB-Bilanzrecht

1. Allgemeines zum Anhang

Die Pflicht zur Aufstellung des Anhangs im handelsrechtlichen Jahresabschluss ergibt sich aus § 264 Abs. 1 S. 1 HGB. Befreiungen sind nach Abs. 3 i.V.m. § 290 HGB denkbar, Erleichterungen für kleine (§ 267 Abs. 1 HGB) und mittelgroße (§ 267 Abs. 2 HGB) Kapitalgesellschaften aus §§ 274a, 276 S. 2, 288 HGB. Der Anhang ist als Teil des Jahresabschlusses auch offenzulegen, § 325 Abs. 1 S. 1 HGB. Wiederum gelten Erleichterungen, §§ 326, 327 Abs. 2 Nr. 2 HGB.

Der Inhalt des Anhangs ist in den §§ 284 bis 288 HGB geregelt. Verstreut finden sich daneben Pflichten in den §§ 264ff. HGB im Zusammenhang mit einzelnen Ansatz-, Bewertungs-, Ausweis- und Offenlegungsvorschriften sowie außerhalb des HGB, etwa in § 160 AktG und § 42 Abs. 3 GmbHG. Es handelt sich dabei meist um Pflichtangaben, bisweilen aber auch um Wahlpflichtangaben, die entweder in Bilanz bzw. GuV oder im Anhang zu machen sind.[531] Insbesondere bei Unternehmen, wo zur Darstellung der Vermögens-, Finanz- und Ertragslage große Informationsmengen vonnöten sind, können sich Bilanz und GuV auf die Gewährung eines ersten Überblicks beschränken. Die vertiefende Analyse ist dann anhand der Anhangangaben vorzunehmen. Neben Pflicht- und Wahlpflichtangaben kann der Anhang auch weitere, freiwillige Angaben enthalten.[532] Insgesamt muss er im Zusammenspiel mit Bilanz und GuV ein den tatsächlichen Verhältnissen entsprechendes Bild der Vermögens-, Finanz- und Ertragslage vermitteln, § 264 Abs. 2 S. 1 HGB. Zumal dort, wo Bilanz und GuV dies allein nicht zu leisten vermögen, sind zusätzliche Angaben im Anhang zu machen, § 264 Abs. 2 S. 2 HGB.

Die Struktur des Anhangs wird durch die Grundsätze der Klarheit und Übersichtlichkeit bestimmt (§ 243 Abs. 2 HGB), spezielle Vorschriften sind nicht vorhanden. In der Praxis hat sich folgende Gliederung etabliert:[533]

- Allgemeine Angaben zu Inhalt und Gliederung des Jahresabschlusses;
- Angabe der angewandten Ansatz- und Bewertungsmethoden;
- Erläuterung zu einzelnen Bilanzposten;
- Erläuterung zu einzelnen Posten der GuV;
- Sonstige Pflichtangaben;
- (Von privaten Gremien) Empfohlene und freiwillige Angaben.

Angaben zur Kapitalstruktur sind in erster Linie bei der Erläuterung der Bilanzposten zu machen.

---

531 Liste sämtlicher Vorschriften zu Pflicht- und Wahlpflichtangaben etwa bei *Wiedmann*, Bilanzrecht-Kommentar, § 284 Rn. 5 ff.; *Lange* in Münchener Kommentar HGB, Band 4, § 284 Rn. 27 ff.
532 *Baetge/Kirsch/Thiele*, Bilanzen, S. 720; *Lange* in Münchener Kommentar HGB, Band 4, § 284 Rn. 24.
533 Dazu *Armeloh*, Berichterstattung im Anhang, S. 40 ff.

2. Ausdrückliche Erläuterungspflichten

Eine ausdrückliche Erläuterungspflicht zu hybriden Finanzierungsinstrumenten beinhaltet vor allem § 160 Abs. 1 Nr. 6 AktG, der im Wesentlichen § 160 Abs. 3 Nr. 6 AktG 1965 entspricht und zugleich Art. 43 Abs. 1 Nr. 5 der Bilanzrichtlinie umsetzt. Danach sind Angaben zu machen über

„(...) Genussrechte, Rechte aus Besserungsscheinen und ähnliche Rechte unter Angabe der Art und Zahl der jeweiligen Rechte sowie der im Geschäftsjahr neu entstandenen Rechte".

Teilweise werden die ähnlichen Rechte (3. Alt) nur auf Besserungsscheine (2. Alt) bezogen, also auf Forderungen, die lediglich aus (zukünftigen) Gewinnen zu *tilgen* sind.[534] Diese Einschränkung ergibt sich jedoch nicht aus dem Wortlaut. Sie entspricht auch nicht dem Zweck der Norm, nämlich Aktionäre über mögliche, mit ihrer Gewinnbeteiligung konkurrierende Zahlungsverpflichtungen der Gesellschaft aus dem Gewinn zu unterrichten (vgl. auch die Notwendigkeit eines Hauptversammlungsbeschlusses zur Ausgabe von Genussrechten, § 221 Abs. 3 i.V.m. Abs. 1 AktG).[535] Vielmehr fallen darunter sämtliche gewinnabhängigen und -orientierten Finanzierungsinstrumente.

Aus dem Zweck ergibt sich auch der Umfang der Berichtspflicht nach § 160 Abs. 1 Nr. 6 AktG. Es müssen nur diejenigen Module erläutert werden, welche sich auf die am Gewinn ausgerichtete Vergütung sowie auf andere vermögensrechtliche Genüsse (etwa die Teilnahme am Liquidationserlös) beziehen. Insbesondere statuiert die Vorschrift keine Berichtspflicht zu Haftungsmodulen wie Nachrangvereinbarungen oder Verlustbeteiligungen.[536]

Neben § 160 Abs. 1 Nr. 6 AktG enthält § 42 Abs. 3 GmbHG eine ausdrückliche Erläuterungspflicht zu bestimmten hybriden Instrumenten i.w.S. Danach sind u.a. Verbindlichkeiten gegenüber Gesellschaftern in der Bilanz gesondert auszuweisen oder im Anhang anzugeben. Mittelbar wird damit über die Existenz eines Nachrangs in der Insolvenz gemäß § 39 Abs. 1 Nr. 5 InsO berichtet. Erfasst werden jedoch von § 42 Abs. 3 GmbHG auch solche Gesellschafterdarlehen, die wegen des

---

534 So *Claussen/Korth* in Kölner Kommentar AktG, Band 4, §§ 284–288 HGB, 160 AktG Rn. 162; *Dörner/Wirth* in Küting/Weber, Handbuch der Rechnungslegung, Band Ia, §§ 284–288 Rn. 337.

535 Ganz h.M., etwa *Kessler* in Münchener Kommentar AktG, Band 5/2 (2. Auflage), § 285 HGB, § 160 AktG Rn. 286; *Brönner* in Großkommentar AktG, 6. Band, § 160 Rn. 29; *Dörner/Wirth* in Küting/Weber, Handbuch der Rechnungslegung, Band Ia, §§ 284–288 Rn. 337; *Kleindiek* in K. Schmidt/Lutter, AktG, Band 2, § 160 Rn. 8; *Feddersen/Knauth*, Genußscheine, S. 68.

536 Zumindest missverständlich diesbezüglich u.a. die Kommentierungen bei *Winnefeld*, Bilanzhandbuch, Abschnitt D Rn. 1734 („Haftungsqualität"); *Kessler* in Münchener Kommentar AktG, Band 5/2 (2. Auflage), § 285 HGB, § 160 AktG Rn. 286 („wesentliche Konditionen"); *Dörner/Wirth* in Küting/Weber, Handbuch der Rechnungslegung, Band Ia, §§ 284–288 Rn. 337 („Konditionen und Zwecke"). Bei Ausweis von Genussrechtskapital im Eigenkapital wird ohne Angabe einer Rechtsgrundlage davon gesprochen, es sei umfassend über die Eigenschaften zu berichten, so bei IDW (HFA), Stellungnahme 1/1994, WPg 1994, S. 419 (420); Adler/Düring/Schmaltz, Rechnungslegung, Teilband 4, § 160 AktG Rn. 55; *Kessler* in Münchener Kommentar AktG, Band 5/2 (2. Auflage), § 285 HGB, § 160 AktG Rn. 287.

Sanierungs- oder Kleinbeteiligtenprivilegs, § 39 Abs. 4 S. 2 und 5 InsO, keinen Nachrang aufweisen.

3. Herleitung weiterer Erläuterungspflichten

Weitere Erläuterungspflichten ergeben sich aus der Anwendbarkeit der Vorschriften für Verbindlichkeiten, insbesondere bezogen auf die Laufzeit, § 268 Abs. 5 S. 1 i.V.m. § 265 Abs. 7 Nr. 2 HGB, § 285 S. 1 Nr. 1 lit. a Nr. 2 HGB. Unabhängig davon, wie Hybridkapital zu qualifizieren ist, müssen die Adressaten für den Einblick in die Finanzlage über die Dauer der Kapitalüberlassung informiert werden (vergleichbare Interessenlage);[537] daraus folgt zumindest eine entsprechende Anwendbarkeit der genannten Normen.

Aus § 268 Abs. 5 S. 1 HGB ergibt sich, dass für jeden Bilanzposten der Verbindlichkeiten die Restlaufzeit bis zu einem Jahr gesondert anzugeben ist. Gleiches gilt für Restlaufzeiten von mehr als fünf Jahren, § 285 S. 1 Nr. 2 i.V.m. Nr. 1 lit. a HGB (Wahlpflichtangabe). In der Praxis erfolgen die Angaben aus Gründen der Klarheit und Übersichtlichkeit (§ 243 Abs. 2 HGB) häufig gebündelt in einem sogenannten Verbindlichkeitenspiegel.[538] Besteht ein Kündigungsrecht des Kapitalgebers, so ist auf den frühst möglichen Fälligkeitstermin abzustellen. Einseitige Kündigungsrechte des Kapitalnehmers sind zu berücksichtigen, wenn eine Rückzahlung beabsichtigt ist.[539] Letzteres bedeutet, dass bei einem mit Kündigungsrecht verbundenen *step-up* dessen Zeitpunkt in der Regel maßgeblich für die Restlaufzeit nach obigen Vorschriften ist.

Über die Restlaufzeit hinaus lassen sich weitere Erläuterungspflichten bzgl. Hybridkapital aus dem Einblicksgebot, § 264 Abs. 2 HGB, ableiten.[540] Speziell im Anhang sind nach § 264 Abs. 2 S. 2 HGB zusätzliche Angaben zur Gewährleistung des Grundsatzes der Bilanzwahrheit zu machen. Die Korrektivfunktion des Anhangs bezieht sich dabei nicht nur darauf, wenn ein „falsches“ Bild durch Bilanz oder GuV vermittelt würde, sondern auch auf den Fall, dass die Einzelregelungen nicht ausreichen.[541]

---

537 Zur Bedeutung der Dauer der Kapitalüberlassung für den Einblick in die Finanzlage siehe oben Teil 2 B.I sowie *Rückle* in Leffson/Rückle/Großfeld, Handwörterbuch Bilanzrecht, S. 177 ff.

538 IDW, WP Handbuch 2006, Band I, Abschnitt F Rn. 348; *Ellroth* in Beck'scher Bilanz-Kommentar, § 285 Rn. 18; *Hüttemann* in Großkommentar HGB-Bilanzrecht, 1. Teilband, § 268 Rn. 34; *Reiner/Haußer* in Münchener Kommentar HGB, Band 4, § 268 Rn. 35. Muster eines Verbindlichkeitenspiegels bei *Baetge/Kirsch/Thiele*, Bilanzen, S. 397.

539 *Claussen/Korth* in Kölner Kommentar AktG, Band 4, §§ 284–288 HGB, 160 AktG Rn. 64; *Kessler* in Münchener Kommentar AktG, Band 5/2 (2. Auflage), § 160 AktG, § 285 HGB Rn. 6.

540 Eine Pflicht zur Erläuterung hybrider Finanzierungsinstrumente ergibt sich aus dieser Vorschrift auch nach *Küting/Kessler* in Küting/Weber, Handbuch der Rechnungslegung, Band Ia, § 272 Rn. 164 und 191; *Singhof* in Wysocki/Schulze-Osterloh/Hennrichs/Kuhner, Handbuch des Jahresabschlusses, 3. Band, Abteilung III/2 Rn. 179; *Lühn*, Bilanzierung und Besteuerung von Genußrechten, S. 101.

541 *Budde/Förschle*, DB 1988, S. 1457 (1459).

Voraussetzung für die Erläuterungs- bzw. Ergänzungspflicht sind gemäß § 264 Abs. 2 S. 2 HGB besondere Umstände, aufgrund derer die Bilanz ein den tatsächlichen Verhältnissen entsprechendes Bild der Vermögens-, Finanz- und Ertragslage nicht zu zeigen vermag. Die Vorschrift ist so zu verstehen, dass es einer gewissen Wesentlichkeit der Information bedarf, erst dann besteht die Pflicht zur Angabe.[542] Allzu hohe Anforderungen sind an die „besonderen Umstände" jedoch im Sinne einer europarechtskonformen Auslegung nicht zu stellen, denn nach der Bilanzrichtlinie hängt eine zusätzliche Angabepflicht (betreffend den gesamten Jahresabschluss) lediglich davon ab, ob die Einzelvorschriften zur Gewährleistung des Einblicks nicht *ausreichen*, Art. 2 Abs. 4. Bezüglich *unwesentlicher* Angaben besteht jedoch nicht nur keine Erläuterungs*pflicht*, sie *dürfen* auch nicht in den Anhang aufgenommen werden. Zwar gilt für den Jahresabschluss das Gebot der Vollständigkeit, § 246 Abs. 1 S. 1 HGB. Es erfährt eine Einschränkung allerdings durch den Grundsatz der Wesentlichkeit,[543] der sich aus § 243 Abs. 1 HGB ableiten lässt.[544]

Die Voraussetzungen der Erläuterungspflicht sind bzgl. der oben in Teil 2 als entscheidungserheblich ermittelten Module[545] von hybriden Instrumenten erfüllt. Ausdrückliche Erläuterungspflichten fehlen zunächst einmal bzgl. aller anderen Instrumente als Genussrechte, aber selbst § 160 Abs. 1 Nr. 6 AktG (der wiederum nur für Aktiengesellschaften gilt)[546] greift zu kurz, was die Module zur Haftqualität des Kapitals betrifft. Letztere sind jedoch von ganz erheblicher Bedeutung für alle Adressaten des Jahresabschlusses. Eine aussagekräftige Analyse der Kapitalstruktur einer Gesellschaft ist ohne ihre Kenntnis nicht möglich. Gleiches gilt für Information zu Kündigungsmöglichkeiten sowie der möglichen oder sicheren Entlastung des Cashflows durch Module zur Regelung der Vergütung. Insofern zeigt der Jahresabschluss ohne die im Teil 2 als entscheidungserheblich ermittelte Information kein den tatsächlichen Verhältnissen entsprechendes Bild der Finanzlage.[547]

Aus den Geboten der Klarheit und der Wesentlichkeit ergibt sich, dass die Information bzgl. der Module reduziert und in geeigneter Weise systematisiert darzustellen ist (Art und Maß der Darstellung). Hinsichtlich beider Voraussetzungen ist auf die oben erarbeitete Systematik der Module zu verweisen.[548] Kommen verschiedene Hybride zum Einsatz, so bietet sich die Abbildung der Module in einem

---

542 *Hüttemann* in Großkommentar HGB-Bilanzrecht, 1. Teilband, § 264 Rn. 52; *Winkeljohann/Schellhorn* in Beck'scher Bilanz-Kommentar, § 264 Rn. 49; Adler/Düring/Schmaltz, Rechnungslegung, Teilband 5, § 264 HGB Rn. 101. Zum Begriff der Wesentlichkeit im Bilanzrecht *Scheffler* in Festschrift Baetge (2008), S. 505 ff.

543 *Wiedmann*, Bilanzrecht-Kommentar, § 284 Rn. 2.

544 Zu weiteren Normen, aus denen sich das Gebot ableiten lässt *Lange* in Münchener Kommentar HGB, Band 4, § 284 Rn. 13.

545 Siehe Teil 2 D.

546 Die Vorschrift ist wie § 221 AktG eine spezifisch aktienrechtliche Regelung. A.A. offenbar *Singhof* in Wysocki/Schulze-Osterloh/Hennrichs/Kuhner, Handbuch des Jahresabschlusses, 3. Band, Abteilung III/2 Rn. 179.

547 Ebenso für eine umfassende Erläuterungspflicht *Baetge/Brüggemann*, DB 2005, S. 2145 (2152).

548 Oben Teil 2 D.

„Mezzanine-Spiegel" analog zum Verbindlichkeiten-Spiegel an.[549] Im Regierungsentwurf zum Bilanzrechtsmodernisierungsgesetz (BilMoG) wurde die Einfügung einer eigenen Vorschrift für die Aufstellung eines solchen Spiegels mit Hinweis auf die „im Gang befindliche Diskussion über die Frage der Abgrenzung von Eigen- und Fremdkapital auf internationaler Ebene" abgelehnt.[550] Eine kodifizierte (womöglich sogar abschließende) Aufzählung der anzugebenden Module ist im Hinblick auf die ständige Entwicklung neuer Hybridprodukte nicht empfehlenswert. Die Pflicht zur umfassenden Erläuterung ergibt sich auch heute schon aus dem Gesetz. Eine ausdrückliche, klarstellende Regelung könnte durch Einfügung einer Nr. 17a in § 285 S. 1 HGB erreicht werden, die folgendermaßen zu formulieren wäre (eigener Vorschlag):

§ 285 Sonstige Pflichtangaben. [1]Ferner sind im Anhang anzugeben: (...)
17a. für Genussrechte, Einlagen stiller Gesellschafter und andere hybride Finanzierungsformen die wesentlichen Vertragskonditionen;

Im Interesse einer standardisierten Erläuterung[551] der Module im Anhang des Jahresabschlusses nach HGB wäre es wünschenswert, wenn das IDW eine Stellungnahme veröffentlichen würde, die einen Leitfaden für die systematische Darstellung enthält, etwa in der Art wie hier ermittelt. In der Folge könnte die Pflicht des entsprechenden Ausweises zum Bestandteil der Grundsätze ordnungsmäßiger Buchführung werden.[552]

II. IFRS

1. Allgemeines zum Anhang

Für den Jahresabschluss nach IFRS ergibt sich die Pflicht zur Aufstellung des Anhangs aus IAS 1.8 lit. e. Sie gilt für alle Unternehmen ungeachtet der Rechtsform und Größe. Der Anhang ist wegen der prominenten Stellung der Informationsfunktion und der Bedeutung des Einblicks in die Veränderung der Vermögens-, Finanz- und Ertragslage tendenziell umfangreicher und von größerer Bedeutung als im handelsrechtlichen Abschluss.[553] Die Vorschriften zum Anhang kennen wie das HGB Pflichtangaben und Wahlpflichtangaben. Freiwillige Angaben kommen

---

549 Siehe dazu DVFA, Mezzanine Finanzierungsformen und Bilanzrating, Finanzschrift 05/07, S. 7, und *Baetge/Kirsch/Thiele*, Bilanzen, S. 512f. Danach soll auch die Eigenkapitalähnlichkeit des jeweiligen Instruments ausgehend von den Modulen angegeben werden. Ähnlich die Forderung eines „Haftkapitalspiegels" bei *Kampmann*, Kapitalstruktur, S. 146.

550 Siehe RegE Gesetz zur Modernisierung des Bilanzrechts (Bilanzrechtsmodernisierungsgesetz – BilMoG), BT-Drucksache 16/10067, S. 80f.

551 Zu diesem Erfordernis *Baetge/Brüggemann*, DB 2005, S. 2145 (2152).

552 Zum Zusammenhang von Stellungnahmen des IDW und der Entwicklung von GoB *Hüffer* in Großkommentar HGB-Bilanzrecht, 1. Teilband, § 238 Rn. 45.

553 *Ellrott* in Beck'scher Bilanz-Kommentar, § 284 Rn. 200; *Driesch* in Beck'sches IFRS-Handbuch, § 19 Rn. 3, 5.

wegen des Umfangs der verpflichtenden Angaben kaum in Betracht, jedoch finden sich Empfehlungen zu weiteren Angaben.

Regelungen zum Anhang enthalten zunächst die IAS 1.103 ff. Sie legen übergreifende Angaben zum Jahresabschluss fest und enthalten Vorgaben für die Struktur des Anhangs. Nach IAS 1.105 ist der Anhang grundsätzlich (vgl. IAS 1.106) folgendermaßen zu gliedern:

- Übereinstimmungserklärung;
- Wesentliche Bilanzierungs- und Bewertungsmethoden;
- Erläuterungen zu den Posten der anderen Bestandteile des Abschlusses;
- Sonstige Angaben.

Neben IAS 1 enthalten viele andere Standards sowie SIC/IFRIC-Interpretationen Vorschriften zum Inhalt des Anhangs, meist in überaus detaillierter Form.[554] Seit 2005 gilt ein eigener Standard für Angabepflichten zu Finanzinstrumenten (IFRS 7). Bestandteil des Anhangs ist auch die Segmentberichterstattung (IFRS 8), die für kapitalmarktorientierte Unternehmen verpflichtend ist.

2. Erläuterungspflichten

Ausdrückliche Erläuterungspflichten zu hybriden Finanzierungsinstrumenten bestehen nach IFRS nicht. Allerdings enthält der schon erwähnte IFRS 7 Angabepflichten zu allen Finanzinstrumenten, insbesondere zu finanziellen Verbindlichkeiten. Was letztgenannte Begriffe angeht, so gelten nach IFRS 7.2 die Definitionen aus IAS 32 (Finanzinstrumente: Darstellung). Bei hybriden Finanzierungsinstrumenten handelt es sich um Finanzinstrumente i.S.v. IAS 32 und IFRS 7, da ihnen Verträge zugrunde liegen, die gleichzeitig bei einem Unternehmen zu einem finanziellen Vermögenswert und bei einem anderen zu einer finanziellen Verbindlichkeit oder einem Eigenkapitalinstrument führen, vgl. IAS 32.11. Insbesondere kann es sich bei Hybridkapital um finanzielle Verbindlichkeiten handeln.[555] Gemäß IFRS 7.39 sind die Fälligkeitstermine bzw. Restlaufzeiten für Verbindlichkeiten anzugeben. In IFRS 7.B11 wird darüber hinaus empfohlen, einen Verbindlichkeitenspiegel aufzustellen. Die Einteilung in verschiedene Restlaufzeitbänder („Zeitbänder“) bestimmt ein Unternehmen nach eigenem Ermessen. Das dort aufgeführte Beispiel enthält allein drei unterjährige Kategorien. Da für den Anhang das Gebot des *true and fair view* und der Angabe relevanter, entscheidungserheblicher Information gilt (vgl. IAS 1.11 ff.), dürften die oben in Teil 2 als maßgeblich identifizierten Laufzeitbänder hier anzugeben sein.[556]

---

554 Liste der Pflicht- und Wahlpflichtangaben bei *Ellrott* in Beck'scher Bilanz-Kommentar, § 284 Rn. 206 ff. Für den obligatorischen und den freiwilligen Konzernabschluss nach IFRS gelten im Übrigen einige Angabepflichten aus dem HGB, vgl. § 315a Abs. 1 und 3 S. 2 HGB.

555 Vgl. *Baetge/Kirsch/Thiele*, Bilanzen, S. 402 f.

556 I.E. ebenso *Brüggemann*, Anhang des IFRS-Abschlusses, S. 234 f.

Aus dem Regelwerk der IFRS ergibt sich jedoch darüber hinaus eine Erläuterungspflicht im Hinblick auf die weiteren Module hybrider Finanzierungsinstrumente: Der Abschluss muss ein den tatsächlichen Verhältnissen entsprechendes Bild zeigen. Reichen die ausdrücklich verlangten Informationen nicht aus, damit die Vermögens-, Finanz- und Ertragslage verstanden werden kann, so ist der Abschluss um zusätzliche Angaben zu ergänzen, IAS 1.13, 1.15 lit. c. Speziell für den Anhang ist eine solche zusätzliche Angabepflicht in IAS 1.103 lit. c normiert (vgl. auch IFRS 7.7). Schließlich hat das berichtende Unternehmen neben den Angaben in Bilanz und Eigenkapitalspiegel Angaben zum Kapitalmanagement im Anhang zu machen, IAS 1.124Aff. Damit ist das unternehmensspezifisch definierte Eigenkapital gemeint, also dasjenige, welches das Management als Kapitalbasis betrachtet; die Eigenkapitalanforderungen nach IFRS spielen hier keine Rolle.[557] Nach IAS 1.124B lit. b können insbesondere nachrangige Verbindlichkeiten zum unternehmensspezifisch definierten Eigenkapital gehören. Letzteres ist zu beschreiben, sowohl in qualitativer als auch in quantitativer Hinsicht, IAS 1.124B lit. a und b. Aufgrund dieser Vorschriften ist ein Unternehmen nicht nur berechtigt, sondern auch verpflichtet, konkrete Angaben zu allen wesentlichen, entscheidungserheblichen Modulen des hybriden Kapitals zu machen.[558] Hinsichtlich Art und Maß der Darstellung ist wiederum auf die oben erarbeitete Systematik der Module hybrider Finanzierungsinstrumente zu verweisen.[559]

III. Zusammenfassung und Rechtsfolgen eines Verstoßes

Zusammenfassend kann damit festgehalten werden, dass die Rechnungslegungsregeln zum Anhang des Jahresabschlusses nach HGB bzw. IFRS nur wenige bzw. keine ausdrücklichen Erläuterungspflichten zu Hybridkapital enthalten. Allerdings ist eine aussagekräftige Analyse der Kapitalstruktur eines Unternehmens nicht ohne Erläuterung zu allen als entscheidungserheblich identifizierten Modulen möglich. Damit greift das Gebot des *true and fair view*, § 264 Abs. 2 HGB (Einblicksgebot), IAS 1.103 lit. c i.V.m. IAS 1.124Aff. (Angaben zum Kapitalmanagement): Der Jahresabschluss zeigt ohne die Angaben kein den tatsächlichen Verhältnissen entsprechendes Bild der Finanzlage.

Bei Missachtung der Angabepflichten ergeben sich Folgen für die Abschlussprüfung nach §§ 316ff. HGB – die Vorschriften gelten außer für den Jahresabschluss nach HGB (vgl. § 316 Abs. 1 HGB) auch für den nach Art. 4 IAS-Verordnung zu erstellenden Konzernabschluss (vgl. § 316 Abs. 2 HGB) und den nach § 315 Abs. 2a HGB befreienden Einzelabschluss (§ 324a Abs. 1 S. 1 HGB). Fehlen wesentliche Angaben zu den Modulen, so dürfte zum einen ein Bestätigungsvermerk über die

---

557 *Kuhn/Scharpf*, Financial Instruments nach IFRS, Rn. 3960.

558 Ähnlich *Brüggemann*, Anhang des IFRS-Abschlusses, S. 208f.; *Küting/Dürr*, DStR 2005, S. 938 (943); *Dürr*, Mezzanine-Kapital, S. 274. Zur Wesentlichkeit in der IFRS-Rechnungslegung *Scheffler* in Festschrift Baetge (2008), S. 507 (516f.).

559 Siehe oben Teil 2 D.

Abschlussprüfung nur eingeschränkt erteilt werden, vgl. § 322 Abs. 4 HGB. Zum anderen führen bei der Aktiengesellschaft fehlende Anhangangaben zur Auskunftspflicht des Vorstandes in der Hauptversammlung gemäß § 131 AktG.[560] Bei der GmbH besteht weiterhin ein Anspruch der Gesellschafter auf Vorlage der gesamten Unterlagen aus § 42a Abs. 1 S. 1 GmbHG.

C. Bilanz: Information durch Verortung des Postens

Nachdem die Berichtspflicht für den Anhang geklärt wurde, soll nun untersucht werden, inwieweit den Adressaten Information über die Module des Hybridkapitals bereits in der Bilanz zuteil wird. Auf der Passivseite bzw. durch deren Untergliederung wird die Kapitalstruktur des Unternehmens sichtbar. Das System der Posten dient u.a. der gebündelten Darstellung von ähnlichen Rechtsverhältnissen (hier: Finanzierungsverträgen) bzw., in der Terminologie der Neuen Institutionenökonomik, „Verfügungsrechten" der Gesellschaft.[561] Zunächst soll herausgearbeitet werden, welche Rückschlüsse sich aus der Verortung des Hybridkapitals innerhalb der Passivseite ziehen lassen. Dabei wird von den geltenden Eigenkapitalbegriffen der IFRS und des HGB ausgegangen.

Die Kapitalstruktur des Unternehmens ist sowohl nach HGB als auch nach IFRS schematisch in Eigenkapital (*equity*) und Fremdkapital (*liabilities*) unterteilt.[562] Eine „natürliche" Abgrenzung von Eigen- und Fremdkapital existiert nicht,[563] und so verwundert es nicht, dass zwischen dem Handelsbilanzrecht und den IFRS erhebliche Unterschiede bestehen. Entsprechend verschieden ist auch die aus der jeweiligen Verortung von Hybridkapital auf der Passivseite zu gewinnende Information über die Module des Instruments. Bei der Bilanz nach HGB kommt die Schwierigkeit hinzu, dass der Eigenkapitalbegriff erst durch Auslegung ermittelt werden muss. Wie zu zeigen sein wird, ist derjenige, welcher in der Bilanzierungspraxis

---

560 Dazu *Lange* in Münchener Kommentar HGB, Band 4, § 284 Rn. 95.

561 Zum Property Rights-Ansatz *Coase*, Journal of Law and Economics 3 (1960), S. 1; *Demsetz*, American Economic Review 57 (1967), S. 347; *Erlei/Leschke/Sauerland*, Neue Institutionenökonomik, S. 223 ff.; *Richter/Furubotn*, Neue Institutionenökonomik, S. 90 ff. Vgl. außerdem *Reiner/Haußer* in Münchener Kommentar HGB, Band 4, § 266 Rn. 5.

562 Während Idee und Begriff des Fremdkapitals (Schulden) in Finanzierung und Rechnungslegung schon seit den Ursprüngen vorhanden waren, wurde das Konzept des Eigenkapitals als das den Gesellschaftern zugeordnete Residuum erst in der Renaissance entwickelt. Bahnbrechend waren hier die Ausführungen zur Bilanzierung von *Pacioli* in seinem aus dem Jahr 1494 stammenden Werk *Aritmetica*. Siehe dazu *Bitz* in Festschrift Schneeloch (2006), S. 147 (152).
In diesem Zusammenhang ist anzumerken, dass nach einem Diskussionspapier aus dem Konvergenzprojekt von IASB und FASB zur *Financial Statement Presentation* die Gliederung der IFRS-Bilanz eine radikale Veränderung erfahren soll; zu unterteilen wäre sie danach im Wesentlichen in Business (darunter Assets und Liabilities), Financing (darunter ebenfalls Assets und Liabilities) sowie Equity. An der Dichotomie des Kapitalbegriffs (Eigen-/Fremdkapital) ändert sich dadurch jedoch nichts. Vgl. zum Diskussionspapier *Fülbier/Maier/Sellhorn*, WPg 2009, S. 405; zum Staff Draft *Heintges/Wulbrand*, KoR 2001, S. 6 (8 f.).

563 PAAinE, Liabilities and Equity, S. 42 Rn. 3.5.; *Wiedemann* in Großkommentar AktG, 6. Band, vor § 182 Rn. 2; *Großfeld/Luttermann*, Bilanzrecht, Rn. 667 („Hilfskonstruktion").

zugrunde gelegt wird, erheblichen Einwänden ausgesetzt und dadurch die Rechnungslegung hybrider Instrumente zum Teil nicht gesetzeskonform. Ein erheblicher Teil der folgenden Ausführungen ist daher dem Eigenkapitalbegriff nach HGB gewidmet. Die Abgrenzung von Eigen- und Fremdkapital ist auch deshalb so bedeutsam, da sie die Einschätzung der Adressaten über die wirtschaftliche Lage des berichtenden Unternehmens erheblich beeinflusst.[564]

I. HGB-Bilanzrecht

1. Ausdrückliche Gliederungsvorschriften

Die europäisch verankerte[565] Einteilung der Passivseite der HGB-Bilanz in Eigenkapital und Fremdkapital („Schulden": Verbindlichkeiten und Rückstellungen)[566] ergibt sich aus § 247 Abs. 1 HGB sowie aus der speziellen Gliederungsvorschrift für Kapitalgesellschaften, § 266 Abs. 3 HGB (A. Eigenkapital; B. Rückstellungen; C. Verbindlichkeiten; D. Rechnungsabgrenzungsposten). Den Ausweis innerhalb des Eigenkapitals regeln insbesondere die §§ 266 Abs. 3 A., 268 Abs. 1, 272 HGB. Wichtige Vorschriften finden sich neben dem HGB auch in AktG, GmbHG und PublG. Im Wesentlichen ist zu gliedern nach gezeichnetem Kapital (Grundkapital, §§ 6, 152 Abs. 1 AktG; Stammkapital, §§ 3 Abs. 1 Nr. 3, 5 Abs. 1, 42 Abs. 1 GmbHG), Kapitalrücklage, Gewinnrücklagen sowie Angaben zu Ergebnis und Ergebnisverwendung (Gewinn-/Verlustvortrag; Jahresüberschuss/-fehlbetrag; Bilanzgewinn/-verlust).[567]

Die Untergliederung der Verbindlichkeiten[568] folgt (nicht überschneidungsfrei) verschiedenen Merkmalen, etwa Eigenschaften des Gläubigers (z. B. Kreditinstitute, § 266 Abs. 3 C.3.) oder Entstehungsgründen (z. B. aus Lieferungen und Leistungen, C.4.). Zudem ist jeweils der Betrag der Verbindlichkeiten mit einer Restlaufzeit bis zu einem Jahr anzugeben, § 268 Abs. 5 S. 1 HGB. Nach § 265 Abs. 7 Nr. 2 HGB dürfen diese Angaben auch im Anhang gemacht werden. Umgekehrt sind Restlaufzeiten von mehr als fünf Jahren im Anhang anzugeben, die Angabe ist im Umkehrschluss aus § 285 S. 1 Nr. 1 lit. a HGB jedoch auch in der Bilanz möglich.

---

564 Nachweise oben Fn. 88.

565 Insbesondere die 4. Gesellschaftsrechtliche Richtlinie (78/660/EWG) enthält Vorschriften zur Gliederung der Bilanz; dazu *Lenz/Fiebiger* in Wysocki/Schulze-Osterloh/Hennrichs/Kuhner, Handbuch des Jahresabschlusses, Band 1, Abteilung I/1 Rn. 40 ff. Im Folgenden wird auf die Umsetzung im nationalen Recht abgestellt. Zur Auslegung werden die europarechtlichen Bestimmungen herangezogen.

566 *Kozikowski/Schubert* in Beck'scher Bilanz-Kommentar, § 247 Rn. 201.

567 Aufzählung sämtlicher Ausweisvorschriften etwa bei Adler/Düring/Schmaltz, Rechnungslegung, Teilband 5, § 272 HGB Rn. 2 ff. Zu beachten ist auch, dass kleine Kapitalgesellschaften (§ 267 Abs. 1 HGB) nur eine verkürzte Bilanz aufstellen und offenlegen müssen, §§ 266 Abs. 1 S. 3, 326 S. 1 HGB.

568 Erleichterungen hinsichtlich Aufstellung und Offenlegung für kleine Kapitalgesellschaften in §§ 266 Abs. 1 S. 3, 326 S. 1 HGB, hinsichtlich Offenlegung auch für mittelgroße (§ 267 Abs. 2 HGB), § 327 Nr. 1 HGB.

In der Praxis erfolgt daher oft eine Darstellung der Fristigkeiten (zusammen mit Angaben zur Besicherung, § 285 Nr. 1b HGB) im bereits genannten Verbindlichkeitenspiegel.[569] Deutschland hat von der durch die Änderung der 4. Gesellschaftsrechtlichen Richtlinie (Art. 10a)[570] eröffneten Möglichkeit, die Verbindlichkeiten auf der Passivseite primär nach der Fristigkeit zu gliedern, keinen Gebrauch gemacht.

Was den ausdrücklich gesetzlich geregelten Ausweis von Hybridkapital i.w.S. in der Bilanz anbelangt, sind lediglich zwei Vorschriften zu nennen: § 266 Abs. 3 C.1. HGB, der einen Davon-Vermerk für den Teil der Anleihen vorsieht, der konvertibel ist, und § 42 Abs. 3 GmbHG, der einen gesonderten Ausweis von Gesellschafterdarlehen verlangt (alternativ: Angabe im Anhang).[571] Über einen vertraglichen Rangrücktritt, insbesondere eine Auszahlungssperre außerhalb der Insolvenz, und über die Frage der Passivierung im Überschuldungsstatus ist durch den Ausweis als Gesellschafterdarlehen allerdings nichts gesagt.

2. Erweiterung des Eigenkapitals um hybride Instrumente

Zum Ausweis von Genussrechtskapital, Einlagen stiller Gesellschafter etc. schweigt das Gesetz also. Ist das Hybridkapital damit etwa unter den „Sonstigen Verbindlichkeiten" nach § 266 Abs. 3 C.8. auszuweisen? Ein vergleichbarer Posten findet sich in der scheinbar abschließenden Aufzählung der Bestandteile des Eigenkapitals jedenfalls nicht. Allerdings: Bei den bislang zitierten Normen, insbesondere § 266 HGB, handelt es sich lediglich um Gliederungsvorschriften. Dies folgt schon aus dem Wortlaut, etwa der amtlichen Überschrift zu § 266 HGB oder der Überschrift des Abschnitts 3 der Bilanzrichtlinie. Das Gesetz enthält keine explizite inhaltliche Abgrenzung bzw. Definition von Eigen- und Fremdkapital.[572]

---

569 Nachweise oben bei Fn. 538.

570 Änderung durch Art. 1 Nr. 6 RL 2003/51/EG vom 18. 5. 2003, Abl. EU Nr. L 178/16 vom 17. 7. 2003.

571 Dazu bereits oben zu den Angaben im Anhang Teil 2 B.I.2.

572 Ganz h.M., vgl. *Wiedemann* in Großkommentar AktG, 6. Band, vor § 182 Rn. 2; *Reiner/Haußer* in Münchener Kommentar HGB, Band 4, § 266 Rn. 1; Adler/Düring/Schmaltz, Rechnungslegung, Teilband 6, § 246 HGB Rn. 80; *Küting/Kessler* in Küting/Weber, Handbuch der Rechnungslegung, Band Ia, § 272 Rn. 166; *dies.*, BB 1994, S. 2103 (2104); *Baetge/Kirsch/Thiele*, Bilanzen, S. 506 f.; *Hüttemann* in Großkommentar HGB-Bilanzrecht, 1. Teilband, § 266 Rn. 1; *Lutter*, DB 1993, S. 2441 (2443); *W. Müller* in Festschrift Budde (1995), S. 445 (448 ff.). Auch der bilanzielle Begriff der Schuld ist nicht gesetzlich definiert, sondern wird durch die Grundsätze ordnungsmäßiger Buchführung, insbesondere durch den Passivierungsgrundsatz, bestimmt. Danach liegt eine zu passivierende Schuld vor bei einer Verpflichtung, aus der eine quantifizierbare wirtschaftliche Belastung herrührt (h.M., siehe *Baetge/Kirsch/Thiele*, Bilanzen, S. 168 ff. m.w.N.). Bedeutsam ist der Grundsatz bei der Frage, ob durch Innenfinanzierung gebildetes Kapital dem Eigen- oder Fremdkapital zuzuordnen ist, also der erfolgswirksamen Passivierung von Rückstellungen. Allerdings können auch Bestandteile des formellen Eigenkapitals wegen Kündigungsrechten der Anteilseigner und der Vereinbarung einer Festverzinsung diese Kriterien erfüllen, vgl. dazu sogleich unten C.I.2.b)bb)(2) und C.I.2.b)ee). Überwiegend wird der Schuldbegriff bei der Frage nach dem bilanziellen Eigenkapitalbegriff bzw. der Eigenkapitalqualität von Hybridkapital ignoriert, andernfalls für unerheblich

a) Die Stellungnahme des IDW

Die Absenz einer ausdrücklichen gesetzlichen Eigenkapitaldefinition hat, zusammen mit einem Bedeutungszuwachs bei hybriden Finanzierungsformen zu Beginn der 1990er Jahre, zu einer Vielzahl von Vorschlägen hinsichtlich der Abgrenzung von Eigen- und Fremdkapital sowie des Ausweises von hybriden Formen geführt. Dabei wurde, einen materiellen Eigenkapitalbegriff zugrunde legend und die Möglichkeit nutzend, die Bilanz um Posten zu erweitern (§ 265 Abs. 5 S. 2 HGB), überwiegend eine Erweiterung der Posten zum Eigenkapital um hybride Finanzierungsinstrumente befürwortet, wenn diese bestimmte inhaltliche Anforderungen erfüllen.

Die Praxis orientiert sich mittlerweile überwiegend an einer Stellungnahme des Hauptfachausschusses (HFA) des Instituts der Wirtschaftsprüfer (IDW) aus dem Jahr 1994 zur Behandlung von Genussrechten im Jahresabschluss von Kapitalgesellschaften (im Folgenden: Stellungnahme des IDW).[573] Auch ihr liegt ein materieller Kapitalbegriff zugrunde („wirtschaftliche Betrachtungsweise"), der auf die Haftungsqualität des Kapitals und damit die Gläubigerschutzfunktion abstellt. Informations- und Verwaltungsrechte sind dagegen unerheblich. Erfüllen Genussrechte die Eigenkapitalkriterien, so sind sie in einem separaten Posten innerhalb des Eigenkapitals auszuweisen. Dies kann nach dem gezeichneten Kapital, den Gewinnrücklagen oder an letzter Stelle geschehen. Erreicht das Genussrechtskapital die geforderte Haftqualität nicht, so ist es als Verbindlichkeit auszuweisen. Dabei kann ein neuer Posten (z.B. „Genussrechtskapital") hinzugefügt werden, oder aber ein Ausweis unter C.1. (Anleihen) erfolgen, als weiterer Posten zur Untergliederung oder als Davon-Vermerk.[574]

Zur Qualifikation als Eigenkapital muss das Kapital (mindestens) folgende Kriterien kumulativ erfüllen:[575]

- Nachrangigkeit: Ein Rückzahlungsanspruch darf in Insolvenz und Liquidation erst nach allen anderen Gläubigern geltend gemacht werden. Ein Rücktritt auf den Rang des § 199 S. 2 InsO ist jedoch nicht erforderlich.
- Teilnahme am Verlust bis zur vollen Höhe: Spätestens zum Zeitpunkt der Rückzahlung des Genussrechtskapitals müssen Verluste dergestalt verrechnet wer-

(*Thiele*, Eigenkapital, S. 114) oder aber für maßgeblich (*Wengel*, DStR 2001, S. 1316 (1324) Fn. 82) erklärt. Vgl. zum Ganzen *Thiele*, Eigenkapital, S. 111 ff.

573 IDW (HFA), Stellungnahme 1/1994, WPg 1994, S. 419. Zunächst folgte die Praxis der Stellungnahme nur zögerlich, vgl. die empirische Untersuchung von *Küting/Kessler/Harth*, BB 1996, Beilage 4, S. 1 (15). Mittlerweile scheint sie anerkannt zu sein, vgl. *Barckow* in Festschrift Knorr (2008), S. 307 (315) [„the criteria have become generally accepted"]; *Habersack* in Münchener Kommentar AktG, Band 4, § 221 Rn. 350 („Die Praxis folgt insoweit der Stellungnahme des HFA"). Vgl. aber auch das Ergebnis der Analyse des *Teams Baetge* (Universität Münster) von Abschlüssen mittelständischer Unternehmen (2004): Zahlreiche Unternehmen wiesen Genussrechte in einem Posten zwischen Eigenkapital und Rückstellungen aus, siehe *Baetge/Kirsch/Thiele*, Bilanzen, S. 507 Fn. 136. Nicht immer aber ist klar, ob sich der Bilanzersteller an die HFA-Vorgaben halten wollte, was zum Teil durch die nicht trennscharfen Kriterien der Stellungnahme bedingt ist.

574 IDW (HFA), Stellungnahme 1/1994, WPg 1994, S. 419 (421).

575 IDW (HFA), Stellungnahme 1/1994, WPg 1994, S. 419 (420).

den, dass eine Rückzahlung aus geschützten Eigenkapitalbestandteilen nicht stattfindet.

- Erfolgsabhängigkeit der Vergütung: Eine Vergütung aus geschützten Eigenkapitalbestandteilen ist ausgeschlossen, darüber hinaus bestehen keine Einschränkungen. Insbesondere ist eine Mindestverzinsung erlaubt; sie muss lediglich die erstgenannte Einschränkung enthalten. Gleiches gilt für die Nachzahlung ausgefallener Mindestvergütungen.
- Längerfristigkeit der Kapitalüberlassung: Das Genussrechtskapital muss für einen „längerfristigen" Zeitraum überlassen werden, während dessen weder Emittent noch Inhaber die Rückzahlung verlangen können. Eine Konkretisierung erfolgt in der Stellungnahme des IDW nicht. In der Praxis wird eine Mindestlaufzeit zwischen fünf und sieben Jahren verbunden mit einer Kündigungsfrist von zwei Jahren vorausgesetzt.[576]

Eine Umqualifizierung vom Eigen- ins Fremdkapital muss erfolgen, wenn nicht gewährleistet ist, dass das Kapital für das gesamte darauf folgende Geschäftsjahr zur Verfügung steht (z.B. wegen unzureichender Kündigungsfristen). Gefordert wird auch die Erläuterung im Anhang, dass sämtliche Kriterien erfüllt werden.[577] Die Stellungnahme des IDW bezieht sich ausschließlich auf Genussrechte, jedoch wird die Anwendung der Kriterien auf Einlagen stiller Gesellschafter vielfach befürwortet.[578]

Was die Rückschlüsse des Ausweises von Hybridkapital im Eigen- oder Fremdkapital in der Praxis anbelangt, ergibt sich also folgendes Bild: Durch den Ausweis lässt sich nur erkennen, ob eine ganz bestimmte Modulkombination hinsichtlich Laufzeit, Nachrang, Verlustbeteiligung und Vergütung vorliegt oder nicht.[579] Hinzu kommt, dass nicht alle Bilanzersteller sich nach der Stellungnahme des IDW richten.[580]

---

576 IDW, WP Handbuch 2006, Band I, S. 506 Fn. 433; ähnlich *Häger/Nottmeier* in Häger/Elkemann-Reusch, Mezzanine Finanzierungsinstrumente, Rn. 820.

577 Eine Rechtsgrundlage wird dafür nicht genannt, siehe IDW (HFA), Stellungnahme 1/1994, WPg 1994, S. 419 (421).

578 Aus der Literatur dazu *Küting/Kessler* in Küting/Weber, Handbuch der Rechnungslegung, Band Ia, § 272 Rn. 224; *dies.*, BB 1994, S. 2103 (2114); *Dusemond/Knop* in Küting/Weber, Handbuch der Rechnungslegung, Band Ia, § 266 Rn. 121; Adler/Düring/Schmaltz, Rechnungslegung, Teilband 5, § 266 HGB Rn. 188; *Kessler/Suchan* in Münchener Kommentar AktG, Band 5/2 (2. Auflage), § 152 AktG, § 266 HGB Rn. 104.

579 Die Verlässlichkeit des Rückschlusses wird dadurch abgeschwächt, dass nicht ganz klar ist, ob die diesbezügliche Stellungnahme des IDW den Ausweis im Eigenkapital nur zulässt, ihn empfiehlt oder für zwingend erachtet, siehe *W. Müller* in Festschrift Budde (1995), S. 445 (460).

580 Zum einen wird durch *financial engineering* versucht, die Kriterien zu konterkarieren, vgl. *Baetge/Brüggemann*, DB 2005, S. 2145 (2148 ff.), zum anderen wird Hybridkapital z.T. auch weiterhin in einem Sonderposten zwischen Eigen- und Fremdkapital ausgewiesen, vgl. dazu das Ergebnis der Analyse des *Teams Baetge* (Universität Münster) von Abschlüssen mittelständischer Unternehmen (2004), angegeben bei *Baetge/Kirsch/Thiele*, Bilanzen, S. 507 Fn. 136.

b) Der materielle Eigenkapitalbegriff

Im Folgenden werden die beiden Hauptaussagen der Stellungnahme des IDW überprüft. Zum einen stellt sich die Frage, ob dem HGB ein materieller Eigenkapitalbegriff zugrunde liegt und das Eigenkapital nach § 266 Abs. 3 A. HGB um hybrides Kapital erweitert werden kann. Zum anderen geht es um die materiellen Anforderungen, welche hybrides Kapital erfüllen muss, um eine dem formellen Eigenkapital vergleichbare Qualität aufzuweisen (im Folgenden: eigenkapitalgleiches Hybridkapital). Es wird festzustellen sein, dass die Stellungnahme des IDW in beiden Fällen dem HGB nicht gerecht wird. Obwohl der Ausweis von Hybridkapital im Eigenkapital unabhängig von der konkreten Ausgestaltung nicht zulässig ist, sollen die Anforderungen an eigenkapitalgleiches Hybridkapital zunächst ermittelt werden: Damit liegt nicht nur ein weiterer Gesichtspunkt vor, welcher die Praxis der Bilanzierung von Hybridkapital in Frage stellt, sondern das Ergebnis wird auch im weiteren Verlauf der Arbeit benötigt.

Bei der Ermittlung der Anforderungen an eigenkapitalgleiches Hybridkapital kann nun nicht schlicht auf die „idealtypische Ausprägung“ oder die Funktionen des Eigenkapitals[581] abgestellt werden. Die Vorgehensweise entspricht vielmehr derjenigen bei der Ermittlung der Anforderungen an gewillkürtes insolvenzrechtliches Haftkapital: Es werden die gesellschafts-, handelsbilanz- und insolvenzrechtlichen Vorschriften herangezogen, die sich auf die vermögensrechtliche Stellung der Anteilseigner auswirken. Damit werden die Auszahlungsbeschränkungen bestimmt, welche für das ausdrücklich ins Eigenkapital einzustellende Kapital gelten (§§ 266 Abs. 3 A. i.V.m. 272 HGB, vgl. auch § 9 Abs. 3 PublG). Rückgriff auf die Funktionen des Eigenkapitals kann bei der Bestimmung allgemeiner Eigenkapitalkriterien insoweit genommen werden, als sie sich aus dem Gesetz, namentlich aus systematischen und teleologischen Erwägungen, ableiten lassen. Dem gemäß werden die Anforderungen an die einzelnen Module hybrider Finanzierungsinstrumente ermittelt und der in der Praxis verwendete Eigenkapitalbegriff aus der Stellungnahme des IDW daran gemessen.

Wenn nachfolgend bei den einzelnen Modulen die Meinungen in der Literatur dargestellt werden, so beziehen sich diese meist auf einzelne Finanzierungsformen (insbesondere Genussrechte); die Ansätze sind selten übergreifender Natur. Da hier die allgemein für eigenkapitalgleiches Kapital notwendigen Auszahlungsbeschränkungen ermittelt werden sollen, wird bei Bezugnahmen auf die einzelnen Ansichten überwiegend unberücksichtigt gelassen, für welche Instrumente diese gelten. Vorauszuschicken ist, dass in der Literatur eine Vielzahl von Abgrenzungsmerkmalen verwendet werden, die zudem noch eine unterschiedliche Gewichtung erfahren.[582] Zudem ist zwischen der Stellungnahme des IDW und dem

---

581 Oben Einführung IV.1.
582 *Küting/Kessler* in Adler/Düring/Schmaltz, Rechnungslegung, Teilband 5, § 272 HGB Rn. 166; *dies.*, BB 1994, S. 2103 (2103) m. w. N. („kaum noch zu überschauendes Schrifttum“).

zuvor veröffentlichten Entwurf[583] derselben ein erheblicher Unterschied festzustellen.[584]

aa) Allgemeine Auszahlungssperre

Zunächst sind die aus den Vorschriften zur Vermögensbindung bei Kapitalgesellschaften resultierenden Anforderungen zu ermitteln.[585] Die Rechtsordnung erlegt, insbesondere mit § 57 AktG und § 30 GmbHG,[586] Schranken auf im Hinblick auf den Entzug von Kapital seitens der Gesellschafter. Hybridkapital, das materiell dem Eigenkapital entsprechen soll, muss auf rechtsgeschäftlicher Grundlage die Auszahlungssperre, welche für formelles Eigenkapital gilt, nachbilden. Sowohl Kapitalgeber als auch Kapitalnehmer müssen daran gebunden sein, d.h. etwa ein bloßer Ausschluss der Kündigung für den Kapitalgeber ist nicht ausreichend. Zugunsten von Eigenkapitalgebern darf kein Kapitalabfluss erfolgen, wenn das gebundene Vermögen angegriffen würde. Das zur Erhaltung des gegen Ausschüttung besonders geschützten Kapitals erforderliche Vermögen darf also weder zur Rückzahlung noch zur Vergütung des Hybridkapitals verwendet werden.[587] Ungenügend ist eine Auszahlungssperre, die vorsieht, dass eine Auszahlung nur aus Jahres- und Liquidationsüberschüssen oder aus weiterem, die sonstigen Schulden der Gesellschaft übersteigenden Vermögen zulässig ist.[588] Diese Sperre greift erst im Fall der handelsbilanziellen Überschuldung, wenn schon das gesamte buchmäßige, formelle Eigenkapital durch Verluste aufgezehrt ist.[589] Da der Wegfall der Passivierungspflicht in der Überschuldungsbilanz lediglich eine Auszahlungssperre (außerhalb der Insolvenz) der letztgenannten Art voraussetzt, ist mit der hier geforderten, strengeren Sperre (zusammen mit einem Nachrang in der Insol-

583 IDW (HFA), Entwurf einer Verlautbarung „Zur Bilanzierung von Genußrechten", WPg 1993, S. 446.

584 Dazu sogleich unten; *Küting/Kessler*, BB 1994, S. 2103 (2103) sprechen von „gravierenden Änderungen".

585 Diese Frage ist von den Anforderungen an die Dauer der Kapitalüberlassung zu trennen; sie wirkt sich auf die Gestaltung(smöglichkeiten) aller entscheidenden Module aus. Anders bei *Hense*, Stille Gesellschaft, S. 222 ff. (GmbH), 241 ff. (AG) und *Thiele*, Eigenkapital, S. 131 ff. (Besprechung i.R.d. Dauer/Nachhaltigkeit der Kapitalüberlassung); IDW (HFA), Stellungnahme 1/1994, WPg 1994, S. 419 (420) (Erwähnung i.R.d. Verlustteilnahme); *Thielemann*, Genußrecht, S. 37 f. (Teil der Rangrücktrittsvereinbarung).

586 Zu den konkreten, die GmbH und Aktiengesellschaft betreffenden Ausschüttungssperren siehe oben Teil 2 B.V.3. Vgl. auch Art. 15 der Zweiten Gesellschaftsrechtlichen Richtlinie (Kapitalrichtlinie) 77/91/EWG.

587 Wohl h.M., vgl. IDW (HFA), Stellungnahme 1/1994, WPg 1994, S. 419 (420); *Kropff* in Münchener Kommentar AktG, Band 5/2 (2. Auflage), § 272 HGB Rn. 138 f.; *Thiele*, Eigenkapital, S. 133; *Hense*, Stille Gesellschaft im Jahreabschluss, S. 225 (für die GmbH) und 243 (für die AG). Z.T. wird formuliert, Auszahlungen dürften nur aus dem Bilanzgewinn erfolgen, etwa bei *K. Schmidt*, Gesellschaftsrecht, S. § 18 III 2; die Beschränkung auf den „Gewinn", z.B. bei *Lutter*, Kölner Kommentar AktG, Band 5/1, § 221 Rn. 415, ist nicht eindeutig und dürfte daher nicht ausreichen. Bisweilen wird das Erfordernis, dass im Ergebnis keine Auszahlungen aus gebundenem Vermögen erfolgen dürfen, gar nicht erwähnt oder nur auf die Vergütung bezogen, z.B. bei *K. Schmidt*, Gesellschaftsrecht, § 29 I 2. Erfüllt eine Verlustbeteiligung gewisse Kriterien, so ist im Hinblick auf den Rückzahlungsanspruch allerdings auch keine zusätzliche Auszahlungssperre notwendig, dazu sogleich im Text.

588 So aber (ohne expliziten Bezug zur Bilanzierung) *Thielemann*, Genußrecht, S. 37 f.

589 Siehe dazu oben Teil 2 B.V.3.

venz, dazu sogleich) ein weiteres Merkmal des formellen Eigenkapitals nachgebildet, vgl. § 19 Abs. 2 S. 1 InsO.[590]

bb) Laufzeit und Kündigungsrechte

(1) Allgemeine Erwägungen

Das Kriterium der Laufzeit ist bei der Frage, wann die Eigenkapitalqualität bejaht werden kann, höchst umstritten. Die Auffassungen reichen vom vollständigen Ausschluss der Rückzahlbarkeit bis hin zur kurzfristigen Abzugsmöglichkeit des Kapitals auch seitens des Kapitalgebers.[591] Überwiegende Ansicht ist heute, dass eine befristete Überlassungsdauer bzw. ein ordentliches Kündigungsrecht seitens des Kapitalgebers kein Hindernis für die Einordnung als Eigenkapital ist. Nachdem der Entwurf des IDW zu dieser Frage noch vorsah, der Gläubiger dürfe vor der Liquidation keinen Rückforderungsanspruch haben,[592] wurde auf die teils erhebliche Kritik in der Literatur[593] hin in der Stellungnahme nur mehr die Überlassung für einen „längerfristigen Zeitraum“ gefordert (und im Gegenzug die Verlustteilnahme verschärft, dazu sogleich).[594] Für die Masse des Genussrechtskapitals wäre ein Ausweis im Eigenkapital nach dem Entwurf wegen der geforderten unbegrenzten Laufzeit nicht möglich gewesen.[595] Dass es kaum Genussrechte gibt, die dem Entwurf genügen, liegt vor allem an der ungünstigen steuerrechtlichen Folge: Ausschüttungen auf Genussrechte, welche die Beteiligung an Gewinn und Liquidationserlös enthalten, können vom Emittenten nicht als Betriebsausgaben angesetzt werden, § 8 Abs. 3 S. 2 KStG. Schon bei einer über 30jährigen Laufzeit nimmt die Finanzverwaltung eine Beteiligung am Liquidationserlös an.[596]

Vor der Stellungnahme des IDW (1994)[597] wurde vielfach vertreten, echtes Eigenkapital läge nur bei unbefristeter Überlassung vor. Teilweise sollte dabei überhaupt keine Möglichkeit der Rückzahlung außerhalb der Liquidation bestehen, d.h. weder Kapitalgeber noch -nehmer zur Kündigung berechtigt sein (Zahlung

---

590 Zu den Anforderungen an den Wegfall der Passivierungspflicht in der Überschuldungsbilanz siehe oben Teil 2 B.V.4.e).

591 Guter Überblick bei *Kropff* in Münchener Kommentar AktG, Band 5/2 (2. Auflage), § 272 HGB Rn. 140. Zu den einzelnen Ansichten sogleich.

592 IDW (HFA), Entwurf einer Verlautbarung „Zur Bilanzierung von Genußrechten“, WPg 1993, S. 446 (447).

593 Etwa *Lutter*, DB 1993, S. 2441 (2444); *Schweitzer/Volpert*, BB 1994, S. 821.

594 IDW (HFA), Stellungnahme 1/1994, WPg 1994, S. 419 (420).

595 *Groh*, BB 1995, S. 559 (559); *Schweitzer/Volpert*, BB 1994, S. 821 (821).

596 BMF-Schreiben vom 8. 12. 1986, BB 1987, S. 667; BMF-Schreiben vom 27. 12. 1995, BStBl. I 96, 49. Siehe dazu oben Einführung IV.4.

597 Früher für ewige Laufzeit etwa IDW (HFA), Entwurf einer Verlautbarung „Zur Bilanzierung von Genußrechten“, WPg 1993, S. 446 (447); Adler/Düring/Schmaltz, Rechnungslegung, Teilband 5 (5. Auflage), § 266 Rn. 186 (Genussrechte); *dies.*, Rechnungslegung, Teilband 6, § 247 Rn. 61 (stille Gesellschaft); *Clemm/Nonnenmacher* in Beck'scher Bilanz-Kommentar (2. Auflage), § 247 Rn. 224; *Knobbe-Keuk*, Bilanz- und Unternehmenssteuerrecht, S. 105; wohl auch *Wiedemann* in Festschrift Beusch (1993), S. 893 (896f.); *Reuter* in Festschrift R. Fischer (1979), S. 605 (609) (als Alternative wird, im Hinblick auf die Regelung bei Personengesellschaften, die persönliche Ersatzhaftung vorgeschlagen).

nur aus dem Liquidationsüberschuss).[598] Anderer Ansicht nach sollte eine Kündigungsmöglichkeit des Kapitalnehmers unschädlich sein.[599]

Heute findet sich die Auffassung, die Kapitalüberlassung müsse auf unbestimmte Zeit erfolgen, eher selten. Wenn dies gefordert wird, soll jedenfalls ein Kündigungsrecht des Kapitalnehmers unschädlich sein.[600] Zum Teil soll, wenn auch mit langer Kündigungsfrist, dem Kapitalgeber ebenfalls ein ordentliches Kündigungsrecht zustehen dürfen,[601] wodurch die Bedeutung der Forderung nach ewiger Laufzeit stark relativiert wird.

Überwiegend wird jedoch eine unbefristete Überlassung nicht (mehr) gefordert, so dass nicht nur Hybride, die ausschließlich aus einem Liquidationserlös zu tilgen oder vor der Liquidation nur auf eine Kündigung des Kapitalnehmers rückzahlbar sind, als Eigenkapital in Frage kommen sollen. Bisweilen wird ohne weitere Konkretisierung eine längerfristige Kapitalüberlassung gefordert.[602] Meist wird die Qualifikation als Eigenkapital jedoch an eine Mindestüberlassungsdauer geknüpft, wobei ein bunter Strauß an Laufzeiten gefordert wird: 15 bis 25 Jahre,[603] zehn Jahre,[604] fünf bis sieben Jahre[605] und, in Anknüpfung an § 10 Abs. 5 S. 1 Nr. 3 KWG, fünf Jahre.[606] Eine Mindestüberlassungsdauer wird zum Teil sogar für irrelevant befunden.[607]

Gleichzeitig (aber auch ohne eine Mindestüberlassungsdauer)[608] wird häufig eine Mindestkündigungsfrist (bzw. Restlaufzeit) gefordert, meist von zwei Jahren;

---

598 *Knobbe-Keuk*, Bilanz- und Unternehmenssteuerrecht, S. 105.
599 IDW (HFA), Entwurf einer Verlautbarung „Zur Bilanzierung von Genußrechten", WPg 1993, S. 446 (447).
600 *Kropff* in Münchener Kommentar AktG, Band 5/2 (2. Auflage), § 272 HGB Rn. 146, 150; wohl auch *Ballwieser* in Münchener Kommentar HGB, Band 4, § 246 Rn. 81 (vgl. aber auch Rn. 88).
601 *Baetge/Brüggemann*, DB 2005, S. 2145 (2148) mit zwei- bis fünfjähriger Kündigungsfrist; *Thiele*, Eigenkapital, S. 130, 140 und *Baetge/Kirsch/Thiele*, Bilanzen, S. 511 mit fünfjähriger Kündigungsfrist; möglicherweise ist die bei *Thiele* vertretene Unschädlichkeit einer Kündigungsmöglichkeit des Kapitalgebers nur seinem Anliegen der Erarbeitung eines einheitlichen Eigenkapitalbegriffs für Kapital- und Personengesellschaften geschuldet.
602 IDW (HFA), Stellungnahme 1/1994, WPg 1994, S. 419 (420); *Kozikowski/Schubert* in Beck'scher Bilanz-Kommentar, § 247 Rn. 228 (Genussrechte), Rn. 233 (stille Gesellschaft); Adler/Düring/Schmaltz, Rechnungslegung, Teilband 5, § 266 HGB Rn. 195; *Winnefeld*, Bilanz-Handbuch, Abschnitt D Rn. 1732.
603 *Emmerich/Naumann*, WPg 1994, S. 677 (683).
604 *Kessler/Suchan* in Münchener Kommentar AktG, Band 5/2 (2. Auflage), § 152 AktG, § 266 HGB Rn. 103.
605 IDW, WP Handbuch, Band I, Abschnitt F Rn. 277 Fn. 433.
606 *Küting/Kessler* in Küting/Weber, Handbuch der Rechnungslegung, Band Ia, § 272 Rn. 213; *Singhof* in Wysocki/Schulze-Osterloh/Hennrichs/Kuhner, Handbuch des Jahresabschlusses, 3. Band, Abteilung III/2 Rn. 174; *Wengel*, DStR 2001, S. 1316 (1321); jetzt auch *W. Müller* in Großkommentar GmbHG, Band II, Anh. § 29 Rn. 38.
607 *Hense*, Stille Gesellschaft, S. 250; *Lutter*, DB 1993, S. 2441 (2444), der aber fordert, der Unterschied in der „Qualität" zwischen nicht rückzahlbarem und befristetem bzw. kündbarem Kapital solle dann durch getrennte Posten innerhalb des Eigenkapitals sichtbar gemacht werden; außerdem *Polzer* in Münchener Handbuch Gesellschaftsrecht, Band 2, § 84 Rn. 14 (zur stillen Gesellschaft).
608 *Lutter*, DB 1993, S. 2441 (2445); *Thielemann*, Genußrecht, S. 38 f.

nach Kündigung soll dann ein Vermerk im Anhang erfolgen.[609] Zum Teil wird allerdings, wiederum anknüpfend an das Bankaufsichtsrecht (§ 10 Abs. 5 S. 1 Nr. 4 KWG) verlangt, gegen Ende der Laufzeit müsse wegen des dann hervortretenden Charakters als Verbindlichkeit die Bilanz diese „Qualitätsänderung" darstellen: Das Kapital sei (während der letzten zwei Jahre der Laufzeit) nicht mehr als Eigenkapital, sondern als Verbindlichkeit zu passivieren.[610]

Hauptargument gegen das Erfordernis der unbefristeten Überlassung ist der Umstand, dass auch formelles Eigenkapital dem Unternehmen entzogen werden kann:[611] Auch gezeichnetes Kapital könne in bestimmten Fällen, z.B. im Wege der Kapitalherabsetzung, zurückgewährt oder über den Börsenhandel mittels Veräußerung realisiert werden; Kapitalrücklagen könnten zur Kapitalerhöhung aus Gesellschaftsmitteln herangezogen und anschließend über eine Kapitalherabsetzung ausgeschüttet werden; für Gewinnrücklagen gelte ohnehin kein Kapitalschutz. Kurz: An den Eigenkapitalcharakter von Genussrechten würden mit dem Erfordernis der unbefristeten Überlassung Anforderungen gestellt, wie sie bei keiner anderen Form von Eigenkapital zu finden seien.[612] Wie zu zeigen sein wird, ist der Verweis auf die genannten Möglichkeiten der Ausschüttung irrelevant für Laufzeit und Kündigungsrechte des Kapitalgebers. Beim formellen Eigenkapital der GmbH ist jedoch ein anderer Aspekt zu berücksichtigen, der im Ergebnis zu unterschiedlichen Anforderungen an eigenkapitalgleiches Hybridkapital bei der Aktiengesellschaft und der GmbH führt.

Zunächst einmal ist festzustellen, dass durch die Veräußerung eines Wertpapiers an der Börse dem Unternehmen kein Kapital entzogen wird. Hinsichtlich des Entzugs von formellem Eigenkapital gilt nicht nur, dass ein erheblicher Teil davon nicht jederzeit ausgekehrt werden kann[613] und es sich im Übrigen bei den freien Rücklagen größtenteils um thesaurierte Gewinne handelt, d.h. die Zahlung der Vergütung wurde gewissermaßen nach hinten verschoben. Vor allem aber: Es entscheidet jeweils das zuständige Organ der Gesellschaft darüber![614] Meist wird dieser Aspekt nicht berücksichtigt, und wenn, dann ohne Begründung[615] oder nur mit Hinweis auf ein nicht vorhandenes „besonderes Verantwortungsbewusstsein der Unternehmensleitung"[616] für unerheblich erklärt. In der Regel geht der Ausschüt-

---

609 *Küting/Kessler* in Küting/Weber, Handbuch der Rechnungslegung, Band Ia, § 272 Rn. 213; *Wengel*, DStR 2001, S. 1316 (1321).

610 *Lutter*, DB 1993, S. 2441 (2445); *Emmerich/Naumann*, WPg 1994, S. 677 (683), fordern dies bei „belegbarer Funktionsänderung".

611 Darauf berufen sich praktisch alle oben in Fn. 602 bis 607 genannten Autoren.

612 Exemplarisch *Schweitzer/Volpert*, BB 1994, S. 821 (824); *Reiner/Haußer* in Münchener Kommentar HGB, Band 4, § 266 Rn. 94.

613 Dies betont auch *Groh*, BB 1995, S. 559 (559).

614 Darauf weisen hin *Kropff* in Münchener Kommentar AktG, Band 5/2 (2. Auflage), § 272 HGB Rn. 146; *Thiele*, Eigenkapital, S. 129; *Baetge/Brüggemann*, DB 2005, S. 2145 (2147); vgl. zu bankaufsichtsrechtlichen Eigenmitteln CEBS/EBA, Proposal Tier 1 hybrids, Ziff. 59. Zum Rückgaberecht des Aktionärs (*redeemable shares*) einer Investmentaktiengesellschaft mit veränderlichem Kapital siehe § 105 Abs. 2 InvG.

615 *Todtenhöfer*, Kapitalaufbringung und -erhaltung bei Genußrechten, S. 147.

616 *Schweitzer/Volpert*, BB 1994, S. 821 (825).

tung von Eigenkapital eine Kollektiventscheidung voraus (Beispiele: Ergebnisverwendungsbeschluss der Haupt- bzw. Gesellschafterversammlung, § 174 AktG, § 46 Nr. 1 GmbHG; Kapitalherabsetzung (mit weiteren gläubigerschützenden Mechanismen), § 222 Abs. 1 AktG, § 58 Abs. 1 Nr. 1 GmbHG). Schon dies allein macht einen qualitativen Unterschied aus. Hinzu kommt, dass Gesellschafter vor einem Kapitalabzug zur „Unzeit" den Einfluss der Entscheidung auf den Wert ihrer Anteile einbeziehen werden. Außenstehende Hybridkapitalgeber haben bei Abzug ihres Kapitals keine weiteren Interessen am Unternehmen. Dieser Aspekt gilt im Übrigen auch dann, wenn es ausnahmsweise nur einen einzigen Gesellschafter gibt (also keine Kollektiventscheidung erfolgt, Einpersonen-GmbH oder -AG). Es sei auch bemerkt, dass für die Abgrenzung von Eigen- und Fremdkapital nach IFRS entscheidend ist, ob ein Organ der Gesellschaft (des Kapitalnehmers) über die Auszahlung entscheidet, IAS 32.11, 16.[617] Der grundsätzliche Ausschluss der (einseitigen) Rückforderung des Kapitals ist der Grund, warum das Eigenkapital eine besondere Investitions- bzw. Kontinuitätsfunktion wahrnehmen kann. Auch der BGH sieht in Genussrechten, die seitens des Kapitalgebers (wenn auch erst nach 20 Jahren) kündbar sind, nur eine haftungsrechtliche Annäherung an Aktienkapital, keine Gleichstellung.[618]

Zuzugeben ist, dass durch das Erfordernis der Auszahlungssperre bzw. der Verlustteilnahme ein Kapitalabzug trotz Befristung oder Kündigungsrecht des Kapitalgebers in prekären Situationen häufig ausgeschlossen sein wird, da der Rückzahlungsanspruch (teilweise) erloschen oder nicht durchsetzbar ist. Zum einen kann jedoch eine wirtschaftlich ungünstige Lage auch dann bestehen, wenn freies Vermögen noch vorhanden ist. Zum anderen erschöpft sich die Bedeutung der Investitionsfunktion nicht in solchen Situationen. Vielmehr ist sie auch dann entscheidend, wenn etwa Refinanzierungskosten steigen, der Zugang zu Risikokapital mit erfolgsabhängiger Vergütung erschwert ist und das Unternehmen sich in einer ertragsschwachen Phase (z.B. Expansionsphase) befindet oder eine sonst ungünstige Kapitalmarktsituation vorliegt. Mitnichten dient die Investitionsfunktion nur dem Gläubigerschutz![619]

Unschädlich ist für die Qualifikation von Hybridkapital als eigenkapitalgleich dagegen eine Kündigungsmöglichkeit seitens des Kapitalnehmers, da die Interessen der (sonstigen) Gläubiger, wie beim formellen Eigenkapital, durch die Auszah-

---

617 Siehe dazu unten Teil 3 C.II.2.

618 BGHZ 119, 305 (327).

619 Ein eindrucksvolles Beispiel lässt sich anhand der Finanzstruktur der Schaltbau Holding AG (München) demonstrieren: Der Jahresabschluss 2008 weist Genussrechtskapital im Posten Eigenkapital aus; es macht etwa 25% dieses Postens aus. *Ceteris paribus* wird im Jahresabschluss 2013 dieses Kapital dort ausgewiesen, obwohl die Gesellschaft die Rückzahlung eines Viertels (!) ihres „Eigenkapitals" im Jahr 2014 nicht verhindern können wird (Die Laufzeit der Genussrechte beträgt 10 Jahre, § 4 Abs. 1 der Bedingungen). Auch ohne eine wesentliche Verschlechterung der Finanzsituation des Unternehmens kann allein aufgrund externer Faktoren die Refinanzierung (erst recht mit neuem Risikokapital) erschwert sein, mit u. U. gravierenden Folgen. Der Jahresabschluss ist abrufbar unter http://www.schaltbau.de/downloads/ja08-dt.pdf (Homepage → Investor Relations → Finanzinformationen → Geschäftsberichte).

lungssperre ausreichend geschützt sind. Da bezüglich des formellen Eigenkapitals keine entsprechende Regelung zu finden ist, gibt es keine wie auch immer ausgestaltete Verpflichtung des Unternehmens, (mindestens gleichwertigen) Ersatz für das Kapital zu beschaffen. Dieser Überlegung folgend muss auch eine Kündigung des Kapitalgebers unschädlich sein im Falle der Kapitalherabsetzung, die nicht dem Verlustausgleich dient, wenn ein ähnlicher Gläubigerschutz wie beim formellen Eigenkapital gewährleistet ist (etwa dadurch, dass die Kündigung erst nach Ablauf einer entsprechenden Frist wirksam wird).

Nicht unerwähnt bleiben soll, dass die Heranziehung von § 10 Abs. 5 S. 1 Nr. 3 KWG als „vernünftigem Kompromiss“[620] für die Frage der Laufzeit äußerst zweifelhaft ist. Im Hinblick auf den später folgenden Teil über die Eigenmittelkategorien des Bankaufsichtsrechts muss jedoch eine Skizze genügen; im Übrigen sei nach unten verwiesen.[621] Erstens werden zwar Einlagen stiller Gesellschafter im Bankaufsichtsrecht (noch) als Kernkapital anerkannt, allerdings dürfen diese für international tätige Kreditinstitute nicht mehr als 15 Prozent des Kernkapitals ausmachen. Es handelt sich also nicht um vollwertiges Kernkapital. (Befristetes) Genussrechtskapital wird ohnehin nur als Ergänzungs-, nicht als Kernkapital anerkannt und in der Bankbilanz getrennt vom Eigenkapital ausgewiesen. Dieser Argumentation kann auch nicht entgegengehalten werden, dass Vorzugsaktien ebenfalls nur als Ergänzungskapital gelten, denn dies ist ausschließlich dem Umstand geschuldet, dass für die Qualifikation als Kernkapital nach internationaler Definition eine ausgefallene Vergütung nicht nachzahlbar (kumulativ) sein darf. Nach Basel III werden voraussichtlich ohnehin nur Titel mit unbefristeter Laufzeit zum Kernkapital zählen. Zweitens ist die Vereinbarkeit der deutschen Regelung zur ungeschmälerten Anerkennung als Eigenmittel bis zwei Jahre vor der Rückzahlung mit internationalen und europäischen Vorgaben höchst zweifelhaft; das ist noch nicht einmal für Ergänzungskapital zulässig. Drittens spielt bei Kreditinstituten die Finanzierungsfunktion des Eigenkapitals wegen der ganz überwiegenden Bestreitung des Aktivgeschäfts aus Einlagen und sonstigen Passiva eine untergeordnete Rolle.[622] Und schließlich viertens: Die Rückzahlung des Kapitals steht unter dem Vorbehalt der Zustimmung der Aufsichtsbehörde, wenn keine Refinanzierung durch Kapital mit mindestens ebenso großem Verlustdeckungspotential stattfindet.

Im Übrigen sei auch erwähnt, dass der Rückgriff auf Vorschriften, die sich nicht auf das formelle Eigenkapital beziehen, noch aus folgendem Grund befremdet:[623] AktG und GmbHG sehen selbst Fristen vor für den Fall, dass der Gesellschaft über

---

620 So *Küting/Kessler*, BB 1994, S. 2103 (2112); *dies.* in Küting/Weber, Handbuch der Rechnungslegung, Band Ia, § 272 Rn. 214; *Lutter*, DB 1993, S. 2441 (2445).
621 Dort Teil 3 D.I.2.
622 *Fischer* in Schimansky/Bunte/Lwowski, Bankrechts-Handbuch, Band II, § 129 Rn. 1.
623 Zumal, wenn einerseits behauptet wird, dass das Eigenkapital „per Gesetz“ eine Stabilität, wie sie mit Laufzeiten von 15 bis 25 Jahren erzeugt würde, „nicht aufweist“, andererseits aber auf Vorschriften des KWG zum Ergänzungskapital abgestellt wird, da hier eine „typisierende Kompromisslösung“ vorläge: *Wengel*, DStR 2001, S. 1316 (1321).

das ungebundene Kapital hinaus Vermögen durch die Gesellschafter entzogen wird, namentlich in den Normen zur Herabsetzung des gezeichneten Kapitals. Dort haben die Gläubiger sechs Monate bzw. ein Jahr nach Bekanntmachung der Kapitalherabsetzung bzw. Aufforderung Zeit, Sicherheit bzw. Befriedigung zu verlangen, §§ 225 Abs. 1 S. 1, 237 Abs. 2 S. 1 AktG, § 58 Abs. 1 Nr. 3 GmbHG. Wenn schon der Rückzahlung von formellem Eigenkapital durch Kapitalherabsetzung entscheidendes Gewicht beigemessen wird, wäre es auch konsequent, auf die dort geltenden gläubigerschützenden Fristen abzustellen. Dass diese Frist nicht zum Maßstab gemacht wird, zeigt, dass sie den Vertretern jener Auffassung wohl nicht angemessen erscheint. Dieses Unbehagen kann damit erklärt werden, dass nicht einbezogen wird, wer jeweils über den Kapitalabzug entscheidet. Es bleibt dabei: Die Vorschriften über die Kapitalherabsetzung können nicht für das Ausreichen einer befristeten Überlassungsdauer von Hybridkapital herangezogen werden, da hier nicht der Kapitalgeber über den Abzug entscheidet. Vielmehr zeigt die Möglichkeit der Gläubiger, vor Kapitalabzug Sicherheit bzw. Befriedigung verlangen zu können, dass sie mit einer unbefristeten Erfüllung der Garantiefunktion (Haftungsfunktion) durch die gebundenen Bestandteile des formellen Eigenkapitals rechnen dürfen. Insgesamt erscheint die derzeit herrschende Abgrenzung von Eigen- und Fremdkapital eher praktischen und steuerrechtlichen Überlegungen geschuldet.

(2) Einschränkung bei der GmbH

Eine erhebliche Einschränkung des bisherigen Ergebnisses ergibt sich jedoch für die GmbH, und zwar aufgrund der Rechtslage bzgl. des Austritts von Gesellschaftern. Ein allgemeines Austrittsrecht besteht weder bei Aktiengesellschaft noch bei der GmbH. Für die einseitige Lösung aus dem Gesellschaftsverhältnis ist grundsätzlich nur die Veräußerung des Geschäftsanteils vorgesehen, vgl. etwa § 15 GmbHG. Ist dies nicht möglich und die Fortsetzung des Gesellschaftsverhältnisses unzumutbar, besteht ein Austrittsrecht aus wichtigem Grund (ein solcher liegt jedoch nicht darin, dass die Gesellschaft in wirtschaftlichen Schwierigkeiten ist).[624] Zwar kennt das Recht der GmbH ebenso wenig wie das Aktienrecht ein ungeschriebenes, ordentliches Kündigungsrecht.[625] Jedoch: Ein solches kann vertraglich begründet werden.[626] Diese Austrittskündigung (ohne Auflösung der Gesellschaft) steht zwar hinsichtlich der Abfindung unter dem Vorbehalt von § 30 Abs. 1 GmbHG.[627] Die Höhe des Stammkapitals bleibt also unberührt, es sei denn, es findet gleichzeitig eine Kapitalherabsetzung statt, für die das Gesetz wiederum gläu-

---

624 Für die GmbH BGHZ 116, 359 (369); OLG München GmbHR 1990, 221; OLG Köln GmbHR 1996, 609 (610); *Ulmer* in Hachenburg, GmbHG, Band I, Anh. § 34 Rn. 44; *Hueck/Fastrich* in Baumbach/Hueck, GmbHG, Anh. § 34 Rn. 18ff.; *Winter/Seibt* in Scholz, GmbHG, Band I, Anh. § 34 Rn. 3.
625 *Ulmer* in Großkommentar GmbHG, Band II, Anh. § 34 Rn. 48 m.w.N.
626 Ganz h.M.; siehe etwa *Rasner* in Rohwedder/Schmidt-Leithoff, GmbHG, § 60 Rn. 43; *Casper* in Großkommentar GmbHG, Band III, § 60 Rn. 114; zuvor schon *Ulmer* in Hachenburg, Band III, GmbHG, § 60 Rn. 19.
627 *Ulmer* in Großkommentar GmbHG, Band II, Anh. § 34 Rn. 49 m.w.N.; *Topf-Schleuning*, Einfache Kündigungsklauseln in GmbH-Satzungen, S. 162f.

bigerschützende Mechanismen in § 58 GmbHG vorsieht. Allerdings wird man zum Schutze des Unternehmens vor einem kurzfristigen Kapitalabzug eine ausreichende Kündigungsfrist vereinbaren. Wo dies nicht der Fall ist, sollte § 132 2. Hs. HGB[628] entsprechend zur Anwendung kommen, der dieser Gefahr entgegenwirkt. Die Vorschrift statuiert für die ordentliche Kündigung eines Gesellschafters eine sechsmonatige Kündigungsfrist.

Kann demnach formelles Eigenkapital der GmbH aufgrund einseitiger Erklärung des Kapitalgebers entzogen werden, wenn diese Möglichkeit vertraglich vereinbart ist, darf die Qualifikation von Hybridkapital als Eigenkapital nicht an einem Kündigungsrecht des Investors scheitern. Auch eine befristete Kapitalüberlassung schadet infolgedessen nicht.[629] Für eigenkapitalgleiches Hybridkapital muss jedoch mindestens eine (Rest-) Laufzeit von sechs Monaten bzw. eine entsprechende Kündigungsfrist bestehen. Der Übertragung des Gedankens aus § 132 2. Hs. HGB kann nicht entgegengehalten werden, dass im Gesellschaftsvertrag eine kürzere Frist vereinbart ist. Schließlich gilt hier zusätzlich eine Schranke der Ausübung des Kündigungsrechts aus der Treuepflicht des Gesellschafters.[630]

(3) Ergebnis

Zusammenfassend kann im Hinblick auf die Dauer der Kapitalüberlassung bei der Aktiengesellschaft festgestellt werden, dass Hybridkapital nur dann eigenkapitalgleich ist, wenn außer im Fall der Liquidation, nach Kündigung seitens des Kapitalnehmers und nach einer Kapitalherabsetzung, die nicht dem Verlustausgleich dient, keine Rückzahlung seitens des Kapitalgebers geltend gemacht werden kann. Bei der GmbH dagegen ist lediglich eine (Rest-)Laufzeit bzw. Kündigungsfrist von sechs Monaten zu fordern. Ein außerordentliches Kündigungsrecht, das ohnehin nicht ausgeschlossen werden könnte, darf jedenfalls nicht für den Fall wirtschaftlicher Schwierigkeiten der Gesellschaft bestehen. Ein einheitlicher materieller Eigenkapitalbegriff existiert auch bei GmbH und Aktiengesellschaft schon im Hinblick auf die Dauer der Kapitalüberlassung nicht.[631]

cc) Verlustteilnahme

Verluste schmälern zunächst das (formelle) Eigenkapital, und zwar in der Reihenfolge nicht gebundene Rücklagen, gebundene Rücklagen und Grund- bzw. Stammkapital.[632] Erst, wenn es aufgezehrt ist und weitere Verluste anfallen, sind (unbesicherte) Fremdkapitalgeber betroffen. Diese „Verlustbeteiligung" äußert

---

628 Zum Normzweck von § 132 2. Hs. HGB siehe *K. Schmidt* in Münchener Kommentar HGB, Band 2, § 132 Rn. 2.

629 Siehe zur Parallelität von Kündigungsfristen und Laufzeit oben Teil 2 B.II.

630 Dazu *Schäfer* in Großkommentar HGB, Band 2, § 132 Rn. 27; zur Treuepflicht allgemein *Windbichler*, Gesellschaftsrecht, § 22 Rn. 42 f.

631 Mit diesem Ergebnis im Grundsatz auch *Hense*, Stille Gesellschaft, S. 200 und 250.

632 Siehe dazu oben Teil 2 B.V.3; instruktiv *Bezzenberger*, Kapital der Aktiengesellschaft, S. 14 f.

sich in der Insolvenz durch eine bloß quotale Befriedigung, vgl. §§ 187 Abs. 2, 195 InsO.

Die Verlustbeteiligung i.e.S. (Verrechnung mit der Einlage)[633] wird meist, jedenfalls bei Kapitalgesellschaften[634] und bezogen auf Hybridkapital, das nicht ausschließlich im Falle der Liquidation rückzahlbar ist, als zentrales Kriterium des Eigenkapitalbegriffs angesehen.[635] Entscheidend ist jedoch lediglich, dass das gegen Ausschüttung besonders geschützte Vermögen nicht durch die Rückzahlung verringert wird. Eine laufende oder bei Rückzahlung vorzunehmende Verlustbeteiligung *kann* als Mechanismus zur Sicherung der Auszahlungssperre verwendet werden. Ein (teilweiser) Untergang des Rückzahlungsanspruchs ist aber nicht notwendig,[636] die Auszahlungssperre kann also auch dadurch gesichert werden, dass der Rückzahlungsanspruch unter der Bedingung steht, dass gebundenes Vermögen nicht zur Auszahlung gelangt. Folglich ist auch die mit einer Verlustteilnahme vereinbarte Nachholung der Rückzahlung bei Verbesserung der wirtschaftlichen Situation unschädlich.[637] Es kann keinen Unterschied machen, ob ein Rückzahlungsanspruch (teilweise) nicht durchsetzbar ist oder ob der Rückzahlungsanspruch (teilweise) untergeht und unter der Bedingung, dass ausreichend Vermögen vorhanden ist, neu entsteht. Soweit für formelles Eigenkapital eine Verrechnungspflicht besteht, vgl. §§ 150 Abs. 3, und 4 AktG, 229 Abs. 2, 230 AktG, § 58a Abs. 2 GmbHG, dient dies der Absicherung der Kapitalerhaltungsregeln und ist deshalb notwendig, weil das formelle Eigenkapital verschiedene Bestandteile aufweist.[638] So verhält es sich beim Hybridkapital jedoch nicht. Auch im Hinblick auf den Zeitpunkt des Eintritts von Unterbilanz, Verlustanzeigepflicht und

---

633 Dazu oben Teil 1 A.II.3. Verlustteilnahme und Erfolgsabhängigkeit der Vergütung werden bisweilen zusammen behandelt, siehe etwa IDW (HFA), Stellungnahme 1/1994, WPg 1994, S. 419 (420). Sie hängen jedoch nicht notwendigerweise zusammen (ebenso *Thiele*, Eigenkapital, S. 140 f.).

634 Bzgl. Personengesellschaften halten eine laufende Beteiligung an Periodenverlusten nicht für notwendig *Kleindiek* in Großkommentar HGB-Bilanzrecht, § 247 Rn. 13; *Sieker*, Eigenkapital und Fremdkapital der Personengesellschaft, S. 29 ff.; *Thiele*, Eigenkapital, S. 154 f.

635 Vgl. *Lutter*, DB 1993, S. 2441 (2444); *K. Schmidt*, Gesellschaftsrecht, § 29 I 2; *Kleindiek* in Großkommentar HGB-Bilanzrecht, 1. Teilband, § 247 Rn. 33; *Knobbe-Keuk*, ZIP 1983, S. 127 (129); IDW (HFA), Stellungnahme 1/1994, WPg 1994, S. 419 (420); *Lorch*, Genußschein, S. 52. Unklar *Wiedemann* in Großkommentar AktG, 6. Band, vor § 182, Rn. 112: Beteiligung am „Perioden- und Gesamtverlust (...) also [Nachrang] im Falle der Liquidation und Insolvenz". Nicht berücksichtigt wird die Verlustbeteiligung etwa bei *Thielemann*, Genußrecht, S. 38 f. und (ohne Diskussion zum gebundenen Kapital) bei *K. Schmidt*, JZ 1984, S. 771 (772); *ders.*, Gesellschaftsrecht, § 18 II 2 d (anders jedoch § 29 I 1 c).

636 Soweit ersichtlich, wird diese Ansicht für Kapitalgesellschaften nicht anderweitig vertreten, vielmehr herrscht die Meinung vor, „nur [durch die] Verlustbeteiligung [werde] verhindert, dass Rückzahlungsansprüche der Genussrechtsinhaber (...) aus gebundenen Eigenkapitalbestandteilen befriedigt werden" (*Schulze-Osterloh* in Baumbach/Hueck, GmbHG, 18. Auflage, § 42 Rn. 284). Wie die Ausführungen bei *Küting/Kessler/Harth*, BB 1996, Beilage 4, S. 1 (11) zeigen, besteht auch bei Anknüpfung der Verlustbeteiligung an Bilanzverlust oder Jahresfehlbetrag die Gefahr, dass gerade diese Wirkung nicht gänzlich sichergestellt ist. Hinsichtlich der Anforderungen an die Anerkennung von Genussrechtskapital als Eigenmittel nach KWG die Bedeutung der Verlustteilnahme zugunsten der Ausschüttungssperre relativierend *Lutter* in Kölner Kommentar AktG, Band 5/1, § 221 Rn 304.

637 Vgl. Adler/Düring/Schmaltz, Rechnungslegung, Teilband 5, § 266 HGB Rn. 195.

638 Siehe dazu oben Teil 2 B.V.3 und Fn. 377.

buchmäßiger Überschuldung[639] ist eine Verlustteilnahme durch laufende Verrechnung oder Bildung eines Verlustvortrages für das Genussrechtskapital nicht notwendig, da im Fall der Nichtberücksichtigung der Risikokapitalqualität des Hybridkapitals es höchstens zu einem früheren Eintritt dieser Tatbestände kommen kann.

Soll die Auszahlungssperre (nur) durch eine Verlustteilnahme gesichert werden, so ist erforderlich, dass eine Herabsetzung auf Null (volle Verlustbeteiligung) erfolgt, bevor das gebundene Kapital angegriffen wird (bzw. spätestens zum Zeitpunkt der Rückzahlung eine entsprechende Verrechnung mit Verlusten erfolgt). Dabei muss die Verlustbeteiligung nicht gleichrangig oder gar vorrangig zum ungebundenen Kapital erfolgen.[640] Es genügt, wenn das Hybridkapital die Verluste nach Verbrauch der ungebundenen Rücklagen auffängt, da für formelles Eigenkapital, das die gebundenen Rücklagen übersteigt, keine Begrenzung der Ausschüttung vorgesehen ist.

Besteht kein anderweitiger Mechanismus zur Verhinderung der Rückzahlung des Kapitals als die Verlustteilnahme, so genügt eine einfache, wenn auch vollständig laufende Verlustbeteiligung, wie sie im Bereich der bankaufsichtsrechtlichen Eigenmittel zum Einsatz kommt, nicht.[641] Hier kann eine Auszahlung auch dann noch erfolgen, wenn die geschützten Bestandteile des Eigenkapitals erheblich angegriffen sind. Der Kapitalabfluss in einer solchen Lage widerspricht den mit der Kapitalbindung verfolgten Zwecken. Eine Betrachtungsweise, die das Hybridkapital selbst in einen „gebundenen“ und einen „ungebundenen“ Teil zerlegt, wobei sich der gebundene mit fortschreitenden Verlusten der Gesellschaft erweitert, wird der Haftungsfunktion nicht gerecht. Nicht ausreichend ist auch eine Verlustbeteiligung mittels Festkonto.

dd) Nachrangigkeit in Liquidation und Insolvenz

Unbestritten ist, dass die Nachrangigkeit des Rückzahlungsanspruchs im Fall von Liquidation und Insolvenz ein unverzichtbares Merkmal des Eigenkapitals ist.[642] Schließlich erfolgt die Rückgewähr der Einlagen von Anteilseignern erst nach Befriedigung sämtlicher Gläubiger, vgl. §§ 38, 199 InsO, §§ 268, 271 AktG, 70ff. GmbHG. Formelles Eigenkapital übernimmt eine Haftungsfunktion sowohl während des regulären Betriebs des Unternehmens als auch in der Liquidation.

---

639 Dazu oben Teil 2 B.V.4.a).
640 So aber *Schulze-Osterloh* in Baumbach/Hueck, GmbHG, 18. Auflage, § 42 Rn. 284 mit unzutreffendem Hinweis auf Adler/Düring/Schmaltz, Rechnungslegung, Teilband 5, § 266 HGB Rn. 195.
641 Anders noch IDW (HFA), Entwurf einer Verlautbarung „Zur Bilanzierung von Genußrechten“, WPg 1993, S. 446 (447f.); offensichtlich auch *Lutter*, DB 1993, S. 2441 (2444). *Drukarczyk*, Finanzierung, 9. Auflage 2003, S. 310, will sogar eine letztrangige Verlustbeteiligung ausreichen lassen. Häufig ist nur von vollumfänglicher oder laufender Verlustteilnahme die Rede, was zumindest nicht eindeutig ist, etwa bei *Habersack* in Münchener Kommentar AktG, Band 4, § 221 Rn. 352. Zu den Arten der Verlustbeteiligung oben Teil 2 B.VI.1.
642 *Thiele*, Eigenkapital, S. 119 m.w.N.

Richtigerweise wird man verlangen müssen, dass ein Rücktritt unmittelbar vor die Ansprüche der Anteilseigner erfolgt. Dies ist auch gemeint, wenn gefordert wird, eine Befriedigung dürfe erst nach allen (anderen) Gläubigern erfolgen, deren Kapitalüberlassung nicht den Kriterien des Eigenkapitalbegriffs genügt.[643] Aus § 271 Abs. 1 AktG ergibt sich, dass bei der Verteilung des Liquidationserlöses kein Gleichrang unter den Eigenkapitalgebern bestehen muss. Häufig ist etwa satzungsmäßig bestimmt, dass die Vorzugsaktionäre vor den Stammaktionären zu bedienen sind.[644] Zwar wird in der älteren Literatur bisweilen die Eigenkapitalqualität nur bei Befriedigung aus dem Liquidationserlös bejaht:[645] Das ist jedoch wohl eher dem Umstand geschuldet, dass die Vorgängerin der InsO, die Konkursordnung (KO), keine Nachrangigkeit von Forderungen i. S. v. § 39 InsO kannte. Bezüglich der Frage, ob eine Verlustbeteiligung die Nachrangigkeit in der Insolvenz sichern kann, kann auf die obigen Ausführungen verwiesen werden.[646]

ee) Vergütung

Inwieweit die Vergütung Einschränkungen unterliegt, damit Hybridkapital als Eigenkapital bezeichnet werden kann, ist umstritten. Überwiegend wird eine vom Periodenerfolg unabhängige (Mindest-)Vergütung für unschädlich gehalten, wenn nur keine Ausschüttung aus geschützten Eigenkapitalbestandteilen erfolgt.[647] Gefordert wird auch, es dürften Zahlungen nur aus einem Bilanzgewinn[648] oder aus dem Jahresüberschuss[649] erfolgen. Eine Nachholungspflicht der Gesellschaft bei ausgefallener Vergütung wird meist für unschädlich gehalten.[650] Richtigerweise ist zwischen GmbH und Aktiengesellschaft, ausgehend von den Vorschriften bzgl. des formellen Eigenkapitals, wie folgt zu unterscheiden:

Bei der Aktiengesellschaft ist eine Mindestverzinsung für die Anteilseigner verboten, 57 Abs. 2 AktG.[651] Verteilt werden darf nach § 57 Abs. 3 nur der im Jahresabschluss festgestellte Bilanzgewinn. Der Vorzugsaktionär allerdings verfügt als Kompensation für das fehlende Stimmrecht in der Regel über ein besonders gesi-

643 IDW (HFA), Stellungnahme 1/1994, WPg 1994, S. 419 (420).
644 Vgl. *Bezzenberger* in Großkommentar AktG, 5. Band, § 139 Rn. 14.
645 Etwa bei *Knobbe-Keuk*, Bilanz- und Unternehmenssteuerrecht, S. 105.
646 Oben Teil 2 B.VI.3.
647 Adler/Düring/Schmaltz, Rechnungslegung, Teilband 5, § 266 HGB Rn. 195; *Wiedemann* in Großkommentar AktG, 6. Band, vor § 182 Rn. 7; *Emmerich/Naumann*, WPg 1994, S. 681; *Vollmer*, ZGR 1983, S. 445 (452); IDW (HFA), Stellungnahme 1/1994, WPg 1994, S. 419 (420); wohl auch *Hense*, Stille Gesellschaft, S. 196, 250.
648 *K. Schmidt*, Gesellschaftsrecht, § 29 I 2; *Thielemann*, Genußrecht, S. 39 ff.; ähnlich *Lutter*, DB 1993, S. 2441 (2443, 2446).
649 *Baetge/Kirsch/Thiele*, Bilanzen, S. 511; *Thiele*, Eigenkapital, S. 149 f.; IDW (HFA), Entwurf einer Verlautbarung „Zur Bilanzierung von Genußrechten", WPg 1993, S. 446 (447). Kritisch gegenüber der Stellungnahme des IDW auch *Baetge/Brüggemann*, DB 2005, S. 2145 (2150).
650 Adler/Düring/Schmaltz, Rechnungslegung, Teilband 5, § 266 HGB Rn. 195; *Sester*, ZBB 2006, S. 443 (455); *Emmerich/Naumann*, WPg 1994, S. 667 (682); IDW (HFA), Stellungnahme 1/1994, WPg 1994, S. 419 (420).
651 Zum Zinsverbot ausführlich *Baums* in Festschrift Horn (2006), S. 245 ff. Zur den historischen Wurzeln, insbesondere den früher zulässigen „Bauzinsen" *Bayer* in Bayer/Habersack, Aktienrecht im Wandel, Band II, 17. Kapitel Rn. 125 ff.

chertes Recht auf Teilhabe am Gewinn, nämlich einen Vorzug bzgl. des Ranges bei der Gewinnverteilung (Dividendenvoraus, Vorabdividende) und ein Nachzahlungsrecht des mangels verteilungsfähigem Bilanzgewinn oder Ausschüttung desselben ausgefallenen Voraus, vgl. § 139 Abs. 1 AktG. Aus Letzterem folgt, dass die Höhe des Voraus objektiv bestimmbar sein muss: entweder als Geldbetrag je Aktie oder als festen oder variablen, dann aber nicht an den Bilanzgewinn anknüpfenden, Prozentsatz auf den Nennbetrag.

Damit ein Bilanzgewinn (auch an Vorzugsaktionäre) ausgeschüttet werden kann, bedarf es allerdings eines entsprechenden Gewinnverwendungsbeschlusses der Hauptversammlung, durch den erst der konkrete, schuldrechtliche Dividendenanspruch als Gläubigerrecht entsteht. Vor übermäßiger Rücklagenbildung einer die Gewinnthesaurierung bevorzugenden Mehrheit schützt die Vorzugsaktionäre (mittelbar) zum einen das Nachzahlungsrecht: Der (kumulierte) ausgefallene Voraus ist aus dem verteilungsfähigem Gewinn späterer Jahre nachzuzahlen.[652] Zum anderen steht auch Vorzugsaktionären das Anfechtungsrecht aus § 254 Abs. 1 AktG zu (mit einem Quorum von fünf Prozent, Abs. 2 S. 2). Danach kann ein Beschluss der Hauptversammlung über die Verwendung des Bilanzgewinns in der Regel angefochten werden, wenn den Aktionären eine (zulässige) Ausschüttung versagt wird und deshalb keine Vergütung von vier Prozent auf das Grundkapital im betreffenden Geschäftsjahr erzielt wird. Den Aktionären ist damit jedoch, auch abgesehen vom erforderlichen Quorum, keine Verzinsung in dieser Höhe sicher, so lange ausschüttungsfähiges Vermögen vorhanden ist. Entscheidend ist, dass die Regelung an den Bilanzgewinn anknüpft. Dessen Höhe ergibt sich aus dem Jahresabschluss, den Vorstand und Aufsichtsrat feststellen (können), § 172 AktG. Zwar dürfen sie von einem Jahresüberschuss höchstens die Hälfte in Gewinnrücklagen einstellen, § 58 Abs. 2 S. AktG. Bei der Feststellung des Jahresabschlusses wird jedoch auch über die Entnahme von freien Rücklagen zugunsten des Bilanzgewinns entschieden. Nur dann, wenn dies geschieht, wird es der Hauptversammlung ermöglicht, über ihre Ausschüttung zu entscheiden.[653] Eigenkapitalgeber haben also keinen Anspruch auf eine Mindestvergütung aus ungebundenem Kapital.

Eigenkapitalgleiches Hybridkapital der Aktiengesellschaft darf also nicht mit einem Anspruch auf Vergütung ausgestattet sein; wenn dieser unter der Bedingung steht, dass den Aktionären eine Dividende ausgeschüttet wird, ist er unschädlich für die Eigenkapitalqualität. Darüber hinaus steht die Vergütung im Ermessen der zuständigen Organe, wobei wiederum gebundenes Vermögen nicht zur Auszah-

---

652 Zum Ganzen *Bezzenberger*, Großkommentar AktG, 5. Band, § 139 Rn. 12 f; *Hüffer*, AktG, § 139 Rn. 6 ff.; *Volhard* in Münchener Kommentar AktG, Band 4, 2. Auflage, § 139 Rn. 10 ff.; BGHZ 7, 263 (264).

653 *Kropff* in Münchener Kommentar AktG, Band 5/1 (2. Auflage), § 172 Rn. 15 und § 174 Rn. 27 (kein Zugriff der Hauptversammlung auf Rücklagen). Zur Bedeutung und historischen Entwicklung der Zuständigkeit über die Feststellung des Jahresabschlusses im Spannungsfeld Verwaltung/Aktionäre *Schön/Osterloh-Konrad* in Bayer/Habersack, Aktienrecht im Wandel, Band II, 20. Kapitel Rn. 70 ff.

lung gelangen darf.[654] Eine Nachzahlungspflicht (kumulative Struktur) ist mit dem Charakter als Eigenkapital vereinbar.

Bei der GmbH ist dagegen eine satzungsmäßig festgelegte Mindestverzinsung der Geschäftsanteile unter dem Vorbehalt, dass es nicht zum Verstoß gegen § 30 Abs. 1 GmbHG kommt, zulässig.[655] Entsprechendes gilt für eigenkapitalgleiches Hybridkapital.

ff) Zusammenfassung

Zusammenfassend kann folgendes festgehalten werden: Die Ausführungen haben nicht nur ergeben, dass die in der Praxis verwendeten Kriterien völlig unzureichend sind, wodurch ein zu positives Bild der Finanzlage gezeichnet wird, sondern auch, dass ein einheitlicher materieller Eigenkapitalbegriff des HGB nicht existiert. Hybridkapital kann nur dann als eigenkapitalgleich bezeichnet werden, wenn jeweils mindestens[656]

- zugunsten der Kapitalgeber kein Kapitalabfluss, weder zur Rückzahlung noch zur Vergütung, erfolgen darf, wenn das gebundene Vermögen angegriffen würde, und
- ein Rücktritt für den Fall der Insolvenz und Liquidation unmittelbar vor die Ansprüche der Anteilseigner erfolgt.

Darüber hinaus muss bei der Aktiengesellschaft gewährleistet sein, dass mindestens

- außer im Fall der Insolvenz und Liquidation, nach Kündigung seitens des Kapitalnehmers und nach einer Kapitalherabsetzung, die nicht dem Verlustausgleich dient, kein Rückzahlungsanspruch des Kapitalgebers besteht und
- ein Vergütungsanspruch nur durchsetzbar ist, wenn oder sobald die Aktionäre eine Dividende erhalten.

Bei der GmbH dagegen muss lediglich noch mindestens

- eine (Rest-)Laufzeit bzw. Kündigungsfrist von sechs Monaten bestehen.

Wiederum rechtsformübergreifend ist zu beachten, dass eine außerordentliche Kündigung seitens des Kapitalgebers im Fall wirtschaftlicher Schwierigkeiten der Gesellschaft ausgeschlossen ist. Zudem ist eine Aufrechnungsmöglichkeit des Ka-

---

654 Mit einem ähnlichen Ergebnis *Thiele*, Eigenkapital, S. 149 und 151, der einen Anspruch auf Vergütung auf den Jahresüberschuss beschränkt sieht und darüber hinaus die Entscheidung im Ermessen des zuständigen Organs belässt.

655 *Hueck/Fastrich* in Baumbach/Hueck, GmbHG, § 29 Rn. 62; *Emmerich* in Scholz, GmbHG, Band I, § 29 Rn. 88; *Hommelhoff* in Lutter/Hommelhoff, GmbHG, § 29 Rn. 47.

656 So ergibt sich schon aus dem hier hergeleiteten Eigenkapitalbegriff, dass Kapital, welches keinerlei Auszahlungsverpflichtungen mit sich bringt (etwa ausschließlich aus einem Liquidationserlös zurückzuzahlen ist), Eigenkapital in materieller Hinsicht ist; dazu bedarf es nicht der Ableitung aus dem Schuldbegriff, der weder gesetzlich definiert ist noch eine befriedigende Abgrenzung von Eigen- und Fremdkapital ermöglicht, siehe dazu oben Fn. 572.

pitalgebers mit Rückzahlungs- oder Vergütungsansprüchen und die Bestellung von Sicherheiten mit dem Eigenkapitalcharakter nicht vereinbar.

Eigenkapitalgleiches Hybridkapital wird in der Finanzierung der Aktiengesellschaft kaum eingesetzt. Der Mangel an Attraktivität von Hybriden, welche die hier ermittelten Kriterien erfüllen, ist schon durch das Steuerrecht bedingt: Bei über 30jähriger Laufzeit nimmt die Finanzverwaltung eine Beteiligung am Liquidationserlös i. S. v. § 8 Abs. 3 S. 2 KStG an, und wenn darüber hinaus eine Beteiligung am Gewinn nach dieser Vorschrift gegeben ist, wird der Abzug der Vergütung auf das Instrument als Aufwand nicht anerkannt.[657]

c) Ausweis im Eigenkapital

Als nächstes soll die zweite Hauptaussage der Stellungnahme des IDW, eigenkapitalgleiches Hybridkapital könne auf der Passivseite der Bilanz im Eigenkapital ausgewiesen werden, überprüft werden. Klar ist dabei: Hybridkapital lässt sich nicht unter einen der in § 266 Abs. 3 Buchstabe A HGB aufgeführten Posten des Eigenkapitals subsumieren.[658] Nach § 265 Abs. 5 S. 2 HGB besteht jedoch die Möglichkeit, die Bilanz um Posten zu erweitern, wenn der Inhalt der neuen Posten nicht von einem der Bestehenden gedeckt wird.

Zunächst ist festzustellen, dass eine sich aus dem Gebot der Klarheit und Übersichtlichkeit (§ 243 Abs. 2 HGB) ergebende, entscheidende Voraussetzung für den Ausweis in einem Sonderposten in der Stellungnahme des IDW nicht vorliegt: klare Anforderungen an den Inhalt des neuen Postens, die eine trennscharfe Abgrenzung ermöglichen.[659] Schon aus diesem eher formellen Grund ist die Berufung auf § 265 Abs. 5 S. 2 HGB zweifelhaft.

Unabhängig davon bestehen bei einem Ausweis von Hybridkapital, egal wie eigenkapitalnah es sein mag, Bedenken in systematischer Hinsicht und zugleich im Hinblick auf die Informationsfunktion des Jahresabschlusses. Richtig ist zwar, dass es sich etwa bei §§ 266 und 272 HGB um Gliederungsvorschriften handelt.[660] Betrachtet man die ausdrücklich nach dem Gesetz unter dem Posten „Eigenkapital" zu gliedernden Eigenkapitalbestandteile, so ergibt sich jedoch ein wichtiger inhaltlicher Zusammenhang: Sämtliche Bestandteile sind den Anteilseignern wirtschaftlich über ihre Mitgliedschaft zugeordnet.[661] Gegen diesen Befund wird bisweilen das bei einer Emission von Wandel- oder Optionsanleihen erzielte Agio, welches gemäß § 272 Abs. 2 Nr. 2 HGB unabhängig von einer Ausübung des

---

657 Siehe oben Einführung IV.4.

658 *Kropff* in Münchener Kommentar AktG, Band 5/2 (2. Auflage), § 272 HGB Rn. 142; *Hüttemann* in Großkommentar HGB-Bilanzrecht, 1. Teilband, § 266 Rn. 76.

659 Auf dieses Erfordernis weisen hin *Reiner/Haußer* in Münchener Kommentar HGB, Band 4, § 266 Rn. 92.

660 Dazu oben Teil 3 C.I.2.

661 Dies betonen auch *W. Müller* in Festschrift Budde (1995), S. 445 (457); *Groh*, BB 1995, S. 559 (560). Ähnlich *Hüttemann* in Großkommentar HGB-Bilanzrecht, 1. Teilband, § 266 Rn. 76 (Ausweis von eigenkapitalähnlichem Kapital getrennt vom Eigenkapital, da es von „Nichtgesellschaftern" stammt).

Wandlungsrechts oder der Option im Eigenkapital auszuweisen ist, angeführt.[662] Es kommt jedoch nicht auf die Herkunft an (sonst dürfte etwa auch – isoliert betrachtet – ein erzielter Kaufpreis letztlich nicht zur Erhöhung der Gewinnrücklage führen), sondern auf die rechnerisch-vermögensmäßige Zuordnung über die Anteilseignerschaft. Da dem Vermögenszufluss durch Zahlung des Agio keine Schuld gegenübersteht, erhöht sich das den Anteilseignern zugeordnete Eigenkapital.

Mit dem Posten „Eigenkapital" korrespondiert auch eine entscheidende wirtschaftliche Größe, mit welcher die Bilanz ihrer Informationsfunktion gerecht wird, denn an der Höhe des formellen Eigenkapitals lässt sich der buchmäßige Wert des Vermögens ablesen, welcher mit der Anteilseignerschaft verbunden ist: Das Eigenkapital ist Ausdruck des Reinvermögens, und daher wird auch vom Eigenkapital als Residualgröße oder Saldo gesprochen.[663] Dieses Verständnis des bilanziellen Eigenkapitals liegt auch der Bilanzrichtlinie zugrunde: Wiederum sämtliche Posten nach Art. 9 unter „Passiva: A. Eigenkapital" und Art. 10 unter „L. Eigenkapital" sind wirtschaftlich mit der Anteilseignerschaft verknüpft. Eine richtlinienkonforme Auslegung[664] ergibt daher, dass hybrides Kapital nicht im Posten „Eigenkapital" ausgewiesen werden darf. Die Bilanz verlöre ansonsten im Hinblick auf die Aussage über das wirtschaftlich den Anteilseignern zugeordnete Vermögen an Informationsgehalt. Das Einblicksgebot aus Art. 2 Abs. 3 der Bilanzrichtlinie, § 264 Abs. 2 S. 1 HGB gilt auch für potentielle und aktuelle Anteilseigner. Auch hybrides Kapital von Kapitalgebern, die gleichzeitig Anteilseigner sind, kann nicht im Eigenkapital bilanziert werden,[665] denn der bilanzielle „Wert" der Anteilseignerschaft würde auch durch einen solchen Ausweis verfälscht.[666]

Der (in erster Linie für die Gläubiger erzielte) Informationsgewinn durch die Bilanzierung von Hybriden im Eigenkapital ist dagegen denkbar gering. Er wird weiter dadurch reduziert, dass die Frage des materiellen Eigenkapitalgehalts umstritten und der in der Praxis verwendete Eigenkapitalbegriff in materieller Hinsicht unzulänglich ist. Legt man den hier erarbeiteten Mindestgehalt in materieller Hinsicht für eigenkapitalgleiches Hybridkapital zugrunde, würde ohnehin kaum einmal Hybridkapital im Posten „Eigenkapital" ausgewiesen werden können. Hinzu kommt, dass je nach Gesellschaftsform unterschiedliche Anforderungen an Hybridkapital für den Ausweis im Eigenkapital zu stellen wären.

---

662 So *Hense*, Stille Gesellschaft, S. 195; *Thiele*, Eigenkapital, S. 161.

663 Dies folgt aus §§ 246 Abs. 1, 247 Abs. 1 HGB sowie den Grundsätzen ordnungsmäßiger Buchführung: Erhöht sich das bilanzielle Vermögen des Unternehmens, ohne dass in gleichem Umfang Schulden entstehen, vergrößert sich das Eigenkapital. Siehe auch Adler/Düring/Schmaltz, Rechnungslegung, Teilband 6, § 246 HGB Rn. 79; *Ballwieser* in Münchener Kommentar HGB, Band 4, § 246 Rn. 80; *Kleindiek* in HGB-Bilanzrecht Großkommentar, 1. Teilband, § 246 Rn. 23; *Bezzenberger*, Kapital der Aktiengesellschaft, S. 15; *Westerfelhaus*, DB 1988, S. 1173 (1174); *W. Müller* in Festschrift Budde (1995), S. 445 (450).

664 Vgl. auch Art. 2 Abs. 2, 2. Hs. der Bilanzrichtlinie. Zur richtlinienkonformen Auslegung oben Nachweise bei Fn. 491.

665 Dafür jedoch *Wiedemann* in Großkommentar AktG, 6. Band, vor § 182, Rn. 28.

666 Stellte jeder Anteilseigner im Verhältnis zu seiner Einlage den gleichen Betrag an Hybridkapital zur Verfügung, so hätte die Momentaufnahme immerhin noch einen ähnlichen Aussagegehalt.

Wie problematisch die Bilanzierung von Kapital ohne Bezug zur Anteilseignerschaft als Eigenkapital ist, zeigt sich auch in der Gewinn- und Verlustrechnung:[667] So soll nach der Stellungnahme des IDW die Vergütung auf Genussrechte, die als Eigenkapital bilanziert werden, nicht Teil der Gewinnverwendung, sondern Aufwand sein,[668] was erheblicher Kritik ausgesetzt ist.[669] Unter der derzeitigen Handhabung leidet die Konsistenz des Jahresabschlusses. Zählte man die Vergütung des Hybridkapitals zur Gewinnverwendung, wäre die Informationsfunktion des Jahresabschlusses im Hinblick auf das Ergebnis erheblich beeinträchtigt.

Nicht zuletzt wird das Problem der Bilanzierung hybrider Finanzierungsformen, die den Kriterien des Eigenkapitalbegriffs nicht gerecht werden, aber gleichwohl im Hinblick auf die Haftungsfunktion an formelles Eigenkapital angenähert sind, nicht gelöst. Bildlich gesprochen: Statt der Trennung von schwarz und weiß findet nun eine Trennung von dunkelgrau/schwarz und weiß statt; die übrigen Schattierungen werden nicht berücksichtigt. Schon die graduelle Abweichung hin zum Fremdkapital vom Modulbündel nach der Stellungnahme des IDW führt zur Bilanzierung als Fremdkapital.[670] Diese Konsequenz führt außerdem vermehrt dazu, dass durch *financial engineering* bzw. Bilanzarbitrage Instrumente im Eigenkapital ausgewiesen werden, die den Anforderungen der Stellungnahme des IDW zumindest dem Telos nach nicht gerecht werden.[671] Der in der Stellungnahme des IDW vorgesehene neue Posten für Genussrechte birgt somit eine Gefahr der Beliebigkeit des Ausweises in sich, was den Informationsgehalt des Eigenkapitalpostens beeinträchtigt.

Nach der in § 247 Abs. 1 HGB angelegten, dichotomen Struktur der Passivseite der Bilanz ist somit klar: Hybridkapital i.e.S. ist Fremdkapital im Sinne des Bilanzrechts nach HGB. Das Phänomen der keine Anteilseignerschaft vermittelnden Finanzierungsinstrumente, die durch Auszahlungssperren und/oder Erfolgsbeteiligung Funktionen des Eigenkapitals wahrnehmen können, führt nicht dazu, die Dichotomie in Frage stellen zu müssen. Dafür spricht auch, dass das Gesetz in Form der Drohverlustrückstellungen nach § 249 Abs. 1 HGB einen Fremdkapitalposten kennt, der teilweise (wenn auch nicht durch die in einem Instrument angelegte Struktur) Eigenkapitalcharakter hat.

Zusammenfassend kann festgestellt werden, dass nicht nur der in der Praxis verwendete materielle Eigenkapitalbegriff einer Überprüfung nicht standhält, son-

---

667 So auch *Groh*, BB 1995, S. 559 (560).

668 IDW (HFA), Stellungnahme 1/1994, WPg 1994, S. 419 (422). Zustimmend *Habersack* in Münchener Kommentar AktG, Band 4, § 221 Rn. 359; *Kozikowski/Schubert* in Beck'scher Bilanz-Kommentar, § 247 Rn. 229; ebenso *Wollmert*, BB 1992, S. 2106 (2106).

669 *Schweitzer/Volpert*, BB 1994, S. 821 (826); *Winnefeld*, Bilanz-Handbuch, Abschnitt D Rn. 1732.

670 Der Ausweis im Eigenkapital vermittelt außerdem den Eindruck, dass es sich um kraft Gesetzes gebundenes Kapital handelt; das ist zumindest jedoch höchst zweifelhaft, siehe oben Teil 2 B.V.4.d)aa). Desweiteren könnte bei Bilanzlesern der Eindruck entstehen, es seien weitreichende Verwaltungsrechte vereinbart, so *Prosser*, Anlegerschutz bei Genußscheinen, S. 162 f.

671 Siehe dazu die Untersuchung zu strukturierten Genussrechten bei *Baetge/Brüggemann*, DB 2005, S. 2145 (2148 ff.).

dern eine eigenkapitalgleiche Qualität von Hybridkapital im Hinblick auf Systematik und Informationsfunktion den Ausweis im Bilanzposten „Eigenkapital" überhaupt nicht zu rechtfertigen vermag. Eigenkapitalgleiches Kapital kann zwar von Anteilseignern oder Dritten zur Verfügung gestellt werden – versperrt ist aber der Ausweis im Posten gemäß § 266 Abs. 3 Buchstabe A HGB. Die Möglichkeit, je nach Ausweis von Hybridkapital als Eigenkapital oder Fremdkapital über die Module eines hybriden Finanzierungsinstruments zu informieren, besteht nicht. Die Darstellung der Wahrnehmung von Eigenkapitalfunktionen durch Hybridkapital ist also in der HGB-Bilanz nicht eine Frage des materiellen Eigenkapitalbegriffs, sondern lediglich ein Ausweisproblem innerhalb des Fremdkapitals.

3. Sonderposten für hybride Instrumente

Da es sich bei Hybridkapital um Schulden i.S.v. § 247 Abs. 1 HGB handelt, bleibt nur der Ausweis in einem der anderen Hauptposten des § 266 Abs. 3 HGB, insbesondere den Verbindlichkeiten (Buchstabe C), oder aber in einem neuen Posten, der nach § 265 Abs. 5 S. 2 HGB zu bilden sein könnte.[672] Für den ersten Fall wäre wiederum zu prüfen, ob ein neuer Posten mit arabischer Ziffer (z.B. „1. Hybridkapital") gemäß § 265 Abs. 5 S. 2 HGB zu bilden oder eine weitere Untergliederung eines bestehenden Postens durch Aufgliederung oder Davon-Vermerk vorzunehmen ist.

Früher war die Forderung nach einem Sonderposten für hybrides Kapital in der Literatur verbreitet anzutreffen.[673] Die Praxis bediente sich zum Ausweis von Genussrechten häufig eines solchen Postens. Seit sich der HFA des IDW in seiner Stellungnahme im Jahr 1994 dagegen ausgesprochen hat,[674] wird zum Teil noch so bilanziert.[675] In der Literatur wird die Zulässigkeit eines Sonderpostens meist bestritten.[676] Aber in der aktuellen Literatur finden sich auch einige Stimmen, die

---

672 § 265 Abs. 5 S. 1 (weitere Untergliederung der Posten) ist nicht einschlägig, da sich die Vorschrift nur auf Posten bezieht, die nach dem Gesetz nicht untergliedert sind, vgl. *Kessler/Suchan* in Münchener Kommentar AktG, Band 5/2 (2. Auflage), § 265 HGB Rn. 25.

673 *K. Schmidt* in Festschrift Goerdeler (1987), S. 487 (502f.) [Nachrangdarlehen]; *Groh*, BB 1993, S. 1882 (1890) [Genussrechte jedenfalls dann, wenn nachrangig]; *Knobbe-Keuk*, Bilanz- und Unternehmenssteuerrecht, S. 107f., 110f. und ZIP 1983, S. 127 (130f.); *Hense*, Stille Gesellschaft im Jahresabschluss, S. 272f. [Einlagen stiller Gesellschafter]; *Westerfelhaus*, DB 1988, S. 1173 (1177).

674 IDW (HFA), Stellungnahme 1/1994, WPg 1994, S. 419 (420). Der Entwurf sah noch vor, dass je nach Ausgestaltung der Module ein Ausweis in Eigenkapital, Sonderposten oder Verbindlichkeiten erfolgen sollte, IDW (HFA), Entwurf einer Verlautbarung „Zur Bilanzierung von Genußrechten", WPg 1993, S. 446 (448).

675 Vgl. dazu das Ergebnis der Analyse des *Teams Baetge* (Universität Münster) von Abschlüssen mittelständischer Unternehmen (2004): Zahlreiche Unternehmen wiesen Genussrechte in einem Posten zwischen Eigenkapital und Rückstellungen aus, siehe *Baetge/Kirsch/Thiele*, Bilanzen, S. 507 Fn. 136.

676 Gegen den Ausweis in einem Sonderposten sprechen sich fast all diejenigen aus, die der Stellungnahme des IDW zum materiellen Eigenkapitalbegriff folgen. Explizit im Einzelnen dagegen Adler/Düring/Schmaltz, Rechnungslegung, Teilband 6, § 246 HGB Rn. 89 (Genussrechte) und Rn. 144 (Nachrangdarlehen), anders aber ggf. bei Einlagen stiller Gesellschafter, Rn. 92; *Dusemond/Knop* in Küting/Weber, Handbuch der Rechnungslegung, Band Ia, § 266 Rn. 122 (Einlagen

sich für die Einrichtung eines Sonderpostens aussprechen. Sie unterscheiden sich jedoch im Hinblick darauf, welche hybriden Instrumente dort ausgewiesen werden sollen. Zum Teil erstreckt sich die Forderung nach dem gesonderten Ausweis auf alle wichtigen hybriden Instrumente.[677] Andere Stimmen sprechen sich dafür aus, Hybridkapital solle je nach Ausgestaltung im Eigenkapital oder im Sonderposten[678] bzw. im Fremdkapital oder im Sonderposten[679] ausgewiesen werden (Zweiteilung des Hybridkapitals). Wiederum andere Vorschläge sehen eine Dreiteilung zwischen Eigenkapital, Sonderposten und Verbindlichkeiten vor.[680]

Die hier maßgebliche Vorschrift für die Abweichung vom Gliederungsschema des § 266 HGB ist § 265 Abs. 5 S. 2 HGB, wonach neue Posten hinzugefügt werden dürfen, „wenn ihr Inhalt nicht von einem vorgeschriebenen Posten gedeckt wird". Zum Teil wird vertreten, eine Einfügung von neuen Posten sei nur auf der Ebene der arabischen Ziffern zulässig.[681] Aus dem Wortlaut ergibt sich eine solche Beschränkung jedenfalls nicht. Eine richtlinienkonforme Auslegung ergibt vielmehr, dass auf jeder Gliederungsebene neue Posten gebildet werden können, denn Art. 4 Abs. 1 S. 3 der Bilanzrichtlinie lautet: „Neue Posten dürfen hinzugefügt werden,

---

stiller Gesellschafter) und 170 (Genussrechte); *Küting/Kessler* in Küting/Weber, Handbuch der Rechnungslegung, Band Ia, § 272 Rn. 163 und 216; *Habersack* in Münchener Kommentar AktG, Band 4, § 221 Rn. 352 f.; *Priester*, ZGR 1999, S. 533 (544) (Gesellschafterdarlehen); *Kleindiek* in HGB-Bilanzrecht Großkommentar, § 247 Rn. 34; *Reiner/Haußer* in Münchener Kommentar HGB, Band 4, § 266 Rn. 94 f. (ähnlich wie Adler/Düring/Schmaltz); *Winnefeld*, Bilanzhandbuch, Abschnitt D Rn. 1539 (Nachrangdarlehen); *Priester*, ZGR 1999, S. 533 (544); *Thiele*, Eigenkapital, S. 86; *Küting/Kessler*, BB 1994, S. 2103 (2104); *Polzer*, Münchener Handbuch des Gesellschaftsrechts, Band 2, § 84 Rn. 16 (Einlagen stiller Gesellschafter); *Dürr*, Mezzanine-Kapital in der Rechnungslegung, S. 221; kritisch auch *Baetge/Kirsch/Thiele*, Bilanzen, S. 508. Symptomatisch für den Umschwung in der Literatur *W. Müller* in Festschrift Budde (1995), S. 431 (459 f.), neuerdings aber *ders.* in Großkommentar GmbHG, Band II, Anh. § 29 Rn. 38.

677 Sonderausweis für alle Hybride *W. Müller* in Festschrift Budde (1995), S. 445 (459) (siehe jedoch vorangehende Fußnote); *Kampmann*, Kapitalstruktur, S. 185 ff.; Gesellschafterdarlehen ohne Rangrücktritt ausklammernd *Hüttemann* in Großkommentar HGB-Bilanzrecht, 1. Teilband, § 266 Rn. 76 f. (Genussrechte und Einlagen stiller Gesellschafter) und Rn. 62 (Nachrangdarlehen), wobei die Ausführungen zu Genussrechten auch den Schluss zulassen, anderes als eigenkapitalgleiches Genussrechtskapital solle unter Verbindlichkeiten ausgewiesen werden. Die Ausklammerung der Gesellschafterdarlehen ohne Rangrücktritt (ebenda, Rn. 62) fußt wohl auf der Unsicherheit hinsichtlich der Anwendbarkeit des Eigenkapitalersatzrechts (so etwa bei *Knobbe-Keuk*, Bilanz- und Unternehmenssteuerrecht, S. 111), was sich durch das MoMiG erledigt hat.

678 *Baetge/Brüggemann*, DB 2005, S. 2145 (2151).

679 *Singhof* in Wysocki/Schulze-Osterloh/Hennrichs/Kuhner, Handbuch des Jahresabschlusses, 3. Band, Abteilung III/2 Rn. 177 (Ausweis nur dann im Sonderposten, wenn die IDW-Kriterien für Eigenkapital erfüllt sind).

680 Unterscheidung nach der Überlassungsdauer bei *Kropff* in Münchener Kommentar AktG, Band 5/2 (2. Auflage), § 272 HGB, Rn. 149 ff. (Genussrechte) und 155 (Einlagen stiller Gesellschafter), ggf. auch Ausweis von Nachrangdarlehen im Sonderposten, Rn. 160. Unterscheidung nach weiteren Kriterien bei *Wengel*, DStR 2001, S. 1316 (1324); *K. Schmidt* in Festschrift Goerdeler (1987), S. 487 (499, 502 f., 508 f.).

681 *Weber* in Küting/Weber, Handbuch der Rechnungslegung, Band Ia, Rn. 58; *Kessler/Suchan* in Münchener Kommentar AktG, Band 5/2 (2. Auflage), § 265 HGB Rn. 27; dagegen Adler/Düring/Schmaltz, Rechnungslegung, Teilband 5, § 265 HGB Rn. 65; *Winkeljohann/Büssow* in Beck'scher Bilanz-Kommentar, § 265 Rn. 15; *Hense*, Stille Gesellschaft, S. 272.

soweit ihr Inhalt nicht von einem der *in den Schemata* vorgesehenen Posten gedeckt wird" (Betonung hinzugefügt).

Hauptargument gegen die Einrichtung eines Sonderpostens ist hingegen, ein Sonderposten stünde nicht mit § 247 Abs. 1 HGB im Einklang, da dieser eine Trennung von Eigenkapital und Schulden anordne.[682] Letzteres ist zutreffend, die Schlussfolgerung aber nicht: Unter Zugrundelegung einer dichotomen Struktur der HGB-Bilanz gemäß § 247 Abs. 1 HGB[683] handelt es sich bei Hybridkapital ja gerade um Schulden. Diese sind aber gemäß § 266 Abs. 3 HGB bereits in die Posten „Rückstellungen" (Buchstabe B) und „Verbindlichkeiten" (Buchstabe C) unterteilt,[684] die auf der selben Gliederungsebene wie das Eigenkapital (Buchstabe A) angesiedelt sind. Die Aufgliederung der Schulden auf dieser Ebene ist mit § 247 Abs. 1 HGB demnach vereinbar. Außerdem ist die Vorschrift hinsichtlich der Gliederung nicht vollständig, was sich aus der Möglichkeit anderer Posten auf derselben Ebene u.a. nach § 274 HGB (Bilanzierungshilfen) ergibt.[685] Da nach Art. 4 Abs. 1 S. 3 der Bilanzrichtlinie, § 265 Abs. 5 S. 2 HGB neue Posten hinzugefügt werden dürfen, wenn ihr Inhalt nicht von einem vorgeschriebenen Posten gedeckt wird, beschränkt sich die Frage nach dem Sonderposten für Hybridkapital darauf, ob Hybridkapital unter die gesetzlich ausdrücklich genannten Posten des Fremdkapitals (Rückstellungen oder Verbindlichkeiten) subsumierbar ist.

Verbindlichkeiten sind Schulden (gesetzliche, vertragliche oder faktische Leistungsverpflichtungen gegenüber Dritten), die hinsichtlich Existenz und Betrag sicher sind. Demgegenüber weisen Rückstellungen Unsicherheiten auf, vgl. § 249 Abs. 1 S. 1 HGB.[686] Zumindest bei Instrumenten mit Verlustteilnahme i.e.S. steht der bei Fälligkeit rückzahlbare Betrag nicht von vornherein fest. Ein Ausweis unter Rückstellungen kommt hier allerdings auch nicht in Betracht, da diese nur für gemäß § 249 HGB abschließend bestimmte Zwecke zulässig sind.[687]

Andere Fremdkapitalinstrumente mit eigenkapitalähnlicher Haftqualität, aber ohne Verlustbeteiligung i.e.S. sind zum Nennwert rückzahlbar. Bezieht man die Situation in Liquidation und Insolvenz ein, so wird allerdings deutlich, dass zumindest auch hier durch die vorrangige Befriedigung anderer Gläubiger eine (dem

---

682 *Küting/Kessler* in Küting/Weber, Handbuch der Rechnungslegung, Band Ia, § 272 Rn. 163; *Thiele*, Eigenkapital, S. 86f. Daneben werden Bewertungs- und Konsolidierungsprobleme befürchtet (vgl. für Ersteres *Thiele*, Eigenkapital, S. 88f.; für Letzteres *Baetge/Kirsch/Thiele*, Bilanzen, S. 508). Da nach der hier vertretenen Ansicht Hybridkapital innerhalb der dichotomen Struktur Fremdkapital darstellt, können die darauf anzuwendenden Vorschriften jeweils herangezogen werden; es handelt sich lediglich um ein Ausweisproblem.
683 Dazu oben Teil 3 C.I.1.
684 Zum Schuldbegriff als Oberbegriff für Verbindlichkeiten und Rückstellungen *Kozikowski/Schubert* in Beck'scher Bilanz-Kommentar, § 247 Rn. 201.
685 Vollständige Aufzählung der in § 247 Abs. 1 HGB nicht erwähnten Posten bei *Ballwieser* in Münchener Kommentar HGB, Band 4, § 247 Rn. 1.
686 Vgl. *Ballwieser* in Münchener Kommentar HGB, Band 4, § 246 Rn. 69. Zum Schuldbegriff siehe auch oben Fn. 572.
687 *Reiner/Haußer* in Münchener Kommentar HGB, Band 4, § 266 Rn. 98.

normalen Insolvenzrisiko hinzuzurechnende) Unsicherheit vorliegt.[688] Das dürfte jedoch kein zwingender Grund sein, die Qualifikation von Nachrangdarlehen als „Verbindlichkeiten“ i.S.v. § 266 Abs. 3 Buchstabe C HGB abzulehnen.

Andererseits ergibt sich aus dem Gesetz auch nichts, was darauf hindeuten könnte, dass unter „Verbindlichkeiten“ auch solche Schulden fallen, die mit einer eigenkapitalähnlichen Haftqualität ausgestattet sind. So sind zwar etwa „Verbindlichkeiten gegenüber Gesellschaftern“ nach § 42 Abs. 3 GmbHG gesondert auszuweisen. Selbst wenn mit „Verbindlichkeiten“ solche i.S.v. § 266 Abs. 3 Buchstabe C HGB gemeint sein sollten, ist dies jedoch kein Beleg dafür, dass unter „Verbindlichkeiten“ auch Hybridkapital fällt: Bis zur Einführung der gesetzlichen Subordination aller[689] Gesellschafterdarlehen in § 39 Abs. 1 Nr. 5 InsO durch das MoMiG im November 2008 war bei solchen Darlehen ohne Rangrücktritt die Haftqualität ohnehin nicht mit Sicherheit vorhanden. Aus der Gesetzesbegründung geht hervor, dass der gesonderte Ausweis lediglich über die besonders enge Beziehung des Gesellschafters zur Gesellschaft berichten soll.[690] Ähnlich verhält es sich mit Wandelanleihen, die zwar ausdrücklich in Posten C.1. genannt werden („Anleihen, davon konvertibel“). Jedoch: Der haftende Kapitalbestandteil einer Wandelanleihe, das Agio, welches unabhängig von der Ausübung des Wandelrechts beim Emittenten verbleibt, wird in der Kapitalrücklage ausgewiesen, § 272 Abs. 2 Nr. 2 HGB. Dem verbleibenden Teil des überlassenen Kapitals kann wegen der Unsicherheit über die Ausübung des Wandlungsrechts keine Haftqualität zugesprochen werden.

Letztendlich ist eine Auslegung von Art. 4 Abs. 1 S. 3 der Bilanzrichtlinie, § 265 Abs. 5 S. 2 HGB im Lichte des Gebots des *true and fair view* aus Art. 2 Abs. 3 der Bilanzrichtlinie, § 264 Abs. 2 S. 1 HGB[691] vorzunehmen. Für einen sicheren Einblick in die Finanzlage der Gesellschaft und zur Gewährleistung der Vergleichbarkeit von Jahresabschlüssen (sowohl verschiedener Gesellschaften untereinander als auch von verschiedenen Abschlüssen einer Gesellschaft – Darstellungsstetigkeit, § 265 Abs. 1 S. 1 HGB) ist ein einheitliches Gliederungsschema im europäischen Binnenmarkt von großer Bedeutung, vgl. Erwägungsgründe zur Bilanzrichtlinie. § 265 Abs. 5 HGB ist als Ausnahmetatbestand aus dieser Überlegung heraus eng auszulegen. Auf der anderen Seite wird der Informationsgewinn eines starren Schemas dann konterkariert, wenn dieses kein den tatsächlichen Verhältnissen entsprechendes Bild (Art. 2 Abs. 3 der Bilanzrichtlinie) vermitteln kann. Wegen der erheblichen Bedeutung der Haftqualität des Kapitals für die Adressaten wäre genau das der Fall; dies gilt umso mehr, je höher der Anteil der Finanzierung durch Hybridkapital ist. Der Ausweis in einem Sonderposten beugt der Desinformation vor, denn er vermag eine Signalfunktion wahrzunehmen: Der Abschlussleser wird angehalten, den konkreten Modulen des oder der Instrumente im Anhang nach-

---

688 In diese Richtung *Kampmann*, Kapitalstruktur, S. 152.
689 Ausnahmen durch das Sanierungs- und Kleinbeteiligtenprivileg, § 39 Abs. 4 S. 2 und 5 InsO.
690 Siehe BT-Drucksache 10/317, S. 110.
691 Dazu oben A.I.2.

zugehen, um einen richtigen Einblick in die Finanzlage des Unternehmens zu erhalten. Der trotz der gegenteiligen Stellungnahme des IDW weiterhin anzutreffende separate Ausweis[692] lässt auf ein entsprechendes Bedürfnis auch der rechnungslegenden Gesellschaften schließen, den Bilanzleser auf die Besonderheit des oder der zum Einsatz kommenden hybriden Instrumente hinzuweisen.[693]

Im Einzelnen sprechen noch weitere Gründe dafür, dass allein durch den Ausweis in einem Sonderposten ein angemessenes Bild der Finanzlage vermittelt wird. Erstens besteht hier keine Erwartungshaltung der Marktteilnehmer im Hinblick etwa auf eine bestimmte Restlaufzeit, so dass sich eine Umqualifizierung von Eigen- in Fremdkapital (etwa während der letzten zwei Jahre),[694] die einen Vergleich der Jahresabschlüsse erschwert (Stichwort: Darstellungsstetigkeit), erübrigt. Zweitens lässt ein Sonderposten auch den angemessenen Ausweis von Gesellschafterdarlehen (auch ohne Rangrücktrittserklärung) zu, nachdem diese nun einer Subordination kraft Gesetzes unterliegen, § 39 Abs. 1 Nr. 5 InsO. Der bisher teilweise geforderte[695] gesonderte Ausweis eigenkapitalersetzender Darlehen hatte sich wegen der Unsicherheit über die Anwendbarkeit des Eigenkapitalersatzrechts und der Deutung als Bekenntnis zur Kreditschwäche nicht durchgesetzt.[696] Drittens sind die Möglichkeiten für Bilanzarbitrage bzw. Täuschung durch *financial engineering* geringer, da mit dem Ausweis im Sonderposten klar ist, dass weder reines Eigenkapital noch reines Fremdkapital vorliegt.[697]

Es sei auch darauf hingewiesen, dass nach § 330 HGB i.V.m. Formblatt 1 zu § 2 Abs. 1 der Verordnung über die Rechnungslegung der Kreditinstitute und Finanzdienstleistungsinstitute (RechKredV) nachrangige Verbindlichkeiten (Ziff. 9) und Genussrechtskapital (Ziff. 10) zwischen den Rückstellungen und dem Eigenkapital ausgewiesen werden. Nicht zuletzt bestätigt auch eine vergleichende Betrachtung der Bilanzierungspraxis das hier gefundene Ergebnis: So wird Art. 521-1 des *Plan comptable général*,[698] der die Gliederung der französischen Handelsbilanz regelt, dergestalt ausgelegt, dass *titres participatifs* (Genussrechte) zwischen den *Capitaux propres* (Eigenkapital) und den *Provisions* (Rückstellungen) im Posten *Autres fonds propres* (Sonstige Eigenmittel) ausgewiesen werden.[699]

---

692 Nachweise oben Fn. 573.
693 Darauf verweisen auch *Baetge/Brüggemann*, DB 2005, S. 2145 (2151).
694 Siehe oben bei Fn. 610.
695 *Lutter/Hommelhoff*, ZGR 1979, S. 31 (53); *Kleindiek* in Lutter/Hommelhoff, GmbHG, 16. Auflage, § 42 Rn. 43 m.w.N.
696 *Kropff* in Münchener Kommentar AktG, Band 5/2 (2. Auflage), § 272 HGB Rn. 159.
697 So auch *Baetge/Brüggemann*, DB 2005, S. 2145 (2151).
698 Règlement n° 99-03 du 29 avril 1999 du Comité de la réglementation comptable, Journal Officiel de la République Française (JORF) du 21/09/1999. Zur Umsetzung der Bilanzrichtlinie in der *Loi comptable* und dem *Plan comptable général* siehe *Grabowski*, Bilanzierungs- und Bewertungsvorschriften für Aktiengesellschaften in Deutschland und Frankreich, S. 56 ff.
699 Siehe dazu http://www.plancomptable.com/systeme_de_base/bilan/521-1_modele_de_bilan_(en_tableau).xls (Homepage → Titre V → Chapitre II → Section I → 521-1 → siehe * bei „Capitaux Propres").

Zusammenfassend kann festgehalten werden, dass nur die Hinzufügung eines Sonderpostens gemäß § 265 Abs. 5 S. 2 HGB die Möglichkeit bietet, sowohl die Informationsinteressen der Anteilseigner über die Beibehaltung der Reinvermögensbilanzierung zu erhalten und gleichzeitig den besonderen Risikocharakter hervorzuheben, was primär (aber nicht nur) den Informationsinteressen der Gläubiger dient. Da eine aussagekräftige Darstellung der Kapitalstruktur einer Gesellschaft ohne diese deutliche Darstellung der Besonderheit hybrider Finanzierungsinstrumente nicht gewährleistet wäre, verdichtet sich die Möglichkeit der Bildung eines Sonderpostens aus § 265 Abs. 5 S. 2 HGB über das Gebot des *true and fair view* aus Art. 2 Abs. 3 der Bilanzrichtlinie, § 264 Abs. 2 S. 1 HGB zur Pflicht.[700] Auch dem Grundsatz der Klarheit und Übersichtlichkeit (§ 243 Abs. 2 HGB) wird der Bilanzersteller nur so gerecht. Bei Missachtung widerspricht der Abschluss zwar dem HGB, ist jedoch nicht nichtig nach § 256 Abs. 1 Nr. 1 oder Abs. 4 AktG. Allerdings kann ein Bestätigungsvermerk über die Abschlussprüfung nur eingeschränkt erteilt werden, § 322 Abs. 4 HGB.

Der Sonderposten ist zwischen „A. Eigenkapital“ und „B. Rückstellungen“ einzuordnen, kann bezeichnet werden als „Hybridkapital“ oder „Ergänzendes Haftkapital“ und versehen werden mit dem Gliederungspunkt „Nach A.“[701] oder „Vor B.“. Im Anhang ist im Rahmen der allgemeinen Angaben zu Inhalt und Gliederung des Jahresabschlusses[702] die Rechtsgrundlage für die Einfügung des Sonderpostens zu nennen.

Eine wichtige Voraussetzung muss das Hybridkapital allerdings für den Ausweis in einem Sonderposten erfüllen: Es muss im Hinblick auf Cashflow und/oder Vergütung zumindest eigenkapitalähnlich sein. Welche Anforderungen dies an die Module des Finanzierungsvertrags stellt, ist im Zusammenhang mit Bezeichnungen der konkreten Hybridposten im weiteren Verlauf der Arbeit zu klären.

II. IFRS

Zuvor soll jedoch der Ausweis von Hybridkapital in der IFRS-Bilanz darauf untersucht werden, inwieweit er Aufschluss über die konkreten Module der Finanzierungsverträge zu geben vermag.

---

700 So auch *Singhof* in Wysocki/Schulze-Osterloh/Hennrichs/Kuhner, Handbuch des Jahresabschlusses, 3. Band, Abteilung III/2, Rn. 177; *W. Müller* in Festschrift Budde (1995), S. 445 (459, 463); *Knobbe-Keuk*, ZIP 1983, S. 127 (131). Allgemein zur Pflicht, neue Posten hinzuzufügen *Hüttemann* in Großkommentar HGB-Bilanzrecht, 1. Teilband, § 265 Rn. 20; *Kessler/Suchan* in Münchener Kommentar AktG, Band 5/2 (2. Auflage), § 265 HGB Rn. 28; Adler/Düring/Schmaltz, Rechnungslegung, Teilband 5, § 265 HGB Rn. 68; *K. Schmidt* in Festschrift Goerdeler (1987), S. 487 (495 f.). In diesem Zusammenhang zur bilanzrechtlichen „Ermessensreduzierung auf Null“ *Voßbeck*, Eigenkapitalersatz im Jahresabschluss, S. 135 ff.

701 So *Reiner/Haußer* in Münchener Kommentar HGB, Band 4, § 266 Rn. 92.

702 Siehe oben Teil 3 B.I.1.

1. Gliederung der Passivseite

Was die Gliederung der Bilanz nach IFRS anbelangt, enthält IAS 1.68 eine „Liste von Posten“ (vgl. IAS 1.71), aus der sich die Zweiteilung der Passivseite in Eigenkapital und Fremdkapital (Schulden) ergibt. Gleichzeitig verlangt IAS 32.15 ausdrücklich die Zuordnung von Finanzinstrumenten auf der Passivseite zum Eigen- oder Fremdkapital.[703]

Die weitere Untergliederung des Eigenkapitalpostens in gezeichnetes Kapital und Rücklagen, ggf. mit darüber hinausgehender Differenzierung, folgt aus IAS 1.68 lit. p, 1.75 lit. e, 1.76 lit. a. Für die Bilanz gilt insgesamt, dass zusätzliche Posten darzustellen sind, wenn dies für das Verständnis der Finanzlage des Unternehmens relevant ist, IAS 1.69. Höhe, Art und Restlaufzeit sind nach IAS 1.72 lit. c Beurteilungskriterien bzgl. der Schulden. Grundsätzlich sind kurz- und langfristige Schulden getrennt auszuweisen, IAS 1.51 ff. Kurzfristig ist eine Schuld gemäß IAS 1.60 lit. c u. a. dann, wenn eine Restlaufzeit von höchstens einem Jahr besteht. Ergänzend zu IAS 1 ist auch die Veröffentlichung des DRSC dazu, RIC 1 (Bilanzgliederung nach Fristigkeit gemäß IAS 1 Darstellung des Abschlusses), heranzuziehen.

2. Abgrenzung von Eigen- und Fremdkapital

Was ist nach IFRS nun Eigenkapital, was sind Schulden? Die maßgeblichen Vorschriften dazu finden sich in IAS 32.11 ff.; auch das Rahmenkonzept enthält Aussagen zur Abgrenzung (F.49, 60 ff.). IAS 32[704] ist der für die Darstellung von Finanzinstrumenten entscheidende Standard, wobei ein Finanzinstrument definiert ist als ein Vertrag, der gleichzeitig bei dem einen Unternehmen zu einem finanziellen Vermögenswert und bei dem anderen Unternehmen zu einer finanziellen Verbindlichkeit oder einem Eigenkapitalinstrument führt (IAS 32.11).

In der aus normtechnischer Sicht erstaunlichen Vielfalt von Definitionen, Definitionserläuterungen und -begründungen, Prinzipien und Beispielen, die IAS 32 für die Abgrenzung bereithält,[705] kommt es entscheidend darauf an, ob es eine (bedingte) vertragliche Verpflichtung des Unternehmens gibt, einen Vermögenswert abzugeben,[706] mit anderen Worten, ob ein bedingter oder unbedingter Anspruch („vertragliche Verpflichtung“) gegenüber dem Unternehmen besteht, IAS 32.11, 16 lit. a (sogenannter *Settlement Approach*). Kann sich der Emittent einem Mittelab-

---

703 Siehe zur vorgeschlagenen Änderung der Gliederung der IFRS-Bilanz oben Fn. 562 (zweiter Absatz).

704 IAS 32 wurde durch die Verordnung (EG) 2237/2004 der Kommission vom 29. 12. 2004, ABl. L 393 ins europäische Sekundärrecht übernommen; zuletzt geändert durch die Verordnung (EG) 53/2009 der Kommission vom 21. 1. 2009, ABl. L 17/23. Die Vorschriften zu Ansatz und Bewertung finden sich in IAS 39, zum Ausweis in IFRS 7, vgl. IAS 32.3.

705 Vgl. *Luttermann*, WPg 2006, S. 778 (781) zu IFRS allgemein: „Wiederholungen, Überschneidungen, Widersprüche [...] Ein schroffes, weithin unübersichtliches Gelände.“

706 In dieser Deutlichkeit auch PAAinE, Liabilities and Equity, S. 30.

fluss nicht entziehen, d. h. kann es zu einer Auszahlung ohne vorherige Beschlussfassung des zuständigen Organs der Gesellschaft kommen, so liegt eine Verbindlichkeit vor, IAS 32.19. Ansprüche im Fall der Liquidation (IAS 32.25 lit. b), bestimmte Ansprüche auf Lieferung von Anteilen des Unternehmens (IAS 32. 16 lit. b) und solche, die erst nach einer Ermessensentscheidung des Emittenten entstehen (arg. IAS 32.AG26) sind für die Einordnung in die Kategorie Eigenkapital unschädlich. Zur Verfügung gestelltes Kapital, welches erst im Liquidationsfall[707] oder nach der entsprechenden Entscheidung eines Organs des Unternehmens, auf die kein Anspruch besteht, zurückbezahlt oder vergütet werden muss, ist demnach als Eigenkapital zu bilanzieren.

Was den Rückzahlungsanspruch betrifft, so muss dieser in Insolvenz und Liquidation nachrangig sein, was sich aus dem residualen Charakter der Ansprüche aus einem Eigenkapitalinstrument ergibt, vgl. F.49 lit. c, IAS 32.11. Ein Rangrücktritt hinter alle anderen Gläubiger dürfte dieser Anforderung gerecht werden.[708] Aus dem Erfordernis, der Rückzahlungsanspruch dürfe nicht vor der Liquidation fällig werden ohne Ermessensentscheidung des Emittenten folgt: Eine unbegrenzte Laufzeit des Instruments ist Voraussetzung für die Eigenkapitalqualifikation, gleichzeitig darf grundsätzlich kein Kündigungsrecht des Kapitalgebers bestehen, IAS 32.18 lit. b. Entscheidend ist auch hier, dass sich der Emittent einem Mittelabfluss nicht entziehen kann, IAS 32.19. Nicht entziehen kann sich der Kapitalnehmer der Zahlung auch dann, wenn sie von unsicheren künftigen Ereignissen abhängt, die von keinem der Vertragspartner beeinflusst werden können, IAS 32.25. Allerdings sollen gemäß IAS 32.25 lit. a Bedingungen, die „nicht echt" („*not genuine*") sind, außer Betracht bleiben. Damit sind extrem seltene, äußerst ungewöhnliche und sehr unwahrscheinliche Ereignisse gemeint, IAS 32.AG28. Das Recht zur außerordentlichen Kündigung (vgl. § 314 BGB) bei Dauerschuldverhältnissen ist damit in der Regel unschädlich für die Einordnung eines Instruments als Eigenkapital.[709]

Ordentliche Kündigungsrechte führen dagegen zur Klassifizierung als Fremdkapital. Kündigungsfristen, seien sie auch noch so lang, sind grundsätzlich nicht von Bedeutung.[710] Eine Ausnahme wurde im Februar 2008 nach intensiver Diskussion

---

707 Nach IDW RS HFA 9, WPg 2006, S. 537 Ziff. 14 darf nicht schon bei der Eröffnung des Insolvenzverfahrens eine Zahlungspflicht entstehen bzw. durch Kündigung des Inhabers herbeigeführt werden können; Liquidation i. S. v. IAS 32.25 lit. b setze voraus, dass zwangsläufig die abschließende Verteilung des Vermögens folgen wird.

708 Ebenso *Baetge/Kirsch/Leuschner*, DB 2006, S. 2133 (2137 f.); wohl auch IDW RS HFA 9, WPg 2006, S. 537 Ziff. 6. Über die Module der Nachrangigkeit hinaus hat das Kriterium des „Residualanspruchs" (IAS 32.11) keine Bedeutung für die Definition des Eigen- und Fremdkapitals. Für die Frage des Kapitalabflusses gelten die im Text zitierten Vorschriften. Gleichwohl wird der residuale Charakter häufig in den Vordergrund gestellt, etwa bei *Clemens* in Beck'sches IFRS-Handbuch, § 12 Rn. 5; *Dürr*, Mezzanine-Kapital, S. 172; *Küting/Dürr*, DStR 2005, S. 938 (942). Kritisch auch *Kuhn/Scharpf*, Financial Instruments nach IFRS, Rn. 3680.

709 Ebenso *Hennrichs*, WPg 2006, S. 1253 (1256).

710 IDW RS HFA 9, WPg 2006, S. 537 Ziff. 17.

in IAS 32 eingefügt[711] und Anfang 2009 in europäisches Recht[712] übernommen für bestimmte kündbare Instrumente (*puttable instruments*), die dem Inhaber im Fall der Liquidation das Recht auf einen proportionalen Anteil am Nettovermögen einräumen und zur nachrangigsten Klasse von Instrumenten gehören, IAS 32.16A f. Außerdem müssen alle Instrumente der rangletzten Klasse identische Merkmale aufweisen, und der gesamte für das Instrument erwartete Cashflow muss im Wesentlichen auf Gewinnen und Verlusten während der Laufzeit, auf Veränderungen des Nettovermögens oder der Änderung des Unternehmenswerts beruhen.[713] Die hier behandelten hybriden Instrumente erfüllen diese Voraussetzungen nicht.[714] Erfasst werden insbesondere kündbare Anteile an Personenhandelsgesellschaften und Genossenschaften (*ownership instruments*), so dass die Kapitalabgrenzung nach IAS 32 nun einen kombinierten Ansatz verfolgt (sogenannter *Ownership-Settlement Approach*). Es handelt sich hierbei jedoch um eine Übergangslösung, da derzeit eine einheitliche Abgrenzung von bilanziellem Eigen- und Fremdkapital für US-GAAP (*Generally Accepted Accounting Principles*) und IFRS entwickelt wird. Darauf wird am Ende der vorliegenden Arbeit einzugehen sein.

Missverständlich sind im Zusammenhang mit der Abgrenzung von Eigen- und Fremdkapital IAS 32.15 und 18 insoweit, als es für die Einteilung in Vermögenswerte, Verbindlichkeiten und Eigenkapitalinstrumente auf die „wirtschaftliche Substanz der vertraglichen Vereinbarung" ankommen soll (wirtschaftliche Betrachtungsweise; *substance over form*, vgl. auch F.35).[715] Dabei ist zu beachten, dass im Kontext von IAS 32 nicht, wie etwa bei der Bilanzierung im Zusammenhang

---

711 IAS 32 (rev. 2008) vom 14. 2. 2008 ersetzt IAS 32 (rev. 2003). Der Standard gilt für alle ab oder nach dem 1. 1. 2009 beginnenden Geschäftsjahre, IAS 32.IN22. Aus der umfangreichen Literatur zum Standardentwurf ED IAS 32 (2006) *Coenenberg/Berger/Joest* in Festschrift Baetge (2007), S. 139; *Baetge/Kirsch/Leuschner*, DB 2006, S. 2133; *Pawelzik*, KoR 2006, S. 153; *Zülch/Erdmann/Clark*, IRZ 2007, S. 227 (228 ff.); *Hennrichs*, KoR 2007, S. 61; *Barckow*, KoR 2006, S. 623; *Schubert*, WM 2006, S. 1033; *Schmidt*, BB 2006, S. 1563; *Küting/Wirth/Dürr*, WPg 2006, S. 69; *Mentz*, DStR 2007, S. 453. Kritisch zu den damit einhergehenden Pflichten zur Offenlegung des *fair value* der Gesellschaftereinlagen *Hennrichs/Schubert*, ZIP 2007, S. 563 (566 ff.).

712 Verordnung (EG) Nr. 53/2009 der Kommission vom 21. 1. 2009 zur Änderung der Verordnung (EG) Nr. 1126/2008 betreffend die Übernahme bestimmter internationaler Rechnungslegungsstandards in Übereinstimmung mit der Verordnung (EG) Nr. 1606/2002 des Europäischen Parlaments und des Rates im Hinblick auf International Accounting Standard (IAS) 32 und IAS 1, ABl. L 17/23. Die Änderungen an IAS 32 (und IAS 1) gelten für ab oder nach dem 1. 1. 2009 beginnende Geschäftsjahre, Art. 2 der Verordnung.

713 Für weitere Voraussetzungen siehe ebenda. Neben dieser Ausnahme für kündbare Instrumente wurde auch eine Regelung für Gesellschaften mit von vornherein beschränkter Dauer bzw. solche, bei denen ein Gesellschafter durch Kündigung die Liquidation herbeiführen kann, eingeführt, vgl. IAS 32.16C f. Zur Auslegung der Vorschriften siehe RIC 3 des Rechnungslegungs Interpretations Committee (RIC).

714 Eine andere Frage ist, ob durch den Ausweis etwa von Hybridanleihen im Eigenkapital der Ausweis kündbarer Instrumente ausgeschlossen ist (und vice versa), da nach IAS 32.16A lit. c alle Instrumente der nachrangigsten Klasse die gleichen Merkmale (z.B. alle unkündbar) aufweisen müssen; dazu *Schmidt*, BB 2008, S. 434 (438).

715 In der Litertaur wird die Bedeutung der wirtschaftlichen Betrachtungsweise häufig besonders betont, etwa bei *Breker/Harrison/Schmidt*, KoR 2005, S. 469 (469); *Clemens* in Beck'sches IFRS-Handbuch, § 12 Rn. 4; *Lüdenbach* in Haufe IFRS, § 20 Rn. 4; *Großfeld/Luttermann*, Bilanzrecht, Rn. 913. Kritisch dagegen auch *Hennrichs*, WPg 2006, S. 1253 (1255).

mit Leasing, Treuhandverhältnissen, Kommissionsgeschäften o. Ä. der sogenannte wirtschaftliche Eigentümer im Vergleich zum juristischen Eigentümer gemeint ist. Vielmehr weist IAS 32.15 darauf hin, dass sich die Kapitalabgrenzung nach IFRS, anders als die vieler nationaler Rechnungslegungsregeln, nicht an einer rechtlichen Form, insbesondere nicht am juristischen Anteilseignerbegriff orientiert. Die Abgrenzung orientiert sich jedoch an gar keinem Herrschaftsverhältnis, auch nicht am „wirtschaftlichen Eigentümer". Maßgeblich ist allein die konkrete rechtliche Ausgestaltung im Hinblick auf eine Zahlungsverpflichtung des Unternehmens vor der Liquidation.[716]

Ob darüber hinaus Raum für eine Betrachtung der Rückzahlungsverpflichtung aus einem Finanzinstrument anhand von rein ökonomischen Kriterien bleibt, ist nicht abschließend geklärt. Konkret geht es dabei um die Frage, ob Instrumente, die über einen mit erheblicher Verteuerung des Kapitals einhergehenden *step-up* verfügen (bei gleichzeitiger Kündigungsmöglichkeit seitens des Emittenten) aufgrund der faktisch-ökonomischen Rückzahlungsverpflichtung (*economic compulsion*) als Fremdkapital eingeordnet werden sollen.[717] Zwar enthielt eine ältere Fassung des IAS 32 (IAS 32 rev. 2000) noch eine steigende Vergütung als Beispiel für eine solche faktische Verpflichtung (IAS 32.22 a. F.). Doch dessen Streichung sollte daran nichts ändern, vgl. IAS 32.BC9. Das IFRIC konnte sich diesbezüglich nicht auf eine Auslegung einigen, das IASB jedoch hält eine steigende Vergütung für unerheblich.[718] Dem gegenüber spricht sowohl der Wortlaut als auch der Sinn und Zweck der Vorschrift eher dafür, eine faktische Verpflichtung zu berücksichtigen. Das Kriterium der wirtschaftlichen Substanz (IAS 32.15) bei der Abgrenzung von Eigen- und Fremdkapital hätte ansonsten keine inhaltliche Bedeutung und würde zur leeren Formel degradiert.[719] Um die Rechtssicherheit zu erhöhen, sollten jedoch konkrete Kriterien in IAS 32 genannt werden (eine bestimmte Zahl von Basispunkten oder eine prozentuale Abweichung von einer sinnvoll gewählten Benchmark).

Was die Vergütung eines Finanzinstruments anbelangt, so gilt auch hier: Jede einseitig vom Kapitalgeber durchsetzbare Verpflichtung führt zum Fremdkapitalausweis, IAS 32.17 und 19. Anders verhält es sich nur, wenn die Zahlung im Ermessen der Organe des Emittenten liegt. Dabei reicht es aus, wenn die Zahlung mittelbar im Ermessen des Kapitalnehmers liegt, also etwa von der Entscheidung über die Ausschüttung einer Dividende abhängt.[720] Auch die Kumulation von Zin-

---

716 Insofern ist die Formulierung bei *Clemens* in Beck'sches IFRS-Handbuch, § 12 Rn. 4, der Ausweis erfolge „nicht [nach] seiner rechtlichen Ausgestaltung", ungenau. Er beruht auf der Annahme, es gebe *einen* rechtlichen Eigenkapitalbegriff, gemeint ist aber der formelle Eigenkapitalbegriff. Siehe dazu das Zitat von *K. Schmidt* oben Fn. 93.

717 Bei Anleihen, die über ein Rating im *investment grade*-Bereich verfügen, stellt bei niedrigem Zinsniveau bereits ein *step-up* um 100 Basispunkte einen erheblichen Kündigungsanreiz dar.

718 Dazu *Knorr/Schmidt*, IRZ 2007, S. 183 (185).

719 Im Ergebnis ebenso Krumnow/Sprißler et. al. (Hrsg.), Rechnungslegung der Kreditinstitute, IAS 32 Rn. 12 (S. 1433); PAAinE, Liabilities and Equity, S. 34 Rn. 2.28; a. A. *Kuhn/Scharpf*, Financial Instruments nach IFRS, Rn. 3834 f.

720 Dazu IDW RS HFA 9, WPg 2006, S. 537 Ziff. 22; *Schaber/Isert*, BB 2006, S. 2401 (2405).

sen ist unschädlich, IAS 32.AG26, solange der Aufschub unbegrenzt möglich ist.[721] Eine Koppelung hingegen an das Jahresergebnis oder den Bilanzgewinn führt zum Ausweis im Fremdkapital, da sich das Unternehmen der Zahlung ggf. nicht entziehen kann. Es liegt dann ein zukünftiges Ereignis vor, das außerhalb des Einflusses des Emittenten liegt, vgl. IAS 32.25.[722] Kann sich der Emittent der Rückzahlung entziehen, nicht jedoch der Zahlung der Vergütung (oder entgegengesetzt), dann ist ein Instrument in eine Eigen- und eine Fremdkomponente aufzuteilen, vgl. IAS 32.28.[723]

Der Ausweis eines hybriden Finanzinstruments im Eigenkapital der Bilanz nach IFRS lässt zusammengefasst folgende Rückschlüsse auf dessen Module zu: Es ist eine ewige Laufzeit vereinbart, ordentliche Kündigungsrechte des Kapitalgebers bestehen nicht und die Zahlung der Vergütung liegt im Ermessen des Emittenten. Es kann zwar ein Rücktritt für den Fall der Insolvenz vereinbart sein. Ob jedoch auch eine Auszahlungssperre vor der Insolvenz und damit ein harter oder qualifizierter Rangrücktritt vorliegt, ist unklar. Ein Ausweis im Fremdkapital hingegen enthält lediglich die Information, dass diese Kombination von Eigenschaften beim Hybridinstrument nicht vorliegt. Ein Sonderposten zwischen Eigen- und Fremdkapital kommt nicht in Betracht.[724]

III. Zusammenfassung

Im Ergebnis kann festgehalten werden, dass weder die Bilanz nach HGB noch diejenige nach IFRS durch die Verortung des Hybridkapitals auf der Passivseite über die entscheidungserheblichen Module der Finanzierungsverträge Aufschluss gibt. Nach HGB scheidet eine Informationsübermittlung (entgegen der Praxis) durch die Verortung von Posten für Hybridkapital im Eigen- oder Fremdkapital aus, da eine Bilanzierung als Eigenkapitalposten ausgeschlossen ist. Ein gewisser Grad an Information wird dadurch übermittelt, dass Hybridkapital mit besonderer Haftqualität in einem Sonderposten zwischen Eigen- und Fremdkapital auszuweisen ist.

Nach IFRS kommt es zwar zu einer gewissen Informationsübermittlung durch die Verortung des Hybridkapitals im Eigen- oder Fremdkapital. Hinsichtlich wesentlicher Module wie etwa der Verlustbeteiligung (da für die Kapitalabgrenzung unerheblich) kommt dies aber nicht zum tragen. Selbst solche Module, die für die Kapitalabgrenzung wesentlich sind, werden nur dann mittelbar dargestellt, wenn sie in Kombination mit den restlichen relevanten Modulen für den Eigenkapital-

---

721 *Schaber/Isert*, BB 2006, S. 2401 (2405).

722 *Harrer/Janssen/Halbig*, FinanzBetrieb 2005, S. 1 (5); *Schaber/Isert*, BB 2006, S. 2401 (2406). A.A. *Küting/Dürr*, DStR 2005, S. 938 (942); *Schaber/Kuhn/Eichhorn*, BB 2004, S. 315 (318).

723 Zum *split accounting* von zusammengesetzten Finanzinstrumenten IDW RS HFA 9, WPg 2006, S. 537 Ziff. 29 ff.; *Schaber/Isert*, BB 2006, S. 2401 (2406 f.).

724 Das ist unbestritten, vgl. etwa *Kuhn/Scharpf*, Financial Instruments nach IFRS, Rn. 3706; *Brüggemann/Lühn/Siegel*, KoR 2004, S. 389 (392).

ausweis vorliegen. So kann unter Umständen eine Information darüber erfolgen, ob ein Nachrang vorliegt; welche Qualität dieser hat, ist jedoch nicht aus der Bilanz ersichtlich.

D. Bilanz: Information durch Bezeichnung des Postens

Nachdem sich die Verortung des Hybridkapitals innerhalb der Passivseite als unergiebig im Hinblick auf die konkreten Module hybrider Instrumente erwiesen hat, soll nun geprüft werden, wie die Postenbezeichnung zur Informationsübermittlung beitragen kann. Ausdrückliche gesetzliche Vorgaben gibt es dazu nicht. Was die herkömmlichen Bezeichnungen als „Einlagen stiller Gesellschafter" etc. betrifft,[725] wurde bereits festgestellt, dass sie kaum Rückschlüsse auf konkrete Module zulassen. Ein Rückschluss beschränkt sich etwa bei dem eben genannten Beispiel der stillen Einlage darauf, dass (wegen § 231 Abs. 2, 2. Hs. HGB) eine Gewinnbeteiligung vorliegt.

Im Folgenden wird ein Konzept zur Bezeichnung von gebündelten Finanzierungsverträgen entwickelt, welches der Informationsfunktion der Finanzberichte gerecht wird. Ausgangspunkt ist, dass es einer polytomen Einteilung hybrider Instrumente in Kategorien anhand der Ausprägungen ihrer Module bedarf (modulbezogene Kategorisierung). Im Bereich der Regulierung findet sich eine solche Kategorisierung an zwei Stellen: im Bankaufsichtsrecht[726] und im Ratingverfahren. In beiden Fällen ist die graduelle Nähe von Instrumenten zum „reinen" Eigenkapital ausschlaggebend (Kategorisierung nach dem Eigenkapitalgehalt). Voraussetzung für die Bildung hierarchisch geordneter Kategorien ist die Vorgabe eines konkreten Zwecks, den Eigenkapital erfüllen soll bzw. ein „reiner" Eigenkapitalbegriff, aus dem sich ein solcher Zweck ableiten lässt.

Zunächst werden die Kategorien hybrider Instrumente im Bankaufsichtsrecht und in der Methodik des Ratings vorgestellt. Anschließend wird geprüft, ob eine Kategorisierung nach dem Eigenkapitalgehalt für Zwecke der Informationsübermittlung in der Bilanz geeignet ist, wie dies in der Literatur[727] (ohne weitere Prüfung) vertreten wird. Es geht bei dem folgenden, intradisziplinären Vergleich darum, ob sich das *Konzept* der Kategorisierung nach dem Eigenkapitalgehalt für eine Regulierung, die Informationszwecken dient, fruchtbar machen lässt. Eine Orientierung an den *inhaltlichen* Vorgaben des Bankaufsichtsrechts und der Ratingmethodik (sowie die Frage der rechtlichen Qualität) wäre ggf. erst in einem zweiten Schritt zu klären, falls die erste Frage positiv beantwortet werden könnte. Auf kei-

---

725 In der Literatur wird der separate Ausweis von Hybridkapital mit der entsprechenden Bezeichnung empfohlen, etwa bei *Brüggemann/Lühn/Siegel*, KoR 2004, S. 389 (394); *Küting/Erdmann/Dürr*, DB 2008, S. 997 (1000); *Dürr*, Mezzanine-Kapital, S. 263.

726 Ähnlich geschieht dies im Versicherungsaufsichtsrecht, vgl. § 53c Abs. 3a und 3b VAG. Die Kategorien stimmen weitgehend mit den Regelungen zu Kreditinstituten überein.

727 So bei *Baetge/Brüggemann*, DB 2005, S. 2145 (2152).

nen Fall wäre eine unbesehene Übertragung der Wertungen auf das Bilanzrecht möglich.

I. Kategorien von Hybridinstrumenten im Bankaufsichtsrecht

1. Finanzsystem, Bankaufsicht und Solvabilität

Kreditinstitute spielen als Finanzintermediäre eine essentielle Rolle in modernen Volkswirtschaften. Instabilitäten im Finanzsektor können verheerende Folgen auch für die Realwirtschaft haben. Die Finanzkrise, welche im Jahr 2007 einsetzte, hat dies jüngst und besonders drastisch gezeigt.[728] Ziel der staatlichen Aufsicht über den Sektor ist es, eine Solvenz- und damit Gläubigergefährdung von Instituten zu verhindern. In erster Linie geschieht dies durch Reglementierung des Umgangs mit Risiken, für deren Aufnahme Banken Eigenmittel vorhalten müssen.[729] In Deutschland sind für die Aufsicht die Deutsche Bundesbank und die Bundesanstalt für Finanzdienstleistungsaufsicht (BaFin) zuständig.[730] Zentrale Kodifikation ist das Kreditwesengesetz (KWG) von 1961[731], das vor allem durch bislang sieben Novellen erhebliche Veränderungen erfahren hat.

Nach § 10 Abs. 1 S. 1 KWG müssen Kreditinstitute und Finanzdienstleistungsinstitute (Institute i.S.v. § 1 Abs. 1b KWG), Institutsgruppen und Finanzholding-Gruppen über angemessene Eigenmittel verfügen. Welches Kapital als Eigenmittel gilt, ist maßgeblich in § 10 KWG geregelt. Die Angemessenheit richtet sich seit

---

728 Dazu etwa Der Spiegel vom 29. 6. 2009 (Heft 27), „Viel Geld, wenig Kapital", S. 56. Ausführliche Darstellung der Genese der Krise und ihrer Auswirkungen auf die Realwirtschaft bei Projektgruppe Gemeinschaftsdiagnose (ifo-Institut München, IfW Kiel et. al.), Deutschland am Rande der Rezession, S. 33 ff. Speziell Literatur zu Rechnungslegung und Finanzkrise etwa *Lüdenbach/Hoffmann*, StuB 2009, S. 3 ff.; *Dobler/Kuhner*, WPg 2009, S. 24; *Zwirner*, DB 2009, S. 353. Die einschneidendste Änderung von Rechnungslegungsvorschriften wurde mit den *Amendments to IAS 39 & IFRS 7 „Reclassification of Financial Assets"* getan (Umsetzung durch Verordnung (EG) Nr. 1004/2008 der Kommission vom 15. Oktober 2008 zur Änderung der Verordnung (EG) Nr. 1725/2003 betreffend die Übernahme bestimmter internationaler Rechnungslegungsstandards in Übereinstimmung mit der Verordnung (EG) Nr. 1606/2002 des Europäischen Parlaments und des Rates im Hinblick auf International Accounting Standard (IAS) 39 und International Financial Reporting Standard (IFRS) 7, ABl. EU L 275, S. 37. Zu den Reaktionen der Standardsetzer gehörte auch die Einrichtung der Financial Crisis Advisory Group (FCAG) im Oktober 2008 durch IASB und FASB; sie spricht Empfehlungen aus, vgl. FCAG, Report vom 28. Juli 2009. Zur FCAG *Vater*, KoR 2009, S. 294. Nach IFRS 9 *Financial Instruments* (nicht ins EU-Recht übernommen), vorgelegt am 12. November 2009, bestehen nur mehr zwei (statt vier) Bewertungskategorien für Finanzinstrumente; vgl. dazu den frei zugänglichen Entwurf des IASB zur Klassifizierung und Bewertung von Finanzinstrumenten vom 14. 7. 2009: IASB, Financial Instruments: Classification and Measurement, ED/2009/7, S. 17 Rn. 3 ff.

729 Der Zusammenhang zwischen Bonität und Eigenkapitalausstattung der Banken ist jedoch nicht unbestritten, vgl. *Lowenfeld*, International Economic Law, S. 825.

730 Zur künftigen Konzentration der Bankenaufsicht bei der Bundesbank etwa Kreditwesen 2009, S. 982; SparkassenZeitung vom 9. 10. 2009 (Nr. 41), „Finanzaufsichtsreform – Details noch in der Diskussion", S. 2.

731 Historisch zum deutschen Eigenmittelbegriff seit dem Hypothekenbankgesetz (1899) *Krümmel*, Bankenaufsichtsziele und Eigenkapitalbegriff, S. 15 ff.

1. Januar 2007 vor allem nach der Solvabilitätsverordnung (SolvV), welche den sogenannten „Grundsatz I" ablöst. Die einschlägigen Vorschriften dienen dabei weitgehend der Umsetzung[732] von Bankenrichtlinie[733] und Kapitaladäquanzrichtlinie[734] (zusammen als Eigenkapitalrichtlinie, *Capital Requirements Directive*/CRD bezeichnet). Als Teil der Regeln über die Ausübung der Kreditinstitute ist eine Harmonisierung der Eigenkapitalanforderungen für die Verwirklichung des Binnenmarktes von erheblicher Bedeutung. Ein Bedürfnis für einheitliche Mindeststandards bei der Eigenkapitalausstattung besteht jedoch nicht nur auf europäischer Ebene. Eine wirtschaftlich vernetzte Welt, insbesondere mit global agierenden Banken und einem weltumspannenden Interbankenmarkt, führen dazu, dass Staaten weltweit gegenseitig auf stabile Finanzsysteme angewiesen sind. Hinzu kommt, dass Unterschiede in der Aufsicht, zumal bei den Anforderungen an die Eigenkapitalausstattung, eine Quelle von Wettbewerbsverzerrungen sein können (Stichworte: *level playing field, race to the bottom*).[735] Für eine (ansatzweise) international koordinierte Bankenaufsicht sorgt seit 1974 der Baseler Ausschuss für Bankenaufsicht (*Basel Committee on Banking Supervision*, BCBS), der bei der Bank für Internationalen Zahlungsausgleich (*Bank for International Settlements*, BIS), einer internationalen Organisation mit Sitz in der Schweiz, angesiedelt ist. Die Eigenkapitalanforderungen für international tätige Banken sind in den Basel I[736] (1988), Basel II[737] (2004) und Basel III[738] (2010) genannten Rahmenvereinbarungen beschrieben; sie sind völkerrechtlich jedoch nicht bindend. Im Gegensatz dazu ergibt

---

732 Zuletzt Art. 1 des Gesetzes zur Umsetzung der neu gefassten Bankenrichtlinie und der neu gefassten Kapitaladäquanzrichtlinie vom 17. 11. 2006, BGBl. 2006 Teil I, S. 2606.

733 Richtlinie 2006/48/EG des Europäischen Parlaments und des Rates vom 14. Juni 2006 über die Aufnahme und Ausübung der Tätigkeit der Kreditinstitute (Neufassung), Abl. L 177 vom 30. 6. 2006, S. 1.

734 Richtlinie 2006/49/EG des Europäischen Parlaments und des Rates vom 14. Juni 2006 über die angemessene Eigenkapitalausstattung von Wertpapierfirmen und Kreditinstituten (Neufassung), Abl. L 177 vom 30. 6. 2006, S. 201. Kurzer Überblick zu aktuellen und geplanten Änderungen der Eigenkapitalrichtlinie im Infobrief des Europäischer Bankenausschusses vom September 2009, abrufbar unter http://ec.europa.eu/internal_market/bank/ebc/index_de.htm (Homepage → Binnenmarkt → Bankwesen → Europäischer Bankenausschuss).

735 Zur wettbewerbspolitischen Bedeutung der Eigenmittel *Fischer* in Schimansky/Bunte/Lwowski, Bankrechts-Handbuch, Band II, § 129 Rn. 4 f.; *Siebel*, Eigenkapital und Quasi-Eigenkapital von Kreditinstituten, S. 33 f.

736 Baseler Ausschuss für Bankenaufsicht (*Basel Committee on Banking Supervision*/BCBS) bei der Bank für Internationalen Zahlungsausgleich (*Bank for International Settlements*/BIS), Internationale Konvergenz der Eigenkapitalmessung und der Eigenkapitalanforderungen (Juli 1988). Zur Entwicklung der Eigenkapitaldefinition durch den Baseler Ausschuss und zum Einfluss der parallelen Entwicklung auf europäischer Ebene *Bader*, Vergleich der Eigenkapitalanforderungen, S. 4 ff.

737 Baseler Ausschuss für Bankenaufsicht, Internationale Konvergenz der Eigenkapitalmessung und der Eigenkapitalanforderungen – Überarbeitete Rahmenvereinbarung (Juni 2004). Zitiert wird im Folgenden die umfassende Version (Juni 2006), wo u. a. die Eigenkapitaldefinition aus Basel I inkorporiert wurde.

738 Baseler Ausschuss für Bankenaufsicht, Basel III: A global regulatory framework for more resilient banks and banking systems (Dezember 2010).

sich aus Art. 249 Abs. 3 EGV, dass europäische Richtlinien für alle Mitgliedstaaten verbindlich sind.[739]

Basel II („überarbeitete Rahmenvereinbarung") baut auf Basel I auf und fügt den Mindestkapitalanforderungen (Säule 1) Regeln zum bankaufsichtlichen Überprüfungsprozess (Säule 2) und zur Marktdisziplin durch Publizität (Säule 3) hinzu. Die Mindestkapitalanforderungen richten sich nach dem Marktrisiko, dem operationellen Risiko und insbesondere dem Kreditrisiko (Adressrisiko). Basel I sah im Hinblick auf das Adressrisiko eine Einteilung von Forderungen der Banken in vier[740] Kreditrisikoklassen vor, aus denen, zusammen mit dem Kapitalkoeffizienten von 8% (mindestens 4% Kernkapital), eine Unterlegung von 0% bis 8% Eigenmittel folgte.[741] Basel II dagegen sieht neben einem standardisierten Ansatz, der weitgehend auf externen Ratings (durch Ratingagenturen) beruht, auch die Möglichkeit von verfeinerten, bankeigenen Risikomessmethoden vor (*Internal Ratings Based Approach*, IRB-Ansatz).[742]

Mit was kann oder muss eine Bank ihre Risikoaktiva (*Risk Weighted Assets*/RWA) unterlegen? Damit ist die Frage nach dem Kapitalbegriff im Bankaufsichtsrecht aufgeworfen. Die durch Basel I (Ziff. 12ff. und Anlage 1) sowie einem weiteren Dokument, dem *Sydney Press Release*,[743] gegebene Antwort hatte Basel II im Wesentlichen unverändert gelassen, vgl. Basel II, Ziff. 41, 49.iff., Anhang 1 und 1a. Ebenfalls nicht verändert wurden damals die Mindestkapitalkoeffizienten für die Unterlegung der gewichteten Risikoaktiva. In der Finanzkrise 2007ff. zeigte sich jedoch, dass einerseits manche hybride Instrumente nicht oder kaum zur Stabilität eines Instituts beitrugen, andererseits die Handhabung bzgl. der Ausgestaltung der Instrumente weltweit stark differierte. Basel III sieht daher neben Instrumenten wie der Verschuldungsgrenze (*Leverage-Ratio*), antizyklischen Puffern und neuen Prinzipien zum Liquiditätsmanagement auch eine Verschärfung der Kapitaldefinitionen und -koeffizienten vor.

In erster Linie und unbegrenzt dient der Unterlegung von Risikoaktiva *common equity*, d. h. eingezahltes Kapital der Gesellschafter sowie Kapital- und Gewinnrücklagen, Basel III Ziff. 49, 52. Daneben können auch andere Kapitalbestandteile, insbesondere hybride Finanzierungsinstrumente, verwendet werden; dabei

---

739 Zum Ganzen, insbesondere zu Basel II siehe *Lowenfeld*, International Economic Law, S. 820 ff.; *Herdegen*, Internationales Wirtschaftsrecht, § 13 Rn. 25 ff.; *Boehm-Bezing*, WM 2000, S. 1001. Zu Basel I *Lührig*, WPg 1988, S. 465; zu dessen europäischer Umsetzung *Lehnhoff*, WM 1991, Sonderheft Festgabe für Heinsius, S. 42.

740 Die Risikogewichtungsklassen waren 0% (z. B. für Forderungen gegenüber OECD-Staaten), 20%, 50% und 100% (etwa für Forderungen an den Privatsektor ohne hypothekarische Besicherung), Basel I Ziff. 29 und Anlage 2. Bestimmte Forderungen konnten nach dem Ermessen der Staaten auch mit 10% bewertet werden, so dass sich eine Einteilung in 5 Risikoklassen ergeben konnte.

741 Eine Unterlegungspflicht von 8% ergibt sich beispielsweise aus einer Risikogewichtung von 100% multipliziert mit dem Kapitalkoeffizienten von 8%.

742 Wobei sich Unterschiede wiederum ergeben zwischen dem Standard-IRB-Ansatz und dem fortgeschrittenen Ansatz, vgl. Ziff. 244 ff. Basel II.

743 Baseler Ausschuss für Bankenaufsicht, Instruments eligible for inclusion in Tier 1 capital (27. 10. 1998), „Sydney Press Release", abgedruckt in Kreditwesen 1999, S. 174.

kommt es auf das jeweilige Verlustdeckungspotential an. Durch Basel III wird zum einen die Anzahl der (hybriden) Kapitalkategorien reduziert, zum anderen der Anteil der höherwertigen Kapitalbestandteile (insbesondere von *common equity*) ausgebaut.

Mitte 2011 gibt es damit zwei unterschiedliche Kategorisierungen im Hinblick auf hybrides Kapital zu betrachten:

- Das bereits erwähnte *Sydney Press Release* (1998) wurde vom europäischen Gesetzgeber im Jahr 2009 aufgegriffen und führte zur Änderung der Eigenkapitalrichtlinie[744] (im Folgenden: „CRD II").[745] In Deutschland ist die entsprechende Umsetzung seit 31. 12. 2010 in Kraft (im Folgenden „KWG 2011").[746]
- Die Grundzüge von Basel III wurden auf dem G20-Gipfel in Seoul im November 2010 festgelegt;[747] im Dezember 2010 erfolgte die Veröffentlichung des vorläufigen Textes.[748] Die Implementierung ist bis zum 1. 1. 2013 vorgesehen, wobei die Änderungen z. T. stufenweise bis 1. 1. 2019 greifen sollen. Der europäische Gesetzgeber bereitet derzeit eine entsprechende Implementierung vor („CRD IV")[749].

2. Kategorien des Hybridkapitals nach *Sydney Press Release*, CRD II und KWG

a) Überblick

Die anrechenbaren Eigenmittel setzen sich nach *Sydney Press Release*/CRD II[750]/KWG 2011 aus den folgenden Kategorien zusammen, zu denen jeweils hybride Instrumente i. w. S. gehören:

- Haftendes Eigenkapital
  - Kernkapital/Basiseigenmittel (*original own funds*/*tier 1 capital*, T1)

---

744 Richtlinie 2009/111/EG des Europäischen Parlaments und des Rates vom 16. September 2009 zur Änderung der Richtlinien 2006/48/EG, 2006/49/EG und 2007/64/EG hinsichtlich Zentralorganisationen zugeordneter Banken, bestimmter Eigenmittelbestandteile, Großkredite, Aufsichtsregelungen und Krisenmanagement, ABl. L 302 vom 17. 11. 2009, S. 97; vorangehender Kommissionsvorschlag war COM (2008) 602/3. Siehe zur Überarbeitung *Banh/Cluse,* Kreditwesen 2009, S. 629.

745 *Capital Requirements Directive* ist die zusammenfassende Bezeichnung für Bankenrichtlinie (2006/48/EG) und und Kapitaladäquanzrichtlinie (2006/49/EG); mit „CRD II" werden zusammenfassend die diesbezüglichen Änderungsrichtlinien 2009/111/EG, 2009/83/EG und 2009/27/EG bezeichnet.

746 Gesetz zur Umsetzung der geänderten Bankenrichtlinie und der geänderten Kapitaladäquanzrichtlinie vom 19. 11. 2010, BGBl. 2010 Teil I, S. 1592.

747 Communiqué abrufbar unter http://www.g20.org/pub_communiques.aspx (Homepage → Publications → Communiqués).

748 Baseler Ausschuss für Bankenaufsicht, Basel III: A global regulatory framework for more resilient banks and banking systems (Dezember 2010).

749 Siehe zum Stand des Verfahrens etwa die Info-Briefe des Europäischen Bankenausschusses, abrufbar unter http://ec.europa.eu/internal_market/bank/ebc/index_de.htm (Homepage → Binnenmarkt → Bankwesen → Europäischer Bankenausschuss).

750 Siehe oben Fn. 744, 745.

- (Echtes) Kernkapital (*core original own funds/core tier 1 capital/upper tier 1 capital,* UT1)
- Kernergänzungskapital[751] (*supplementary original own funds/non core tier 1 capital/lower tier 1 capital,* LT1)
  Weitere Untergliederung nach *Sydney Press Release* (1998):
  - Kernergänzungskapital erster Klasse[752]
  - Kernergänzungskapital zweiter Klasse

  Weitere Untergliederung nach CRD II (2010) und KWG 2011:
  - Kernergänzungskapital erster Klasse
  - Kernergänzungskapital zweiter Klasse
  - Kernergänzungskapital dritter Klasse

o Ergänzungskapital/ergänzende Eigenmittel (*additional own funds/tier 2 capital,* T2)
- Ergänzungskapital erster Klasse (*core additional own funds/upper tier 2 capital,* UT2)
- Ergänzungskapital zweiter Klasse (*supplementary additional own funds/lower tier 2 capital,* LT2)

– Drittrangmittel (*ancillary own funds/tier 3 capital,* T3)

Bei der folgenden Darstellung der den einzelnen Kategorien zugeordneten Hybridinstrumenten wird meist von den Baseler Vorgaben ausgegangen (Ziff. 12ff. sowie Anlage 1 zu Basel I), sodann werden europäisches Recht (Art. 57ff. der Bankenrichtlinie) und nationales Recht (§ 10 Abs. 2 bis 7 KWG) vorgestellt. Auf Abzüge von den Kapitalposten und andere Bestandteile als Finanzierungsinstrumente innerhalb der Kategorien wird dabei nicht eingegangen.

b) (Echtes) Kernkapital (UT1)

Einzig unbegrenzt anrechenbar sind nach Basel II, Ziff. 49.i das „Grundkapital“ voll eingezahlter Stammaktien und nicht kumulativer, unkündbarer Vorzugsaktien (sowie die offenen Reserven).[753] Die Bankenrichtlinie nimmt in Art. 57 lit. a Bezug auf die Bankbilanzrichtlinie[754], welche rechtsformübergreifend auf das ge-

---

751 Für das hier Kernergänzungskapital genannte Kapital hat sich ebenso wie für seine Unterkategorien (noch) keine deutsche Bezeichnung eingeprägt. Für die englischen Bezeichnungen aller Kategorien des Haftkapitals vgl. etwa CEBS/EBA, Survey of the current rules across Member States (2006), S. 7. Die Bankenrichtlinie verwendet die Bezeichnungen Basiseigenmittel/original own funds und ergänzende Eigenmittel/additional own funds, vgl. Erwägungsgrund 29, in Basel II heißt es Kernkapital/Core capital/Tier 1 und Ergänzungskapital/Supplemetary capital/Tier 2, vgl. Ziff. 49iii.

752 Die Untergliederungen werden allerdings weder im *Sydney Press Release* noch im Kommissionsvorschlag so oder anderweitig bezeichnet.

753 Von erheblicher Bedeutung für die Höhe der offenen Reserven (Rücklagen) und damit des Kernkapitals sind Ansatz und Bewertung der Aktiva. Zur Heranziehung des IFRS-Konzernabschlusses als Basis für die Ermittlung der Eigenmittel vgl. § 10a Abs. 7 KWG; dazu *Auerbach/Klotzbach*, KoR 2008, S. 543; auch *Padberg*, FinanzBetrieb 2000, S. 158; *Thelen-Pischke*, Kreditwesen 2005, S. 140.

754 Richtlinie 86/635/EWG des Rates vom 8. Dezember 1986 über den Jahresabschluß und den konsolidierten Abschluß von Banken und anderen Finanzinstituten, Abl. L 372 vom 31. 12. 1986, S. 1.

zeichnete Kapital (und die Rücklagen) abstellt. Für jede Rechtsform einzeln regelt § 10 Abs. 2a KWG die Bestandteile des Kernkapitals. Kumulative Vorzugsaktien sind ausdrücklich ausgeschlossen, was wegen § 139 Abs. 1 AktG zum Ausschluss von Vorzugsaktien deutscher Prägung als echtes Kernkapital führt.

c) Kernergänzungskapital (LT1)

aa) Allgemeines

Basel I sieht keine weiteren zum Kernkapital zählenden Finanzierungsinstrumente vor. Allerdings können nach dem *Sydney Press Release* und CRD II/KWG 2011 Hybridinstrumente unter bestimmten Voraussetzungen und mit Beschränkungen zum Kernkapital gezählt werden. In den Mitgliedstaaten der Europäischen Union ist die Anerkennung von hybridem Kernkapital weit verbreitet, es macht im EU-Schnitt etwa 11,5% der Eigenmittel aus (ca. 213 Mrd. Euro, Stand 2006).[755] In Deutschland zählten Einlagen stiller Gesellschafter unter wechselnden Voraussetzungen stets zum Kernkapital.

bb) KWG bis 2010 und Umsetzung des *Sydney Press Release* in Deutschland

In der bis Ende 2010 geltenden Fassung des KWG waren dem Kernkapital Einlagen stiller Gesellschafter unter folgenden Voraussetzungen zuzurechnen, § 10 Abs. 4 a.F.:

- Überlassungsdauer: 5 Jahre Mindestlaufzeit, 2 Jahre Restlaufzeit;
- Haftung: Verlustteilnahme in voller Höhe, Besserungsabrede mit Wirkung (maximal 4 Jahre) über Laufzeit hinaus erlaubt, Nachrang hinter alle Gläubiger;[756]
- Vergütung: Berechtigung,[757] im Verlustfall Zahlungen aufzuschieben.

Das *Sydney Press Release* unterscheidet Hybridkapital mit und ohne Anreiz (vor allem *step-ups*) zur Rückzahlung des Kapitals. Folgende Kriterien müssen danach erfüllt sein:[758]

- Überlassungsdauer: dauerhaft („*permanent*"); Kündigungsrecht des Emittenten nach frühestens 5 Jahren, bei Anreiz zur Kündigung nach frühestens 10 Jahren, jeweils nach Zustimmung der Aufsichtsbehörde, ggf. unter Vorbehalt der entsprechenden Refinanzierung; ein *step-up* muss moderat sein;
- Haftung: Verlustteilnahme bei Unternehmensfortführung (keine Konkretisierung), Rücktritt noch hinter nachrangige Gläubiger; keine Besicherung;

---

755 CEBS/EBA, Proposal Tier 1 hybrids, S. 1 Ziff. 2. Zu den Unterschieden in den nationalen Regelungen CEBS/EBA, Survey of the current rules across Member States (2006), Ziff. 93 ff. und Annex 8.

756 Vor der 3. KWG-Novelle 1985 standen die Anforderungen Verlustteilnahme und Nachrangigkeit noch im Verhältnis der Alternativität, vgl. dazu *Möschel*, ZHR 149 (1985), S. 206 (209).

757 Vor der 6. KWG-Novelle war eine Verpflichtung ausdrücklich vorgesehen. Z.T. wurde darin jedoch keine Änderung der Rechtslage gesehen, Reischauer/Kleinhans, Kreditwesengesetz, I. Band, § 10 Rn. 52 (Kza 115, S. 50).

758 Baseler Ausschuss für Bankenaufsicht, *Sydney Press Release*, Kreditwesen 1999, S. 174 f.

- Vergütung: Zumindest in Stresssituationen im Ermessen des Emittenten, Zahlungen nur aus ungebundenem Kapital, keine nachzahlbaren Ansprüche (nicht kumulativ).

Hybridinstrumente mit Kündigungsanreiz (auch „innovative Instrumente" genannt) dürfen bis maximal 15% des Kernkapitals zugerechnet werden. Im Hinblick auf Instrumente ohne Anreiz („nicht innovative Instrumente") wurde keine Obergrenze vereinbart. Allerdings wird überwiegend aus der Aussage, Grundkapital und offene Reserven bildeten das Kernelement des Kapitals, eine Zurechnung über 50% nicht für möglich gehalten.[759]

Das Bundesaufsichtsamt für das Kreditwesen (BAKred) hatte mit der Veröffentlichung des *Sydney Press Release* für deutsche Banken, die sich zur Einhaltung der Baseler Vorschriften verpflichten, Leitlinien für die Zuordnung von Hybriden zum Kernkapital erlassen. Danach sollten Einlagen stiller Gesellschafter zum Kernkapital zählen, wenn keine Zinskumulation erfolgt, eine Ursprungslaufzeit von mindestens 10 Jahren vereinbart war und die Restlaufzeit noch 2 Jahre betrug.[760] Die internationale Zulässigkeit (nochmals: ohne völkerrechtliche Bindung) der Laufzeitbegrenzung für Einlagen stiller Gesellschafter sollte sich aus einem vertraulichen *Side letter* des Baseler Bankenausschusses ergeben.[761] Zu beachten ist, dass die Baseler Regelungen nur für international tätige Banken gelten, Ziff. 1 Basel II (was jedoch selten zu verneinen sein wird). In Deutschland emittierte Vorzugsaktien waren auch früher wegen ihrer kumulativen Zinsstruktur weder nach dem *Sydney Press Release* noch nach dem KWG (oder der Bankenrichtlinie, vgl. Art. 57 lit. a a.E.) als Kern(-ergänzungs-)kapital zugelassen.[762]

cc) CRD II und KWG 2011

Mit der Änderung der Eigenkapitalrichtlinie Ende 2009 (CRD II)[763] wurden neben Neuregelungen zu Großkrediten, Kooperation der Aufsichtsbehörden, Liquiditätsrisikomanagement und dem Risikomanagement für verbriefte Produkte (u.a.

---

759 Dazu CEBS/EBA, Survey of the current rules across Member States (2006), Ziff. 139 ff.

760 BAKred, Leitlinien, Kreditwesen 1999, S. 175. Es existieren freiwillige Verpflichtungen der Institute, vgl. Reischauer/Kleinhans, Kreditwesengesetz, I. Band, § 10 Rn. 59 (Kza 115, S. 56). Außerdem haben deutsche Banken die Möglichkeit, durch indirekte Emission (über SPVs) von nicht kumulativen Vorzugsaktien (*trust preferred/preference shares*) Kernergänzungskapital aufzunehmen.

761 *Boos* in Boos/Fischer/Schulte-Mattler, KWG, § 10 Rn. 77. *Bellavite-Hövermann/Hintze/Luz/Scharpf*, Handbuch Eigenmittel, S. 158, sprechen von einem erreichten „Kompromiss".

762 Nicht klar ist deshalb, wieso nach *Boos* (in Boos/Fischer/Schulte-Mattler, KWG, § 10 Rn. 106) in Deutschland emittierte Vorzugsaktien „die Voraussetzungen für die Anerkennung als Kernkapital [eigentlich] erfüllen" (ebenso Reischauer/Kleinhans, Kreditwesengesetz, I. Band, § 10 Rn. 96 [Kza 115, S. 72]). Sie taten das weder nach europäischem Recht noch nach den Baseler Rahmenvereinbarungen, denen das deutsche Recht *hier* folgte: Kapital aus Vorzugsaktien gehörte auch bereits vor 2011 nach § 10 Abs. 2b S. 1 Nr. 2 KWG zum Ergänzungskapital.

763 Richtlinie 2009/111/EG des Europäischen Parlaments und des Rates vom 16. September 2009 zur Änderung der Richtlinien 2006/48/EG, 2006/49/EG und 2007/64/EG hinsichtlich Zentralorganisationen zugeordneter Banken, bestimmter Eigenmittelbestandteile, Großkredite, Aufsichtsregelungen und Krisenmanagement, ABl. L 302 vom 17. 11. 2009, S. 97; zusammen mit den Änderungsrichtlinien 2009/83/EG und 2009/27/EG wird diese als „CRD II" bezeichnet.

eine verpflichtende Risikobeteiligung der „Originatoren" solcher Produkte) die Anforderungen für Kernergänzungskapital erstmals auf europäischer Ebene geregelt. Es handelt sich dabei um eine (späte) Umsetzung des *Sydney Press Release* mit Konkretisierung für europäische Banken. CRD II betrifft sowohl die qualitativen Anforderungen an die Module der Hybridinstrumente (vor allem Überlassungsdauer, Verlustbeteiligung und Flexibilität bzgl. Vergütung) als auch die quantitativen Begrenzungen für die Anrechnung als Eigenmittel; zudem ist eine Übergangslösung für Altfälle (*grandfathering*) vorgesehen. Die wesentlichen Neuerungen der Bankenrichtlinie, was die Regelung von hybridem Kernkapital angeht, ergeben sich aus Art. 1 Abs. 8ff. der Richtlinie zur Änderung der Eigenkapitalrichtlinie. Sie beruhen wiederum weitgehend auf einem Entwurf des Ausschusses der europäischen Bankenaufseher (*Committee of European Banking Supervisors*, CEBS), dem Vorläufer der Europäische Bankenaufsichtsbehörde (*European Banking Authority*, EBA).[764] Auf Anfrage der Kommission hatte dieser im vorgelagerten Konsultationsprozess einen Vorschlag erarbeitet.

Nach den überarbeiteten Art. 57 lit. ca i.V.m. Art. 63 Abs. 2, 63a der Bankenrichtlinie ergeben sich drei Klassen von hybridem Kernkapital (mit Zurechnungsmöglichkeiten bis 50%, 35% und 15% des Kernkapitals). Im Zuge der Umsetzung hat sich das KWG von einer an der Bezeichnung von Finanzierungstiteln orientierten Regelung verabschiedet und mit § 10 Abs. 2 S. 3f., Abs. 4 KWG n.F. die der Richtlinie entsprechende Regelung ausschließlich nach Modulen erhalten.

- Kernergänzungskapital erster Klasse:
  - Überlassungsdauer: ewige Laufzeit, Kündigungsrecht des Emittenten frühestens nach 5 Jahren, Rückzahlung stets nur mit Zustimmung der Aufsichtsbehörde (*lock-in*), ggf. entsprechende Refinanzierung;
  - Haftung: Pflichtwandlung in Aktienkapital im Notfall oder anderweitige volle Verlustbeteiligung („*fully absorbs losses in going concern situations*"), Nachrang hinter sämtliche Ansprüche;
  - Vergütung: Zahlung stets im Ermessen des Emittenten, keine Nachzahlung, keine zeitliche Begrenzung; zwingender Ausfall, wenn Mindestkapitalanforderungen nicht eingehalten sind oder wenn die Aufsichtsbehörde dies anordnet;
- Kernergänzungskapital zweiter Klasse: wie erster Klasse, jedoch lediglich unspezifische Verlustbeteiligung und keine Behinderung einer Rekapitalisierung, Nachrang nur hinter die Titel des Ergänzungskapitals;
- Kernergänzungskapital dritter Klasse: wie zweite Klasse, jedoch beschränkte Laufzeit erlaubt, Minimum 30 Jahre; bei ewiger Laufzeit sind moderate Kündigungsanreize erlaubt, allerdings erstmals nach 10 Jahren.

Vergleicht man diese Regelungen mit dem ursprünglichen CEBS-Vorschlag (s.o.), welcher der Richtlinie vorangegangen war, sind zwei erhebliche Abweichungen

764 Die EBA mit Sitz in London wurde durch die VO 1093/2010 vom 24. November 2010 zur Errichtung einer Europäischen Aufsichtsbehörde (Europäische Bankenaufsichtsbehörde), ABl. L 331 vom 15. 12. 2010, S. 12ff. mit Wirkung zum 1. 1. 2011 gegründet.

erkennbar:[765] die Möglichkeit, befristete Titel zum Kernkapital zu zählen und die fehlende Pflicht zu *write-down* oder Pflichtwandlung sowie dessen Auslöser. Ersteres ist wohl nicht nur steuerrechtlichen Überlegungen geschuldet, sondern auch der Tatsache, dass in den USA derzeit ebenfalls Titel mit 30jähriger Laufzeit zum Kernkapital zählen (Schaffung eines *level playing field*).[766] Wegen der Möglichkeit der Aufsichtsbehörde, die Rückzahlung nach Ablauf der Laufzeit zu verhindern (*lock-in*), mag eine Vereinbarkeit mit dem *Sydney Press Release* wegen der Beschränkung auf *permanent instruments* in Abgrenzung zu *undated instruments* aber noch vorliegen.

Was bedeutet dies für die traditionellen Hybridinstrumente in Deutschland? Da bei stillen Gesellschaften ohne Laufzeitbegrenzung ein Ausschluss des ordentlichen Kündigungsrechts (des Kapitalgebers) über mehr als 30 Jahre in der Regel nicht möglich ist, kommt lediglich eine Berücksichtigung als Kernergänzungskapital dritter Klasse in Frage.[767] Allerdings könnten kapitalmarktfähige Hybridanleihen (mit Pflichtwandlung in bestimmten Situationen) oder Genussscheine bei entsprechender Ausgestaltung ins Kernkapital aufgenommen werden.

d) Ergänzungskapital erster Klasse (UT2)

Als Ergänzungskapital sehen die bisherigen Baseler Rahmenvereinbarungen „hybride Instrumente" und „nachrangige Schuldinstrumente" vor, Ziff. 49.xi ff. Basel II. Erstere können bis zu einer Summe von 100% des Kernkapitals zugerechnet werden (erste Klasse), Letztere bis zu 50% (zweite Klasse), Ziff. 49.iii und 49.xii Basel II. Diese Unterscheidung (mit abweichender Nomenklatur) gilt auch für das Europarecht, nämlich bzgl. Instrumenten nach Art. 57 lit. f, 63 Abs. 2 i.V.m. Art. 66 Abs. 1 lit. a der Bankenrichtlinie (100%) einerseits und Instrumenten gemäß Art. 57 lit. h, 64 Abs. 3 i.V.m. Art. 66 Abs. 1 lit. b der Bankenrichtlinie (50%) andererseits. Im KWG ergibt sich die Unterscheidung aus § 10 Abs. 2 S. 6 (100%) und S. 7 (50%). Im Übrigen ist es in den Mitgliedstaaten der EU üblich, dass (überschüssiges) Kernergänzungskapital, welches dort wegen der Zurechnungsgrenze keine Berücksichtigung findet, als Ergänzungskapital erster Klasse dient.[768]

Ergänzungskapital erster Klasse soll nach den bisherigen Baseler Regelungen nicht auf Verlangen des Inhabers und nur mit vorheriger Zustimmung der Aufsichtsbehörden rückzahlbar sein, laufende Verluste auffangen, ohne eine Liquidation auszulösen, nachrangig und ungesichert sein. Die Zahlung der Vergütung muss aufgeschoben werden können, wenn die Ertragslage der Bank „eine solche Zahlung nicht gestattet" („*would not support payment*"), Ziff. 49.xi und Anhang 1a Basel II. Überwiegend wird davon ausgegangen, dass damit auch gemeint ist, nur ewige In-

765 Zur Kritik siehe *Huertas*, FSA City & Financial Bank Capital Seminar.
766 Siehe dazu *Böger/Heidorn/Waldstein*, Hybrides Kernkapital für Kreditinstitute, Arbeitspapier (2000), S. 6.
767 Zum Ausschluss des Kündigungsrechts bei stillen Gesellschaften oben Teil 2 B.II.
768 CEBS/EBA, Survey of the current rules across Member States (2006), Ziff. 195.

strumente kämen in Betracht.[769] Dafür spricht ein systematisches Argument. In Ziff. 49.xii Basel II heißt es zu Ergänzungskapital *zweiter* Klasse, dass „nachrangige Schuldinstrumente [...] erhebliche Mängel aufweisen: Sie haben eine feste Laufzeit (...)“. Allerdings wird eine unbefristete Überlassung in der Liste der Kriterien nicht genannt (Anhang 1a, Punkt D.ii.d), und bei den Beispielen der zugelassenen Instrumente sind neben ausdrücklich ewigen Titeln auch kanadische *long-term preferred shares* genannt. Somit dürfte zwar eine Befristung erlaubt sein, aber nur bei langer Laufzeit und besonderen Vorkehrungen hinsichtlich der Rückzahlung. Eine fünfjährige Mindestlaufzeit wird dem nicht gerecht. Sie stellt schon das Maß für Ergänzungskapital *zweiter* Klasse dar, Anhang 1a, Punkt D.ii.e Basel II, und darüber hinaus ist dort in den letzten 5 Jahren ein jährlicher Abschlag von 20% auf den Nennbetrag vorzunehmen.

Die Kriterien in Art. 63 Abs. 2 S. 1 lit. a bis e der Bankenrichtlinie orientieren sich an den Baseler Vorgaben. Zu erwähnen ist, dass die Möglichkeit des Aufschubs der Vergütungszahlung nach dem Wortlaut nicht auf besondere Situationen beschränkt ist und der Rücktritt hinter alle „nicht-nachrangigen Gläubiger“ erfolgen muss. Nicht klar ist wiederum die Frage der Laufzeit. Einerseits sind (kumulative) Vorzugsaktien mit fester Laufzeit ausdrücklich ausgeschlossen, Art. 63 Abs. 2 S. 2 i. V. m. Art. 57 lit. h. Andererseits ist die ewige Laufzeit nicht explizit bei den Kriterien genannt. In jenem S. 2 heißt es auch, dass „als sonstige Bestandteile (...) auch Titel mit unbestimmter Laufzeit und andere Kapitalbestandteile zugelassen werden [können]“, wenn die Kriterien erfüllt sind. Da die „anderen Kapitalbestandteile“ mit den Titeln unbestimmter Laufzeit vergleichbar sein müssen, gilt das zu den Baseler Regeln Gesagte auch hier, insbesondere der Vergleich mit den Anforderungen an Ergänzungskapital zweiter Klasse. Auch nach europäischem Recht ist diesbezüglich eine schrittweise Rückführung der Zurechnung über die letzten 5 Jahre vorgesehen, Art. 64 Abs. 3 UAbs. 2 lit. c der Bankenrichtlinie.

Nach dem KWG zählen zu den Titeln, die dem Ergänzungskapital erster Klasse zuzurechnen sind, zum einen Vorzugsaktien nach § 10 Abs. 2b Nr. 2 i. V. m. Abs. 2a S. 1 Nr. 2 KWG. Weiteres (Hybrid-)kapital wird angerechnet, wenn folgende Kriterien erfüllt sind, § 10 Abs. 2b Nr. 4 i. V. m. Abs. 5 KWG:

- Überlassungsdauer: 5 Jahre Mindestlaufzeit, 2 Jahre Restlaufzeit; vorzeitige Rückzahlung nur bei entsprechender Refinanzierung oder nach Zustimmung der Aufsichtsbehörde;
- Haftung: Verlustteilnahme in voller Höhe, Besserungsabrede mit Wirkung über Laufzeit hinaus nicht erlaubt (bis 2010: maximal vier Jahre), Nachrang hinter alle nicht nachrangigen Gläubiger;

769 Etwa bei CEBS/EBA, Survey of the current rules across Member States (2006), Ziff. 149. Lediglich 5 von 25 Mitgliedstaaten der EU (2006) lassen befristete Instrumente zu, siehe a. a. O., Ziff. 182 und Annex 9.

– Vergütung: Recht,[770] im Verlustfall Zahlungen aufzuschieben (kumulative Struktur erlaubt).

Unter Verlustteilnahme i.S. dieser Norm (S. 1 Nr. 1) wird die Herabsetzung des Rückzahlungsanspruchs bei Unternehmensfortführung verstanden, da für Liquidation und Insolvenz der Nachrang (S. 1 Nr. 2) vereinbart werden muss.[771] Das Gesetz schweigt allerdings zum Rang der Verlustteilnahme[772] und auch eine richtlinienkonforme Auslegung ist nicht erhellend. Entsprechend unterschiedlich fallen die Regelungen in den Mitgliedstaaten der EU aus.[773] Gängig ist eine Teilnahme am Bilanzverlust gleichrangig zum gesamten Eigenkapital (ohne Ergänzungskapital zweiter Klasse).[774] Für zulässig gehalten wird auch eine Verlustteilnahme erst nach Verbrauch der freien Rücklagen,[775] also gleichrangig zum gebundenen Kapital. Im Hinblick auf den Schutzzweck liegt es nahe, dass spätestens bei Unterschreiten der Mindesteigenkapitalanforderungen eine volle Verrechnung stattgefunden haben muss. Geht man davon aus, dass eine gleichrangige Verlustteilnahme vor der Unterschreitung nicht notwendig ist, so dürfte eine Verlustteilnahme i.S. einer Herabsetzung des Rückzahlungsanspruchs überhaupt entbehrlich sein; eine entsprechende Ausschüttungssperre genügt dann.[776] Nicht ausreichend ist jedenfalls die Gestaltung als festes Kapitalkonto.[777] Findet keine Kapitalherabsetzung statt (die im Übrigen auch nicht dem Gläubigerschutz dient), so kann es selbst zu überschuldungsauslösenden Auszahlungen noch kommen (abgesehen von einer Untersagung durch die Aufsichtsbehörde).[778] Auch eine letztrangige Verlustbeteiligung ist nicht ausreichend.[779]

Was die Überlassungsdauer anbelangt, so ist eine Mindestlaufzeit von nur 5 Jahren mit dem Europarecht wohl nicht vereinbar, siehe dazu oben die Auslegung zu Art. 63 Abs. 2 der Bankenrichtlinie; (allerdings ist nach Basel III eine solche ausreichend, siehe dazu sogleich unten). Erst recht richtlinienwidrig ist die Mindestrestlaufzeit von 2 Jahren: Selbst bei Ergänzungskapital *zweiter* Klasse muss nach

---

770 Vor der 6. KWG-Novelle war wie in § 10 Abs. 4 KWG eine Verpflichtung ausdrücklich vorgesehen. Z.T. wird auch hier keine Änderung der Rechtslage gesehen, Reischauer/Kleinhans, Kreditwesengesetz, I. Band, § 10 Rn. 102 (Kza 115, S. 78); a.A. wohl *Bellavite-Hövermann/Hintze/Luz/Scharpf*, Handbuch Eigenmittel, S. 102.

771 Statt aller *Lutter* in Kölner Kommentar AktG, Band 5/1, § 221 Rn. 298.

772 Zu den verschiedenen Verlustteilnahmen und ihrer Bedeutung oben Teil 2 B.VI.1. Ausführlich zur diesbezüglichen Auslegung von § 10 Abs. 5 S. 1 Nr. 1 KWG aus der Kommentarliteratur allein *Lutter* in Kölner Kommentar AktG, Band 5/1, § 221 Rn. 294ff. Zur Frage, ob eine Anknüpfung statt an den Bilanzverlust an das ordentliche Ergebnis möglich ist siehe *Kokemoor*, WM 2009, S. 1637 (1640ff.).

773 Überblicksweise CEBS/EBA, Survey of the current rules across Member States (2006), Ziff. 193.

774 Siehe z.B. Genussschein Commerzbank (1996) § 7 Abs. 1.

775 *Bellavite-Hövermann/Hintze/Luz/Scharpf*, Handbuch Eigenmittel, S. 50 (bzgl. Einlagen stiller Gesellschafter) und 102 (bzgl. Genussrechtskapital).

776 Siehe zur Verlustteilnahme allein durch Ausschüttungssperre oben Teil 3 C.I.2.b)cc).

777 So aber *Möschel*, ZHR 149 (1985), S. 206 (226).

778 Ähnlich *Lutter* in Kölner Kommentar AktG, Band 5/1, § 221 Rn. 299.

779 So zur Vorgängernorm jedoch *Siebel*, Eigenkapital und Quasi-Eigenkapital von Kreditinstituten, S. 38f.

Art. 64 Abs. 3 UAbs. 2 lit. c der Bankenrichtlinie über die letzten 5 Jahre eine schrittweise Reduzierung der Zurechnung stattfinden.[780] Im Übrigen darf ein Titel nicht auf Initiative des Inhabers rückzahlbar sein, Art. 63 Abs. 2 S. 1 lit. a der Bankenrichtlinie, so dass ein Kündigungsrecht seitens des Kapitalgebers (*put option*) nicht in Betracht kommt. Eine entsprechende Regelung wurde mit der 6. KWG-Novelle aus dem Gesetz gestrichen mit der Begründung, schon vorher sei ein Kündigungsrecht des Kapitalgebers zulässig gewesen, wenn nur die Anforderungen an die Laufzeit erfüllt waren.[781] Das ist mit dem Europarecht nicht vereinbar.

e) Ergänzungskapital zweiter Klasse (LT2)

Nach den Baseler Rahmenvereinbarungen (siehe Ziff. 49.xii und Anhang 1a, Punkt D.ii.e Basel II) zählen nachrangige Schuldinstrumente zum Ergänzungskapital zweiter Klasse, wenn sie unbesichert sind und eine Mindestlaufzeit von 5 Jahren aufweisen. Über die letzten 5 Jahre ist die Zurechnung zum haftenden Eigenkapital um jeweils 20% des Nennbetrags zu reduzieren (kumulativer Amortisationsfaktor). Eine Verlustbeteiligung bei Unternehmensfortführung ist nicht notwendig. Kumulative Vorzugsaktien mit begrenzter Laufzeit sind ausdrücklich erlaubt. Die europäischen Vorgaben aus Art. 57 S. 1 lit. h i. V. m. Art. 64 Abs. 3 der Bankenrichtlinie lehnen sich an die Baseler Vorgaben an. Explizit geregelt ist, dass eine Kündigung nur mit einer Frist von 5 Jahren möglich sein darf oder aber nach Zustimmung der Aufsichtsbehörde. Hinsichtlich der Amortisation ist auch hier eine schrittweise Rückführung über die letzten 5 Jahre vorgeschrieben. Das KWG ist insofern richtlinienwidrig, als § 10 Abs. 5a S. 2 lediglich einen Abschlag von 60% während der letzten 2 Jahre der Laufzeit vorsieht. Dagegen folgt die weit überwiegende Mehrheit der EU-Staaten der Baseler Vereinbarung.[782]

f) Drittrangmittel (T3)

Die unterste Klasse von Eigenmitteln stellen die nach den bisherigen Baseler Vorgaben noch zulässigen Drittrangmittel dar. Sie dienen lediglich der Unterlegung des Risikos, das in potentiellen negativen Veränderungen der Marktpreise von Handelsbuchpositionen besteht (Marktrisiko, vgl. Ziff. 683.i Basel II). Eine Regelung im Baseler Rahmen wurde 1996 vorgenommen;[783] zu den Drittrangmitteln zählen danach insbesondere kurzfristige nachrangige Verbindlichkeiten,

780 Ebenso (zur Vorgängernorm) *Boos* in Boos/Fischer/Schulte-Mattler, KWG, § 10 Rn. 121. Missverständlich ist allerdings der dortige Hinweis, Genussrechte seien unter die „nachrangigen Darlehen" i. S. d. Eigenkapitalrichtlinie zu subsumieren („nur hierunter"); die „nachrangigen Darlehen" stellen Ergänzungskapital *zweiter* Klasse dar (vgl. Art. 57 lit. h, 64 Abs. 3 i. V. m. Art. 66 Abs. 1 lit. b der Bankenrichtlinie), Genussrechte werden jedoch (auch a. a. O., Rn. 109 ff.) zum Ergänzungskapital *erster* Klasse gezählt.

781 Vgl. Begründung zum Sechsten Gesetz zur Änderung des Gesetzes über das Kreditwesen (6. KWG-Novelle) gemäß Bekanntmachung vom 28. 10. 1997, BGBl. 1997 Teil I, S. 2518, dazu Reischauer/Kleinhans, Kreditwesengesetz, I. Band, § 10 Rn. 104 (Kza 115, S. 79)).

782 CEBS/EBA, Survey of the current rules across Member States (2006), Ziff. 205.

783 Baseler Ausschuss für Bankenaufsicht, Änderung der Eigenkapitalvereinbarung zur Einbeziehung der Marktrisiken (1996).

Ziff. 49.xiii Basel II. Diese müssen nachrangig und unbesichert sein, eine Mindestlaufzeit von 2 Jahren aufweisen und dürfen vorzeitig nicht ohne Zustimmung der Aufsichtsbehörde zurückgezahlt werden. Weder Zinszahlungen noch Rückzahlungen dürfen vorgenommen werden, wenn die Mindestkapitalanforderungen verletzt sind oder verletzt würden, Ziff. 49.xiv Basel II. Auf europäischer Ebene findet sich die entsprechende Vorschrift in Art. 13 Abs. 3 der Kapitaladäquanzrichtlinie, die deutsche Umsetzung in § 10 Abs. 7 KWG.

3. Kategorien des Hybridkapitals nach Basel III

Nach den vorläufigen Basel III-Regeln, die im Dezember 2010 publiziert wurden, setzen sich künftig die anrechenbaren Eigenmittel bzgl. Finanzierungsinstrumenten aus den folgenden Grundkategorien zusammen, Ziff. 49 Basel III:

- Kernkapital (*tier 1 capital/going-concern capital*/T1)
  - (Echtes) Kernkapital (*common equity tier 1*)
  - Kernergänzungskapital[784] (*additional tier 1*)
- Ergänzungskapital (*tier 2 capital/gone-concern capital*/T2)

Die Kategorie der Drittrangmittel (T3) wird vollständig aufgegeben.

(Echtes) Kernkapital besteht vor allem aus dem eingezahlten Kapital der Gesellschafter/Stammaktionäre sowie Kapital- und Gewinnrücklagen. Kapital aus Aktien ohne Stimmrecht ist ebenfalls zugelassen, jedoch darf es über das fehlende Stimmrecht hinaus keine weiteren Unterschiede zu Stammaktien geben. Für die Finanzierungsinstrumente (in der Regel Aktien) des echten Kernkapitals macht Basel III in Ziff. 53 außerdem strikte qualitative Vorgaben, welche an die Module anknüpfen (u.a. Rückzahlung aus unbeschränktem, letztrangigem Residualanspruch und ausschließlich in der Liquidation, laufende Verlustbeteiligung vor allem anderen Kapital, bzgl. Auszahlungen/Vergütung keinerlei Anreize und nur aus nicht besonders geschützten Kapitalbestandteilen). Daneben gibt es Verweise in zwei weitere Regulierungsbereiche: Das Kapital muss nach den jeweils einschlägigen Bilanzierungsvorschriften sowie im Insolvenzrecht (Überschuldungsbilanz) als Eigenkapital zu qualifizieren sein.

Für Kernergänzungskapital (*additional tier 1*) gelten folgende Kriterien hinsichtlich der Module:

- Überlassungsdauer: ewige Laufzeit, keine Kündigungsanreize (z.B. *step-ups*); Kündigungsrecht des Emittenten frühestens nach 5 Jahren und nur mit Zustimmung der Aufsichtsbehörde (*lock-in*) und entsprechender Refinanzierung; kein Wecken von Erwartungen am Kapitalmarkt hinsichtlich Kündigung/Rückzahlung;

---

784 Für das hier „Kernergänzungskapital“ wurde noch keine allgemein verbreitete deutsche Bezeichnung geprägt.

- Haftung: in der Insolvenz Rang hinter anderem nachrangigem Fremdkapital; unter im Voraus definierten Umständen (*trigger point*) Pflichtwandlung in Aktienkapital oder anderweitige volle Verlustbeteiligung („*write-down mechanism*"), die den Rückzahlungsanspruch im Falle der Kündigung herabsetzt;
- Vergütung: Zahlung stets im Ermessen des Emittenten und nur aus nicht besonders geschützten Kapitalbestandteilen, Reduzierung im Falle der Verlustbeteiligung.

Darüber hinaus darf der (potenzielle) Rückzahlungsanspruch nicht dazu führen, dass eine Überschuldung gemäß Insolvenzrecht vorliegt.

Im Wesentlichen entsprechen die Anforderungen an Kernergänzungskapital nach Basel III damit denjenigen an Kernergänzungskapital erster Klasse nach der Bankenrichtlinie; bzgl. Auswirkungen auf die traditionellen Instrumente in Deutschland gelten die o.g. Maßgaben. Der Aspekt der Haftung ist besonders interessant im Hinblick auf die künftige Ausgestaltung der Module von Hybridkapital für Banken. Im Zuge von Basel III hat sich eine neue Klasse von Anleihen mit bedingter Pflichtwandlung herausgebildet, sogenannte *Contingent Convertible Bonds* (*CoCos*).[785] Es sei noch erwähnt, dass die Konkretisierung des *trigger point* durch die nationalen Gesetzgeber (bzw. die EU) erhebliches Potenzial für Asymmetrien beinhaltet.

Für Ergänzungskapital (*tier 2 capital*) gelten folgende Kriterien hinsichtlich der Module:

- Überlassungsdauer: 5 Jahre Mindestlaufzeit, lineare Reduzierung der aufsichtsrechtlichen Anerkennung des Kapitals während der letzten 5 Jahre der Laufzeit; keine Anreize zur Rückzahlung; Kündigungsrecht des Emittenten frühestens nach 5 Jahren und nur mit Zustimmung der Aufsichtsbehörde (*lock-in*) und entsprechender Refinanzierung; kein Wecken von Erwartungen am Kapitalmarkt hinsichtlich Kündigung/Rückzahlung;
- Haftung: in der Insolvenz Rang hinter allen nicht nachrangigen Gläubigern;
- Vergütung: keine *step-ups*.

Derzeit ergibt sich aus europäischem Recht, dass eine Mindestlaufzeit von 5 Jahren nicht ausreichend ist.[786] Eine entsprechende Lockerung mit ausdrücklicher Angabe der Mindestlaufzeit von 5 Jahren wird vorzunehmen sein. Auch einige weitere Anforderungen können gelockert werden: So ist z.B. die nach § 10 Abs. 2b Nr. 4 i.V.m. Abs. 5 KWG vorgeschriebene Verlustteilnahme nach Basel III verzichtbar, es kommt nur auf eine (gesteigerte) Verlustbeteiligung im Insolvenzfall durch den Nachrang an (*gone-concern*-Ansatz).

---

785 Siehe dazu etwa *Rudolph*, Kreditwesen 2010, S. 1152.
786 Siehe dazu oben die Auslegung zu Art. 63 Abs. 2 der Bankenrichtlinie, Teil 3 D.I.2.d).

4. Zusammenfassung

Derzeit sind hybride Finanzierungsinstrumente, geordnet nach dem sich aus den Modulen ergebenden Verlustdeckungspotential, in sieben Kategorien der bankaufsichtsrechtlichen Eigenmittel eingeteilt. Nach Umsetzung der Basel III-Vorgaben werden Hybride voraussichtlich nur mehr in zwei Kategorien (Kernergänzungskapital und Ergänzungskapital) bankaufsichtsrechtlich anerkannt werden. Das KWG hat im Zuge der Umsetzung von CRD II seine z. T. an den Bezeichnungen der Instrumente orientierte Kategorisierung zugunsten einer modulbezogenen Kategorisierung aufgegeben.

Das Verlustdeckungspotential wird maßgeblich dadurch geprägt, dass die Frage des Mittelabflusses (durch Zinsen und Rückzahlung) in der Hand des Instituts liegt, zumal in finanziell schwierigen Lagen, und dass die Kapitalgeber hinter andere Gläubiger in Liquidation und Insolvenz zurücktreten. Beide Aspekte sind nicht zuletzt entscheidend für die Fähigkeit des Instituts zur Rekapitalisierung nach Verlusten.

Von erheblicher Bedeutung für den Kapitalabfluss ist die Überlassungsdauer. Nach europäischen und (nicht bindenden) bisherigen internationalen Vorgaben ist eine unbefristete Überlassung für echtes Kernkapital sowie für Kernergänzungskapital erster (nach der überarbeiteten Eigenkapitalrichtlinie auch zweiter) Klasse Voraussetzung. Kernergänzungskapital zweiter (nach der überarbeiteten Richtlinie: dritter) und Ergänzungskapital erster Klasse muss immerhin über eine sehr lange Laufzeit verfügen. Eine Rückzahlung ist darüber hinaus in allen Fällen nur mit Zustimmung der Aufsichtsbehörde zulässig. Kündigungsrechte des Kapitalgebers sind nicht zulässig, eine Kündigung seitens des Instituts ist erheblich eingeschränkt. Nach Basel III wird sämtliches Kernergänzungskapital unbefristet überlassen.

Entscheidend für den Kapitalabfluss ist darüber hinaus die Frage, inwieweit in finanziellen Stressphasen eine laufende Zahlung (Vergütung) ausfällt oder jedenfalls seitens des Instituts verhindert werden kann. Für Kernkapital gilt dabei nach internationalen Vorgaben, dass nach Ausfall der Vergütung der Anspruch erlischt (keine Nachzahlung) und außerdem sichergestellt ist (etwa durch Pflichtwandlung in Aktien oder Herabsetzung des Rückzahlungsanspruchs mit Ausfall der Vergütung bis zur Wiederauffüllung, siehe überarbeitete Eigenkapitalrichtlinie), dass bis zur finanziellen Genesung kein Kapitalabzug erfolgt; dadurch wird auch die Beschaffung frischen Kapitals einfacher für das Institut.

Basel III wird einige Anpassungen der erst vor kurzem durch CRD II angepassten Bankenrichtlinie und des KWG notwendig machen („CRD IV").[787] Die Differenzierungen innerhalb des Kernergänzungskapitals sind zu streichen, es gelten die bis-

787 Siehe zum Stand des Verfahrens etwa die Info-Briefe des Europäischen Bankenausschusses, abrufbar unter http://ec.europa.eu/internal_market/bank/ebc/index_de.htm (Homepage → Binnenmarkt → Bankwesen → Europäischer Bankenausschuss).

herigen (strengen) Anforderungen an Kernergänzungskapital erster Klasse. Was das Ergänzungskapital (T2) anbelangt, so können Lockerungen im Hinblick auf die Laufzeit vorgenommen werden; die im KWG vorgesehen Verlustbeteiligung ist nach Basel III nicht notwendig.

II. Kategorien in der Ratingmethodik

Nach der Kategorisierung von hybriden Finanzierungsinstrumenten im Bankaufsichtsrecht soll nun im Rahmen des oben angesprochenen intradisziplinären Vergleichs[788] diejenige der Ratingagenturen (externes Rating) und Kreditinstitute (internes Rating) dargestellt werden.[789] Es geht auch hier um die (teilweise) Zurechnung von Hybridkapital zum „echten" Eigenkapital. Im Ratingverfahren geschieht dies durch besondere Methoden der Bilanzanalyse.

Ein Kreditrating ist eine unter Einsatz eines Skalensystems kategorisierte Vorhersage über die Fähigkeit und Intention einer (insbesondere) wirtschaftlichen Einheit, fällige Zahlungsverpflichtungen vollständig und rechtzeitig zu erfüllen (Ausfallwahrscheinlichkeit).[790] Bei der Ermittlung der zukünftigen Zahlungsfähigkeit spielt die Kapitalstruktur, insbesondere der Anteil des Eigenkapitals am Gesamtkapital (Eigenkapitalquote/*debt-equity ratio*), eine entscheidende Rolle.[791] Andere Faktoren sind etwa die Wettbewerbssituation, das Umsatz-, Gewinn- und Rentabilitätssteigerungspotential, geplante Investitionen und deren Finanzierung, Kostenstruktur, zyklische Abhängigkeiten des Geschäfts und die Qualität des Managements.[792] Über allem steht die für die Ausfallwahrscheinlichkeit maßgebliche Fähigkeit des Unternehmens, Cashflow zu generieren.[793]

Während viele Kreditinstitute wie das Bilanzrecht nur ein Entweder-Oder bei der Frage kennen, wie Hybridkapital bei der Berechnung der Höhe des Eigenkapitals zu behandeln ist, bestimmen insbesondere große Ratingagenturen den Eigenkapitalgehalt (*equity credit*) von Hybridinstrumenten prozentual und rechnen die Instrumente dem Eigen- und Fremdkapital entsprechend zu.[794] Dazu wurden gene-

---

788 Siehe oben Teil 3 D.

789 Allgemein zur Behandlung von Hybridkapital im Ratingverfahren *Laudenklos/Sester*, WM 2004, S. 2417; *Sester*, ZBB 2006, S. 443 (453 ff.); *Stamm/Ries* in Habersack/Mülbert/Schlitt, Unternehmensfinanzierung, § 20 Rn. 4 ff.

790 Vgl. *Everling/Trieu* in Büschgen/Everling, Handbuch Rating, S. 95 (97 f.).

791 Dazu *Reich* in Büschgen/Everling, Handbuch Rating, S. 3 (14 f.).

792 Tabellarischer Überblick der möglichen Parameter eines Ratings bei *Reich* in Büschgen/Everling, Handbuch Rating, S. 3 (12).

793 Standard & Poor's, Corporate Ratings Criteria (2006), S. 19 ff.; Moody's Tool Kit, Dezember 1999, S. 3, 12.

794 Moody's Investors Service, Revisions to Moody s Hybrid Tool Kit, Juli 2010, S. 3; Fitch Ratings, Equity Credit for Hybrids & Other Capital Securities, Juni 2008, S. 2 (überarbeitete Version des ursprünglichen Dokuments vom September 2006, identisch zu der im Juni 2008 publizierten Version); Standard & Poor's verfolgte bei der Berechnung von Finanzkennzahlen zunächst einen etwas anderen Ansatz, schwenkte jedoch 2006 auf die Linie der anderen großen Ratingagenturen ein, vgl. Standard & Poor's, Corporate Ratings Criteria 2008.

relle Kriterien entwickelt, wie die Module eines Finanzierungsinstruments im Hinblick auf ihren Eigen- oder Fremdkapitalcharakter zu beurteilen sind. Im Gegensatz zum Bankaufsichtsrecht, das je nach Eigenkapitalnähe Obergrenzen der Anrechnungsfähigkeit kennt, kommt es im Ratingverfahren zu einer Aufteilung des jeweiligen Instruments (ggf. zusätzlich mit Obergrenzen der Anrechnungsfähigkeit).

Im Folgenden wird zunächst auf die Behandlung von Hybriden bei der Analyse der Kapitalstruktur im bankinternen Rating eingegangen, bevor die Kategorienbildung der drei großen Ratingagenturen *Moody's Investors Service, Standard & Poor's* und *Fitch Ratings* vorgestellt wird.[795] Erwähnt werden soll noch, dass die bilanzielle Behandlung und damit die Frage der zusätzlichen Bilanzierung bei mittelständischen Unternehmen nach IFRS für das Rating nicht von Bedeutung ist.[796] Es kommt vielmehr allein auf die konkreten Module (*economic substance*) und insbesondere deren Auswirkungen auf den Cashflow an.[797]

1. Bankinternes Rating und Bilanzanalyse

Das Ergebnis des Ratings durch Kreditinstitute ist die Grundlage ihrer Kreditentscheidung, insbesondere für die Berechnung der Kreditkosten.[798] Auch wenn die großen deutschen Kreditinstitute bereits seit den 1990er Jahren Verfahren zur systematischen Messung der Bonität ihrer Kunden entwickelt haben, so hat doch Basel II und dessen Umsetzung dazu geführt, dass diese Praxis flächendeckend[799] zum Einsatz kommt und die Verfahren ausgefeilter wurden:[800] Kreditinstitute können die Eigenkapitalunterlegung von Krediten durch Anwendung des einfachen oder fortgeschrittenen IRB-Ansatzes gegenüber dem Standardansatz bei entsprechenden Risikogewichten reduzieren.[801] Aus dem Rating ergibt sich, in welcher Höhe der Kredit mit Eigenkapital unterlegt werden muss, was wiederum entscheidend für die Kreditkosten ist.

---

795 Zur Stellung dieser drei Agenturen im Markt *Everling/Trieu* in Büschgen/Everling, Handbuch Rating, S. 95 (98 ff.).

796 Für das externe Rating Moody's Investors Service, Hybrid Tool Kit, Dezember 1999, S. 5; Fitch Ratings, Equity Credit for Hybrids & Other Capital Securities 2008, S. 2; Standard & Poor's, Criteria: Equity Credit For Corporate Hybrid Securities, Mai 2006. Im Hinblick auf das interne Rating IFD (Initiative Finanzstandort Deutschland), Kriterien für die Mezzanine-Qualifizierung, S. 4. Vgl. zum Ganzen *Hennrichs*, ZGR 2006, S. 563 (579) m. w. N.

797 *Sester*, ZBB 2006, S. 443 (453).

798 *Hartmann/Schwarzhaupt* in Büschgen/Everling, Handbuch Rating, S. 25 (31, 38).

799 *Reich* in Büschgen/Everling, Handbuch Rating, S. 3 (5 f.).

800 *Hartmann/Schwarzhaupt* in Büschgen/Everling, Handbuch Rating, S. 25 (27).

801 Dazu bereits oben Einführung IV.5 und Teil 3 D.I.1. Vorhersagen für die USA lauteten, dass dortige Banken ihre Eigenmittel um bis zu 31% unter Basel II verringern werden können, vgl. The Economist, A battle over Basel 2, Heft vom 4. 11. 2006, S. 86. Allerdings hat sich das Bild seit 2006 durch verschlechterte Ratings etwas verändert.

Jedes Institut bzw. jede Institutsgruppe verfügt dabei über seine eigenen Grundsätze;[802] sie werden im Rahmen der Zulassung des IRB-Ansatzes aufsichtsrechtlich überprüft. Für Kreditnehmer ist bisweilen schwer abschätzbar, wie sie die Konditionen für eine Kreditvergabe zu ihren Gunsten beeinflussen können. Mit dem Ziel, die Ermittlung der Höhe des Eigenkapitals von Unternehmen, die Hybridkapital zur Finanzierung einsetzen, transparenter zu machen, hat die Initiative Finanzstandort Deutschland (IFD) einen Kriterienkatalog hinsichtlich der einzelnen Module vorgelegt.[803] Er soll einen Querschnitt der recht heterogenen Behandlung von Hybridinstrumenten im Hinblick auf die Ermittlung der Höhe des Eigenkapitals durch Kreditinstitute in Deutschland darstellen.[804] Für eine zumindest teilweise Anrechnung als Eigenkapital müssen danach folgende Kriterien erfüllt sein:

- Überlassungsdauer: Mindestlaufzeit 5 bis 7 Jahre; Restlaufzeit 1 bis 2 Jahre (z.T. soll die Restlaufzeit diejenige der Kredite seitens der Bank wesentlich übersteigen); keine ordentliche Kündigung; keine außerordentliche Kündigung wegen Verschlechterung der wirtschaftlichen Lage;
- Haftung: Nachrang in der Insolvenz, z.T. Nachrang zu jeder Zeit, auch bzgl. Zinszahlungen; keine Besicherung.

Für eine weitergehende Eigenkapitalanrechnung werden z.T. verlangt:

- Haftung: Verlustteilnahme, Mechanismus zur Vermeidung der Überschuldung;
- Vergütung: Zinsstundung/Stillhalteperioden im Krisenfall; erfolgsabhängige Vergütung.

Die Mehrzahl der Institute berücksichtigt Hybridkapital allerdings lediglich in zwei Kategorien, wobei eine Zurechnung zum Eigenkapital entweder zu 100% oder gar nicht erfolgt.[805]

Einen Kriterienkatalog für die Ermittlung des Eigenkapitalgehalts im Zuge des Bilanzratings hat auch die Deutsche Vereinigung für Finanzanalyse und Asset Management (DVFA) vorgelegt.[806] Sie soll die Vergleichbarkeit von Bilanzratings sicherstellen und die Arbeit der Bilanz-, Finanz- und Ratinganalysten erleichtern. Dort werden jeweils die Anforderungen an die Module für einen Eigenkapitalgehalt von 100% dargelegt und die Gewichtung der einzelnen Module für die Errechnung des Gesamt-Eigenkapitalgehalts des Instruments angegeben. Für einen vollen Gehalt müssen folgende Kriterien erfüllt sein (Gewichtung in Klammern):

---

802 *Hennrichs*, ZGR 2006, S. 563 (582). Beispiel zu Entwicklung und Einsatz eines internen Ratingsystems bei *Hromadka/Döhring* in Büschgen/Everling, Handbuch Rating, S. 245; zu den internen Ratingverfahren der Sparkassen und Volksbanken *Müller*, DStR 2008, S. 787.
803 IFD, Kriterien für die Mezzanine-Qualifizierung.
804 Kurze empirische Studie zur Frage der Zurechnung von Hybridkapital zum Eigenkapital im internen Ratingverfahren von 9 großen Instituten aller Sektoren bei *Arnsfeld/Pekus*, Hybride Finanzierungsinstrumente im externen Rating, Diskussionspapier (2007), S. 30ff.
805 Siehe *Arnsfeld/Pekus*, Hybride Finanzierungsinstrumente im externen Rating, Diskussionspapier (2007), S. 32.
806 DVFA, Mezzanine Finanzierungsformen und Bilanzrating, Finanzschrift 05/07.

- Überlassungsdauer: Mindestlaufzeit 5 Jahre, Restlaufzeit 2 Jahre (15%, Negativmerkmal); Kündigungsfrist bei unbefristeten Verträgen für ordentliche Kündigung oder Nachhaftung über 1 Jahr (10%);
- Haftung: einfacher Nachrang (20%, Negativmerkmal); Beteiligung an laufenden Verlusten, keine Besserungsklausel über die Laufzeit hinaus, Rückzahlung nur aus freiem Vermögen (20%);
- Vergütung: Gewinnabhängigkeit, keine Nachzahlbarkeit (20%, Negativmerkmal);
- Sonstiges: kein Recht des Kapitalgebers, Umwandlung des Hybridtitels in Darlehen zu verlangen (10%, Negativmerkmal); Hausbank ist nicht Kapitalgeber (2,5%); Einsatz eines externen Beraters zur Mithilfe der Fortführung des Unternehmens (2,5%).

Keine Angaben erfolgen dazu, wann ein Kriterium teilweise vorliegt und dementsprechend eine Teilanrechnung erfolgen kann (Kategorienbildung). Beträgt der Eigenkapitalgehalt eines Negativmerkmals 0%, so erfolgt gar keine Zurechnung zum Eigenkapital.

Die Kriterien für eine Zurechnung zum Eigenkapital sind bei beiden Ansätzen zur standardisierten bankinternen Behandlung von Hybridkapital im Hinblick auf die Beurteilung der Kapitalstruktur recht vage.[807] Ob damit das Ziel einer bundesweit einheitlichen und transparenten Methode erreicht werden kann, ist zweifelhaft.

2. Kategorisierung durch Ratingagenturen

Ratingagenturen untersuchen beim Emittentenrating die Kreditwürdigkeit (Ausfallwahrscheinlichkeit) von Unternehmen und Staaten (*issuer default/credit rating*), beim Rating konkreter Emissionen die Ausfallwahrscheinlichkeit hinsichtlich der damit verbundenen Forderungen des Gläubigers (*issue rating*). Wiederum ist dabei die Kapitalstruktur des Unternehmens und damit die Höhe des Eigenkapitals von entscheidender Bedeutung.

Die Ermittlung des Eigenkapitalgehalts ist, wie auch sonst die Methodik bei der Vergabe von externen Ratings, nicht gesetzlich geregelt.[808] Wegen der immensen Bedeutung für die emittierenden Unternehmen, insbesondere aufgrund der Korrelation zwischen Rating und Kapitalkosten[809] und der Einbeziehung der Ratingagenturen in die gesetzliche Regulierung (insbesondere im Bankaufsichtsrecht)[810] kann die Methodik der Ratingagenturen als eine Form der privaten Regulierung

---

807 Ebenso *Arnsfeld/Müller*, FinanzBetrieb 2008, S. 326 (338 f.).
808 Zu den Regulierungsansätzen (USA, EU) und Verhaltenskodizes bzgl. Ratingagenturen (IOSCO, DVFA) *Leker/Botterweck* in Büschgen/Everling, Handbuch Rating, S. 589; *Deipenbrock*, WM 2007, S. 2217; *Eisen*, Haftung und Regulierung internationaler Rating-Agenturen; *Haar*, JZ 2008, S. 964 (970).
809 Dazu *Hartmann/Schwarzhaupt* in Büschgen/Everling, Handbuch Rating, S. 25 (31, 38); *Voges/Rehberg*, WM 2004, S. 1605 (1607 f.).
810 Zur rechtspolitischen Kritik The Economist, „Uphill work“, Heft vom 8. 9. 2007, S. 70.

(*private ordering*) bezeichnet werden. Bisweilen dient übrigens die Angabe der Hybridkategorien von *Moody's, Standard & Poor's* sowie *Fitch* der Information von Marktteilnehmern (auch in der Finanzberichterstattung) über die Eigenkapitalnähe des Instruments.[811]

a) Moody's Investors Service

Moody's Investors Service hat sein Rahmenkonzept zur Bestimmung des Eigenkapitalgehalts (*Tool Kit*) erstmals 1999 der Öffentlichkeit vorgestellt.[812] Das *Tool Kit* sah dabei folgende Vorgehensweise vor: Zunächst wurde das Finanzinstrument in seine einzelnen *key features* bzw. Module zerlegt, dann die Eigenkapitalnähe des jeweiligen Moduls bestimmt, die Gewichtung der Module in Bezug auf ihre Bedeutung für die Eigenkapitalnähe vorgenommen und schließlich das Instrument auf dem *debt-equity continuum* einer der fünf Kategorien A bis E (*baskets*) zugeordnet.[813] *Basket E* stellt dabei die Kategorie mit dem höchsten Eigenkapitalgehalt dar (100%), es folgen *D* (75%), *C* (50%), *B* (25%) und *A* (0%). Im Jahr 2010 wurde die Vorgehensweise abgewandelt; die maßgeblichen Fragen für die Einordnung in einen *basket* sind nun:[814]

- Partizipiert das Hybridinstrument bei Unternehmensfortführung (*going concern*) an Verlusten?
- Partizipiert das Hybridinstrument in einem Liquidationsszenario (*gone concern*) vorrangig an Verlusten?
- Steht das Hybridkapital im Verlustfall tatsächlich zur Partizipation bereit?

Was die erste Frage anbelangt, so ist zum einen wichtig, dass vor kritischen Situationen („*well in advance of a broad, company-wide default*") die Vergütung ausgesetzt wird und die Zinsen nicht nachzahlbar sind (*non-cumulative*-Struktur). Die *trigger* für das Aussetzen der Vergütung werden im Einzelfall betrachtet. Tendentiell werden Cashflow-basierte *trigger* höherwertiger eingestuft als bilanzbezogene. Es darf auch keine alternative verpflichtende Form der Vergütung (*Alternative Coupon Settlement Mechanism* – ACSM)[815] bestehen. Bzgl. der Haftung muss entweder eine Verlustbeteiligung i. e. S. (*write-down*) oder aber eine Pflichtwandlung in Eigenkapitalinstrumente vorhanden sein. Sind diese Kriterien erfüllt, so ist ein Instrument tendentiell in die *baskets D* oder *E* einzuordnen.

Für eine *gone concern*-Verlustbeteiligung ist ausreichend, dass der Emittent die Zahlung der Vergütung aussetzen kann, sie darf aber nachzahlbar (*cumulative*) oder

---

811 Angabe zum Eigenkapitalgehalt eines Hybridbonds im Geschäftsbericht 2006 der Wienerberger AG, S. 16, abrufbar unter http://www.wienerberger.com (Homepage → Investor Relations → Berichte und Präsentationen → Berichte → Geschäftsberichte); im Geschäftsbericht 2008 der Bayer AG, S. 81, abrufbar unter http://www.bayer.de (Homepage → Investor Relations → Berichte → Geschäftsberichte).

812 Moody's Investors Service, Hybrid Tool Kit, Dezember 1999.

813 Moody's Investors Service, Tool Kit 1999, S. 3

814 Zum Nachfolgenden siehe Moody's Investors Service, Revisions to Moody s Hybrid Tool Kit, Juli 2010, S. 3 ff.

815 Siehe dazu oben Teil 1 D.II.3.

über ACSM begleichbar sein. Bzgl. Haftung ist ein Nachrang in der Insolvenz notwendig. *Gone-concern*-Instrumente sind maximal in *basket* C einzuordnen, reine Nachrangdarlehen in *basket* B.

Bei der dritten Frage geht es um die Laufzeit sowie mögliche Kapitalersatzmechanismen,[816] außerdem um eine nicht näher bestimmte Gesamtschau der Kapitalbasis des Emittenten. Für die Einordnung in *baskets* B oder höher wird eine Mindestlaufzeit von 30 Jahren bei einer Restlaufzeit von wenigstens 10 Jahren verlangt. Was *step-ups* anbelangt, so wird bei einer Erhöhung um mehr als 100 Basispunkte der Anreiz zur Kündigung als so hoch eingeschätzt, dass von einer effektiven Laufzeit des Instruments bis zu diesem Zeitpunkt gesprochen werden kann.

b) Standard & Poor's

Standard & Poor's führte im Jahr 1999 zunächst eine hierarchisch nach dem Eigenkapitalgehalt geordnete Tabelle von Hybridprodukten ein (*equity hybrid hierarchy*), wobei den Instrumenten in 10% – Schritten ein Gehalt zwischen 0% und 100% zugeordnet wurde. Seit dem Jahr 2005 werden nur mehr drei Kategorien von Instrumenten (*equity content categories*) unterschieden: *minimal equity content* (0%), *intermediate equity content* (50%) und *high equity content* (100%).[817]

Für die Bestimmung der Eigenkapitalnähe wird auf die Charakteristika des Instruments in Bezug auf laufende Zahlungsverpflichtungen, die Laufzeit bzw. Überlassungsdauer und die Pufferfunktion für andere Gläubiger abgestellt. Auch *Standard & Poor's* bezieht Aufsichtsmittel gegenüber Banken und Versicherungen ein. Bemerkenswert ist, dass neben den konkreten Modulen auch die Bezeichnung des Hybridtitels eine Rolle spielt. Es gebe hinsichtlich der Aussetzung von laufenden Zahlungen eine unterschiedliche Erwartungshaltung des Marktes je nach Instrument.[818]

Hinsichtlich laufender Zahlungsverpflichtungen hält *Standard & Poor's* eine Aussetzungsmöglichkeit der Vergütung über einen Zeitraum von fünf oder sechs Jahren für entscheidend. Hat das Unternehmen eine Krise nach dieser Zeit nicht überwunden, werde es letztlich in aller Regel ohnehin scheitern. Geringere *deferral periods* werden mit erheblichen Abschlägen beim Eigenkapitalgehalt behandelt. Für eine *intermediate*-Beurteilung ist die optionale Aussetzungsmöglichkeit über 5 Jahre jedoch auch ausreichend, und diese darf beschränkt sein auf Jahre ohne Dividendenzahlung.[819] Zu einer niedrigeren Einstufung führen Module, welche die

---

816 Siehe dazu oben Teil 1 D.III.4.
817 Standard & Poor's, Hybrid Capital Handbook: September 2008 Edition. Für Banken und Versicherungen wird die mittlere Kategorie in *intermediate:strong* und *intermediate:adequate* unterteilt, ausführlich bei Standard & Poor's, Financial Services Criteria: Equity Credit For Bank And Insurance Hybrid Capital, A Global Perspective, Februar 2006.
818 Standard & Poor's, Criteria: Equity Credit For Corporate Hybrid Securities, Mai 2006 („Frequently Asked Questions").
819 Angaben nicht ganz klar; teilweise wird auch *unfettered deferral* verlangt, vgl. Standard & Poor's, Criteria: Equity Credit For Corporate Hybrid Securities, Mai 2006 („Tax-Deductible Preferreds: A Major Innovation In Hybrid Securities" und dagegen „Frequently Asked Questions").

Ausübung des *deferrals* weniger attraktiv machen, etwa vorgeschriebene ACSM. Nicht erheblich ist die Unterscheidung von *cumulative* und *non-cumulative*-Strukturen. Ein geeigneter *mandatory trigger* wurde bisher als sehr positiv angesehen, wobei sich eine Standardisierung wegen der jeweils einzubeziehenden schuldnerspezifischen Aspekte nach Ansicht von *Standard & Poor's* verbietet. Jedenfalls ist der *mandatory trigger* für einen hohen Eigenkapitalgehalt so auszugestalten, dass dieser spätestens zu einem Zeitpunkt greift, in dem der Emittent zwei oder drei Stufen (*notches*) seines Kreditratings eingebüßt hat. Die konkreten Finanzkennzahlen, an welche der *trigger* anknüpft, müssen auf das jeweilige Unternehmen abgestimmt sein; bestenfalls werden außerdem verschiedene Finanzkennzahlen verwendet. Es darf auch keine Beschränkung des *triggers* auf Zeiträume geben, wo keine Dividende bezahlt wurde. Mittlerweile zweifelt *Standard & Poor's* an der positiven Wirkung von *mandatory triggers* auf die Ausfallwahrscheinlichkeit: Das Publikwerden des Eintritts eines solchen Ereignisses könne wegen seiner negativen Auswirkungen auf das Vertrauen des Marktes in das Unternehmen die durch den Ausfall der Vergütung bewirkten Vorteile mehr als überwiegen.[820] Eine Alternative, durch die auch ein *high equity content* erreicht werden kann, stellt die Verknüpfung der Vergütung mit der Zahlung einer Dividende dar.[821]

Was die Laufzeiten angeht, so kann ein *intermediate* oder *high equity credit* bei einer verbleibenden Überlassungsdauer von 20 Jahren zugeteilt werden. Bei *non-investment grade*-Emittenten werden auch kürzere Laufzeiten akzeptiert, da bei weniger kreditwürdigen Schuldnern eine insgesamt weniger in die Zukunft reichende Beurteilung erfolgt.[822] Ein Kündigungsrecht des Unternehmens ist dann nicht schädlich für den *equity content*, wenn voraussichtlich kein erheblicher Anreiz für eine Kündigung und Refinanzierung besteht (und jedenfalls die ersten fünf Jahre ausgeschlossen ist, außer bei Banken und Versicherungen unter geeigneten Aufsichtsmitteln).[823] Bestehen *step-ups*, so reicht für einen *intermediate equity content* eine Absichtserklärung des Managements zur Kapitalersatzbeschaffung aus, wenn der *step-up* frühestens nach zehn Jahren Laufzeit möglich ist. Ansonsten und für einen *high equity content* ist eine Regelung zugunsten der vorrangigen Gläubiger notwendig.[824] Ein *step-up* kann dabei re-

---

820 Standard & Poor's, Criteria: Market Turmoil Highlights Ambivalence Regarding Mandatory Deferral Triggers in Hybrids, Januar 2008.

821 Zum Ganzen Standard & Poor's, Hybrid Capital Handbook: September 2008 Edition.

822 Standard & Poor's, Criteria: Harmonized Standards For Minimum Term Of Hybrid Capital Issues, Februar 2007; Standard & Poor's, Financial Institutions: Hybrid Capital Handbook, Mai 2008 („Equity Content Categories"). Ausreichend sind 15 Jahre für Unternehmen mit BB-Rating, 10 Jahre für solche mit B-Rating.

823 Anreizreduzierend wirkt etwa die steuerliche Abzugsfähigkeit der laufenden Zahlungen, vgl. Standard & Poor's, Criteria: Equity Credit For Corporate Hybrid Securities, Mai 2006 („Permanence"); siehe auch Standard & Poor's, Criteria: Harmonized Standards For Minimum Term Of Hybrid Capital Issues, Februar 2007. Zu Banken und Versicherungen siehe Standard & Poor's, Financial Institutions: Hybrid Capital Handbook, Mai 2008 („Equity Content: Permanence").

824 Standard & Poor's geht davon aus, dass die Vorkehrungen zugunsten der vorrangigen Gläubiger in den meisten großen Rechtsordnungen bestand haben, vgl. Standard & Poor's, Credit FAQ: Unregulated Issuers' Hybrid Capital Instruments with Step-Ups – Why Be Concerned?, Juni 2007.

gelmäßig ab 100 Basispunkten zu einer effektiven Laufzeitverkürzung auf den Zeitpunkt der Kündigungsmöglichkeit führen.[825]

Die Pufferfunktion für andere Gläubiger beurteilt *Standard & Poor's* als nicht wesentlich, auch dem Grad der Subordination wird keine große Bedeutung zugeschrieben. Ob auch Rückzahlungssperren vor der Insolvenz und Verlustteilnahme berücksichtigt werden, ist nicht klar, die Bedeutung von Nachrangvereinbarungen erschöpft sich für *Standard & Poor's* in der Erleichterung der Aufnahme weiteren Kapitals.[826] Lediglich am Rande wird erwähnt, dass manche europäische Unternehmen eine Verlustbeteiligung (vor der Insolvenz) bei Hybriden kennen.[827]

c) Fitch Ratings

Fitch Ratings veröffentlichte im Jahr 2006 ein umfassendes Rahmenkonzept zur Bestimmung des Eigenkapitalgehalts,[828] welches zwei Jahre später noch einmal überarbeitet wurde.[829] *Fitch* teilt Hybride in fünf Kategorien (*equity classes*) ein, von *class A* mit 0% Eigenkapitalgehalt über *B* (25%), *C* (50%) und *D* (75%) hin zu *class E* (100%). Im Februar 2011 wurde jedoch in einem Vorschlag zur Überarbeitung der Behandlung von Hybridkapital angegeben, dass eine Reduktion auf drei Kategorien (0%, 50%, 100%) geplant sei.[830] Auf weitere mögliche Änderungen wird unten nach Darstellung der bislang gültigen Kriterien eingegangen.

Die Hauptkriterien (*core features*)[831] für die Eigenkapitalnähe sieht *Fitch* in der Fähigkeit zur Absorption von Verlusten und in der finanziellen Flexibilität. Neben den Modulen spielen auch Aufsichtsmittel eine Rolle, wobei Länderspezifika einbezogen werden. Die beiden Hauptkriterien werden bestimmt über die Ausgestaltung der sie bestimmenden Module (*secondary features*), wobei die Ausprägungen der Module einer *equity class* zugeordnet werden. Danach erfolgt die Zuordnung des Hybridtitels zu einer Kategorie, wobei grundsätzlich das Modul mit dem niedrigsten Eigenkapitalgehalt maßgeblich ist (*weak-link approach*).

Was das Kriterium der Verlustabsorption anbelangt, betrachtet auch *Fitch* die Implikationen vor und in der Insolvenz (*pre-bankruptcy loss-absorption features* und *post-bankruptcy subordination*). Eine Nachrangvereinbarung führt bei Finanzinstituten, die einer strengen Aufsicht unterliegen, zur Einordnung in *equity class E*, ansonsten

825 Standard & Poor's, Criteria: Harmonized Standards For Minimum Term Of Hybrid Capital Issues, Februar 2007.
826 Standard & Poor's, Hybrid Capital Handbook: September 2008 Edition („Equity Credit: Subordination/Cushion For Creditors In The Event Of Default").
827 Standard & Poor's, Financial Institutions: Hybrid Capital Handbook, Mai 2008 („Equity Credit: Subordination/Cushion For Creditors In The Event Of Default").
828 Fitch Ratings, Equity Credit for Hybrids & Other Capital Securities, September 2006. Vgl. auch Fitch Ratings, Securities Firms: Determining Equity Credit for Hybrids, Special Report, Oktober 2006.
829 Fitch Ratings, Equity Credit for Hybrids & Other Capital Securities, Dezember 2009.
830 Fitch Ratings,Exposure Draft: Proposed Revisions to Criteria for Treatment of Hybrids in Capital and Leverage Analysis, Februar 2011, S. 4.
831 Zum Folgenden Fitch Ratings, Equity Credit for Hybrids & Other Capital Securities, Dezember 2009, S. 4 ff.

(meist) in *class D*. Der Unterschied wird damit begründet, dass die Verlustbeteiligung durch die Aufsichtsbehörden überwacht werde, wohingegen bei Unternehmen außerhalb der Finanzbranche häufig Vertragsklauseln mit einer Einschränkung der Verlustbeteiligung vorhanden seien. Für die Auswirkungen vor Eröffnung eines Insolvenzverfahrens wird, neben der Umwandlung des Hybridkapitals in Aktienkapital oder aber eines Zahlungsaufschubs,[832] auch die Verlustbeteiligung (*write-down*) berücksichtigt. Sie wirke sich vor allem deshalb positiv auf den Eigenkapitalgehalt aus, da sie den Eintritt eines Insolvenzgrundes verhindern könne. Für den *trigger* der Verlustbeteiligung gelten die gleichen Anforderungen wie für denjenigen des *coupon deferral* (dazu sogleich).

Die drei wichtigsten Aspekte, welche das Kriterium der finanziellen Flexibilität bestimmen, sind die Aussetzung von Zinszahlungen (*coupon deferral*), eine gewisse Dauerhaftigkeit der Kapitalüberlassung und der Verzicht auf besondere Klauseln zum Schutz des Gläubigers (*creditor protection/covenants*).

Was den *coupon deferral* anbelangt, so werden *cumulative*-Strukturen als fremdkapitalnäher angesehen. Hier erfolgt im Vergleich zu *non-cumulative*-Strukturen regelmäßig ein Abschlag um eine *equity class*, höchstens können sie *class D* erreichen. Sowohl *mandatory* als auch *optional deferral*-Strukturen können zu einer *class E*-Bewertung führen. Bei *mandatory*-Strukturen kommt es darauf an, dass der *trigger* schon vor einer Krise des Unternehmens greift (etwa über das Absinken unter ein geeignetes Verhältnis von Cashflow zu Zinslast) sowie dass die Ermittlung der dem *trigger* zugrundeliegenden Daten mindestens vierteljährlich erfolgt oder aber eine wirksame Finanzaufsicht Ähnliches sicherstellt. Bei halbjährlicher oder jährlicher Feststellung der *trigger*-relevanten Daten erfolgt eine Zuordnung zu *class D* oder *C*. *Optional*-Strukturen können, wenn sie nicht an ein Ereignis gebunden und *non-cumulative* sind sowie die Aussetzung der Zahlungen nicht (übermäßig) in zeitlicher Hinsicht beschränkt ist, potentiell *class E* erreichen. Im Hinblick auf die soeben erwähnte zeitliche Beschränkung der Aussetzung sieht *Fitch* keine Notwendigkeit, für eine *class E*-Einordnung mehr als fünf Jahre zu fordern. Empirische Studien wiesen darauf hin, dass ein Unternehmen innerhalb von fünf Jahren nach Eintritt einer Krise entweder gesundet oder gescheitert sei. Eine zeitliche Beschränkung auf weniger als fünf Jahre bis zu drei Jahren führt zur Herabstufung um eine *equity class*. Vorgeschriebene APM/ACSM können, je nach Ausgestaltung, positive, neutrale oder negative Auswirkungen auf die *equity class* haben.

Im Hinblick auf die Dauerhaftigkeit der Kapitalüberlassung stellt *Fitch* auf den Überlassungszeitraum ab, der aufgrund der Bedingungen des Hybridtitels am wahrscheinlichsten erscheint (*effective maturity*). Er wird bestimmt durch eine vorgesehene Fristigkeit, Kündigungsrechte und Anreize zur Kündigung, Ersatzbeschaffungsmechanismen (*replacement language*) sowie Aufsichtsmittel der Finanz-

---

832 Der *Criteria Report* spricht davon, dass solche Vereinbarungen auch als „*exceptional form of deferability*" betrachtet werden könnten, siehe Fitch Ratings, Equity Credit for Hybrids & Other Capital Securities, Dezember 2009, S. 6. Warum hier nicht zwischen einer Rückzahlungssperre und der Umwandlung in Gesellschaftsanteile unterschieden wird, bleibt unklar.

aufsicht. Eine *class* E-Einordung erfolgt dabei ab einer effektiven Kapitalüberlassungsdauer von 20 Jahren, *class* D von zehn bis 20 Jahren, C von acht bis neun Jahren, B von sechs bis sieben Jahren und A von fünf Jahren und darunter. Ein Kündigungsrecht ohne Veränderung des Zinsniveaus wird so behandelt, als würde die Kapitalüberlassung auf unbeschränkte Dauer erfolgen. Gleiches gilt trotz Kündigungsrecht des Unternehmens und *step-up*, der einen Anreiz zur Kündigung gibt, schon dann, wenn nur eine Absichtserklärung des Managements zum Ersatz des Kapitals vorliegt.[833]

Für die Zukunft ist zu erwarten, dass die Anforderungen an die Zurechnung von Hybridkapital zum Eigenkapital steigen werden. Bei einer Gesamtschau des Kapitals kann aber die Flexibilität des Hybridkapitals in die Bewertung einfließen. Besonderes Augenmerk wird auf die Ausgestaltung der *trigger* für das Aussetzen der Vergütung, die Pflichtwandlung in Eigenkapitalinstrumente oder die Verlustbeteiligung (*write-down*) gelegt werden.[834]

d) Vergleichende Betrachtung und Kritik

Auch wenn die Kriterien der Agenturen eine sichere Zuordnung zur einen oder anderen Kategorie nicht immer zulassen, so sind doch einige signifikante Unterschiede in der Beurteilung von Hybridemissionen im Hinblick auf deren Eigenkapitalnähe auszumachen. Diese sollen kurz dargelegt werden.

Deutliche Differenzen gibt es zum einen, was die Überlassungsdauer anbelangt. Während *Moody's* schon für einen recht geringen Eigenkapitalgehalt eine Laufzeit von 30 Jahren voraussetzt, genügen bei *Fitch* 5 Jahre. Beim mittleren Gehalt reichen *Fitch* 10 Jahre, *Standard & Poor's* 20 Jahre, im Einzelfall auch weniger.

Moody's' Ansatz zeichnete sich auch schon vor der Finanzkrise dadurch aus, dass tendenziell nur die sichere Entlastung des Cashflows zu hohem Eigenkapitalgehalt führt, die Möglichkeit des Managements, darauf hinzuwirken dagegen nicht. Dem gegenüber steht (noch) *Fitch*, wo etwa eine Kündigungsmöglichkeit seitens des Unternehmens nicht als schädlich angesehen wird. Die bloße Absicht der Refinanzierung führt dazu, dass ein *step-up* keinen Abzug von der effektiven Laufzeit mit sich bringt und auch ein optionaler Zinsausfall für einen hohen Gehalt genügen kann. Zwischen den beiden Ansätzen liegt *Standard & Poor's*, die auch einen *cash call* nicht als schädlich ansehen, aber ein Instrument mit *optional deferral* lediglich als Kapital mittleren Eigenkapitalgehalts betrachten.

Bei *Standard & Poor's* ist zunächst die grobe Einteilung auffällig, die nur eine hälftige Zuordnung zu Eigen- und Fremdkapital zulässt und ansonsten die Instrumente entweder dem Eigen- oder dem Fremdkapital insgesamt zuordnet (*Fitch* wird dem voraussichtlich folgen). *Standard & Poor's* stellt als einzige Agentur Annahmen bezüglich Markterwartungen, die mit der Nomenklatur der Instrumente verbunden

833 Fitch Ratings, Equity Credit for Hybrids & Other Capital Securities, Dezember 2009, S. 25.
834 Fitch Ratings,Exposure Draft: Proposed Revisions to Criteria for Treatment of Hybrids in Capital and Leverage Analysis, Februar 2011, S. 1 ff.

sind, an und bezieht diese in den Prozess ein. *Standard & Poor's* misst auch den Erwartungen des Kapitalmarktes bei der Frage der kumulativen oder nicht kumulativen Zinsstruktur ein starkes Gewicht bei. Während *Moody's* und *Fitch* kumulative Strukturen als deutlich fremdkapitalnäher ansehen, stellt *Standard & Poor's* darauf ab, dass das Management bei nicht-kumulativer Zinsstruktur wegen der schwerwiegenderen Konsequenzen für die Kapitalgeber und den entsprechenden Reaktionen des Kapitalmarkts von der Möglichkeit, die Zinszahlung zu verweigern, kaum Gebrauch machen wird.

Fitch gibt seinen Analysten insgesamt derzeit den klarsten Leitfaden an die Hand und sorgt so auch für „Rechts"sicherheit bei den Unternehmen, die dem Kreditrating unterliegen. Dies gilt etwa für Laufzeiten (konkrete Bänder) und für die letztendliche Ableitung des prozentualen Eigenkapitalgehalts aus der Ausprägung der Module (*weak-link approach*). Darüber hinaus misst *Fitch* dem Aspekt der Haftung um einiges mehr Relevanz zu als jedenfalls *Standard & Poor's*. Hier verfügt *Fitch* über eine fein austarierte Methodik, die viele Arten der Cashflow-Entlastung und Vermeidung des Insolvenzgrundes der Überschuldung berücksichtigt.

Auch *Moody's* schenkte dem Aspekt der Haftung und der Verhinderung der Überschuldung seit 2005 größere Beachtung, wenngleich Mechanismen zur Verlustbeteiligung i. e. S. (*write-down*) zu wenig Berücksichtigung fanden; dies wurde durch die Überarbeitung im Jahr 2010 verbessert. *Moody's* Kriterien waren insgesamt schon vor der Finanzkrise recht vage, dies hat sich durch die Überarbeitung der Kriterien im Jahr 2010 noch einmal verstärkt. *Standard & Poor's* Methodik dagegen ist weniger auf eine Bewertung unter einer potentiellen Stresssituation ausgerichtet und verfolgt somit tendenziell einen „Schön-Wetter-Ansatz".

Allen Ansätzen kann, zumal was den Einfluss der Erwartungen und Reaktionen des Kapitalmarktes und die Handhabung der optionalen Aussetzungen von Zahlungen sowie *replacement*-Klauseln durch das Management anbelangt, eine geringe empirische Datenbasis bzgl. der Finanzierung durch hybride Instrumente vorgeworfen werden. Umso bemerkenswerter ist, dass den Selbstregulierungskräften des Marktes eine solche Bedeutung beigemessen wird. Unter normalen finanziellen Umständen, insbesondere wenn das Unternehmen einen guten Ruf an den Kapitalmärkten zu verlieren hat, wird sich das Management etwa an Absichtserklärungen zur Refinanzierung durch mindestens genauso gläubigerschützendes Kapital nach Kündigung oder am Ende der Laufzeit eines Instruments halten. Für Fälle einer sich dramatisch verschlechternden Kreditwürdigkeit bestehen an der Wirksamkeit solcher Zusagen erhebliche Zweifel. Auch dürfte stärker zu berücksichtigen sein, inwieweit in solchen Situationen eine entsprechende Refinanzierung überhaupt möglich ist: Muss Risikokapital in einer finanziellen Stresssituation etwa wegen Fälligkeit des Rückzahlungsanspruchs ersetzt werden, so stellt sich nicht nur die Frage nach dem Preis der Finanzierung, sondern auch danach, ob sich überhaupt noch Hybrid- oder Eigenkapitalgeber finden lassen. Hier sei auch ein Vergleich mit den Eigenmittelkategorien des Bankaufsichtsrechts gezogen: Während dort die Aufsichtsbehörde den Abfluss von Kapital (Vergütung und

Rückzahlung) verhindern kann, basieren Zuordnungen des Eigenkapitalgehalts im Ratingverfahren bisweilen auf bloßen Absichten zur Refinanzierung und *Möglichkeiten* des Managements, den Kapitalentzug zu verhindern. Aber selbst bei „bindenden" Zusagen hinsichtlich der Refinanzierung kann nicht von einer den Aufsichtsmitteln gleichwertigen Regelung gesprochen werden.[835] Die Reaktion von *Moody s* in der Überarbeitung der Kriterien im Jahr 2010 zeigt, dass das Problem erkannt und entsprechende Konsequenzen gezogen wurden.

III. Kategorien für die Postenbezeichnung in der Bilanz

Im nächsten Schritt soll nun geprüft werden, ob das Konzept des Eigenkapitalgehalts, wie es im Bankaufsichtsrecht und im Ratingverfahren verwendet wird, für die modulbezogene Abbildung der Kapitalstruktur in der Bilanz fruchtbar gemacht werden kann. Dazu wird zunächst erarbeitet, wie eine Kategorisierung von hybriden Finanzierungsinstrumenten nach dem Eigenkapitalgehalt für die Bilanz nach HGB und IFRS gestaltet sein müsste. Anschließend erfolgt die Überprüfung des Systems unter Informationsgesichtspunkten.

1. Angabe des Eigenkapitalgehalts?

a) Vorbemerkungen

Eine Kategorisierung nach dem Eigenkapitalgehalt könnte konzeptionell für die Informationsübermittlung geeignet sein. Eine entsprechende Bezeichnung der Kategorien („Hybridkapital dritter Klasse" etc. oder „Hybridkapital mit 25% Eigenkapitalgehalt" usf.) lässt bei Etablierung eines entsprechenden Konzepts Rückschlüsse auf die konkreten Module zu. Zudem beinhaltet der Grad der Eigenkapitalähnlichkeit eine Aussage im Hinblick auf die Funktion, die mit dem Eigenkapitalbegriff des jeweiligen Bilanzrechts verbunden ist. Wenn die mathematisch ausgedrückte Nähe zum Eigenkapital in der Bilanzanalyse verwendet wird, so könnte davon ausgegangen werden, dass die Sichtbarmachung auch dem Informationszweck der Bilanz entspricht. Für manche Rechtsfolgen ist zwar eine binäre Zuordnung des Kapitals notwendig, etwa bei der Berücksichtigung der Vergütung in der Gewinnermittlung oder -verwendung; ein Ausweis von Hybridkapital in Kategorien ist davon jedoch unabhängig.

Was die Kriterien der einzelnen Kategorien angeht, so scheidet eine unbesehene Übertragung aus dem Aufsichtsrecht oder der Methodik der Ratingagenturen aus. Die jeweilige Kombination der Module für die Kategorien ist am betreffenden materiellen Eigenkapitalbegriff auszurichten, wie er für das HGB-Bilanzrecht oben ermittelt wurde (Aktiengesellschaft, GmbH) bzw. sich aus IAS 32 ergibt. Finanzierungsinstrumente der obersten Kategorie (100% Eigenkapitalgehalt) müssen dem

835 Dazu oben Teil 2 B.III.3.

jeweiligen (materiellen) Eigenkapitalbegriff gerecht werden. Für die vorzunehmende Abstufung bietet sich die Einteilung in drei (75%, 50%, 25%) oder vier (80%, 60%, 40%, 20%) Kategorien an. Was deren Anforderungen an die jeweiligen Module betrifft, kann unter Beachtung der Wertungen des Eigenkapitalbegriffs auf die in Teil 2 vorgenommene Systematisierung der Module sowie das Bankaufsichtsrecht und die Methodik im Ratingverfahren zurückgegriffen werden.

b) HGB-Bilanz

Zunächst soll eine denkbare Kategorisierung für den Ausweis des Hybridkapitals einer Aktiengesellschaft in der Handelsbilanz erarbeitet werden. Die Anforderungen an die Module werden gemäß der Erkenntnisse aus Teil 2 in den drei Gruppen Überlassungsdauer, Haftung und Vergütung ermittelt.

Hinsichtlich der Überlassungsdauer kann es (wie im Ratingverfahren)[836] nur auf die effektive Restlaufzeit ankommen. Kündigungsrechte des Kapitalgebers und Kündigungsanreize für den Emittenten sind erheblich, da nur so ein zuverlässiger Einblick in die künftigen Cashflows möglich ist. Klauseln zur Kapitalersatzbeschaffung führen wegen ihrer fragwürdigen Auswirkungen[837] nicht zu einer effektiven Verlängerung der Dauer. Für die 100% -Kategorie ist nach den Erkenntnissen zum materiellen Eigenkapitalbegriff des HGB eine unbegrenzte Laufzeit erforderlich (im Folgenden *L∞*). Was die nachfolgenden Kategorien anbelangt, so bieten sich analog zum US-amerikanischen und europäischen[838] sowie zum Baseler[839] Bankaufsichtsrecht Laufzeitbänder von 30 Jahren (*L30* für 75%), fünf Jahren (*L5* für 50%) und zwei Jahren (*L2* für 25%) an.[840] Alternativ könnte für die unterste Kategorie auch eine Restlaufzeit von einem Jahr als sachgerecht betrachtet werden, zumal das HGB auf dieses Laufzeitband für die Informationsübermittlung abstellt, vgl. § 268 Abs. 5 S. 1 HGB.

Was die Haftung mit dem zur Verfügung gestellten Kapital anbelangt, darf nach dem HGB-Eigenkapitalbegriff keine Rückzahlung aus dem gebundenen Vermögen erfolgen. Beim Rangrücktritt für den Fall der Insolvenz ist zwar die Information über den konkreten Rang wegen der in der Praxis niedrigen Insolvenzquoten unerheblich. Zumindest in der 100%-Kategorie sollte jedoch die Anforderung des materiellen Eigenkapitalbegriffs auch in dieser Hinsicht eingehalten werden. Es ist also ein Rangrücktritt unmittelbar vor die Einlagen der Anteilseigner (d.h. auf den vorletzten Rang) erforderlich. Darüber hinaus ist für die 100%-Kategorie eine qualifizierte Verlustteilnahme notwendig (zusammen abgekürzt *H4*). Die Abstufungen für die folgenden Kategorien können sich an den weiteren bilanziellen

---

836 Etwa bei Standard & Poor's, Criteria: Harmonized Standards For Minimum Term Of Hybrid Capital Issues, Februar 2007.

837 Oben Teil 2 B.III.3.

838 Art. E-57 lit. ca i.V.m. Art. 63 Abs. 2, E-63a der Bankenrichtlinie i.d.F. der überarbeiteten Eigenkapitalrichtlinie.

839 Ziff. 49.xii und Anhang 1a, Punkt D.ii.e Basel II (5 Jahre); Ziff. 49.xiv Basel II (2 Jahre).

840 Für maßgeblich hält diese Laufzeitbänder auch *Kropff* in Münchener Kommentar AktG, Band 5/2 (2. Auflage), § 272 HGB Rn. 151.

Schwellen orientieren, wie sie in Teil 2 dargestellt wurden.[841] Entweder kann an die Schwelle selbst angeknüpft werden oder es kann eine Auszahlungssperre vereinbart werden, die zwar an andere finanzielle Kennzahlen anknüpft, jedoch eine ähnliche Entlastung des Cashflows sowie bzgl. des Überschuldungsstatus die entsprechenden Rechtsfolgen bewirkt. Für die 75%-Kategorie muss die Auszahlungssperre spätestens ab Angriff des Grundkapitals gelten, etwa durch eine harte Verlustteilnahme (zzgl. Rangrücktritt in der Insolvenz) oder eine qualifizierte Nachrangvereinbarung (*H3*). Die 50%-Kategorie muss über eine Sperre verfügen, die ab der handelsbilanziellen Überschuldung greift, etwa durch eine einfache Verlustteilnahme (zzgl. Rangrücktritt in der Insolvenz) oder eine harte Rangrücktrittsvereinbarung (*H2*). Für einen Eigenkapitalgehalt des Kapitals von 25% muss immerhin noch ein (einfacher) Rangrücktritt für den Fall der Insolvenz vorliegen (*H1*).

Hinsichtlich der Vergütung gilt, dass der volle Eigenkapitalgehalt (100%) nur erreicht wird, wenn gebundenes Vermögen nicht zur Auszahlung gelangen darf und die Entscheidung über die Zahlung zumindest mittelbar im Ermessen der zuständigen Organe liegt. Eine Pflicht zur Zahlung der Vergütung ist nur dann unschädlich, wenn sie unter dem Vorbehalt der Ausschüttung einer Dividende an die Aktionäre steht. Eine Nachzahlungspflicht (kumulative Struktur) ist für die Einordnung ohne Belang (im Folgenden *V4*). Was die Abstufungen anbelangt, so sollte für die unterste Kategorie keine Einschränkung für die Zahlung der Vergütung bestehen, um gewöhnlichen Nachrangdarlehen, die immerhin über eine gewisse Haftqualität verfügen, einen Zugang zu dieser Kategorie nicht zu verschließen (*V1*). Was die Zwischenstufen anbelangt, so kann nach dem in Teil 2 Ermittelten[842] einer nur optionalen Aufschubmöglichkeit wegen der unsicheren Entlastung des Cashflows keine Bedeutung zukommen. Abzustellen ist vielmehr darauf, ob es zu einer sicheren Entlastung des Cashflows in Verlustjahren kommt. Für die 75%-Kategorie muss neben der auch für Vergütungszahlungen geltenden Auszahlungssperre ab dem Angriff des Grundkapitals eine entsprechende Cashflow-Entlastung zumindest dann gegeben sein, wenn keine ungebundenen Rücklagen mehr vorliegen, was durch eine Verlustteilnahme (wie beim KWG-Eigenkapitalbegriff) oder eine Gewinnorientierung/-abhängigkeit erreicht werden kann (*V3*). Was die 25%-Kategorie anbelangt, so sollte eine entsprechende Cashflow-Entlastung zumindest für den Fall vorgesehen sein, dass das Grundkapital bereits angegriffen ist (*V2*).

Graphisch lässt sich die gesamte Kategorisierung wie folgt darstellen:

841 Siehe oben Teil 2 B.V.5 (Rangrücktritt) und B.VI.1 (Verlustteilnahme).
842 Siehe oben Teil 2 C.II.

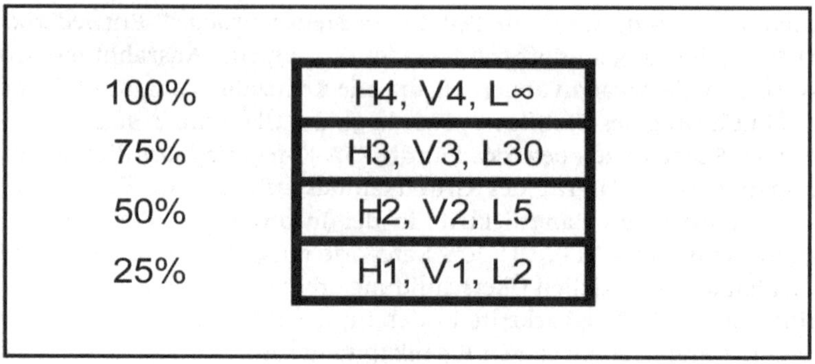

Abbildung 11: Kategorisierung nach dem Eigenkapitalgehalt HGB (1)

Kritisch betrachtet fällt an einer solchen Kategorisierung zunächst die fehlende Berücksichtigung eines wichtigen Zusammenhangs zwischen Überlassungsdauer und Haftung auf. Eine hohe Einstufung bei der Haftung kann sich schließlich wie eine längere Laufzeit auswirken: Greift die Auszahlungssperre, so ist eine Rückzahlung am Ende der Laufzeit bzw. nach Kündigung nicht möglich. Eine alternative Kategorisierung, welche den Ausgleich einer kürzeren Laufzeit durch höhere Hürden für die Rückzahlung (Haftungsmodule) einbezieht, könnte etwa folgendermaßen aussehen:

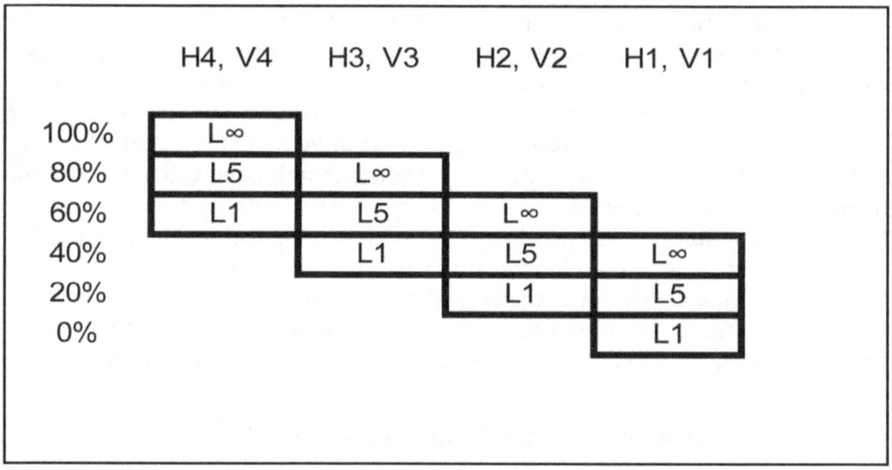

Abbildung 12: Kategorisierung nach dem Eigenkapitalgehalt HGB (2)

c) IFRS-Bilanz

Völlig anders dagegen ist eine Kategorisierung für den Ausweis des Hybridkapitals einer Aktiengesellschaft in der IFRS-Bilanz vorzunehmen. Sie hat sich am *Settlement Approach* bei der Kapitalabgrenzung zu orientieren. Außerdem erübrigt sich die Bezeichnung von Hybridkapital mit „100% Eigenkapitalgehalt“, da allein der Ausweis eines separaten Postens im Eigenkapital bereits zur Übermittlung der entsprechenden Information über die Module führt. Im Fremdkapital können jedoch die weiteren Kategorien (75%, 50%, 25%) ausgewiesen werden.

Bezogen auf die Überlassungsdauer können die obigen Überlegungen immerhin übernommen werden. Auch nach IFRS ist die effektive Laufzeit maßgeblich; eine faktische Zahlungsverpflichtung aufgrund eines Anreizes zur Kündigung führt zur Reduktion der effektiven Restlaufzeit. Die Überlegungen zu den Abstufungen (*L30, L5, L2* bzw. *L1*) gelten entsprechend.

Was die Haftung anbelangt, so spielt eine Verlustbeteiligung von vornherein keine Rolle. Auch eine Auszahlungssperre außerhalb der Insolvenz durch Nachrangvereinbarung ist irrelevant. Der für die Qualifikation als Eigenkapital notwendige Rangrücktritt spielt wegen der *Settlement*-Orientierung keine herausragende Rolle; er ist für die Fremdkapitalkategorien nicht notwendig.

Hinsichtlich der Vergütung ist allein maßgeblich, inwieweit sich der Kapitalnehmer einer Zahlung durch Ermessensentscheidung entziehen kann. Ein zwingender Ausfall oder Aufschub der Zinsen spielt nach dem IFRS-Eigenkapitalbegriff keine Rolle. Erst recht muss dies für die Abstufungen (75%, 50%, 25%) gelten. Berücksichtigung finden kann daher lediglich ein optionaler Aufschub (die Kumulation von Zinsen ist auch für die Eigenkapitalqualifikation ohne Belang, vgl. IAS 32.AG26). Für die Abstufungen kann auf die Methodik der Rating-Agenturen zurückgegriffen werden. Dem entsprechend ist maßgeblich ein optionaler Zahlungsaufschub über mindestens fünf Jahre (*V3*), mindestens drei Jahre (*V2*) und unter drei Jahren (*V1*).[843]

Zusammengefasst ergäbe sich das folgende Bild:

75%	V3, L30
50%	V2, L5
25%	V1, L2

Abbildung 13: Kategorisierung nach dem Eigenkapitalgehalt IFRS

d) Überprüfung unter Informationsgesichtspunkten

Eine Überprüfung der Kategorisierung unter Informationsgesichtspunkten führt vor allem im Falle der Ausrichtung nach IFRS zum Ergebnis, dass die Angabe des Eigenkapitalgehalts die Informationsbedürfnisse der Adressaten nicht ausrei-

843 Fitch Ratings, Equity Credit for Hybrids & Other Capital Securities, Dezember 2009, S. 10.

chend befriedigt. Bei der IFRS-nahen Kategorisierung werden die Module bzgl. der Haftung des Hybridkapitalgebers nicht dargestellt. Lediglich ein kleiner Ausschnitt hinsichtlich der möglichen Vergütungsregelungen kann berücksichtigt werden. Was die Laufzeit anbelangt, so ist jedenfalls die Information über kurz- und langfristige Kapitalüberlassung ohnehin bereits in der Bilanz durch die Untergliederung der Schulden gewährleistet. Genauere Angaben bzgl. aller Verbindlichkeiten erfolgen im Anhang.

Letzteres gilt auch für die Handelsbilanz. Bei einer am materiellen Eigenkapitalbegriff ausgerichteten Kategorisierung wird zwar über die Module hinsichtlich der Haftung informiert. Durch die Betonung der Module zum Rückzahlungsanspruch ist jedoch eine Erfassung von (rein) partiarischen Rechtsverhältnissen ohne Verlustbeteiligung oder Rangrücktritt (z.B. stille Gesellschaft ohne Verlustbeteiligung) nicht möglich. Was die Gewichtung der einzelnen Gruppen (Überlassungsdauer, Haftung und Vergütung) angeht, konnte immerhin bzgl. der sich auf den Rückzahlungsanspruch beziehenden (Überlassungsdauer, Haftung) eine sinnvolle Regelung gefunden werden (alternative Kategorisierung, siehe oben Abbildung 12). Jedoch: Wie sind die sich auf den Rückzahlungsanspruch beziehenden Module im Verhältnis zu den Vergütungsmodulen zu gewichten? Stünde beispielsweise ein Instrument mit der Kombination *H2 + V4* näher am Eigenkapital als die Kombination *H3 + V3*? [844] Oder: Ist ein rein partiarisches Rechtsverhältnis (ohne Haftungsmodule beim Rückzahlungsanspruch)[845] weniger eigenkapitalnah als ein Instrument etwa mit einfachem Nachrang, aber Zinszahlung ohne Rücksicht auf das Ergebnis?

Eine Entscheidung bzgl. der Gewichtung ist im Aufsichtsrecht und im Ratingverfahren unerlässlich, da die Nähe zum Eigenkapital (bzw. die Anrechnung auf die Eigenmittel) mathematisch ausgedrückt werden muss. Zur Informationsübermittlung ist eine pauschale Gewichtung und damit eine Kategorisierung nach dem Eigenkapitalgehalt (unter Einbeziehung aller drei Modulgruppen) weder zwingend noch geeignet. Eine eindeutige Kategorisierung ist nicht möglich, sie kann daher sogar irreführend sein. Es ist auch zu beachten, dass die Eigenkapitaldefinition nach IFRS im Rahmen eines gemeinsamen Projekts von IASB und FASB neu bestimmt wird – darauf wird noch einzugehen sein.

2. Lösung: Modulbezogene Postenbezeichnungen

a) Konzept

Die Lösung für das Problem, möglichst aussagekräftige Information über die Vertragsstruktur hybrider Instrumente in der Bilanz zu vermitteln, besteht darin, die

844 Auf dieses Problem bei einer möglichen Kategorisierung von hybriden Instrumenten weist auch hin *Ekkenga*, Anlegerschutz, S. 94 und 173.

845 Solche Instrumente konnten in der Kategorisierung keine Berücksichtigung finden, d.h. 0% Eigenkapitalgehalt.

Benennung der entscheidenden Module selbst in die Postenbezeichnung aufzunehmen („Kapital mit [Module x und y]"). Selbstverständlich können nicht alle entscheidungserheblichen Module des jeweiligen Instruments in der Bilanz abgebildet werden. Eine solche Postenbezeichnung wäre zu umfangreich und würde auch dem Konzept der Bilanz, nur die wichtigste Information über die Vertragsverhältnisse wiederzugeben, nicht gerecht. Vielmehr ist im Folgenden darzulegen, welche Module für den Ausweis gewählt werden sollten.

Zunächst werden die Module zur Laufzeit betrachtet. In der IFRS-Bilanz lässt die Verortung im Eigen- oder Fremdkapital bereits einen gewissen Aufschluss darüber zu: Wird Hybridkapital als Untergliederung des Eigenkapitals gezeigt, so besteht zwingend eine unbegrenzte Laufzeit. Aber auch die ausdrücklich gesetzlich vorgesehene Gliederung bzw. Postenbezeichnung innerhalb des Fremdkapitals informiert ggf. grob über die Dauer der Kapitalüberlassung. Angaben zur Restlaufzeit von einem Jahr nach HGB werden wahlweise in Bilanz oder Anhang gemacht, §§ 268 Abs. 5 S. 1, 265 Abs. 7 Nr. 2 HGB. Nach IAS 1.51 ff. und 1.60 lit. c sind die Verbindlichkeiten in kurzfristige (Restlaufzeit bis zu einem Jahr) und langfristige zu trennen. Diese Information kann jedoch auch im Anhang enthalten sein, vgl. IAS 1.69, IFRS 7.39. Aus dem Charakter der Angaben zur Laufzeit als Wahlpflicht sowohl nach IFRS als auch nach HGB kann geschlossen werden, dass eine Information darüber in der Bilanz nicht von erstrangiger Bedeutung ist. Vielmehr sind Adressaten stets dazu angehalten, für genauere Information den Anhang zu konsultieren. Wird das Hybridkapital als Verbindlichkeit bilanziert, so finden ohnehin die diesbezüglich geltenden Regelungen zur Information über die Restlaufzeit Anwendung.

Anders verhält es sich mit den Modulen des Rückzahlungsanspruchs zur Haftung: Sie prägen geradezu die Qualität des Hybridkapitals. Das Schuldendeckungspotential ist ein entscheidender Gesichtspunkt, der im Jahresabschluss offen gelegt werden muss.[846] Maßgeblich gewährleistet wird die Haftungsfunktion nicht nur durch einen Rangrücktritt in der Insolvenz.[847] Sie greift gerade auch vor Eintritt der Insolvenz und äußert sich hier durch unterschiedlich ausgestaltete Auszahlungssperren bzw. Verlustbeteiligungen, die eine Entlastung des Cashflows mit sich bringen. Die Aufmerksamkeit der Adressaten ist bereits in der Bilanz darauf zu richten.

Was die konkreten Bezeichnungen der Module anbelangt, kann auf die Ergebnisse aus Teil 2 zurückgegriffen werden.[848] Danach sind in die Postenbezeichnung folgende Ausprägungen aufzunehmen:

---

846 *Luttermann*, Genußrechte, S. 531; *Großfeld/Luttermann*, Bilanzrecht, Rn. 669. Sinngemäß auch Adler/Düring/Schmaltz, Rechnungslegung, Teilband 6, § 246 HGB Rn. 83; *Groh*, BB 1993, S. 1882 (1890).
847 Insofern verkürzt (gerade auch aus Gründen des für den dortigen Vorschlag maßgeblichen Informationsinteresses der Akteure) der Ansatz bei *Kampmann*, Kapitalstruktur, S. 165 ff., 215.
848 Siehe oben Teil 2 B.V.5 (Nachrang) und B.VI.1 (Verlustbeteiligung).

- Einfacher Nachrang,
- Harter Nachrang,
- Qualifizierter Nachrang,
- Einfache Verlustbeteiligung,
- Harte Verlustbeteiligung oder
- Qualifizierte Verlustbeteiligung.

Da Instrumente mit Verlustbeteiligung bisweilen auch einen (einfachen) Nachrang in der Insolvenz aufweisen (nicht aber eine zusätzliche Auszahlungssperre i.S. eines harten oder qualifizierten Nachrangs), ist ggf. die Angabe zur Verlustbeteiligung mit einem entsprechenden Zusatz („Nachrangiges Kapital mit Verlustbeteiligung") zu versehen.

Was die Vergütung anbelangt, so ergibt sich zumindest aus der IFRS-Bilanz bei der Verortung des Hybridkapitals im Eigenkapital, dass die Zahlung im Ermessen des zuständigen Organs der Gesellschaft liegt. Als entscheidungserheblich konnte in Teil 2 insbesondere die Information über den zwingenden Ausfall der Vergütung identifiziert werden, also Gewinnabhängigkeit (ggf. als Konsequenz einer Verlustteilnahme), Gewinnorientierung sowie sonstige Mechanismen, welche durch die Anknüpfung an geeignete Finanzkennzahlen zu einer vergleichbaren Entlastung des Cashflow führen (*mandatory deferral*), jedoch als Ausgleich eine höhere Verzinsung in erfolgreichen Jahren mit sich bringen. Erfüllt eine Hybridfinanzierung diese Voraussetzung, so ist sie als

- Partiarisches Kapital

zu bezeichnen. Genauere Angaben zur Bemessungsgrundlage usf. bleiben dem Anhang überlassen. Eine Kumulierung der Zinsen in Verlustjahren ist dabei unerheblich, vgl. § 140 Abs. 2 AktG i.V.m. § 272 Abs. 2 Nr. 3 HGB sowie IAS 32.AG26.

Fasst man die Angaben zu Rückzahlung und Vergütung in den Postenbezeichnungen zusammen, so ergeben sich insgesamt 20 Kategorien von Hybridkapital, darunter 18 Kategorien hybrider Finanzierungsinstrumente mit Nachrang oder Verlustteilnahme sowie eine Kategorie für rein partiarische Rechtsverhältnisse:

- (Partiarisches) Kapital mit einfachem Nachrang,
- (Partiarisches) Kapital mit hartem Nachrang,
- (Partiarisches) Kapital mit qualifiziertem Nachrang,
- (Partiarisches) (Nachrangiges) Kapital mit einfacher Verlustbeteiligung,
- (Partiarisches) (Nachrangiges) Kapital mit harter Verlustbeteiligung,
- (Partiarisches) (Nachrangiges) Kapital mit qualifizierter Verlustbeteiligung,
- Partiarisches Kapital und
- Sonstiges Hybridkapital.

Die Voraussetzungen für die Einordnung sind klar und verhindern dadurch die Möglichkeit der Bilanzarbitrage. Der entscheidende Vorteil dieses Konzepts gegenüber der Kategorisierung nach dem Eigenkapitalgehalt liegt nicht nur in der Umgehung der oben genannten Defizite. Vor allem ist es übergreifend sowohl für die Bilanzierung nach HGB als auch für diejenige nach IFRS geeignet. Außerdem ist, im Gegensatz zur Kategorisierung nach dem Eigenkapitalgehalt, mit dem Ausweis von Hybridkapital auf diese Weise keine Wertung (Rangfolge) dahingehend verbunden, welches Gewicht den einzelnen Modulen bei der Einschätzung der Eigenkapitalnähe zukommt. Die Ausführungen zum Ratingverfahren haben gezeigt, dass die Nutzer der Information eigene Kriterien für die Einschätzung der Eigenkapitalnähe verwenden (wollen); dies gilt auch für andere Intermediäre wie Finanzanalysten und Anlageberater.[849] Aufgabe des Jahresabschlusses kann es nur sein, Information bereitzustellen, die dem Adressaten seine Analyse und damit seine informierte Investitionsentscheidung ermöglicht, nicht aber die Lieferung einer vorgreifenden Teilanalyse der Kapitalstruktur.

Daneben gibt die Handelsbilanz als auch diejenige nach IFRS durch die vorgeschlagene Postenbezeichnungen Auskunft darüber, welche Bestandteile der Passivseite außer dem formellen Eigenkapital zum insolvenzrechtlichen Haftkapital zu zählen sind, denn: Liegt eine Verlustbeteiligung oder ein (mindestens) harter Rangrücktritt vor, wird das Kapital in der Überschuldungsbilanz nicht passiviert. Selbstverständlich handelt es sich dabei, wie alle Angaben in der Bilanz, nur um eine Momentaufnahme zum Bilanzstichtag. Weitere Gläubiger mögen kurz vor oder in der Überschuldung bereit sein, einen Rangrücktritt zu erklären. Der Jahresabschluss gibt jedoch durch die genannten Postenbezeichnungen immerhin an, wie viel Haftkapital sicher vorhanden ist.

Ein weiterer Aspekt der modulbezogenen Postenbezeichnung liegt in der davon ausgehenden Signalwirkung: Im Gegensatz zum herkömmlichen Ausweis, der erhebliche Unsicherheiten im Hinblick auf die Ausgestaltung mit sich bringt, ist so die konkrete Beschaffenheit des Kapitals sofort ersichtlich. Die Angabe der entscheidungserheblichen Module ist gewissermaßen ein Qualitätssignal, eine verbreitete Verwendung solcher Postenbezeichnungen ließe dann bei ohne Modulangaben ausgewiesenem „Genussrechtskapital“ usf. Rückschlüsse auf eine geringere Haftqualität zu („saure Gurken“).[850] Die Angabe der modulbezogenen Bezeichnung verursacht Kosten, da die Richtigkeit der Angabe durch den Abschlussprüfer geprüft werden muss. Die Vorteile der Signalwirkung für Emittenten von eigenkapitalnahen Hybridtiteln sind mit der positiveren Einschätzung durch die Adressaten der Information verknüpft.

Zuletzt sei noch erwähnt, dass sich der Ausweis von rein gesetzlich subordiniertem Kapital in das Konzept problemlos einfügen lässt. Gesellschafterdarlehen sind mit einem (einfachen) gesetzlichen Rangrücktritt verbunden. Liegt zusätzlich eine Finanzierung durch rein vertraglich subordiniertes Kapital vor, so kann das Gesellschafterdarlehen durch Davon-Vermerk darunter ausgewiesen werden (vgl. § 42 GmbHG).

---

849 Vgl. dazu *Barckow* in Festschrift Knorr (2008), S. 307 (320); *Baetge/Brüggemann*, DB 2005, S. 2145 (2152).

850 Vgl. zum *signaling Akerlof*, Q. J. Econ. 84 (1970), S. 488; *Fleischer*, Informationsasymmetrie im Vertragsrecht, S. 121 f.

b) Ausweis

Eine Pflicht zum Ausweis in den genannten Kategorien ergibt sich freilich nicht aus dem Gesetz. Für eine aussagekräftige Darstellung ist sie gleichwohl empfehlenswert. Eine Kodifikation ist hier nicht angezeigt, schon um auf Entwicklungen in der Finanzierungspraxis flexibler reagieren zu können. Wünschenswert wäre die Veröffentlichung einer Stellungnahme des IDW zur entsprechenden Untergliederung des Postens. In der Folge könnte die Pflicht des entsprechenden Ausweises zum Bestandteil der Grundsätze ordnungsmäßiger Buchführung werden.[851]

Was die Verortung der Posten anbelangt, konnte oben bereits erarbeitet werden, dass Hybridkapital, welches eine gewisse Eigenkapitalnähe aufweist, in einem Sonderposten vor den Rückstellungen auszuweisen ist. Mit der Kategorisierung sind nun die Anforderungen an die Module geklärt. Zur Klarstellung und damit eine einheitliche Handhabung in der Praxis erreicht wird, sollte die Pflicht zum entsprechenden Ausweis und der Erläuterung kodifiziert werden. Dies könnte durch Bildung eines (neuen) § 273 HGB geschehen:

§ 273 Hybridkapital. [1]Ein Sonderposten mit der Bezeichnung „Hybridkapital" ist zu bilden für Genussrechtskapital, Einlagen stiller Gesellschafter und sonstiges Kapital, wenn sich aus Vertrag oder Gesetz ergibt, dass der Rückzahlungsanspruch in Liquidation und Insolvenz nachrangig ist, das Kapital an Verlusten teilnimmt oder die Vergütung ergebnisabhängig ist. [2]Er ist auf der Passivseite vor den Rückstellungen auszuweisen; die Vorschriften, nach denen er gebildet worden ist, sind in der Bilanz oder im Anhang anzugeben.

Was die IFRS-Bilanz anbelangt, ist Hybridkapital entweder im Fremdkapital (Schulden) oder im Eigenkapital auszuweisen. Neue Posten dürfen aber ansonsten gebildet werden, was sich aus IAS 1.69 ergibt. Eine Pflicht zum Ausweis von Hybridkapital in einem Sonderposten innerhalb des Eigen- und Fremdkapitals (ggf. dort unter kurzfristigen oder langfristigen Schulden) ergibt sich aus dem Gebot des *true and fair view*, F.46, IAS 1.13 ff. Die entsprechenden Überlegungen zur HGB-Bilanz gelten auch hier. Zwar ist die Haftqualität des Kapitals für die Abgrenzung von Eigen- und Fremdkapital nach IFRS belanglos, sie hat jedoch erhebliche Bedeutung für die Adressaten. Auch in der IFRS-Bilanz gilt darüber hinaus: Der Ausweis in einem Sonderposten beugt der Desinformation vor, denn er vermag eine Signalfunktion dergestalt wahrzunehmen, dass der Bilanzleser auf die Besonderheiten des Hybridkapitals aufmerksam gemacht wird und den Anhang konsultiert. Was die Bezeichnungen für hybrides Kapital anbelangt, wäre auch für die IFRS-Bilanz eine entsprechende Stellungnahme des IDW nötig, um eine einheitliche Anwendung modulbezogener Postenbezeichnungen zu erreichen.

851 Zum Zusammenhang von Stellungnahmen des IDW und der Entwicklung von GoB *Hüffer* in Großkommentar HGB-Bilanzrecht, 1. Teilband, § 238 Rn. 45.

IV. Zusammenfassung und Ausblick

Zusammenfassend im Hinblick auf die Postenbezeichnung lässt sich festhalten, dass eine Übertragung der Kategorisierung nach dem Eigenkapitalgehalt aus dem Bankaufsichtsrecht oder dem Ratingverfahren weder zwingend noch im Sinne einer funktionalen Betrachtung zur Informationsübermittlung geeignet ist. Vielmehr legt Letzteres nahe, die Benennung der entscheidenden Module

- Einfacher/harter/qualifizierter Nachrang,
- Einfache/harte/qualifizierte Verlustbeteiligung und
- Partiarische Vergütung

selbst in die Postenbezeichnung aufzunehmen. Dieses modulbezogene System ist übergreifend sowohl für die Bilanzierung nach HGB als auch für diejenige nach IFRS geeignet; dadurch wird die konkrete Qualität des Kapitals sofort ersichtlich.

Abschließend soll noch auf eine bereits erwähnte, wichtige Tendenz hingewiesen werden, die sich im Rahmen der weltweiten Vereinheitlichung der Bilanzierungsregeln abspielt und den Ausweis von Hybridkapital betrifft: die Entwicklung einer einheitlichen Abgrenzung von bilanziellem Eigen- und Fremdkapital für US-GAAP und IFRS. Ein wichtiger Schritt in den seit 2002 andauernden Bemühungen zur Konvergenz der IFRS und US-GAAP stellt die im Jahr 2006 zwischen dem IASB und dem US-amerikanischen Standardsetzer FASB (*Financial Accounting Standards Board*) abgeschlossene Rahmenvereinbarung dar.[852] Eines der gemeinsamen Projekte behandelt die Abgrenzung von Eigen- und Fremdkapital.[853] Beim FASB hatten die Bemühungen um eine Überarbeitung der eigenen Rechnungslegung in diesem Bereich bereits seit längerem angedauert. Im Jahr 2007 wurde ein Dokument[854] zu verschiedenen Abgrenzungsmethoden samt vorläufiger Einschätzung des FASB veröffentlicht, welches vom IASB 2008 in ein Diskussionspapier aufgenommen wurde.[855]

Die durch das FASB vorgeschlagenen Abgrenzungsmethoden werden als *Basic Ownership Approach*, *Ownership-Settlement Approach* und *Reassessed Expected Outcomes Approach* (REO) bezeichnet. Nach dem *Basic Ownership Approach* liegt ein Eigenkapitalinstrument vor bei ewiger Laufzeit und Letztrangigkeit in der Liquidation. Liegt

852 IASB/FASB, Memorandum of Understanding: A Roadmap for Convergence between IFRSs and US-GAAP 2006–2008. Zum Prozess allgemein *Schroeder/Clark/Cathey*, Financial Accounting, S. 63 ff.

853 Zum aktuellen Stand des Projekts siehe FASB, Project Update: Financial Instruments with Characteristics of Equity, abrufbar unter http://www.fasb.org/fi_with_characteristics_of_equity.shtml (Homepage → Projects → Technical Plan and Project Updates → Financial Instruments with Characteristics of Equity); IASB, Project Update: Instruments with Characteristics of Equity, abrufbar unter http://www.ifrs.org/Current+Projects/IASB+Projects/Liabilities+and+Equity/Characteristics+of+Equity.htm (Homepage → Standards development → Work plan for IFRSs → Financial Instruments with Characteristics of Equity).

854 FASB, Preliminary View: Financial Instruments with Characteristics of Equity, November 2007.

855 IASB, Discussion Paper: Financial Instruments with Characteristics of Equity, Februar 2008.

keine ewige Laufzeit vor, muss der Abfindungsanspruch auf einen Anteil des Nettovermögens gerichtet sein und darf höherrangige Ansprüche nicht beeinträchtigen (*Ownership Instruments*). Irrelevant ist, ob gesellschaftsrechtlich gesehen eine Anteilseignerschaft vorliegt. Bei dem vom FASB präferierten *Ownership-Settlement Approach* werden zusätzlich ewige Instrumente ohne Letztrangigkeit sowie bestimmte Derivate auf *Ownership Instruments* als Eigenkapitalinstrumente qualifiziert. Das Modell ähnelt der aktuellen Abgrenzung in IAS 32. Abgelehnt wurde dagegen bereits vom FASB das REO-Modell, das eine komplexe laufende Aufteilung bestimmter Instrumente in Eigenkapital- und Schuldelemente anhand von *fair value*-Änderungen vorsieht.[856]

Im Jahr 2008 hat EFRAG zusammen mit einigen nationalen Standardsetzern wie dem DRSC im Rahmen der *Pro-Active Accounting Activities in Europe* (PAAinE) ein Diskussionspapier[857] veröffentlicht mit dem Ziel, bei der Entwicklung des Eigenkapitalbegriffs durch FASB und IASB mitzuwirken. Als entscheidendes Kriterium zur Definition des Eigenkapitals wurde die Fähigkeit des Kapitals, (Bilanz-)Verluste zu absorbieren, identifiziert (*Loss Absorption Approach*). Dahinter steckt die Überlegung, die Adressaten der Rechnungslegung müssten insbesondere über den Risikocharakter des Kapitals informiert werden. Es handle sich um ein breites Kriterium, welches das Abstellen auf zusätzliche Merkmale überflüssig mache. So sei etwa die Gewinnbeteiligung meist das im Instrument enthaltene Gegenstück zur Verlustteilnahme; der Risikocharakter sei auch in der Insolvenz gewahrt, so dass es auf die Nachrangigkeit des Kapitals nicht ankomme. Die Überlassungsdauer des Kapitals sei schließlich irrelevant.[858]

Noch einmal sei daran erinnert: Eine „natürliche" Abgrenzung von Eigen- und Fremdkapital existiert nicht, ebenso wenig wie eine globale Konvention, was die lebhafte Debatte eindrucksvoll zeigt. Die Anteilseignerschaft gemäß dem Gesellschaftsrecht mag, wie im HGB, als Leitfaden für die Trennung dienen können, doch existiert weltweit eine unüberschaubare Fülle an Rechtsformen mit erheblichen Unterschieden, was die Ausstattung der Anteilseignerschaft vermittelnden Instrumente betrifft. Alternativ zur Vereinheitlichung der Rechnungslegung, nicht nur was den in der vorliegenden Arbeit beleuchteten Ausschnitt daraus betrifft, steht das Modell des Wettbewerbs der Bilanzordnungen. Mit ihm verbindet sich die Hoffnung, auf diese Weise möge sich das „beste" Rechnungslegungsrecht in der Praxis durchsetzen. Haupteinwand ist die geringere Vergleichbarkeit der Investitionsmöglichkeiten.[859] In diesem Zusammenhang sei daran erinnert, dass in

856 FASB, Preliminary View: Financial Instruments with Characteristics of Equity, November 2007, S. 16ff. sowie Appedices A und B. Zum Ganzen *Schmidt*, IRZ 2008, S. 235; *Barckow* in Festschrift Knorr (2008), S. 307 (316ff.); *Matthies*, Eigen- und Fremdkapital, S. 134ff.; *Müller/Weller/Reinke*, DB 2008, S. 1109 (1114); *Herzog/Eberli*, Schweizer Treuhänder 2007, S. 839 (840ff.).
857 PAAinE, Liabilities and Equity, Januar 2008.
858 PAAinE, Liabilities and Equity, Ziff. 1.14ff., 3.4, 3.14 und 4.41. Aus der deutschen Wissenschaft und Praxis hat der Vorschlag Zustimmung erfahren, vgl. etwa *Baetge/Haenelt*, ZGR 2008, S. 296 (319ff.); *Müller/Weller/Reinke*, DB 2008, S. 1109 (1115); IDW, Re: IASB Discussion Paper: Financial Instruments with Characteristics of Equity, September 2008.
859 Etwa bei *Währisch*, International Accounting Systems, S. 57ff.

Deutschland hinsichtlich der Konzernrechnungslegung zwischen 1998 und 2004 Unternehmen die Wahl hatten zwischen HGB, IFRS und US-GAAP, § 292a HGB a.F.

Was das Konvergenzprojekt von FASB und IASB betrifft, so wird ab ca. Mitte 2011 ein gemeinsamer Standardentwurf (*Exposure Draft*) vorbereitet werden. Unabhängig davon, wo die Trennlinie zwischen Eigen- und Fremdkapital gezogen werden wird, gilt für die Bilanzierung von Hybridkapital, dass die Verortung des Postens nur über einen kleinen Ausschnitt der in der Praxis verwendeten Module Auskunft geben wird. Eine erhebliche Verbesserung der Aussagekraft der Bilanz kann durch ein System des modulbezogen Ausweises von Hybridkapital in verschiedenen Posten erreicht werden, wie es in dieser Arbeit entwickelt wurde. Es ist unabhängig vom jeweiligen Eigenkapitalbegriff einsetzbar. Zudem ist es möglich, dadurch die Diskussion um die „richtige“ Grenze zwischen Eigen- und Fremdkapital zu entschärfen.

E. Ergebnis von Teil 3

In Teil 3 der Untersuchung konnte erarbeitet werden, wie die als entscheidungserheblich definierte Information über hybride Finanzierungsinstrumente im Jahresabschluss eines Industrieunternehmens dargestellt wird. Dabei war nach Anhang und Bilanz zu unterscheiden.

Was den Anhang betrifft, so mangelt es an ausdrücklichen Erläuterungspflichten. Es lässt sich jedoch aus dem Gebot des *true and fair view* nach HGB und IFRS eine Angabepflicht zu sämtlichen als entscheidungserheblich identifizierten Modulen ableiten.

In der Bilanz ist die Verortung des Hybridkapitals auf der Passivseite wenig aufschlussreich in Bezug auf die entscheidungserheblichen Module der Finanzierungsverträge. Nach HGB scheidet eine Informationsübermittlung (entgegen der Praxis) durch die Verortung des Postens für Hybridkapital ganz aus; eine Bilanzierung als Eigenkapitalposten ist ausgeschlossen. Nach IFRS findet zwar eine Bilanzierung je nach Ausgestaltung des hybriden Instruments im Eigen- oder Fremdkapital statt. Die dadurch übermittelte Information zu den Modulen ist jedoch von geringem Umfang. Zwar kann über die Module nicht durch die Verortung, wohl aber durch die Bezeichnung des Postens informiert werden. Eine dafür notwendige modulbezogene Kategorisierung lässt sich jedoch nicht aus dem Bankaufsichtsrecht oder der Methodik im Ratingverfahren ableiten: Die Angabe des Eigenkapitalgehalts eines Instruments ist für die Informationsübermittlung nicht geeignet. Vielmehr ist die Benennung der entscheidenden Module selbst in die Postenbezeichnung aufzunehmen, sie lauten:

- Einfacher/harter/qualifizierter Nachrang,
- Einfache/harte/qualifizierte Verlustbeteiligung und
- Partiarische Vergütung.

Teil 3. Abbildung: Module der Finanzierungsinstrumente im Jahresabschluss

Durch die Kombination von Modulen (etwa „Partiarisches Kapital mit einfachem Nachrang“) ergibt sich eine Einteilung von Hybridinstrumenten in 20 Kategorien, die sowohl für die HGB- als auch für die IFRS-Bilanz Verwendung finden. Was den Ausweis anbelangt, so gilt nach IFRS die bereits genannte Bilanzierung im Eigen- oder Fremdkapital. Nach HGB liegt zwar immer Fremdkapital vor, dieses ist jedoch analog der Rückstellungen in einem Sonderposten „Hybridkapital“ oder „Ergänzendes Haftkapital“ zwischen den anderen Fremdkapitalposten der obersten Gliederungsebene (Verbindlichkeiten, Rückstellungen) und dem Eigenkapital auszuweisen.

Zusammenfassung

1. Die vermögensrechtliche Stellung des Hybridkapitalgebers wird geprägt durch die eher eigen- oder fremdkapitalnahe Ausgestaltung der vertraglichen Regelungen über Rückzahlung und Vergütung des Kapitals. Für den Bereich der Rückzahlung sind wiederum entscheidend die Laufzeit des Titels und die Haftung des Kapitalgebers, sodass drei wesentliche vertragliche Regelungsbereiche auszumachen sind. Die einzelnen Klauseln (z.B. zum Rangrücktritt) werden in der Kautelarpraxis wie *Module* behandelt, die nach den Bedürfnissen der Parteien zu einem Finanzierungsvertrag zusammen gesetzt werden. Der in dieser Arbeit geprägte Begriff steht zentral: Die Bestandsaufnahme zur Kautelarpraxis bei Nachrangdarlehen, Genussrechten, stillen Gesellschaften und Hybridanleihen bestätigt die Hypothese, dass der Informationsgehalt der gängigen Bezeichnungen von Hybridinstrumenten wegen der Vielfalt der Ausgestaltungen gering ist; folglich kann die Finanzberichterstattung über Hybridkapital nur modulbezogen sein.

2. An Information über die Module hybrider Finanzierungsinstrumente sind vor allem (aktuelle und potentielle) Anteilseigner und Gläubiger, insbesondere Darlehensgeber, interessiert (Adressaten). Sie sind als Inhaber von Zahlungsansprüchen an einem möglichst geringen Kapitalabfluss an Dritte und hohen Zuflüssen an die Gesellschaft interessiert (Cashflow-Relevanz). Dies erhöht die Fähigkeit des Unternehmens, künftige Zahlungsströme zu generieren und damit die Wahrscheinlichkeit, dass die Erwartungen der Adressaten über die eigenen Zahlungsansprüche erfüllt werden. Die Verschiedenartigkeit der Zahlungsansprüche (insbesondere: fixe oder erfolgsabhängige Ansprüche) führen zumindest zu einer graduell unterschiedlichen Interessenlage, was sich auf das Informationsbedürfnis auswirkt. Neben den Auswirkungen der Module auf den Cashflow ist deren Bedeutung für die Insolvenz entscheidungserheblich.

3. Was die Überlassungsdauer anbelangt, so sind neben nominellen Angaben (Jahr der Fälligkeit) vor allem diejenigen zur effektiven Laufzeit entscheidungserheblich, damit die Adressaten den Zeitpunkt einer Cashflow-Belastung durch Rückzahlung des Hybridkapitals besser einschätzen können. Dabei ist nicht nur über Kündigungsmöglichkeiten, sondern ggf. auch über Einschränkungen derselben zu informieren. Der vollständige Ausschluss der ordentlichen Kündigung durch den Kapitalgeber ist zumindest bei Börsennotierung des Titels regelmäßig wirksam. Im Fall der stillen Gesellschaft ist immerhin eine Bindung von 30 Jahren meist unbedenklich. Von erheblicher Bedeutung ist auch ein Ausschluss der außerordentlichen Kündigung des Kapitalgebers bei wesentlicher Verschlechterung der wirtschaftlichen Lage (§ 490 Abs. 1 BGB). Kündigungsmöglichkeiten des Kapitalnehmers dagegen sind weniger relevant für die Adressaten. Anders verhält sich

dies jedoch bei gleichzeitigem Bestehen eines Kündigungsanreizes, etwa durch Zinserhöhung (*step-up*). Klauseln, welche die Beschaffung von Ersatzkapital bei Kündigung seitens des Kapitalnehmers vorsehen (*replacement language*), sind nicht entscheidungserheblich, selbst wenn sie als Bedingung für die Kündigung formuliert sind: Die Cashflow-Belastung kann gleichwohl nicht ausgeschlossen werden, da potentiell beeinträchtigte Gläubiger die Ersatzbeschaffung nicht verlangen können.

4. Eine im Vergleich zu idealtypischem Fremdkapital erhöhte Haftung (Verlustabsorption) des Hybridkapitalgebers hinsichtlich des Rückzahlungsanspruchs wird durch Klauseln über einen Rangrücktritt (Nachrang) sowie eine Verlustbeteiligung i.e.S. erreicht. Beide Module können sich sowohl außerhalb der Insolvenz auf den Cashflow sowie im Insolvenzverfahren auswirken. Bei der Rangrücktrittsklausel kommt hinzu, dass bei entsprechender Ausgestaltung das nachrangige Kapital nicht zu den Verbindlichkeiten in der Überschuldungsbilanz gerechnet wird. Das beeinflusst entscheidend den Zeitpunkt der materiellen Insolvenz (Insolvenzreife) des Unternehmens: Je weniger Forderungen auf der Passivseite der Überschuldungsbilanz stehen (passiviert werden), desto später tritt die Überschuldung ein. Im Einzelnen gilt:

4.1 Nur der absolute Rangrücktritt, welcher sich zugunsten aller anderen Gläubiger auswirkt, ist für die Adressaten relevant. Ein relativer Rangrücktritt ist nur für die dadurch Begünstigten von Bedeutung. Da diese aber regelmäßig Parteien der Rangrücktrittsvereinbarung sind, zumindest aber an den Vertragsverhandlungen beteiligt waren, verfügen sie bereits über die notwendigen Kenntnisse.

4.2 Was die Auswirkungen des Rangrücktritts in der Insolvenz angeht, so ist entscheidungserheblich, ob ein solcher i.S.d. § 39 InsO überhaupt vorliegt. Der konkrete Rang innerhalb des nachrangigen Kapitals ist dagegen weniger bedeutend, da in der Praxis noch nicht einmal die vorrangigen Gläubiger vollständig befriedigt werden. Wegen der Erwartungshaltung der Adressaten ist es bei Hybridtiteln ebenfalls erwähnenswert, falls *kein* Nachrang besteht.

4.3 Außerhalb der Insolvenz wirken sich Nachrangvereinbarungen aus, welche eine Auszahlungssperre enthalten. Es kommt dabei auf den konkreten Zeitpunkt an, ab dem der Mechanismus zur Entlastung des Cashflows durch Verhinderung der Rückzahlung des Kapitals greift. Dazu wird in den Klauseln meist an bestimmte Bestandteile des bilanziellen Eigenkapitals angeknüpft. Ein hohes Entlastungspotential für den Cashflow bieten Klauseln, welche die Rückzahlung lediglich aus dem das Grund- bzw. Stammkapital übersteigenden Vermögen zulassen; hier liegt die Schwelle der Auszahlungssperre bei Eintritt der Unterbilanz. Bei der Aktiengesellschaft ist der Schutz des Cashflows noch ausgeprägter, wenn die Rückzahlung nicht aus gebundenem Kapital erfolgen darf. Geringer ist der Schutz für den Cashflow, wenn Zahlungen aus dem die sonstigen Schulden der Gesellschaft übersteigenden Vermögen (Nettovermögen) zulässig sind; hier greift die Auszahlungssperre erst bei Eintritt der handelsbilanziellen (buchmäßigen) Überschuldung. Ohne Bedeutung für die Adressaten sind schließlich Auszahlungssperren, die erst ab der insolvenzrechtlichen (materiellen) Überschuldung Wirkung entfalten.

4.4 Soll Hybridkapital in der Überschuldungsbilanz nicht passiviert werden, so muss die Nachrangvereinbarung zweierlei enthalten: einen Rangrücktritt mindestens hinter die Forderungen gemäß § 39 Abs. 1 Nr. 4 InsO sowie eine Auszahlungssperre außerhalb der Insolvenz, die Zahlungen ab Eintritt der handelsbilanziellen Überschuldung verhindert. Dies ergibt sich aus umfassenden systematischen und teleologischen Erwägungen zu § 19 Abs. 2 InsO in der Fassung des MoMiG. Die seit der Entscheidung BGHZ 146, 264 gebräuchliche Formulierung der „qualifizierten" Nachrangabrede ist nicht (mehr) notwendig, um die Passivierung zu verhindern. Was das kraft Gesetzes subordinierte Kapital (vor allem Gesellschafterdarlehen) anbelangt, so kann sich der nach § 19 Abs. 2 S. 2 InsO erforderliche Rangrücktritt auf die Insolvenz beschränken. Eine zusätzliche Auszahlungssperre ist wegen der Anfechtungsmöglichkeiten (insbesondere § 135 Abs. 1 Nr. 2 InsO) nicht erforderlich.

4.5 Rangrücktrittserklärungen lassen sich unter Zusammenfassung der entscheidungserheblichen Information in folgende drei Klassen einteilen:

- Einfacher Rangrücktritt: Aufrechnungsverbot und Nachrang in der Insolvenz mindestens hinter § 39 Abs. 1 Nr. 4 InsO (Folge bei Hybridkapital: Passivierung in der Überschuldungsbilanz);
- Harter Rangrücktritt: Aufrechnungsverbot, Nachrang in der Insolvenz mindestens hinter § 39 Abs. 1 Nr. 4 InsO sowie Auszahlungssperre dergestalt, dass Auszahlungen nur aus dem die Verbindlichkeiten übersteigenden Vermögen erfolgen dürfen (Folge: keine Passivierung in der Überschuldungsbilanz);
- Qualifizierter Rangrücktritt: Aufrechnungsverbot, Nachrang in der Insolvenz mindestens hinter § 39 Abs. 1 Nr. 4 InsO sowie Auszahlungssperre dergestalt, dass Auszahlungen nur aus dem das Grund- bzw. Stammkapital übersteigenden Vermögen erfolgen dürfen (Folge: keine Passivierung in der Überschuldungsbilanz).

4.6 Bei der Verlustbeteiligung i.e.S. (*write-down*) wird die Entlastung des Cashflows nicht über eine Auszahlungssperre erreicht, sondern durch die Herabsetzung des Rückzahlungsanspruchs: Ist zum Zeitpunkt der Fälligkeit das Kapital durch Verluste geschmälert, so kommt nur noch der ggf. vorhandene Restbetrag zur Auszahlung. Die Adressaten benötigen allerdings Information über die konkrete Ausgestaltung dieser Klausel.

4.7 Zu unterscheiden ist zunächst zwischen einem festen Kapitalkonto, das an Verlusten nur im Falle der Kapitalherabsetzung teilnimmt, und einem beweglichen Kapitalkonto, was zu einer laufenden Verlustbeteiligung mit Verrechnung spätestens zum Zeitpunkt der Rückzahlung des Kapitals führt. Entscheidend kommt es beim beweglichen Kapitalkonto auf die Bemessungsgrundlage (z.B. Jahresfehlbetrag, Bilanzverlust) und/oder die Vor-, Gleich- oder Nachrangigkeit der Verlustbeteiligung im Verhältnis zu konkreten Bestandteilen des Eigenkapitals an. Analog zum Rangrücktritt soll eine Klassifizierung der Verlustteilnahme danach erfolgen, wann der Rückzahlungsanspruch auf Null herabgesetzt ist. Nach der Kautelarpraxis ist dies spätestens bei Erreichen der handelsbilanziellen Überschuldung, frühestens nach Verbrauch des freien Vermögens der Fall, so dass sich folgende Einteilung anbietet:

- Einfache Verlustbeteiligung: Herabsetzung des Rückzahlungsanspruchs auf Null spätestens bei Eintritt der handelsbilanziellen Überschuldung;
- Harte Verlustbeteiligung (nur für die Aktiengesellschaft): Herabsetzung des Rückzahlungsanspruchs auf Null spätestens bei Eintritt der Unterbilanz;
- Qualifizierte Verlustbeteiligung: Herabsetzung des Rückzahlungsanspruchs auf Null spätestens nach Verbrauch des ungebundenen Vermögens.

Darüber hinaus ist entscheidungserheblich, ob und zu welchen Bestandteilen des formellen Eigenkapitals sich die Verlustteilnahme gleichrangig verhält.

4.8 Eine Verlustbeteiligung mit beweglichem Kapitalkonto verzögert den Eintritt der materiellen Überschuldung in der Regel ebenso wie ein harter oder qualifizierter Rangrücktritt. Wenn überhaupt, so kann im Falle der einfachen Verlustbeteiligung noch ein Teil des Rückforderungsanspruchs mit den Ansprüchen der nicht nachrangigen Gläubiger in der Insolvenz konkurrieren. Die Information über den konkreten Mechanismus der Verlustteilnahme lässt Rückschlüsse darauf zu, inwieweit der Eintritt der Überschuldung im Vergleich zur regulären Fremdkapitalfinanzierung verzögert wird.

4.9 Das „Eigenkapital" im Sinne der InsO, welches auch als insolvenzrechtliches Haftkapital bezeichnet werden kann, umfasst damit neben dem formellen Eigenkapital auch Teile des Hybridkapitals i.w.S. (ergänzendes Haftkapital). Letzteres kann wiederum unterteilt werden in erzwungenes ergänzendes Haftkapital (vor allem Gesellschafterdarlehen; bei zusätzlichem vertraglichem Rangrücktritt keine Passivierung) und gewillkürtes ergänzendes Haftkapital (Kapital mit rein vertraglichem Nachrang oder Verlustbeteiligung; bei hartem oder qualifiziertem Rangrücktritt keine Passivierung).

5. Was die Module zur Vergütung des Hybridkapitals anbelangt, so ist zunächst die Information über die Grundstruktur der Verzinsung entscheidungserheblich (feste/variable Vergütung, ggf. gewinnabhängige Vergütung; gewinnorientierte Vergütung, Vergütungszeiträume und *step-ups*). Hinzu kommen Angaben, wie sicher es zur Entlastung des Cashflows durch Ausfall oder Aufschub der Vergütung kommt: die Bemessungsgrundlagen zu Gewinnabhängigkeit und Gewinnorientierung, die Erfolgsabhängigkeit durch Erstreckung der Verlustteilnahme oder des Rangrücktritts (Auszahlungssperre) auf die Vergütung und sonstige zwingende Regelungen zu Ausfall oder Aufschub (*mandatory deferral*). Angaben zur Ergebnisabhängigkeit sind dabei nicht nur für Anteilseigner interessant, deren eigener Vergütungsanspruch einen residualen Charakter hat. Auch für Gläubiger ist die Information von großer Bedeutung, denn in finanziell schwierigen Zeiten entlastet die Ergebnisabhängigkeit der Zahlungspflichten den Cashflow. Von gewisser

Bedeutung sind auch Angaben dazu, ob sich der Kapitalnehmer aufgrund einer Ermessensentscheidung entschließen kann, die Vergütung ausfallen zu lassen: Die Möglichkeit des jederzeitigen Aufschubs (*optional deferral*) erhöht die finanzielle Flexibilität des Unternehmens und kann ein Mittel sein, um den Cashflow zu entlasten sowie Verluste oder gar die Insolvenz zu vermeiden. Je länger der Zeitraum ist, in dem das Management des Emittenten zum Aufschub berechtigt ist, desto größer ist die Bedeutung für die Adressaten. Insgesamt darf die Möglichkeit des Aufschubs jedoch nicht überschätzt werden, denn wegen der Erwartungshaltung des Kapitalmarkts dürfte davon erst im Krisenfall Gebrauch gemacht werden. Wichtig ist jedenfalls auch die Information darüber, was die Ermessensentscheidung beeinflusst, nämlich ob eine kumulative oder nicht kumulative Struktur vorliegt sowie alternative Erfüllungsmechanismen (ACSM/PIK) definiert sind. Schließlich sind Angaben zur Beteiligung an den stillen Reserven sowie sonstige *Kicker*-Vereinbarungen, vor allem für Anteilseigner, entscheidungserheblich.

6. Die Rechnungslegungsregeln zum Anhang des Jahresabschlusses nach HGB bzw. IFRS enthalten nur wenige bzw. keine ausdrücklichen Erläuterungspflichten zu Hybridkapital. Aus § 160 Abs. 1 Nr. 6 AktG, welcher Angabepflichten zu Genussrechten enthält, folgt keine Pflicht zur Darstellung der Module im Zusammenhang mit der Haftung des Hybridkapitalgebers. Angabepflichten zur Laufzeit ergeben sich nach HGB und IFRS immerhin (zumindest analog) aus den Vorschriften über Verbindlichkeiten. Eine Erläuterungspflicht zu allen als entscheidungserheblich identifizierten Modulen hybrider Instrumente folgt allerdings aus dem Gebot des *true and fair view*, § 264 Abs. 2 HGB (Einblicksgebot), IAS 1.103 lit. c i.V.m. IAS 1.124Aff. (Angaben zum Kapitalmanagement). Eine aussagekräftige Analyse der Kapitalstruktur einer Gesellschaft ist ansonsten nicht möglich. Insofern zeigt der Jahresabschluss ohne die Angaben kein den tatsächlichen Verhältnissen entsprechendes Bild der Finanzlage. Fehlen wesentliche Angaben zu den Modulen hybrider Finanzierungsinstrumente, so darf ein Bestätigungsvermerk über die Abschlussprüfung nur eingeschränkt erteilt werden.

7. Zwar wird durch die Untergliederung der Passivseite der Bilanz die Kapitalstruktur eines Unternehmens abgebildet, doch die Verortung des Hybridkapitals in der Bilanz ist sowohl nach HGB als auch nach IFRS wenig aussagekräftig, was die Module der Finanzierungsinstrumente anbelangt. Im Einzelnen gilt:

7.1 Hybridkapital ist Fremdkapital i.S.d. Handelsbilanzrechts; dem HGB liegt ein formeller Eigenkapitalbegriff zugrunde. Dies ergibt sich aus systematischen Erwägungen sowie dem Gesichtspunkt der Information über das Reinvermögen; sie ist für den Einblick in die Vermögens- und Finanzlage von erheblicher Bedeutung. Das Verständnis des bilanziellen Eigenkapitals als Abbild des Reinvermögens liegt auch der Bilanzrichtlinie zugrunde, so dass die Bilanzierung von Hybridkapital innerhalb des Eigenkapitals auch europarechtswidrig ist. Und: Der Ausweis von Hybridkapital im Eigenkapital birgt die Gefahr, dass durch *financial engineering* ein zu positiver Eindruck von der Finanzlage entsteht. Da sämtliches Hybridkapital als Fremdkapital (aber nicht notwendigerweise unter „Verbindlichkeiten“, dazu sogleich unten Ziff. 12.) auszuweisen ist, scheidet eine Informationsübermittlung bzgl. der Module hybrider Finanzierungsinstrumente durch die Verortung auf der Passivseite der Bilanz über das Begriffspaar Eigen-/Fremdkapital aus.

7.2 Die Praxis der Bilanzierung von Hybridkapital ist jedoch nicht nur insofern rechtswidrig, als überhaupt Hybridkapital im Eigenkapital ausgewiesen wird. Unterstellt man die Möglichkeit eines solchen Ausweises, ist im Hinblick auf die vermögensrechtliche Stellung eine dem formellen Eigenkapital entsprechende Qualität des Hybridkapitals Voraussetzung: Hybride Finanzierungsinstrumente müssten auf rechtsgeschäftlicher Grundlage die Auszahlungssperren, welche für formelles Eigenkapital gelten, nachbilden. Der materielle Eigenkapitalbegriff, wie ihn das Institut der Wirtschaftsprüfer (IDW) in seiner einschlägigen Stellungnahme herleitet und nach dem sich die Praxis richtet, hält einer systematischen und teleologischen Auslegung jedoch nicht stand. Vor allem eine Überlassung des Kapitals bloß über einen „längerfristigen“ Zeitraum, in Literatur und Praxis meist als Ursprungslaufzeit von mindestens fünf Jahren interpretiert, ist nicht ausreichend. Vielmehr darf, nimmt man das formelle Eigenkapital der Aktiengesellschaft zum Maßstab, außer in Fällen der Liquidation, einer Kündigung seitens des Kapitalnehmers und einer Kapitalherabsetzung, die nicht dem Verlustausgleich dient, der Kapitalgeber eine Rückzahlung nicht verlangen können. Für die GmbH gelten weniger strenge Anforderungen. Es sind also nicht nur die in der Praxis verwendeten Kriterien völlig unzureichend, wodurch ein zu positives Bild der Finanzlage gezeichnet wird, sondern der unterstellte einheitliche, materielle Eigenkapitalbegriff des HGB existiert de facto nicht.

7.3 Nach IFRS ist zwar Hybridkapital, je nach Ausprägung, entweder im Eigen- oder im Fremdkapital auszuweisen. Von der entscheidungserheblichen Information über die Module findet jedoch nur ein kleiner Ausschnitt Berücksichtigung, was auch daran liegt, dass Haftungsaspekte bei der Abgrenzung von Eigen- und Fremdkapital kaum eine Rolle spielen. Es kommt vielmehr maßgeblich darauf an, ob sich das Unternehmen einem Kapitalabfluss entziehen kann. Dabei ist die konkrete rechtliche Ausgestaltung eines Instruments ausschlaggebend. Die in IAS 32.15 und 32.18 enthaltene Formulierung, es komme auf die wirtschaftliche Substanz der Vereinbarung an, ist insofern missverständlich. Gemeint ist damit, dass die Kapitalabgrenzung nach IFRS sich nicht an der rechtlichen Form des Finanzierungsinstruments, insbesondere nicht am juristischen Anteilseignerbegriff orientiert. Auf eine ökonomische Wertung kommt es bei der Abgrenzung nur insoweit an, als eine faktisch-ökonomische Rückzahlungsverpflichtung (*economic compulsion*) des Kapitalnehmers zur Einordnung eines Instruments als Fremdkapital führt.

8. Die Bezeichnung von Gliederungsposten für hybrides Kapital ist gesetzlich nicht geregelt. Herkömmlich werden sie „Genussrechtskapital“, „Einlagen stiller Gesellschafter“ und dergleichen genannt, was kaum Information über die konkrete Ausgestaltung der Instrumente enthält. Im Rahmen eines funktionalen, infor-

mationsorientierten Ansatzes kommt nur ein modulbezogenes Konzept für die Bezeichnung von gebündelten Finanzierungsverträgen in Frage. Im Bereich der Regulierung findet sich eine Kategorisierung von Hybridinstrumenten an zwei Stellen. In beiden Fällen ist die graduelle Nähe von Instrumenten zum „reinen" Eigenkapital ausschlaggebend. Es kann daher nicht nur von einer modulbezogenen, sondern genauer von einer Kategorisierung nach dem Eigenkapitalgehalt (*equity content*) gesprochen werden.

9. Die Eigenmittel nach dem Bankaufsichtsrecht sind in Kernkapital (*tier 1 capital*) und Ergänzungskapital (*tier 2 capital*) eingeteilt; vor Umsetzung von Basel III kommen noch Drittrangmittel (*tier 3 capital*) hinzu. Durch die Untergliederung der ersten beiden ergeben sich derzeit insgesamt sieben Kategorien, zu denen jeweils auch hybride Finanzierungsinstrumente zählen. Nach den vorläufigen Basel III-Regelungen (Dezember 2010) wird es nur mehr drei Kategorien von Instrumenten geben. Rechtsfolge der Kategorisierung von hybriden Instrumenten ist die unterschiedlich hohe Anrechenbarkeit zu den aufsichtsrechtlichen Eigenmitteln. Stimmten die Bestandteile der Eigenmittel früher weitgehend mit dem formellem Eigenkapital der HGB-Bilanz überein, hat sich die Divergenz der Eigenkapitalbegriffe im Laufe der Zeit verstärkt. Im Einzelnen gilt zu den Kategorien der Eigenmittel:

9.1 Ausschlaggebend für die Kategorisierung ist das sich aus den Modulen ergebende Verlustdeckungspotential und die Laufzeit der Instrumente. Was Ersteres anbelangt, so müssen für die höheren Eigenmittelkategorien Mechanismen zur Verlustteilnahme bei Unternehmensfortführung sowie in der Insolvenz vorhanden sein; die Zahlung der Vergütung muss stets im Ermessen des Emittenten liegen. Die Laufzeit ist nach internationalen und europäischen Vorgaben für die höheren Klassen grundsätzlich unbegrenzt, zumindest aber sehr lang. Am Ende der Laufzeit kommt es zur graduellen Amortisation, die Rückzahlung steht außerdem unter dem Vorbehalt der Zustimmung seitens der Aufsichtsbehörde. Für die unteren Eigenmittelkategorien reicht zum Teil eine recht kurze Laufzeit, aber auch hier steht die Rückzahlung unter dem Vorbehalt der Zustimmung. Was die Haftung anbelangt, so ist immerhin noch ein Rücktritt in der Insolvenz notwendig.

9.2 Unbegrenzt anrechenbar ist lediglich das echte, harte Kernkapital (*core original own funds/common equity tier 1*); das Kernkapital kann jedoch auch aus weiterem Kapital, hier als Kernergänzungskapital bezeichnet (*supplementary original own funds*), bestehen. Nach bisherigen internationalen Vorgaben (sogenannter *Sydney Press Release*; darauf wird in der Rahmenvereinbarung „Basel II" Bezug genommen), überarbeiteter Eigenkapitalrichtlinie („CRD II", Ende 2010) und nationalem Aufsichtsrecht (KWG 2011) gibt es mehrere Klassen des Kernergänzungskapitals mit unterschiedlichen Kriterien und Anrechnungsmöglichkeiten. Basel III sieht nur mehr eine Kategorie von Kernergänzungskapital (*additional tier 1*) vor. Die erst kürzlich überarbeitete Bankenrichtlinie wird entsprechend anzupassen sein (Streichung des Kernergänzungskapitals zweiter und dritter

Klasse: Es gelten die bisherigen (strengen) Anforderungen an Kernergänzungskapital erster Klasse). Was das Ergänzungskapital (*tier 2 capital*) anbelangt, so sind ebenfalls die neuen Baseler Vorgaben einzuarbeiten.

9.3 Das KWG hat im Zuge der Umsetzung von CRD II seine z.T. an den Bezeichnungen der Instrumente orientierte Kategorisierung zugunsten einer modulbezogenen Kategorisierung aufgegeben. Aufgrund des Erfordernisses unbegrenzter Laufzeit und Ausschluss des ordentlichen Kündigungsrechts auf Seiten des Kapitalgebers sind traditionelle, nicht kapitalmarktfähige Instrumente (insbesondere stille Beteiligungen) für Kernkapital (*tier 1 capital*) in Zukunft wohl ausgeschlossen. Dagegen könnten Hybridanleihen (mit Pflichtwandlung in bestimmten Situationen) oder Genussscheine bei entsprechender Ausgestaltung ins Kernkapital aufgenommen werden. Was das Ergänzungskapital (*tier 2 capital*) anbelangt, so können auf europäischer Ebene Lockerungen im Hinblick auf die Laufzeit vorgenommen werden; die im KWG vorgesehen Verlustbeteiligung ist nach Basel III nicht notwendig.

10. Im Gegensatz zum Bankaufsichtsrecht, das je nach Eigenkapitalnähe Obergrenzen der Anrechnungsfähigkeit zu den Eigenmitteln kennt, kommt es im Ratingverfahren zu einer Einordnung eines jeden Hybridinstruments entweder vollständig zum Eigen- bzw. Fremdkapital oder aber zu einer Zweiteilung des Kapitalbetrages je nach Eigenkapitalnähe. Insbesondere die großen Ratingagenturen bestimmen den Eigenkapitalgehalt von Hybridinstrumenten prozentual. Im Detail gilt:

10.1 Was das bankinterne Ratingverfahren anbelangt, so verfügt jedes Institut bzw. jede Institutsgruppe über eigene Grundsätze; sie werden im Rahmen der Zulassung der bankeigenen Risikomessmethoden (IRB-Ansatz nach „Basel II") aufsichtsrechtlich überprüft. Bisherige Bemühungen zur Standardisierung durch Verbände blieben vage, was die Kriterien anbelangt. Das Ziel einer einheitlichen und transparenten Methode wird durch sie kaum erreicht.

10.2 Die Methodik der drei großen Ratingagenturen *Moody's Investors Service*, *Standard & Poor's* und *Fitch Ratings* kann wegen der erheblichen Bedeutung für die emittierenden Unternehmen, insbesondere wegen der Korrelation zwischen Rating und Kapitalkosten und der Einbeziehung der Ratingagenturen in die gesetzliche Regulierung (Bankaufsichtsrecht) als eine Form der privaten Regulierung (*private ordering*) bezeichnet werden. Die Kategorisierung der Ratingagenturen ist an diejenige des Aufsichtsrechts angelehnt.

10.3 Hybride Instrumente werden in drei oder fünf Kategorien (*equity classes*) mit einem Eigenkapitalgehalt zwischen 0% und 100% eingeteilt. Maßgeblich ist jeweils der Einfluss der Module hybrider Instrumente auf den Cashflow, den entscheidenden Gesichtspunkt für die Ausfallwahrscheinlichkeit. Hauptkriterien sind demnach die Flexibilität des Emittenten bzgl. laufender Zahlungsverpflichtungen und hinsichtlich der Rückzahlungsverpflichtung. Daneben spielt die Pufferfunktion für andere Gläubiger eine gewisse Rolle. Was die Kriterien der Ratingagenturen im Einzelnen anbelangt, so ist eine sichere Zuordnung zur einen oder anderen Kategorie nicht immer möglich. Es sind jedoch einige signifikante Unterschiede in der Beurteilung von Hybridemissionen im Hinblick auf deren Eigenkapitalnähe auszumachen. *Moody's* Ansatz zeichnet sich dadurch aus, dass tendenziell nur die sichere Entlastung des Cashflows zu hohem Eigenkapitalgehalt führt, die Möglichkeit des Managements, darauf hinzuwirken, dagegen nicht. Insgesamt verfolgt *Moody's* einen dem Management gegenüber vorsichtigeren Ansatz als die Wettbewerber, andererseits sind die Kriterien auch deutlich vager. *Fitch* gibt seinen Analysten insgesamt den klarsten Leitfaden an die Hand und sorgt so auch für „Rechts"sicherheit bei den Unternehmen, die dem Kreditrating unterliegen. Darüber hinaus misst *Fitch* dem Aspekt der Haftung um einiges mehr Relevanz zu als jedenfalls *Standard & Poor's*. Allen Ansätzen kann vorgeworfen werden, dass ihnen eine geringe empirische Datenbasis bzgl. der Finanzierung durch hybride Instrumente zugrunde liegt. Umso bemerkenswerter ist, dass den Selbstregulierungskräften des Marktes in der Methodik eine große Bedeutung beigemessen wird. Als Beispiele seien der Einfluss von Erwartungen und Reaktionen des Kapitalmarktes, die Handhabung der optionalen Aussetzungen von Zahlungen sowie *replacement*-Klauseln durch das Management genannt. Zu wenig Berücksichtigung finden Mechanismen zur Verlustbeteiligung i. e. S. (*write-down*). Die im Jahr 2010 erfolgten Anpassungen von *Moody's* Kriterien sowie die Anfang 2011 angekündigten Veränderungen bei *Fitchs* Methodik zeigen jedoch, dass Lehren aus dem „Verhalten" von Hybridkapital während der Finanzkrise 2007 ff. gezogen wurden.

11. Was die Übertragung der Kategorisierung nach dem Eigenkapitalgehalt auf die Bilanz, also für Zwecke der Informationsübermittlung, anbelangt, gilt Folgendes: Läge ein etabliertes, den Adressaten bekanntes Konzept der Zuweisung des Eigenkapitalgehalts vor, so ließe ein entsprechender Posten in der Bilanz (etwa „Hybridkapital mit niedrigem/25% Eigenkapitalgehalt") zwar Rückschlüsse auf die Module zu. Zum einen aber bliebe bei einer Kategorisierung nach dem Eigenkapitalgehalt für die IFRS-Bilanz insbesondere der Haftungsaspekt des Kapitals außer Betracht, da dieser für die Qualifikation als „reines" Eigenkapital schon keine Rolle spielt. Zum anderen ist problematisch, dass das Konzept des Eigenkapitalgehalts eine Gewichtung (Wertung) der Modulgruppen Laufzeit, Haftung und Vergütung verlangt. Letztendlich ist eine modulbezogene Kategorisierung anhand der Eigenkapitalnähe für Informationszwecke weder zwingend noch geeignet. Die Lösung besteht vielmehr darin, die Benennung der entscheidenden Module selbst in die Postenbezeichnung aufzunehmen. Es handelt sich dabei um die Folgenden:

- Einfacher/harter/qualifizierter Nachrang
- Einfache/harte/qualifizierte Verlustbeteiligung
- Partiarische Vergütung

Durch die Kombination von Modulen mit der entsprechenden Bezeichnung (etwa „Partiarisches Kapital mit einfachem Nachrang") werden hybride Finanzierungsinstrumente in 20 Kategorien eingeteilt. Im Gegensatz zur Kategorisierung nach dem Eigenkapitalgehalt ist die modulbezogene Postenbezeichnung übergreifend sowohl für die Bilanzierung nach HGB als auch für diejenige nach IFRS geeignet. Durch die Postenbezeichnung wird, auch in der IFRS-Bilanz, die Haftungsqualität des Kapitals erkennbar. Außerdem lässt der Jahresabschluss Rückschlüsse auf die Behandlung des Kapitals in der Überschuldungsbilanz zu. Der Ausweis von rein gesetzlich subordiniertem Kapital (Gesellschafterdarlehen) lässt sich problemlos in das Konzept einfügen. Nicht zuletzt hat die Angabe der entscheidenden Module eine Signalwirkung: Im Gegensatz zum herkömmlichen Ausweis, der erhebliche Unsicherheiten im Hinblick auf die Ausgestaltung mit sich bringt, ist die konkrete Qualität des Kapitals sofort ersichtlich.

12. Nach IFRS wird Hybridkapital als gesonderter Posten mit der entsprechenden Bezeichnung innerhalb des Eigen- oder Fremdkapitals ausgewiesen. In der HGB-Bilanz hingegen ist nachrangiges, verlustbeteiligtes oder partiarisches Kapital gemäß der Kategorisierung innerhalb eines zu bildenden Sonderpostens „Hybridkapital" oder „Ergänzendes Haftkapital" zwischen den anderen Fremdkapitalposten der obersten Gliederungsebene (Verbindlichkeiten, Rückstellungen) und dem Eigenkapital auszuweisen. Im Anhang ist darauf hinzuweisen, dass sich die Bilanzierung nach den Vorschriften für Fremdkapital richtet. Der Ausweis in einem solchen Sonderposten ist nicht nur im Sinne des *true and fair view* aus Art. 2 Abs. 3 der Bilanzrichtlinie, § 264 Abs. 2 S. 1 HGB möglich, sondern verdichtet sich angesichts der erheblichen Bedeutung der Haftqualität des Kapitals und der Signalfunktion zur Pflicht.

13. Abschließend bleibt darauf hinzuweisen, dass die Bilanz immer nur eine Momentaufnahme zum Bilanzstichtag darstellt. Mehr als nur eine punktuelle Betrachtung kann eine Kapitalflussrechnung bieten: Sie zeigt, wie Zahlungsmittel und Äquivalente in betrieblicher, Investitions- und Finanzierungstätigkeit erwirtschaftet und verwendet werden. Vorgeschrieben ist eine Kapitalflussrechnung in Deutschland bislang nur für den konsolidierten Abschluss (§ 297 Abs. 1 HGB). Von der in der Bilanzrichtlinie (vgl. dort Art. 2 Abs. 6) eröffneten Möglichkeit, sie auch zum Bestandteil des Jahresabschlusses zu machen und der Offenlegungspflicht zu unterwerfen, sollte Gebrauch gemacht werden.

Literaturverzeichnis

Internetlinks Stand Mitte 2011

Adler/Düring/Schmaltz (Hrsg.): Rechnungslegung und Prüfung der Unternehmen : Kommentar zum HGB, AktG, GmbHG, PublG nach den Vorschriften des Bilanzrichtlinien-Gesetzes, Teilband 6, 6. Auflage, Stuttgart 1998

Adler/Düring/Schmaltz (Hrsg.): Rechnungslegung und Prüfung der Unternehmen : Kommentar zum HGB, AktG, GmbHG, PublG nach den Vorschriften des Bilanzrichtlinien-Gesetzes, Teilband 5, 6. Auflage, Stuttgart 1997

Adler/Düring/Schmaltz (Hrsg.): Rechnungslegung und Prüfung der Unternehmen : Kommentar zum HGB, AktG, GmbHG, PublG nach den Vorschriften des Bilanzrichtlinien-Gesetzes, Teilband 5, 5. Auflage, Stuttgart 1987

Adler/Düring/Schmaltz (Hrsg.): Rechnungslegung und Prüfung der Unternehmen : Kommentar zum HGB, AktG, GmbHG, PublG nach den Vorschriften des Bilanzrichtlinien-Gesetzes, Teilband 4, 6. Auflage, Stuttgart 1997

Akerlof, George A.: The Market for „Lemons", Quarterly Journal of Economics 84 (1970), S. 488

Alexander, David: A European true and fair view?, European Accounting Review 1993, S. 59

Altmeppen, Holger: Zur Frage, ob eigenkapitalersetzende Gesellschafterleistungen im Überschuldungsstatus zu passivieren sind und zur Haftung des Geschäftsführers einer GmbH, ZIP 2001, S. 240

Altmeppen, Holger; Roth, Günter: Gesetz betreffend die Gesellschaften mit beschränkter Haftung (GmbHG), 6. Auflage, München 2009

Armeloh, Karl-Heinz: Die Berichterstattung im Anhang – eine theoretische und empirische Untersuchung der Qualität der Berichterstattung im Anhang börsennotierter Kapitalgesellschaften, Düsseldorf 1998

Arnsfeld, Torsten; Müller, Julia: Hybridkapital als Eigenkapitalsurrogat – Anerkennungspraktiken der Ratingagenturen und Konsequenzen für bankinterne Ratingverfahren, FinanzBetrieb 2008, S. 326

Arnsfeld, Torsten; Pekus, Yulia: Behandlung von hybriden Finanzierungsinstrumenten im externen Rating und dessen Konsequenzen für das interne Rating, Diskussionspapier 1/2007 Fakultät Wirtschafts- und Sozialwissenschaften Fachhochschule Osnabrück, abrufbar unter http://www.wiso.fh-osnabrueck.de/22958.html (Homepage → Forschung → Publikationen und Vorträge → Eigenveröffentlichungen → Diskussionspapiere)

Auerbach, Dirk; Klotzbach, Daniela: Der IFRS-Konzernabschluss als Basis für die Ermittlung der Eigenmittel von Instituten, KoR 2008, S. 543

Bader, Udo-Olaf: Ein Vergleich der Eigenkapitalanforderungen für Kreditinstitute im Einheitlichen Europäischen Binnenmarkt mit denjenigen des Baseler Abkommens und ihre kreditwirtschaftliche Bedeutung – Vortrag vor dem Europainstitut der Universität des Saarlandes vom 19. 1. 1990, Reihe Vorträge, Reden und Berichte aus dem Europa-Institut, Nr. 194, Saarbrücken 1990

Baetge, Jörg: Rechnungslegungszwecke des aktienrechtlichen Jahresabschlusses, in: Baetge/Moxter/Schneider (Hrsg.), Bilanzfragen, Festschrift für Ulrich Leffson, Düsseldorf 1976, S. 11

Baetge, Jörg; Kirsch, Hans-Jürgen; Thiele, Stefan: Bilanzanalyse, 2. Auflage, Düsseldorf 2004

Baetge, Jörg; Kirsch, Hans-Jürgen; Thiele, Stefan: Bilanzen, 10. Auflage, Düsseldorf 2009

Literaturverzeichnis

Baetge, Jörg; Brüggemann, Benedikt: Ausweis von Genussrechten auf der Passivseite der Bilanz des Emittenten, DB 2005, S. 2145

Baetge, Jörg; Haenelt, Timo: Kritische Würdigung der Kapitalabgrenzung im IFRS-Abschluss und Darstellung des alternativen Loss Absorption Approach der EFRAG und des DSR, ZGR 2008, S. 296

Baetge, Jörg; Kirsch, Hans-Jürgen; Leuschner, Carl-Friedrich: Die Kapitalabgrenzung nach IFRS, DB 2006, S. 2133

Banh, Minh; Cluse, Michael: Weiterentwicklung des Bankenaufsichtsrechts im Zuge der Finanzmarktkrise, Kreditwesen 2009, S. 629

Barckow, Andreas: Some remarks on distinguishing liabilities from equity – and a personal note, in: Bruns/Herz/Neubürger/Tweedie (Hrsg.), Globale Finanzberichterstattung/Global Financial Reporting – Entwicklung, Anwendung und Durchsetzung von IFRS/Development, Application and Enforcement of IFRS, Festschrift für Liesl Knorr, Stuttgart 2008, S. 307

Barckow, Andreas: IASB Exposure Draft „Financial Instruments Puttable at Fair Value and Obligations Arising in Liquidation" – Darstellung und Würdigung der vorgeschlagenen Änderungen, KoR 2006, S. 623

Bartsch/Pollak/Buchegger (Hrsg.): Österreichisches Insolvenzrecht – Kommentar, Band II/2, 4. Auflage, Wien 2004

Baseler Ausschuss für Bankenaufsicht (Basel Committee on Banking Supervision/BCBS) bei der Bank für Internationalen Zahlungsausgleich (Bank for International Settlements/BIS): Internationale Konvergenz der Eigenkapitalmessung und der Eigenkapitalanforderungen (Juli 1988, aktualisiert bis April 1998) – „Basel I", abrufbar unter http://www.bis.org/list/bcbs/tid_21/index.htm (Homepage → Monetary & Financial Stability → Basel Committee on Banking Supervision → Publications by category → Basel I and Market Risk Amendment)

Baseler Ausschuss für Bankenaufsicht (Basel Committee on Banking Supervision/BCBS) bei der Bank für Internationalen Zahlungsausgleich (Bank for International Settlements/BIS): Instruments eligible for inclusion in Tier 1 capital (27. Oktober 1998; „Sydney Press Release"/SPR), abgedruckt in Kreditwesen 1999, S. 174

Baseler Ausschuss für Bankenaufsicht (Basel Committee on Banking Supervision/BCBS) bei der Bank für Internationalen Zahlungsausgleich (Bank for International Settlements/BIS): Änderung der Eigenkapitalvereinbarung zur Einbeziehung der Marktrisiken (1996), abrufbar unter http://www.bis.org/list/bcbs/tid_21/index.htm (Homepage → Monetary & Financial Stability → Basel Committee on Banking Supervision → Publications)

Baseler Ausschuss für Bankenaufsicht (Basel Committee on Banking Supervision/BCBS) bei der Bank für Internationalen Zahlungsausgleich (Bank for International Settlements/BIS): Internationale Konvergenz der Eigenkapitalmessung und der Eigenkapitalanforderungen – Überarbeitete Rahmenvereinbarung, umfassende Version (Juni 2006) – „Basel II", abrufbar unter http://www.bis.org/list/bcbs/tid_22/index.htm (Homepage → Monetary & Financial Stability → Basel Committee on Banking Supervision → Publications)

Baseler Ausschuss für Bankenaufsicht (Basel Committee on Banking Supervision/BCBS), Basel III: A global regulatory framework for more resilient banks and banking systems (Dezember 2010), abrufbar unter http://bis.org/publ/bcbs189.pdf (Homepage → Monetary & Financial Stability → Basel Committee on Banking Supervision → Publications)

Baskin, Jonathan Barron; Miranti, Paul J.: A history of corporate finance, Cambridge 1997

Baumbach/Hueck (Hrsg.): GmbH-Gesetz – Gesetz betreffend die Gesellschaften mit beschränkter Haftung, 19. Auflage, München 2010, zitiert *Verfasser* in Baumbach/Hueck, GmbHG

Baumbach/Hueck (Hrsg.): GmbH-Gesetz – Gesetz betreffend die Gesellschaften mit beschränkter Haftung, 18. Auflage, München 2006, zitiert *Verfasser* in Baumbach/Hueck, GmbHG, 18. Auflage

Baums, Theodor: Das Zinsverbot im Aktienrecht, in: Berger/Borges/Herrmann/Schlüter/Wackerbarth, Zivil- und Wirtschaftsrecht im Europäischen und Globalen Kontext, Festschrift für Norbert Horn, Berlin 2006, S. 245

Bayer, Walter: Kapitalaufbringung und Kapitalerhaltung, in: Bayer/Habersack (Hrsg.), Aktienrecht im Wandel, Band II, Tübingen 2007
Becker, Christoph: Insolvenzrecht, 3. Auflage 2010
Beisse, Heinrich: Die Generalnorm des neuen Bilanzrechts, in Knobbe-Keuk/Klein/Moxter (Hrsg.), Handelsrecht und Steuerrecht, Festschrift für Georg Döllerer, Düsseldorf 1988, S. 25
Beisse, Heinrich: Rechtsfragen der Gewinnung von GoB, BFuP 1990, S. 499
Bellavite-Hövermann, Yvette; Hintze, Stefan; Luz, Günther; Scharpf, Paul: Handbuch Eigenmittel und Liquidität nach KWG, Stuttgart 2001
Bergström, Carl Fredrik: Comitology – delegation of powers in the European Union and the committee system, Oxford 2005
Berle, Adolph A.; Means, Gardiner C.: The Modern Corporation and Private Property, New York 1932
Betsch, Oskar; Groh, Alexander; Lohmann, Lutz: Corporate finance – Unternehmensbewertung, M&A und innovative Kapitalmarktfinanzierung, München 1998
Bezzenberger, Tilman: Das Kapital der Aktiengesellschaft – Kapitalerhaltung – Vermögensbindung – Konzernrecht, Köln 2005
Bieg, Hartmut; Kußmaul, Heinz: Externes Rechnungswesen, 5. Auflage, München 2009
Blaurock, Uwe: Handbuch der Stillen Gesellschaft, 7. Auflage, Köln 2010
Michael Bitz: Schöpfungswille und Harmoniestreben des Renaissancemenschen: Luca Pacioli und die Folgen – Dogmenhistorische und sprachtheoretische Reflektionen zum Begriff des Eigenkapitals, in: Winkeljohann/Bareis/Volk (Hrsg.), Rechnungslegung, Eigenkapital und Besteuerung, Festschrift für Dieter Schneeloch, S. 149
Böger, Andreas; Heidorn, Thomas; Graf Waldstein, Philipp: Hybrides Kernkapital für Kreditinstitute, Arbeitspapier 22 der Hochschule für Bankwirtschaft, Juni 2000, abrufbar unter http://www.frankfurt-school.de/dms/Arbeitsberichte/Arbeits22.pdf (Homepage → Publikationen → Forschungspublikationen → Workingpaper (nach Jahrgängen) → 2000)
von Boehm-Bezing, Carl-Ludwig: Auswirkungen des Baseler Akkords auf das Finanzierungsverhalten der deutschen Industrie aus Sicht der Banken, WM 2000, S. 1001
Bogenschütz, Nina: Neuausrichtung des Eigenkapitalbegriffs – dogmatische Überlegungen im Lichte hybrider Finanzierungen, Frankfurt am Main 2008, zitiert Bogenschütz, Eigenkapitalbegriff
Bohl/Riese/Schlüter (Hrsg.): Beck'sches IFRS-Handbuch – Kommentierung der IFRS/IAS, 3. Auflage, München 2009, zitiert *Verfasser* in Beck'sches IFRS-Handbuch
Boos/Fischer/Schulte-Mattler (Hrsg.), Hermann: Kreditwesengesetz: Kommentar zu KWG und Ausführungsvorschriften, 3. Auflage, München 2008
Bork, Reinhard: Genussrechte in der Überschuldungsbilanz, in: Crezelius/Hirte/Vieweg (Hrsg.), Gesellschaftsrecht Rechnungslegung Sportrecht, Festschrift für Volker Röhricht, Köln 2005, S. 47
Bösl, Konrad; Sommer, Michael: Mezzanine Finanzierungen – Betriebswirtschaft – Zivilrecht – Steuerrecht – Bilanzrecht, München 2006
Boulding, Kenneth: Economics as a Science, New York 1970
Bratton, William W.: Rules, Principles, and the Accounting Crisis in the United States, European Business Organization Law Review (EBOR) 5 (2004), S. 7
Breker, Norbert; Harrison, David A.; Schmidt, Martin: Die Abgrenzung von Eigen- und Fremdkapital – der gegenwärtige IASB-Ansatz und Verbesserungsvorschläge, KoR 2005, S. 469
Breuer/Schweizer (Hrsg.), Gabler: Lexikon Corporate Finance, Wiesbaden 2003
Brüggemann, Benedikt: Die Berichterstattung im Anhang des IFRS-Abschlusses, Düsseldorf 2007, zitiert Brüggemann, Anhang des IFRS-Abschlusses
Brüggemann, Benedikt; Lühn, Michael; Siegel, Mikosch: Bilanzierung hybrider Finanzinstrumente nach HGB, IFRS und US-GAAP im Vergleich, KoR 2004, S. 340 (Teil I) und S. 389 (Teil II)
Buchheim, Regine; Knorr, Liesl; Schmidt, Martin: Anwendung der IFRS in Europa: Das neue Endorsement-Verfahren, KoR 2008, S. 334

Budde, Wolfgang Dieter; Förschle, Gerhart: Ausgewählte Fragen zum Inhalt des Anhangs, DB 1988, S. 1457

Budde/Förschle/Winkeljohann (Hrsg.): Sonderbilanzen – von der Gründungsbilanz bis zur Liquidationsbilanz, 4. Auflage, München 2008

Busse von Colbe, Walther: Die neuen Rechnungslegungsvorschriften aus betriebswirtschaftlicher Sicht, WPg 1987, S. 117

Clemm, Hermann: Unternehmerische Rechnungslegung – Aufgaben, Möglichkeiten und Grenzen, in: Havermann (Hrsg.), Bilanz- und Konzernrecht, Festschrift für Reinhard Goerdeler, Düsseldorf 1987, S. 93

Claussen, Carsten: Das BilMoG – Befreiungen und Erleichterungen bei der Bilanzierung, AG 2008, S. 577

Claussen, Carsten: Zum Stellenwert des § 264 Abs. 2 HGB, in: Havermann (Hrsg.), Bilanz- und Konzernrecht, Festschrift für Reinhard Goerdeler, Düsseldorf 1987, S. 79

Coase, Ronald: The Problem of Social Cost, Journal of Law and Economics 3 (1960), S. 1

Coenenberg, Adolf; Berger, Simon; Joest, Andreas: Kapitalabgrenzung nach IAS 32 – Status Quo und Perspektive, in: Kirsch/Thiele (Hrsg.): Rechnungslegung und Wirtschaftsprüfung, Festschrift für Jörg Baetge, Düsseldorf 2007, S. 139

Coenenberg, Adolf; Haller, Axel; Schultze, Wolfgang: Jahresabschluß und Jahresabschlußanalyse: betriebswirtschaftliche, handelsrechtliche, steuerrechtliche und internationale Grundsätze, 21. Auflage, Stuttgart 2009, zitiert Coenenberg/Haller/Schultze, Jahresabschluss

Committee of European Banking Supervisors (CEBS) [jetzt: Europäische Bankenaufsichtsbehörde (*European Banking Authority*, EBA)]: Proposal for a common EU definition of Tier 1 hybrids, 26. März 2008, abrufbar unter http://www.eba.europa.eu/getdoc/06e25083-2f37-4146-90f3-9e9a40365117/hybrids.aspx (Homepage → Publications → Advice → 2008 → 03 April 2008), zitiert CEBS/EBA, Proposal Tier 1 hybrids

Committee of European Banking Supervisors (CEBS) [jetzt: Europäische Bankenaufsichtsbehörde (*European Banking Authority*, EBA)]: Survey of the current rules across Member States (2006), abrufbar unter http://www.eba.europa.eu/Publications/Advice/2006/CURRENT-RULES-ON-OWN-FUNDS-AND-MARKET-TRENDS-IN-NE.aspx (Homepage → Publications → Advice → 2006 → 23 June 2006)

Committee of European Banking Supervisors (CEBS) [jetzt: Europäische Bankenaufsichtsbehörde (*European Banking Authority*, EBA)]: Consultation Paper on Implementation Guidelines regarding Hybrid Capital Instruments, 22. Juni 2009, abrufbar unter http://www.eba.europa.eu/Publications/Consultation-Papers/All-consultations/CP21-CP30/CP27.aspx (Homepage → Publications → Consultation Papers → All consultations → Consultation Papers (21-30))

Dauner-Lieb, Barbara: Die Berechnung des Quotenschadens – Besprechung des Urteils BGH ZIP 1997, 1542, ZGR 1998, S. 617

De Bra, Peter; Weber, Jens: Der Rangrücktritt im Überschuldungsstatus und in der Handels- und Steuerbilanz, in: Kind/Kießner/Frank (Hrsg.), Unternehmenskrisen – Der Jurist als Notarzt, Festschrift für Eberhard Braun, München 2007, S. 1

Deipenbrock, Gudula: Der US-amerikanische Rechtsrahmen für das Ratingwesen – ein Modell für die europäische Regulierungsdebatte?, WM 2007, S. 2217

Demsetz, Harold: Toward a Theory of Property Rights, American Economic Review 57 (1967), S. 347

Deutsch, Paul: Grundfragen der Finanzierung im Rahmen der betrieblichen Finanzwirtschaft, 2. Auflage, Wiesbaden 1967, zitiert Deutsch, Finanzierung

Deutsche Vereinigung für Finanzanalyse und Asset Management (DVFA, Hrsg.), Mezzanine Finanzierungsformen und Bilanzrating, Finanzschrift 05/07, abrufbar unter http://www.dvfa.de/files/die_dvfa/kommissionen/rating/application/x-download/Schriftenreihe_05_2007.pdf (Homepage → Publikationen → DVFA-Finanzschriften), zitiert DVFA, Mezzanine Finanzierungsformen

Dobler, Michael; Hettich, Silvia: Geplante Änderungen der Rahmenkonzepte von IASB und FASB – Konzeption, Vergleich, Würdigung, IRZ 2007, S. 29
Dobler, Michael; Kuhner, Christoph: Die internationale Rechnungslegung im Belastungstest der subprime-Krise, WPg 2009, S. 24
Drews, Ernesto: Der Insolvenzgrund der Überschuldung bei Kapitalgesellschaften, Berlin 2003, zitiert Drews, Überschuldung
Drukarczyk, Jochen: Finanzierung, 9. Auflage, Stuttgart 2003, zitiert Drukarczyk, Finanzierung, 9. Auflage 2003
Drukarczyk, Jochen: Finanzierung, 10. Auflage, Stuttgart 2009
Dürr, Ulrike: Mezzanine-Kapital in der HGB- und IFRS-Rechnungslegung: Ausprägungsformen, Bilanzierung, Rating, Berlin 2007, zitiert Dürr, Mezzanine-Kapital
Duss, Marco: Gedanken zu einem Rangrücktritt des Gläubigers bei Überschuldung einer Aktiengesellschaft nach schweizerischem Recht, AG 1974, S. 133

Ebenroth/Boujong/Joost/Strohn (Hrsg): Handelsgesetzbuch, Band 1, 2. Auflage, München 2008
Eilers, Stephan; Rödding, Adalbert; Schmalenbach, Dirk: Unternehmensfinanzierung – Gesellschaftsrecht, Steuerrecht, Rechnungslegung, München 2008
von Einem, Christoph; Schmid, Stefanie; Pütz, Silke: Mittelstandsfinanzierung mittels Private Debt: Welche Form ist die richtige aus rechtlicher, steuerlicher und bilanzrechtlicher Sicht?, BB Special 5/2005, S. 9
Eisen, Mathias: Haftung und Regulierung internationaler Rating-Agenturen, Frankfurt am Main 2007
Ekkenga, Jens: Anlegerschutz, Rechnungslegung und Kapitalmarkt: eine vergleichende Studie zum europäischen, deutschen und britischen Bilanz-, Gesellschafts- und Kapitalmarktrecht, Tübingen 1998
Ellrott/Förschle/Kozikowski/Winkeljohann (Hrsg.): Beck'scher Bilanz-Kommentar: Handels- und Steuerbilanz, 7. Auflage, München 2010
Emmerich, Gerhard; Naumann, Klaus-Peter: Zur Behandlung von Genußrechten im Jahresabschluß von Kapitalgesellschaften, WPg 1994, S. 677
Enevoldsen, Stig; Oversberg, Thomas: Importance of a European voice in international standard setting – the role of EFRAG, in: Bruns/Herz/Neubürger/Tweedie (Hrsg.), Globale Finanzberichterstattung/Global Financial Reporting – Entwicklung, Anwendung und Durchsetzung von IFRS/Development, Application and Enforcement of IFRS, Festschrift für Liesl Knorr, Stuttgart 2008, S. 89
Erlei, Mathias; Leschke, Martin; Sauerland, Dirk: Neue Institutionenökonomik, 2. Auflage, Stuttgart 2007
Ernst, Edgar; Gassen, Joachim; Pellens, Bernhard: Verhalten und Präferenzen deutscher Aktionäre: Eine Befragung privater und institutioneller Anleger zu Informationsverhalten, Dividendenpräferenz und Wahrnehmung von Stimmrechten, Studien des Deutschen Aktieninstituts, Heft 42, Frankfurt am Main 2009
Ernst, Christoph; Seidler, Holger: Handelsrechtliche Rechnungslegung vor dem Hintergrund internationaler Entwicklungen – Weiterentwicklung und friedliche Koexistenz oder Auslaufmodell?, in: Bruns, Hans-Georg/Herz, Robert/Neubürger, Heinz-Joachim/Tweedie, David (Hrsg.), Globale Finanzberichterstattung/Global Financial Reporting – Entwicklung, Anwendung und Durchsetzung von IFRS/Development, Application and Enforcement of IFRS, Festschrift für Liesl Knorr, Stuttgart 2008, S. 107
Ernst, Christoph; Seidler, Holger: Der Regierungsentwurf eines Gesetzes zur Modernisierung des Bilanzrechts, ZGR 2008, S. 631
Europäische Kommission (Hrsg.): High Level Group of Company Law Experts, Report on a Modern Regulatory Framework for Company Law in Europe, 4. November 2002 (Winter-Bericht), abrufbar unter http://ec.europa.eu/internal_market/company/modern/index_en.htm (Euro-

pean Commission Homepage → Internal Market → Company Law → Modernisation of Company Law and Enhancement of Corporate Governance)

Everling, Oliver; Linh Trieu, My: Ratingagenturen weltweit, in Büschgen/Everling (Hrsg.), Handbuch Rating, 2. Auflage, Wiesbaden 2007, S. 95

Fassnacht, Jürgen: Die Fremdfinanzierung von Kapitalgesellschaften durch deren Gesellschafter unter besonderer Berücksichtigung des Entwurfs eines 8a KStG, Köln 1984

Feddersen, Dieter; Knauth, Klaus-Wilhelm: Eigenkapitalbildung durch Genußscheine, 2. Auflage, Frankfurt am Main 1992

Felleisen, Felix: Zum Rangrücktritt und zur Passivierungspflicht eines eigenkapitalersetzenden Darlehens, GmbHR 2001, S. 195

Financial Accounting Standards Board (FASB), Preliminary View: Financial Instruments with Characteristics of Equity, November 2007, abrufbar unter http://www.fasb.org/pv_liab_and_equity.pdf (Homepage → Projects → Technical Plan and Project Updates → Financial Instruments with Characteristics of Equity)

Financial Crisis Advisory Group (FCAG), Report vom 28.7. 2009, abrufbar unter http://www.iasb.org/NR/rdonlyres/2D2862CC-BEFC-4A1E-8DDC-F159B78C2AA6/0/FCAGReportJuly2009.pdf (Homepage → About Us → About the Organisation → Advisory Bodies → Financial Crisis Advisory Group)

Fischer, Otfrid; Jansen, Helge; Meyer, Werner: Langfristige Finanzplanung deutscher Unternehmen: Ergebnisse einer empirischen Untersuchung anhand ausgewählter Aktiengesellschaften, Hamburg 1975

Fitch Ratings, Exposure Draft: Proposed Revisions to Criteria for Treatment of Hybrids in Capital and Leverage Analysis, Februar 2011, abrufbar nach kostenfreier Registrierung unter http://www.fitchratings.com (Home → Hybrids and Capital Securities → Research)

Fitch Ratings, Equity Credit for Hybrids & Other Capital Securities, Dezember 2009 und Juni 2008 (identische Versionen), abrufbar nach kostenfreier Registrierung unter http://www.fitchratings.com (Home → Hybrids and Capital Securities → Research)

Fitch Ratings, Equity Credit for Hybrids & Other Capital Securities, September 2006, abrufbar nach kostenfreier Registrierung unter http://www.fitchratings.com (Home → Hybrids and Capital Securities → Research)

Fitch Ratings, Securities Firms: Determining Equity Credit for Hybrids, Special Report, Oktober 2006, abrufbar nach kostenfreier Registrierung unter http://www.fitchratings.com (Home → Hybrids and Capital Securities → Research)

Fleischer, Holger: Informationsasymmetrie im Vertragsrecht: eine rechtsvergleichende und interdisziplinäre Abhandlung zu Reichweite und Grenzen vertragsschlußbezogener Aufklärungspflichten, München 2001

Florstedt, Tim: Zum Ordnungswert des § 136 InsO, ZInsO 2007, S. 914

Florstedt, Tim: Der „stille Verband“, Köln 2007

Franke, Günter: Finanzplanung: Neue Wege und Bedeutungswandel, in: Gerke/Siegert (Hrsg.), Aktuelle Herausforderungen des Finanzmanagements, Stuttgart 2004

Frantzen, Christopher: Genußscheine: Zugleich eine Analyse der Genussscheinbedingungen deutscher Unternehmen, Köln/Berlin/Bonn/München 1993

Franzmeyer, Kai Wilhelm: Nachrangige Verbindlichkeiten als haftendes Eigenkapital von Kreditinstituten: eine kritische Würdigung der Anerkennungsgrenze des § 10 Abs. 2b Satz 3 KWG aus bankaufsichtlicher Sicht, Regensburg 1998

Friel, Arne: Wandelanleihen mit Pflichtwandlung: im deutschen und US-amerikanischen Recht, Frankfurt am Main 2000

Fülbier, Rolf; Maier, Friederike; Sellhorn, Thorsten: Internationale Abschlüsse in neuem Gewand – Das Discussion Paper zu „Financial Statement Presentation" (Phase B), WPg 2009, S. 405

Gallego Sanchez, Helmuth Mauricio: Das Erwerbsrecht auf Aktien bei Optionsanleihen und Wandelschuldverschreibungen, Berlin 1999, zitiert Gallego Sanchez, Optionsanleihen und Wandelschuldverschreibungen

Gehrlein, Markus: Die Behandlung von Gesellschafterdarlehen durch das MoMiG, BB 2008, S. 846

Gesellschaftsrechtliche Vereinigung (Hrsg.): Gesellschaftsrecht in der Diskussion 2001, Jahrestagung der Gesellschaftsrechtlichen Vereinigung, Köln 2002

Geßler/Hefermehl/Eckardt/Kropff (Hrsg.): Aktiengesetz (Kommentar), Band IV, München 1994; zitiert: *Verfasser* in Geßler/Hefermehl/Eckardt/Kropff, AktG

Gibson, Charles: Financial Reporting and Analysis: Using Financial Accounting Information, 9. Auflage 2003

Göhrum, Angelika: Einsatzmöglichkeiten von Genußrechten bei einer notleidenden GmbH oder AG, Frankfurt am Main 1992, zitiert Göhrum, Genußrechte bei notleidender GmbH oder AG

Görtz, Claudia: Die aktien- und steuerrechtliche Qualifikation von Hybrid-Anleihen – oder der Genussrechtstest, Baden-Baden 2008

Goette, Wulf; Kleindiek, Detlef: Eigenkapitalersatzrecht in der Praxis, 5. Auflage, Köln 2007

Goette, Wulf; Kleindiek, Detlef: Gesellschafterfinanzierung nach MoMiG und das Eigenkapitalersatzrecht in der Praxis, 6. Auflage, Köln 2010

Goette/Habersack (Hrsg.): Münchener Kommentar zum Aktiengesetz, Band 4 (§§ 179–277), 3. Auflage, München 2011; zitiert *Verfasser* in Münchener Kommentar AktG, Band 4

Golland, Frank; Gelhaar, Lars; Grossmann, Klaus; Eickhoff-Kley, Xenia; Jänisch, Christian: Mezzanine-Kapital, BB-Special 4/2005, S. 1

Grabowski, Dirk: Darstellung, Analyse und Vergleich der zukünftigen Bilanzierungs- und Bewertungsvorschriften für Aktiengesellschaften in Deutschland und Frankreich: ein Vergleich mit den Bestimmungen der 4. EG-Bilanzrichtlinie, Frankfurt am Main 1985

Groh, Manfred: Eigenkapitalersatz in der Bilanz, BB 1993, S. 1882

Groh, Manfred: Genußrechtskapital und Maßgeblichkeitsgrundsatz, BB 1995, S. 559

Grohmann, Das Informationsmodell im Europäischen Gesellschaftsrecht, Berlin 2006, zitiert Grohmann, Informationsmodell

Großfeld, Bernhard; Luttermann, Claus: Bilanzrecht: die Rechnungslegung in Jahresabschluß und Konzernabschluß nach Handelsrecht und Steuerrecht, Europarecht und IAS/IFRS, 4. Auflage, Heidelberg 2005

Groth, Matthias: Überschuldung und eigenkapitalersetzende Gesellschafterdarlehen: eine konkursrechtliche und konkursstrafrechtliche Untersuchung, Baden-Baden 1995

Grundmann, Stefan: Information und ihre Grenzen im Europäischen und neuen englischen Gesellschaftsrecht, in: Schneider/Hommelhoff/K. Schmidt/Timm/Grunewald/Drygala (Hrsg.), Deutsches und europäisches Gesellschafts-, Konzern- und Kapitalmarktrecht, Festschrift für Marcus Lutter, Köln 2000, S. 61

Grundmann, Stefan: Europäisches Gesellschaftsrecht: eine systematische Darstellung unter Einbeziehung des Europäischen Kapitalmarktrechts, Heidelberg 2004

Grundmann, Stefan: Ausbau des Informationsmodells im Europäischen Gesellschaftsrecht, DStR 2004, S. 232

Grundmann, Stefan: European Company Law – Organization, Finance and Capital Markets, Antwerpen 2007

Gummert/Beuthien (Hrsg.): Münchener Handbuch des Gesellschaftsrechts, Band 2, 3. Auflage, München 2009; zitiert: *Verfasser* in Münchener Handbuch des Gesellschaftsrechts

Haar, Brigitte: Law and Finance – Kapitalmarktentwicklung in interdisziplinärer Perspektive, JZ 2008, S. 964

Haas, Ulrich: Das neue Kapitalersatzrecht nach dem RegE-MoMiG, ZinsO 2007, S. 617

Haas, Ulrich: Gutachtliche Stellungnahme für den VID zu insolvenzrechtlichen Aspekten des MoMiG, abrufbar unter http://www.vid.de/vid/inhalt/dokumente/stellungnahmen/S016.php (Homepage → Gesetzgebung → Stellungnahmen des VID)

Habersack, Mathias: Grundfragen der freiwilligen oder erzwungenen Subordination von Gesellschafterkrediten, ZGR 2000, S. 384
Habersack, Mathias: Gesellschafterdarlehen nach dem MoMiG – Anwendungsbereich, Tatbestand und Rechtsfolgen der Neuregelung, ZIP 2007, S. 2145
Habersack, Mathias: Genußrechte und sorgfaltswidrige Geschäftsführung – Ein Beitrag zum Schutz der Inhaber von Genußrechten mit Eigenkapitalcharakter, ZHR 155 (1991), S. 378
Habersack, Mathias; Mayer, Christian: Zur Passivierung von eigenkapitalersetzenden Gesellschafterdarlehen und zum Schutzzweck von GmbHG § 64 Abs 2, NZG 2001, S. 365
Habersack/Mülbert/Schlitt (Hrsg.): Unternehmensfinanzierung am Kapitalmarkt, 2. Auflage, Köln 2008; zitiert *Verfasser* in Habersack/Mülbert/Schlitt, Unternehmensfinanzierung
Hachenburg (Begr.), Gesetz betreffend die Gesellschaften mit beschränkter Haftung (GmbHG): Großkommentar, Band I, 8. Auflage, Berlin/New York 1992, zitiert *Verfasser* in Hachenburg, GmbHG
Hachenburg (Begr.), Gesetz betreffend die Gesellschaften mit beschränkter Haftung (GmbHG): Großkommentar, Band III, 8. Auflage, Berlin/New York 1997, zitiert *Verfasser* in Hachenburg, GmbHG
Häger, Michael; Elkemann-Reusch, Manfred (Hrsg.): Mezzanine Finanzierungsinstrumente: Stille Gesellschaft – Nachrangdarlehen – Genussrechte, 2. Auflage, Berlin 2007
Hansmann, Henry; Kraakman, Reinier: Organizational law as asset partitioning, Yale Law Journal 110 (2000), S. 387
Hansmann, Henry; Kraakman, Reinier; Squire, Richard: Law and the Rise of the Firm, Harvard Law Review 119 (2006), S. 1333
Häuselmann, Holger: Bilanzielle und steuerliche Erfassung von Hybridanleihen, BB 2007, S. 931
Harrer, Herbert; Janssen, Ulli; Halbig, Uwe: Genussseine – eine interessante Form der Mezzanine Mittelstandsfinanzierung, FinanzBetrieb 2005, S. 1
Hartmann, Wolfgang; Schwarzhaupt, Oliver: Die Bedeutung des Ratings im Bankkreditgeschäft, in Büschgen/Everling (Hrsg.), Handbuch Rating, 2. Auflage, Wiesbaden 2007, S. 25
Hauptfachausschusses (HFA) des Instituts der Wirtschaftsprüfer (IDW): Entwurf einer Verlautbarung „Zur Bilanzierung von Genußrechten", WPg 1993, S. 446
Hauptfachausschusses (HFA) des Instituts der Wirtschaftsprüfer (IDW): Zur Bilanzierung von Genussrechten, WPg 1994, S. 419
Hecker, Andreas; Glozbach, Pierre: Offene Fragen zur Anwendung des gegenwärtigen Überschuldungsbegriffs, BB 2009, S. 1544
Heintges, Sebastian; Wulbrand, Hanno: Die Vorschläge zur neuen „Financial Statement Presentation": Implikationen und Auswirkungen für den Anwender, KoR 2001, S. 6
Hennrichs, Joachim: Wahlrechte im Bilanzrecht der Kapitalgesellschaften, Köln 1999
Hennrichs, Joachim: Zur normativen Reichweite der IFRS – Zugleich Anmerkungen zu den Urteilen des EuGH und des FG Hamburg in der Rechtssache „BIAO", NZG 2005, S. 783
Hennrichs, Joachim: Kündbare Gesellschaftereinlagen nach IAS 32 – Ein Beispiel zur Auslegung und Rechtskontrolle von in Gemeinschaftsrecht übernommenen IFRS, WPg 2006, S. 1253
Hennrichs, Joachim: Basel II und das Gesellschaftsrecht, ZGR 2006, S. 563
Hennrichs, Joachim: Geplante Änderungen der Kapitalabgrenzung nach ED IAS 32: „Neues" Eigenkapital für Personenhandelsgesellschaften, KoR 2007, S. 61
Hennrichs, Joachim; Schubert, Daniela: EG-Rechtswidrigkeit übermäßiger Angabepflichten nach IFRS – Kritische Überlegungen zur Offenlegung des fair value der Gesellschaftereinlagen gem Standardentwurf ED IAS 1-124D und 1-124E, ZIP 2007, S. 563
Hense, Heinz Hermann: Die stille Gesellschaft im handelsrechtlichen Jahresabschluss, Düsseldorf 1990, zitiert Hense, Stille Gesellschaft
Herdegen, Matthias: Internationales Wirtschaftsrecht, 8. Auflage, München 2009
Herrmann, Harald: Quasi-Eigenkapital im Kapitalmarkt- und Unternehmensrecht: ein deutsch-amerikanischer Vergleich und Beitrag zum internationalen Wirtschaftsrecht, Berlin/New York 1996

Herzog, Cornelia; Eberli, Peter: Auf der Suche nach der geeigneten Definition von Eigenkapital – IAS 32 im Umbruch, Der Schweizer Treuhänder 2007, S. 839

Hirte, Heribert: Genußscheine mit Eigenkapitalcharakter in der Aktiengesellschaft, ZIP 1988, S. 477

Hirte, Heribert: Genußscheine und Kapitalherabsetzung – Anmerkungen zum Klöckner-Urteil des OLG Düsseldorf vom 10 Mai 1991, ZIP 1991, S. 1461

Hirte, Heribert: Die Neuregelung des Rechts der (früher: kapitalersetzenden) Gesellschafterdarlehen durch das Gesetz zur Modernisierung des GmbH-Rechts und zur Bekämpfung von Missbräuchen (MoMiG), WM 2008, S. 1429

Holtzer, Johannes: Die Änderung des Überschuldungsbegriffs durch das Finanzmarktstabilisierungesetz, ZIP 2008, S. 2108

Hölzle, Gerrit: Nachruf – Wider die Überschuldungs-Dogmatik in der Krise, ZIP 2008, S. 2003

Hölzle, Gerrit: Gesellschafterfremdfinanzierung und Kapitalerhaltung im Regierungsentwurf des MoMiG, GmbHR 2007, S. 729

Hommelhoff, Peter: Das Gesellschafterdarlehen als Beispiel institutioneller Rechtsfortbildung, ZGR 1988, S. 460

Hommelhoff, Peter: Modernisiertes HGB-Bilanzrecht im Wettbewerb der Regelungssysteme – Konzeptionelle Bemerkungen aus Anlass des RefE BilMoG, ZGR 2008, S. 250

Hopkins, Patrick E.: The Effect of Financial Statement Classification of Hybrid Financial Instruments on Financial Analysts' Stock Price Judgements, Journal of Accounting Research 34 (1996), Supplement, S. 33

Hopt, Klaus: Änderung von Anleihebedingungen – Schuldverschreibungsgesetz, § 796 BGB und AGBG –, in: Baur/Hopt/Mailänder (Hrsg.), Festschrift für Ernst Steindorff, Berlin/New York 1990, S. 341

Hopt/Wiedemann (Hrsg): Großkommentar zum Aktiengesetz, 5. Band, 4. Auflage, Berlin/New York 2009, zitiert *Verfasser* in Großkommentar AktG

Hopt/Wiedemann (Hrsg): Großkommentar zum Aktiengesetz, 5. Band, 4. Auflage, Berlin/New York 2006, zitiert *Verfasser* in Großkommentar AktG

Hromadka, Jürgen; Döhring, Jens: Entwicklung und Einsatz interner Ratingverfahren in einer genossenschaftlichen Zentralbank, in Büschgen/Everling (Hrsg.), Handbuch Rating, 2. Auflage, Wiesbaden 2007, S. 245

Huber, Ulrich; Habersack, Mathias: GmbH-Reform: Zwölf Thesen zu einer möglichen Reform des Rechts der kapitalersetzenden Gesellschafterdarlehen, BB 2006, S. 1

Hüffer, Uwe: Kommentar zum Aktiengesetz, 9. Auflage, München 2010

Huertas, Thomas (Financial Services Authority (FSA), London): Rede beim City & Financial Bank Capital Seminar, 26. Juni 2008, zitiert FSA, Rede vom 26. 6. 2008, abrufbar unter http://www.fsa.gov.uk/pages/Library/Communication/Speeches/2008/0626_th.shtml (Homepage → FSA Library → Communication documents → Speeches → 2008)

van Hulle, Karel: Truth an untruth about true and fair, European Accounting Review (EAR) 1993, S. 99

van Hulle, Karel; Maul, Silja; Drinhausen, Florian: Handbuch zur Europäischen Gesellschaft (SE), München 2007

Icking, Jan: Die Rechtsnatur des Handelsbilanzrechts: zugleich ein Beitrag zur Abgrenzung von öffentlichem und privatem Recht, Berlin 2000

Initiative Finanzstandort Deutschland (IFD), Unterarbeitskreis Eigenkapital(-nahe) Finanzierungsinstrumente, Kriterien für die Mezzanine-Qualifizierung der Kreditinstitute, abrufbar unter http://www.finanzstandort.de/uploads/tx_omseifd/documents/Kriterien_Mezzanine_Kapital.pdf (Homepage → Mittelstandsfinanzierung und Finanzsektor → Private Equity und Mezzanine), zitiert IFD, Kriterien für die Mezzanine-Qualifizierung

Institut der Wirtschaftsprüfer/IDW (Hrsg.), WP Handbuch 2006 – Wirtschaftsprüfung, Rechnungslegung, Beratung, Band I, 13. Auflage, Düsseldorf 2006, zitiert IDW, WP Handbuch 2006, Band I

Institut der Wirtschaftsprüfer/IDW (Hrsg.), WP Handbuch 2008 – Wirtschaftsprüfung, Rechnungslegung, Beratung, Band II, 13. Auflage, Düsseldorf 2007, zitiert IDW, WP Handbuch 2008, Band II

International Accounting Standards Board (IASB), Discussion Paper: Financial Instruments with Characteristics of Equity, Februar 2008, abrufbar unter http://www.ifrs.org/News/Press+Releases/Press+Releases.htm (Homepage → Stay Informed → News → Press Releases)

International Accounting Standards Board (IASB)/Financial Reporting Standards Board (FASB), Completing the February 2006 Memorandum of Understanding: A progress report and timetable for completion, September 2008, abrufbar unter http://www.fasb.org/intl/MOU_09-11-08.pdf (Homepage → Board Activities → International Convergence)

International Accounting Standards Board (IASB)/Financial Reporting Standards Board (FASB), Memorandum of Understanding: A Roadmap for Convergence between IFRSs and US-GAAP 2006–2008, abrufbar unter http://www.fasb.org/cs/ContentServer?c=Document_C&pagename=FASB%2FDocument_C%2FDocumentPage&cid=1176156245558 (Homepage → Board Activities → International Convergence)

International Accounting Standards Board (IASB), Financial Instruments: Classification and Measurement, Exposure Draft ED/2009/7, Juli 2009, abrufbar unter http://www.ifrs.org/NR/rdonlyres/D1598224-3609-4F0A-82D0-6DC598C3249B/0/EDFinancialInstrumentsClassificationandMeasurement.pdf (Homepage → Standards development → Work plan for IFRSs → IFRS 9: Financial Instruments → Phase I – Classification and measurement → Exposure draft and comment letters)

Jaeger/Henckel (Hrsg.): Insolvenzordnung: Großkommentar, 1. Band, Berlin 2004, zitiert *Verfasser* in Jaeger, Großkommentar InsO

Jaeger/Henckel (Hrsg.): Insolvenzordnung: Großkommentar, 4. Band, Berlin 2008 zitiert *Verfasser* in Jaeger; Großkommentar InsO

Jäsche (Hrsg.): Immanuel Kants Logik: Ein Handbuch zu Vorlesungen, Philosophische Bibliothek Band 43, 3. Auflage, Leipzig 1904

Janssen, Bernhard: Bilanzierung einer mit Rangrücktritt versehenen Verbindlichkeit in der Handels- und in der Steuerbilanz, BB 2005, S. 1895

Jensen, Michael; Meckling, William: Theory of the Firm: Managerial Behavior, Agency Costs and Ownership Structure Journal of Financial Economics 3 (1976), S. 305

Kamp, Andreas; Solmecke, Henrik: Mezzaninekapital: Ein Eigenkapitalsubstitut für den Mittelstand?, FinanzBetrieb 2005, S. 618

Kampmann, Helga: Die Kapitalstruktur der Unternehmung in der handelsrechtlichen Rechnungslegung: ökonomische Theorie des Bilanzrechts und Prinzipien der Bilanzierung einfacher und hybrider Kapitalformen, Bielefeld 2001; zitiert Kampmann, Kapitalstruktur

Kaserer, Christoph; Achleitner, Ann-Kristin: Mezzaninkapital auf dem Weg zum Standardprodukt – Entwicklung und Produktkonzepte in Deutschland, Der Schweizer Treuhänder, S. 823

Kawlath, Arnold: IFRS versus HGB – Polemik eines Betroffenen, in: Kirsch/Thiele (Hrsg.), Rechnungslegung und Wirtschaftsprüfung, Festschrift für Jörg Baetge, Düsseldorf 2007, S. 303

Kebekus, Frank: IAS/IFRS und Insolvenzrecht, ZGR 2008, S. 275

Kimmel, Paul; Warfield, Terry D.: The Usefulness of Hybrid Security Classifications: Evidence from Redeemable Preferred Stock, The Accounting Review 70 (1995), S. 151

Kirchhof, Paul: Gesetzgebung und private Regelsetzung als Geltungsgrund für Rechnungslegungspflichten?, ZGR 2000, S. 681

Kirchhof, Hans-Peter (Hrsg.): Münchener Kommentar zur Insolvenzordnung, Band 1, 2. Auflage, München 2007, zitiert *Verfasser* in Münchener Kommentar InsO

Kirchhof, Hans-Peter (Hrsg.): Münchener Kommentar zur Insolvenzordnung, Band 2, 2. Auflage, München 2008, zitiert *Verfasser* in Münchener Kommentar InsO

Kirchner, Christian: Bilanzrecht und neue Institutionenökonomik: Interdisziplinäre Überlegungen, in: Budde/Moxter/Offerhaus (Hrsg.), Handelsbilanzen und Steuerbilanzen, Festschrift für Heinrich Beisse, Düsseldorf 1997, S. 267

Kirchner, Christian: Zur Interpretation von internationalen Rechnungslegungsstandards: das Problem „hybrider Rechtsfortbildung", in: Schneider/Rückle/Küpper/Wagner (Hrsg.), Kritisches zu Rechnungslegung und Unternehmensbesteuerung, Festschrift für Theodor Siegel, Berlin 2005, S. 201

Kirchner, Christian; Schmidt, Matthias: Hybride Regelsetzung im Recht der Unternehmensrechnungslegung: Fehlentwicklungen im europäischen Gemeinschaftsrecht, BFuP 2006, S. 387

Klein, Martin: Rangrücktrittsvereinbarungen – als Sanierungsinstrument ein Auslaufmodell?, GmbHR 2005, S. 663

Knobbe-Keuk, Brigitte: Stille Beteiligung und Verbindlichkeiten mit Rangrücktrittsvereinbarung im Überschuldungsstatus und in der Handelbilanz des Geschäftsinhabers, ZIP 1983, S. 127

Knobbe-Keuk, Brigitte: Bilanz- und Unternehmenssteuerrecht, 9. Auflage, Köln 1993

Knorr, Liesel; Schmidt, Martin: Bilanzielles Eigenkapital von Kreditgenossenschaften. Replik zu Heyd/Beyer, IRZ 1/2007, S. 53 ff., IRZ 2007, S. 183

Königsgruber, Roland: IASB und FASB zwischen Autonomie und Eingebunden-Sein, IRZ 2008, S. 245

Kokemoor, Axel: Aufsichtsrechtliche Anforderungen an Verlustteilnahmeregelungen bei KWG-Genussrechtskapital, WM 2009, S. 1637

Koller, Ingo; Roth, Wulf-Henning; Morck, Winfried: Handelsgesetzbuch, 6. Auflage, München 2007, zitiert *Verfasser* in Koller/Roth/Morck, HGB

Krolop, Kaspar: Mit dem MoMiG vom Eigenkapitalersatz zu einem insolvenzrechtlichen Haftkapitalerhaltungsrecht – Der Abzug von Gesellschafterdarlehen und Risikokapital gesellschaftsfremder Dritter in der Krise als übergreifende insolvenzrechtliche Regelungsaufgabe, ZIP 2007, S. 1738

Krolop, Kaspar: Zur Anwendung der MoMiG-Regelungen zu Gesellschafterdarlehen auf gesellschaftsfremde Dritte, GmbHR 2009, S. 397

Kropff/Semler (Hrsg.): Münchener Kommentar zum Aktiengesetz, Band 4, 2. Auflage (Vorauflage: Geßler/Hefermehl/Eckardt/Kropff), München 2004; zitiert *Verfasser* in Münchener Kommentar AktG, Band 4, 2. Auflage

Kropff/Semler (Hrsg.): Münchener Kommentar zum Aktiengesetz, Band 5/1, 2. Auflage (Vorauflage: Geßler/Hefermehl/Eckardt/Kropff), München 2003; zitiert *Verfasser* in Münchener Kommentar AktG, Band 5/1 (2. Auflage)

Kropff/Semler (Hrsg.): Münchener Kommentar zum Aktiengesetz, Band 5/2, 2. Auflage (Vorauflage: Geßler/Hefermehl/Eckardt/Kropff), München 2004; zitiert *Verfasser* in Münchener Kommentar AktG, Band 5/2 (2. Auflage)

Krümmel, Bankenaufsichtsziele und Eigenkapitalbegriff, Frankfurt am Main 1983

Krumnow/Sprißler/Bellavite-Hövermann/Kemmer/Alves/Brütting/Lauinger/Löw/Naumann/Paul/Pfitzer/Scharpf (Hrsg.), Rechnungslegung der Kreditinstitute – Kommentar zum deutschen Bilanzrecht unter Berücksichtigung von IAS/IFRS, 2. Auflage, Stuttgart 2004, zitiert Krumnow/Sprißler et. al. (Hrsg.), Rechnungslegung der Kreditinstitute

Kübler, Friedrich: Institutioneller Gläubigerschutz oder Kapitalmarkttransparenz? – Rechtsvergleichende Überlegungen zu den „stillen Reserven", ZHR 159 (1995), S. 550

Küting, Karlheinz; Dürr, Ulrike: Genüsse in der Rechnungslegung nach HGB und IFRS sowie Implikationen im Kontext von Basel II, DStR 2005, S. 938

Küting, Karlheinz; Erdmann, Mark-Ken; Dürr, Ulrike: Ausprägungsformen von Mezzanine-Kapital in der Rechnungslegung nach IFRS, DB 2008, S. 941 (Teil I) und 997 (Teil II)

Küting, Karlheinz; Kessler, Harald: Eigenkapitalähnliche Mittel in der Handelsbilanz und im Überschuldungsstatus, BB 1994, S. 2103

Küting, Karlheinz; Kessler, Harald; Harth, Hans-Jörg: Genussrechtskapital in der Bilanzierungspraxis: eine empirische Untersuchung zur Resonanz der HFA-Stellungnahme 1/1994 unter Berücksichtigung bilanzpolitischer Gesichtspunkte, BB Beilage 1996, Nr. 4, S. 1
Küting, Karlheinz; Weber, Claus-Peter (Hrsg.): Handbuch der Rechnungslegung – Einzelabschluss, Kommentar zur Bilanzierung und Prüfung. Loseblattwerk, 5. Auflage, Stuttgart 2002 ff.
Küting, Karlheinz; Weber, Claus-Peter: Die Bilanzanalyse. Beurteilung von Abschlüssen nach HGB und IFRS, 9. Auflage, Stuttgart 2009
Küting; Karlheinz; Wirth, Johannes; Dürr, Ulrike: Personenhandelsgesellschaften durch IAS 32 (rev. 2003) vor der Schuldenfalle?, WPg 2006, S. 69
Kuhn, Steffen; Scharpf, Paul: Rechnungslegung von Financial Instruments nach IFRS: IAS 32, IAS 39 und IFRS 7, 3. Auflage, Stuttgart 2006
Kupsch, Peter: Zur Problematik der Überschuldungsmessung, BB 1984, S. 159

Landsmann, Lena Katharina: Die stille Gesellschaft in der Insolvenz, Frankfurt am Main 2007
Laudenklos, Frank; Sester, Peter: Mezzanine-Kapital als wirtschaftliches Eigenkapital im Ratingsverfahren – eine rechtliche Gestaltungsaufgabe, WM 2004, S. 2417
Leffson, Ulrich: Grundsätze ordnungsmäßiger Buchführung, 5. Auflage, Düsseldorf 1980
Leffson, Ulrich: Die beiden Generalnormen, in: Havermann (Hrsg.), Bilanz- und Konzernrecht, Festschrift für Reinhard Goerdeler, Düsseldorf 1987, S. 315
Leffson/Rückle/Großfeld (Hrsg.): Handwörterbuch unbestimmter Rechtsbegriffe im Bilanzrecht des HGB, Köln 1986, zitiert *Verfasser* in Leffson/Rückle/Großfeld, Handwörterbuch Bilanzrecht
Lehnhoff, Jochen: Die internationale Entwicklung zu einem einheitlichen Eigenkapitalbegriff – Auswirkungen der Harmonisierung der Eigenkapitalanforderungen auf die deutschen Kreditistitute, WM-Festgabe für Heinsius (1991), S. 42
Leker, Jens; Botterweck, Birgit: Entwicklung von Ratingstandards, in Büschgen/Everling (Hrsg.), Handbuch Rating, 2. Auflage, Wiesbaden 2007, S. 589
Levy, Haim; Sarnat, Marshall: Capital Investment and Financial Decisions, Upper Saddle River (NJ), 5. Auflage 1994
Lorch, Bernhard: Der börsenfähige aktienähnliche Genußschein: wirtschaftliche Bedeutung, rechtliche Zulässigkeit und inhaltliche Ausgestaltung, Bergisch Gladbach 1993, zitiert Lorch, Genußschein
Lowenfeld, Andreas F.: International economic law, 2. Auflage, Oxford 2008
Lüdenbach/Hoffmann (Hrsg.): Haufe IFRS-Kommentar, 8. Auflage, Freiburg 2010, zitiert *Verfasser* in Haufe IFRS
Lüdenbach, Norbert; Hoffmann, Wolf-Dieter: Finanzmarktkrise und HGB-Abschluss 2008, StuB 2009, S. 3
Lühn, Michael: Bilanzierung und Besteuerung von Genussrechten, Wiesbaden 2006
Lührig, Klaus: Internationale Eigenmittelnormen für Kreditinstitute – Das Cooke-Konsultationspapier, WPg 1988, S. 465
Lutter, Marcus: Rechtliches Gewicht und rechtspolitische Bedeutung der 4. Richtlinie, in: Bierich/Busse von Colbe/Laßmann/Lutter, Rechnungslegung nach neuem Recht, ZGR-Sonderheft 2 (1980), Berlin/New York 1980, S. 3
Lutter, Marcus: Zur Bilanzierung von Genussrechten, DB 1993, S. 2441
Lutter, Marcus: Zahlungseinstellung und Überschuldung unter der neuen Insolvenzordnung, ZIP 1999, S. 641
Lutter (Hrsg.): Das Kapital der Aktiengesellschaft in Europa, Berlin 2006, ZGR-Sonderheft 17
Lutter/Hirte (Hrsg.): Wandel- und Optionsanleihen in Deutschland und Europa, ZGR Sonderheft 16, Berlin 2000
Lutter, Marcus; Hommelhoff, Peter: Nachrangiges Haftkapital und Unterkapitalisierung in der GmbH, ZGR 1979, S. 31
Lutter/Hommelhoff (Hrsg.), GmbH-Gesetz: Kommentar, 15. Auflage, Köln 2000
Lutter/Hommelhoff (Hrsg.), GmbH-Gesetz: Kommentar, 16. Auflage, Köln 2004

Lutter/Hommelhoff (Hrsg.), GmbH-Gesetz: Kommentar, 17. Auflage, Köln 2009
Luttermann, Claus: Unternehmen, Kapital und Genussrechte: eine Studie über Grundlagen der Unternehmensfinanzierung und zum internationalen Kapitalmarktrecht, Tübingen 1998
Luttermann, Claus: Unternehmenskontrolle und Bilanzmanipulation nach anglo-amerikanischen Mustern (IAS/IFRS und U.S. GAAP), WPg 2006, S. 778
Luttermann, Claus: Zum Gesetz zur Modernisierung des Bilanzrechts, ZIP 2008, S. 1605

Matthies, Anna Verena: Die Abgrenzung von Eigen- und Fremdkapital entsprechend der Rechnungslegung nach deutschem Handelsrecht und IAS/IFRS, Frankfurt am Main 2008
McCormick, Roger; Creamer, Harriet: Hybrid Corporate Securities: International Legal Aspects, London 1987
Mentz, Alexander: Eigenkapitalausweis nach ED IAS 32 und der Abfindungsanspruch des Gesellschafters einer Personenhandelsgesellschaft, DStR 2007, S. 453
Modigliani, Franco; Miller, Merton: The cost of capital, corporation finance and the theory of investment, American Economic Review (AER) 48 (1958), S. 261
Möschel, Wernhard: Eigenkapitalbegriff und KWG-Novelle von 1984, ZHR 149 (1985), S. 206
Moody's Investors Service, Hybrid Tool Kit: A Framework for Assessing Hybrid Securities, Dezember 1999, abrufbar nach kostenfreier Registrierung unter http://www.moodys.com (Homepage → Credit Policy & Methodologies → Rating Methodologies)
Moody's Investors Service, Hybrid Securities Analysis: New Criteria for Adjustment of Financial Ratios to Reflect the Issuance of Hybrid Securities, November 2003, abrufbar nach kostenfreier Registrierung unter http://www.moodys.com (Homepage → Credit Policy & Methodologies → Rating Methodologies)
Moody's Investors Service, Refinements to Moody's Tool Kit: Evolutionary, not Revolutionary!, Februar 2005, abrufbar nach kostenfreier Registrierung unter http://www.moodys.com (Homepage → Credit Policy & Methodologies → Rating Methodologies)
Moody's Investors Service, Refinements to Moody's Tool Kit: An Addendum for Banks and Insurers, Januar 2006, abrufbar nach kostenfreier Registrierung unter http://www.moodys.com (Homepage → Credit Policy & Methodologies → Rating Methodologies)
Moody's Investors Service, Hybrid Tool Kit: Limiting Equity Credit in the Capital Structure, März 2008, abrufbar nach kostenfreier Registrierung unter http://www.moodys.com (Homepage → Credit Policy & Methodologies → Rating Methodologies)
Moody's Investors Service, Revisions to Moody s Hybrid Tool Kit, Juli 2010, abrufbar nach kostenfreier Registrierung unter http://www.moodys.com (Homepage → Credit Policy & Methodologies → Rating Methodologies)
Moxter, Adolf: Vorsichtsprinzip versus Kapitalmarktinformation, in: Förschle/Kaiser/Moxter (Hrsg.), Rechenschaftslegung im Wandel, Festschrift für Wolfgang Dieter Budde, München 1995, S. 419
Moxter, Adolf: Meinungspiegel zum Thema: Neue Vermögensdarstellung in der Bilanz, BFuP 2003, S. 480
Müller, Christof: Die internen Ratingsverfahren der Sparkassen, DStR 2008, S. 787
Müller, Hans-Peter: Bilanzierungsprobleme bei der Erstellung eines Überschuldungsstatus nach § 19 Abs. 2 InsO, in: Arbeitskreis für Insolvenz- und Schiedsgerichtswesen e. V. (Hrsg.), Kölner Schrift zur Insolvenzordnung, Herne/Berlin, 1997, S. 97
Müller, Hans-Peter, Haas, Ulrich. Bilanzierungsprobleme bei der Erstellung eines Überschuldungsstatus nach § 19 Abs. 2 InsO, in: Arbeitskreis für Insolvenz- und Schiedsgerichtswesen e. V. (Hrsg.), Kölner Schrift zur Insolvenzordnung, 2. Auflage, Herne/Berlin, 2000, S. 1799
Müller, Stefan; Weller, Niels; Reinke, Jens: Entwicklungstendenzen in der Eigenkapitalabgrenzung, DB 2008, S. 1109
Müller, Welf: Wohin entwickelt sich der bilanzrechtliche EKBegriff?, in: Förschle/Kaiser/Moxter (Hrsg.), Rechenschaftslegung im Wandel: Festschrift für Wolfgang Dieter Budde, München 1995, S. 445

Niehues, Michael: EU-Rechnungslegungsstrategie und Gläubigerschutz, WPg 2001, S. 1209
Nölling, Philip; Jendruschewitz, Boris: Hybrid-Anleihen: Dauerhafte Alternative in der Unternehmensfinanzierung?, FinanzBetrieb 2006, S. 435

Oehlschläger, York: Die typische und atypische stille Beteiligung an einer Aktiengesellschaft – Möglichkeiten und Grenzen der Gestaltung für die stille Gesellschaft zwischen Personengesellschaftsrecht, Aktienrecht, Konzernrecht und Umwandlungsrecht, Frankfurt am Main 2004
Olfert, Klaus ; Reichel, Christopher: Finanzierung, 14. Auflage, Ludwigshafen 2008
Oppenhoff, Christine: Die GmbH-Reform durch das MoMiG – ein Überblick, BB 2008, S. 1630

Padberg, Thomas: Bankaufsichtsrechtlicher Eigenkapitalbegriff und Eigenkapitalquoten bei Kreditinstituten im Jahresabschluss nach IAS, FinanzBetrieb 2000, S. 158
Palandt, Otto (Begr.): Bürgerliches Gesetzbuch: mit Nebengesetzen, 70. Auflage, München 2011, zitiert *Verfasser* in Palandt, BGB
Paulus, Christoph: Passivierungspflicht und Rangordnung eigenkapitalersatzender Darlehen in der Insolvenz – Besprechung zu BGHZ 146, 264, ZGR 2002, S. 321
Pawelzik, Kai: Kommen Personengesellschaften durch den „ownership approach" nach IFRS wieder zu Eigenkapital?, KoR 2006, S. 153
Pelger, Christoph: Entscheidungsnützlichkeit in neuem Gewand: Der Exposure Draft zur Phase A des Conceptual Framework-Projekts, KoR 2009, S. 156
Perridon, Louis; Steiner, Manfred; Rathgeber, Andreas: Finanzwirtschaft der Unternehmung, 15. Auflage, München 2009
Priester, Hans-Joachim: Gläubigerrücktritt zur Vermeidung der Überschuldung, DB 1977, S. 2429
Priester, Hans-Joachim: Verlustanzeige und Eigenkapitalersatz, ZGR 1999, S. 533
Pro-Active Accounting Activities in Europe (PAAinE, Hrsg.) der European Financial Reporting Advisory Group (EFRAG): Discussion Paper: Distinguishing between Liabilities and Equity, Januar 2008, zitiert PAAinE, Liabilities and Equity, abrufbar unter http://www.efrag.org/projects/detail.asp?id=66 (Homepage → Projects → Pro-active activities → Completed/Past Agenda Projects → Equity/Liability)
Pro-Active Accounting Activities in Europe (PAAinE, Hrsg.) der European Financial Reporting Advisory Group (EFRAG): Discussion Paper: The Needs of Users of Financial Information – a User Survey, Mai 2009, zitiert PAAinE, Financial Information, abrufbar unter http://www.efrag.org/news/detail.asp?id=371 (Homepage → Projects → Pro-active activities → Current Projects → Conceptual Framework)
Projektgruppe Gemeinschaftsdiagnose (ifo Institut für Wirtschaftsforschung an der Universität München, Institut für Weltwirtschaft an der Universität Kiel, Institut für Wirtschaftsforschung Halle, Rheinisch-Westfälisches Institut für Wirtschaftsforschung), Deutschland am Rande der Rezession, Gemeinschaftsdiagnose Herbst 2008, abrufbar unter http://www.boeckler.de/pdf/p_imk_report_32_2008.pdf (Homepage → Veröffentlichungen → IMK Report)
Prosser, Andreas: Anlegerschutz bei Genussscheinen, Gewinnschuldverschreibungen, Options- und Wandelanleihen: insbesondere bei Konzernierung und Umwandlung, Frankfurt am Main 2001

von Randow, Philipp: Die Inhaltskontrolle von Emissionsbedingungen: Abschied vom AGB-Recht, in: Baums/Cahn, Die Reform des Schuldverschreibungsrechts, Berlin 2004, S. 25
Raiser, Thomas; Veil, Rüdiger: Recht der Kapitalgesellschaften: ein Handbuch für Praxis und Wissenschaft, 5. Auflage, München 2010
Reich, Hans: Bedeutung und Chancen des Ratings für den Mittelstand, in Büschgen/Everling (Hrsg.), Handbuch Rating, 2. Auflage, Wiesbaden 2007, S. 1
Reischauer, Friedrich; Kleinhans, Joachim: Kreditwesengesetz: (KWG); Loseblattkommentar für die Praxis nebst sonstigen bank- und sparkassenrechtlichen Aufsichtsgesetzen sowie ergänzenden Vorschriften, Loseblatt, Berlin

Reuter, Dieter: Der Partizipationsschein als Form der Mitarbeiterbeteiligung, in: Lutter/Stimpel/Wiedemann (Hrsg.), Festschrift für Robert Fischer, Berlin/New York 1979, S. 605

Reuter, Dieter: Verbesserung der Risikokapitalausstattung der Unternehmen durch Mitarbeiterbeteiligung?, NJW 1984, S. 1849

Revsine, Lawrence; Collins, Daniel W.; Johnson, W. Bruce: Financial reporting and analysis, 3. Auflage, Upper Saddle River (NJ) 2005

Richter, Rudolf; Furubotn, Eirik: Neue Institutionenökonomik: eine Einführung und kritische Würdigung, 4. Auflage, Tübingen 2010

Rickford, Jonathan (Hrsg.): Reforming Capital – Report of the Interdisciplinary Group on Capital Maintenance, European Business Law Review (EBLR) 15 (2004), S. 919

Rowedder/Schmidt-Leithoff (Hrsg.), Gesetz betreffend die Gesellschaften mit beschränkter Haftung (GmbHG), 4. Auflage, München 2002

Rudolph, Bernd: Analyse hybrides Finanzinstrumente: Mezzanine-Kapital, Kreditwesen 2004, S. 12

Rudolph, Bernd: Die Einführung regulatorischen Krisenkapitals in Form von *Contingent Convertible Bonds* (*CoCos*), Kreditwesen 2010, S. 1152

Säcker/Rixecker (Hrsg.): Münchener Kommentar zum Bürgerlichen Gesetzbuch, Band 2, 5. Auflage, München 2007, zitiert *Verfasser* in Münchener Kommentar BGB

Säcker/Rixecker (Hrsg.): Münchener Kommentar zum Bürgerlichen Gesetzbuch, Band 3, 5. Auflage, München 2007, zitiert *Verfasser* in Münchener Kommentar BGB

Salis-Lütolf, Ulysses von:Private Equity Finanzierungsverträge: Funktion – Recht – Steuern, Zürich/Bern/Genf 2002

Sanio, Jochen: Das deutsche Enforcementsystem – Erfahrungen und Perspektiven für die Zukunft, in: Bruns/Herz/Neubürger/Tweedie (Hrsg.), Globale Finanzbericherstattung/Global Financial Reporting – Entwicklung, Anwendung und Durchsetzung von IFRS/Development, Application and Enforcement of IFRS, Festschrift für Liesl Knorr, Stuttgart 2008, S. 515

Sansoni Wörterbuch/Dizionario, Deutsch-Italienisch/Italienisch-Deutsch, 5. Auflage 2002

Schaber, Mathias; Isert, Dietmar: Bilanzierung von Hybridanleihen und Genussrechten nach IFRS, BB 2006, S. 2401

Schaber, Mathias; Kuhn, Steffen; Eichhorn, Sonja: Eigenkapitalcharakter von Genussrechten in der Rechnungslegung nach HGB und IFRS, BB 2004, S. 315

Schäfer, Frank: Zulässigkeit und Kündbarkeit von ewig laufenden Anleihen (Perpetuals), in: Ekkenga/Hadding/Hammen (Hrsg.), Bankrecht und Kapitalmarktrecht in der Entwicklung, Festschrift für Siegfried Kümpel, Berlin 2003, S. 453

Scheffler, Eberhard: Der Grundsatz der Wesentlichkeit bei Rechnungslegung und Bilanzkontrolle, in: Kirsch/Thiele (Hrsg.), Rechnungslegung und Wirtschaftsprüfung, Festschrift für Jörg Baetge, Düsseldorf 2007, S. 505

Schildbach, Thomas: IFRS – Irre Führendes Rechnungslegungs-System, Teil 1, IRZ 2007, 9

Schimansky/Bunte/Lwowski (Hrsg.): Bankrechts-Handbuch, Band II, 3. Auflage, München 2007

Schmeisser, Wilhelm; Clausen, Lydia: Mezzanines Kapital für den Mittelstand zur Verbesserung des Ratings, DStR 2008, S. 688

Schmidt, Karsten: Die Kreditfunktion der stillen Einlage, ZHR 140 (1976), S. 475

Schmidt, Karsten: Quasi-Eigenkapital als haftungsrechtliches und als bilanzrechtliches Problem, in: Havermann (Hrsg.), Festschrift für Reinhard Goerdeler, Düsseldorf 1987, S. 487

Schmidt, Karsten: Die Eigenkapitalausstattung der Unternehmen als rechtspolitisches Problem, JZ 1984, S. 771

Schmidt, Karsten: Finanzplanfinanzierung, Rangrücktritt und Eigenkapitalersatz – Zum System des Kapitalschutzes bei „funktionellem Eigenkapital“, ZIP 1999, S. 1241

Schmidt, Karsten: Eigenkapitalersatz und Überschuldungsfeststellung – Ein Diskussionsbeitrag gegen Fehlschlüsse aus der Insolvenzordnung, GmbHR 1999, S. 9

Schmidt, Karsten: Gesellschaftsrecht, 4. Auflage, Köln/Berlin/Bonn/München 2002

Schmidt, K. (Hrsg.): Münchener Kommentar zum Handelsgesetzbuch: HGB, Band 2, 2. Auflage, München 2006, zitiert *Verfasser* in Münchener Kommentar HGB

Schmidt, Karsten: Eigenkapitalersatz, oder – Gesetzesrecht versus Rechtsprechungsrecht? – Überlegungen zum Referentenentwurf eines GmbH-Reformgesetzes (MoMiG) von 2006, ZIP 2006, S. 1925

Schmidt, Karsten: Sanierender Rangrücktritt bei Gesellschafterdarlehen: Irrungen, Wirrungen! – Eine Skizze zu § 5 Abs. 2a EStG, §§ 19, 39, 199 InsO –, in: Kirchhof/Schmidt/Schön/Vogel (Hrsg.), Steuer- und Gesellschaftsrecht zwischen Unternehmerfreiheit und Gemeinwohl, Festschrift für Arndt Raupach, Köln 2006, S. 405

Schmidt, K. (Hrsg.): Münchener Kommentar zum Handelsgesetzbuch: HGB, Band 3, 2. Auflage, München 2007, zitiert *Verfasser* in Münchener Kommentar HGB

Schmidt, K. (Hrsg.): Münchener Kommentar zum Handelsgesetzbuch: HGB, Band 4, 2. Auflage, München 2008, zitiert *Verfasser* in Münchener Kommentar HGB

Schmidt, Karsten: Entbehrlicher Rangrücktritt im Recht der Gesellschafterdarlehen? – Kritik an § 19 Abs. 2 E-InsO im MoMiG-Entwurf, BB 2008, S. 461

Schmidt, Karsten: Überschuldung und Insolvenzantragspflicht nach dem Finanzmarktstabilisierungsgesetz – Geschäftsleiterpflichten im Wechselbad der Definitionen, DB 2008, S. 2467

Schmidt, K./Lutter (Hrsg.): Aktiengesetz: Kommentar, Band 2, 2. Auflage, Köln 2010

Schmidt, K./Uhlenbruck (Hrsg.): Die GmbH in Krise, Sanierung und Insolvenz, 4. Auflage, Köln 2009

Schmidt, Martin: Eigenkapital nach IAS 32 bei Personengesellschaften: aktueller IASB-Vorschlag und Aktivitäten anderer Standardsetzer, BB 2006, S. 1563

Schmidt, Martin: IAS 32 (rev. 2008): Ergebnis- statt Prinzipienorientierung, BB 2008, S. 434

Schmidt, Martin: Die drei Ansätze des FASB zur Abgrenzung zwischen Eigen- und Fremdkapitalinstrumenten, IRZ 2008, S. 235

Schneider, Dieter: Die Steuerreform und ihre Finanzierung in ihren Folgen für die Unternehmensfinanzierung mit Risikokapital, DB 1987, S. 2529

Schneider, Dieter: Messung des Eigenkapitals als Risikokapital, DB 1987, S. 185

Schneider, Dieter: Investition, Finanzierung und Besteuerung, 7. Auflage, Wiesbaden 1992

Schön, Wolfgang: Gibt es das partiarische Darlehen?, ZGR 1993, S. 210

Schön, Wolfgang: Entwicklung und Perspektiven des Handelsbilanzrechts – vom ADHGB zum IASC, ZHR 161 (1997), S. 133

Schön, Wolfgang: Gesellschafter-, Gläubiger- und Anlegerschutz im Europäischen Bilanzrecht, ZGR 2000, S. 706

Schön, Wolfgang: Kompetenzen der Gerichte zur Auslegung von IAS/IFRS, BB 2004, S. 763

Schön, Wolfgang; Osterloh-Konrad, Christine: Rechnungslegung in der Aktiengesellschaft, in: Bayer/Habersack (Hrsg.): Aktienrecht im Wandel, Band II, Tübingen 2007, S. 893

Scholz (Begr.), Kommentar zum GmbH-Gesetz, Band I, 10. Auflage, Köln 2006, zitiert *Verfasser* in Scholz, GmbHG

Scholz (Begr.), Kommentar zum GmbH-Gesetz, Band II, 10. Auflage, Köln 2007, zitiert *Verfasser* in Scholz, GmbHG

Schrell, Thomas; Kirchner, Andreas: Mezzanine Finanzierungsstrategien, BKR 2003, S. 13

Schroeder, Richard G.; Clark, Myrtle W.; Cathey, Jack M.: Financial accounting theory and analysis, 9. Auflage, Hoboken (NJ) 2009

Schubert, Daniela: Die Einlage in Personenhandelsgesellschaften nach HGB-Bilanzrecht und IAS 32 (2003) – Eigen- oder Fremdkapital?, WM 2006, S. 1033

Schulze-Osterloh, Joachim: Rangrücktritt, Besserungsschein, eigenkapitalersetzende Darlehen – Voraussetzungen, Rechtsfolgen, Bilanzierung, WPg 1996, S. 97

Schweitzer, Roger; Volpert, Verena: Behandlung von Genußrechten im Jahresabschluß von Industrieemittenten, BB 1994, S. 821

Sester, Peter: Hybrid-Anleihen: Wirtschaftliches Eigenkapital für Aktiengesellschaften, ZBB 2006, S. 443

Sethe, Rolf: Genußrechte – Rechtliche Rahmenbedingungen und Anlegerschutz (I), AG 1993, S. 293
Siebel, Ulf: Eigenkapital und Quasi-Eigenkapital von Kreditinstituten : Bemerkungen zum Thema mit rechtsvergleichenden Hinweisen, Frankfurt/Main 1980
Siebel, Ulf: Vorzugsaktien als „hybride" Finanzierungsform und ihre Grenzen, ZHR 161 (1997), S. 628
Siebel, Ulf: Rechtsfragen internationaler Anleihen, Berlin 1997
Sieker, Susanne: Eigenkapital und Fremdkapital der Personengesellschaft, Berlin 1991
Smerdka, Ute: Die Finanzierung mit mezzaninem Haftkapital, Lohmar 2003
Standard & Poor's, Financial Services Criteria: Equity Credit For Bank And Insurance Hybrid Capital, A Global Perspective, Februar 2006, abrufbar unter http://www.standardandpoors.com (Homepage → Ratings Resources → Ratings Criteria)
Standard & Poor's, Criteria: Equity Credit For Corporate Hybrid Securities, Mai 2006, abrufbar unter http://www.standardandpoors.com (Homepage → Ratings Resources → Ratings Criteria)
Standard & Poor's, Corporate Ratings Criteria 2008, abrufbar unter http://www.standardandpoors.com (Homepage → Ratings Resources → Ratings Criteria)
Standard & Poor's, Financial Institutions: Hybrid Capital Handbook, Mai 2008, abrufbar unter http://www.standardandpoors.com (Homepage → Ratings Resources → Ratings Criteria)
Standard & Poor's, Criteria: Corporates: General: Hybrid Capital Handbook: September 2008 Edition, 15. September 2008, abrufbar unter http://www.standardandpoors.com (Homepage → Ratings Resources → Ratings Criteria)
Stickney, Clyde P.: Financial reporting and statement analysis, 3. Auflage, Fort Worth 1990
Streim, Hannes: Die Generalnorm des § 264 Abs. 2 HGB – Eine kritische Analyse, in: Ballwieser/Böcking/Drukarczyk (Hrsg.), Bilanzrecht und Kapitalmarkt, Düsseldorf 1994
Stützel, Wolfgang: Bemerkungen zur Bilanztheorie, ZfB 1967, S. 314
Süchting, Joachim: Finanzmanagement: Theorie und Politik der Unternehmensfinanzierung, 6. Auflage, Wiesbaden 1995
Swoboda, Peter: Der Risikograd als Abgrenzungskriterium von Eigen- versus Fremdkapital, in: Stöppler (Hrsg.), Information und Produktion. Beiträge zur Unternehmenstheorie und Unternehmensplanung, Festschrift für Waldemar Wittmann, Stuttgart 1985, S. 343

Teller, Horst: Rangrücktrittsvereinbarungen zur Vermeidung der Überschuldung bei der GmbH, 1. Auflage, Köln 1993, zitiert Teller, Rangrücktrittsvereinbarungen, 1. Auflage
Teller, Horst; Steffan, Bernhard: Rangrücktrittsvereinbarungen zur Vermeidung der Überschuldung bei der GmbH, 3. Auflage, Köln 2003, zitiert Teller/Steffan, Rangrücktrittsvereinbarungen
Temme, Ulrich: Die Eröffnungsgründe der Insolvenzordnung, Münster 1997
Thelen-Pischke, Hiltrud: Internationale Rechnungslegung und aufsichtsrechtliche Kapitalanforderungen, Kreditwesen 2005, S. 140
Thiele, Stefan: Das Eigenkapital im handlesrechtlichen Jahresabschluss: rechtsformübergreifende und rechtsformspezifische Grundsätze für Ansatz und Ausweis des gesetzestypischen Eigenkapitals und der hybriden Finanzierungsformen, Düsseldorf 1988
Thielemann, Arno: Das Genußrecht als Mittel der Kapitalbeschaffung und der Anlegerschutz, Pfaffenweiler 1988, zitiert Thielemann, Genußrecht
Thomas, Stefan: Die Unternehmensfinanzierung durch ewige Anleihen zwischen Gesellschaftsrecht und Bürgerlichem Recht, ZHR 171 (2007), S. 684
Todtenhöfer, Frank: Die Übertragbarkeit der Grundsätze über Kapitalaufbringung und Kapitalerhaltung auf Genussrechte, Köln 1997

Uhlenbruck (Hrsg.), Insolvenzordnung: Kommentar, 13. Auflage, München 2010, zitiert *Verfasser* in Uhlenruck, InsO
Ulmer, Peter: Begriffsvielfalt im Recht der verbundenen Unternehmen als Folge des Bilanzrichtlinien-Gesetzes: Eine systematische Analyse, in: Havermann (Hrsg.), Festschrift für Reinhard Goerdeler, Düsseldorf 1987, S. 623

Ulmer (Hrsg.), HGB-Bilanzrecht – Rechnungslegung, Abschlußprüfung, Publizität; Großkommentar, Band 1, Berlin/New York 2002; zitiert *Verfasser* in Großkommentar HGB-Bilanzrecht
Ulmer (Hrsg.), HGB-Bilanzrecht – Rechnungslegung, Abschlußprüfung, Publizität; Großkommentar, Band 2, Berlin/New York 2002; zitiert *Verfasser* in Großkommentar HGB-Bilanzrecht
Ulmer, Peter; Brandner, Erich; Hensen, Horst-Diether: AGB-Recht: Kommentar zu den §§ 305–310 BGB und zum Unterlassungsklagengesetz, 11. Auflage, Köln 2011
Ulmer/Habersack/Winter (Hrsg.): Gesetz betreffend die Gesellschaften mit beschränkter Haftung (GmbHG): Großkommentar, Band II, Tübingen 2008, zitiert *Verfasser* in Großkommentar GmbHG
Ulmer/Habersack/Winter (Hrsg.): Gesetz betreffend die Gesellschaften mit beschränkter Haftung (GmbHG): Großkommentar, Band III, Tübingen 2008, zitiert *Verfasser* in Großkommentar GmbHG

Vater, Hendrik: „Ewige Anleihen“: Funktionsweise, Einsatzzweck und Ausgestaltung, FinanzBetrieb 2006, S. 44
Vater, Hendrik: Die Financial Crisis Advisory Group – Struktur, Aufgaben und Bedeutung, KoR 2009, S. 294
Voges, Moritz; Rehberg, Markus: Aktuelle Entwicklung im Recht der Kreditsicherheiten – national und international – Bericht über den Bankrechtstag am 25. Juni 2004 in Berlin, WM 2004, S. 1605
Vollmer, Lothar: Der Genußschein – ein Instrument für mittelständische Unternehmen zur Eigenkapitalbeschaffung an der Börse, ZGR 1983, S. 445
Vollmer, Lothar; Maurer, Torsten: Die Eignung von sanierenden stillen Beteiligungen und Sanierungsgenußscheinen zur Abwehr der Überschuldung, DB 1994, S. 1173
Vormbaum, Herbert: Finanzierung der Betriebe, 9. Auflage, Wiesbaden 1995, zitiert Vormbaum, Finanzierung
Voßbeck, Stefan: Der gesonderte Ausweis von Eigenkapitalersatz im Jahresabschluß von GmbH und AG, Hamburg 1994, zitiert Voßbeck, Der Ausweis von Eigenkapitalersatz

Wachter, Stephan: Die Gewinnermittlung und Gewinnverteilung in der stillen Gesellschaft, Frankfurt am Main 1996
Währisch, Mark: The evolution of international accounting systems: accounting system adoptions by firms from a network perspective, Frankfurt am Main 2001
Waschbusch, Gerd; Staub, Nadine; Karmann, Oliver: Die Zukunftsfähigkeit der kapitalmarktorientierten Mittelstandsfinanzierung über die Börse, FinanzBetrieb 2009, S. 689
Weber, Max: Zur Geschichte der Handelsgesellschaften im Mittelalter, Schriften 1889–1894, Band 1 der Max Weber Gesamtausgabe, Tübingen 2008
Weitnauer, Wolfgang: Die Gesellschafterfremdfinanzierung aus Sicht von Finanzinvestoren – ein Resümee der Änderungen des MoMiG und der derzeitigen rechtlichen Rahmenbedingungen vor dem Hintergrund der Finanzkrise, BKR 2009, S. 18
Wengel, Torsten: Die handelsrechtliche Eigen- und Fremdkapitalqualität von Genussrechtskapital, DStR 2001, S. 1316
Wehrhahn, Torsten: Finanzierungsinstrumente mit Aktienerwerbsrechten. Die gesellschaftsrechtlichen Grundlagen von Convertible Securities und wandelbaren Wertpapieren in Deutschland und den USA, Berlin 2004
Wenzel, Andreas: Kapitalstrukturpolitik in Wachstumsunternehmen – eine empirische Untersuchung deutscher Unternehmen auf Basis von Jahresabschlussinformationen, Bad Soden/Taunus 2006
Westerfelhaus, Herwarth: Die stille Gesellschaft im Bilanzrecht, DB 1988, S. 1173
Werner, Horst; Kobabe, Rolf: Unternehmensfinanzierung, Stuttgart 2005
Wiedemann, Herbert: Gesellschaftsrecht – ein Lehrbuch des Unternehmens- und Verbandsrechts, Band 1, München 1980

Wiedemann, Herbert: Eigenkapital und Fremkapital – eine gesellschaftsrechtliche Zwischenbilanz, in: Beisse/Lutter/Närger (Hrsg.), Festschrift für Karl Beusch, Berlin/New York 1993, S. 897
Wiedmann, Harald: Bilanzrecht: Kommentar zu den §§ 238–342a HGB, 2. Auflage, München 2003
Windbichler, Christine: Gesellschaftsrecht, 22. Auflage, München 2009
Winnefeld, Robert: Bilanz-Handbuch: Handels- und Steuerbilanz, rechtsformspezifisches Bilanzrecht, bilanzielle Sonderfragen, Sonderbilanzen, IAS/US-GAAP, 4. Auflage, München 2006
Witmer, Jörg: Der Rangrücktritt im schweizerischen Aktienrecht, St. Gallen 1999
Wittgen, Robert: Einführung in die Betriebswirtschaftslehre, 2. Auflage, München 1979
Wittig, Arne: Rangrücktritt – Antworten und offene Fragen nach dem Urteil des BGH vom 8. 1. 2001, NZI 2001, S. 169
Wöhe, Günter; Bilstein, Jürgen; Ernst, Dietmar; Häcker, Joachim: Grundzüge der Unternehmensfinanzierung, 10. Auflage, München 2009, zitiert Wöhe/Bilstein/Ernst/Häcker, Unternehmensfinanzierung
Wöhe, Günter; Döring, Ulrich: Bilanzierung und Bilanzpolitik: betriebswirtschaftlich, handelsrechtlich, steuerrechtlich; mit einer Einführung in die verrechnungstechnischen Grundlagen, 8. Auflage, München 1992
Wolf, Birgit: Die Eigenmittelkonzeption des § 10 KWG, Arbeitspapier Nr. 20 der Hochschule für Bankwirtschaft, Februar 2000, abrufbar unter http://www.frankfurt-school.de/dms/Arbeitsberichte/Arbeits20.pdf (Homepage → Publikationen → Forschungspublikationen → Workingpaper (nach Jahrgängen) → 2000)
Wollmert, Peter: Zur Bilanzierung von Genußrechten – Die Verrechnung von Gewinn- und Verlustbeteiligungen in der Gewinn- und Verlustrechnung, BB 1992, S. 2106
von Wysocki/Schulze-Osterloh/Hennrichs/Kuhner (Hrsg.): Handbuch des Jahresabschlusses: Rechnungslegung nach HGB und internationalen Standards, Losebl.-Ausg., Köln 2005 ff.

Zöllner (Hrsg.): Kölner Kommentar zum Aktiengesetz, Band 4, 2. Auflage, Köln/Berlin/Bonn/München 1991, zitiert *Verfasser* in Kölner Kommentar AktG
Zöllner (Hrsg.): Kölner Kommentar zum Aktiengesetz, Band 5/1, 2. Auflage, Köln/Berlin/Bonn/München 1995, zitiert *Verfasser* in Kölner Kommentar AktG
Zülch, Henning; Erdmann, Mark-Ken; Clark, Joyce: Abgrenzung von Eigenkapital und Fremdkapital nach HGB und IFRS – Darstellung und Würdigung aktueller Entwicklungen unter besonderer Berücksichtigung des ED IAS 32 (2006), IRZ 2006, S. 227
Zwirner, Christian: Weitere Zunahme der Bedeutung der IFRS, Eine empirische Untersuchung zur Entwicklung der Rechnungslegung am deutschen Kapitalmarkt, IRZ 2009, S. 425
Zwirner, Christian: Finanzkrise – Auswirkungen auf die Rechnungslegung – Sechs Anmerkungen aus Theorie und Praxis, DB 2009, S. 353

Verzeichnis der Hybridemissionen

Genussscheine Bertelsmann 1992 (ISIN DE0005229900), abrufbar unter http://www.bertelsmann.de/bertelsmann_corp/wms41//customers/bmir/other/gb1992.pdf (Homepage → Investor Relations → Genussscheine → Downloads)

Genussscheine Bertelsmann 2001 (ISIN DE0005229942), abrufbar unter http://www.bertelsmann.de/bertelsmann_corp/wms41/bm/index.php?ci=580&language=1 (Homepage → Investor Relations → Genussscheine → Downloads)

Genussscheine Commerzbank 1996 (ISIN DE0008161209), abrufbar unter https://www.commerzbank.de/media/aktionaere/aktie/genusssch/beding_816120/816120_1996.pdf (Homepage → Investor Relations → Rund um die Commerzbank-Aktie → Genussscheine)

Genussscheine Drägerwerk Serie A (ISIN DE0005550651), abrufbar unter https://www.boerse-stuttgart.de/de/home/home.html (ISIN eingeben)

Genussscheine Drägerwerk Serie D (ISIN DE0005550719), abrufbar unter https://www.boerse-stuttgart.de/de/home/home.html (ISIN eingeben)

Genussscheine Drägerwerk Serie K (ISIN DE0005550677), abrufbar unter https://www.boerse-stuttgart.de/de/home/home.html (ISIN eingeben)

Genussscheine Four Gates 2003, abrufbar auf Anfrage unter http://www.fourgates.de/de/investor-relations/publikationen (Homepage → Investor Relations → Publikationen)

Genussscheine Four Gates 2006, abrufbar auf Anfrage unter http://www.fourgates.de/de/investor-relations/publikationen (Homepage → Investor Relations → Publikationen)

Genussscheine Four Gates 2007, abrufbar auf Anfrage unter http://www.fourgates.de/de/investor-relations/publikationen (Homepage → Investor Relations → Publikationen)

Genussscheine Fuchs Oil 1998 (WKN 555831), abrufbar unter http://www.fuchs-oil.de/index.php?id=2700&type=0&jumpurl=fileadmin%2Ffuchs_upload%2Fpdf_addons%2Fanleihen%2FGenusscheine_1998-2007.pdf (Homepage → Investor Relations → Download)

Genussscheine GWB 2005 (ISIN DE000A0DQSE2), abrufbar unter http://irpages2.equitystory.com/gwb/download/de/GWB_Genussscheinbedingungen.pdf

Genussscheine Klöckner, abgedruckt in BGHZ 119, 305 und bei *Frantzen*, Genußscheine, S. 441 ff.

Genussscheine Magnum 1999 (ISIN DE0006501554), abrufbar unter https://www.boerse-stuttgart.de/de/home/home.html (ISIN eingeben)

Genussscheine Plambeck 2004 (ISIN DE000A0B9VG7), abrufbar unter https://www.boerse-stuttgart.de/de/home/home.html (ISIN eingeben)

Genussscheine Pongs Zahn 2005 (ISIN DE000A0F52H5), abrufbar unter https://www.boerse-stuttgart.de/de/home/home.html (ISIN eingeben)

Genussscheine Pongs Zahn 2006 (WKN A0F52H), abrufbar unter http://www.pongsundzahn.de/pdf/05_bedingungen_genuesse_final.pdf (Homepage → Finanzinstrumente → Genussscheine)

Genussscheine PREPS (2005-1), abrufbar nach kostenfreier Registrierung unter http://www.bourse.lu/Accueil.jsp (Homepage → Consultation → Security Search)

Genussscheine PREPS (2004-2), abrufbar nach kostenfreier Registrierung unter http://www.bourse.lu/Accueil.jsp (Homepage → Consultation → Security Search)

Genussscheine Salvator 2006 (ISIN DE000A0JND05), abrufbar unter https://www.boerse-stuttgart.de/de/home/home.html (ISIN eingeben)

Genussscheine Schaltbau 2003 (ISIN DE000A0D66Z2), abrufbar unter https://www.boerse-stuttgart.de/de/home/home.html (ISIN eingeben)

Genussscheine Sixt 2004 (ISIN DE000A0DJZP8), abrufbar unter https://www.boerse-stuttgart.de/de/home/home.html (ISIN eingeben)

Genussscheine Stadtwerke Hannover 2003 (ISIN DE0007255358), abrufbar unter https://www.boerse-stuttgart.de/de/home/home.html (ISIN eingeben)

Genussscheine Wesermündung 2005, abrufbar unter http://www.umweltbank.de/pdf/Prospekt_Wesermuendung.pdf (Homepage → Vermögensberatung → Genussrechte)

Genussscheine Windsor 2005 (ISIN DE000A0EQVT2), abrufbar unter https://www.boerse-stuttgart.de/de/home/home.html (ISIN eingeben)

Hybridanleihe Bayer 2005, abrufbar unter http://www.investor.bayer.com/user_upload/34/(Homepage → Investor Relations → Bonds → Bonds Issued)

Hybridanleihe Claas 2005 (ISIN DE000A0DLTL6), abrufbar nach kostenfreier Registrierung unter http://www.bourse.lu/Accueil.jsp (Homepage → Consultation → Security Search)

Hybridanleihe Deutsche Börse 2008 (ISIN XS0369549570), abrufbar unter http://deutsche-boerse.com/dbag/dispatch/de/kir/gdb_navigation/investor_relations/25_DB-Bonds (Homepage → Investor Relations → Anleihen)

Hybridanleihe Henkel 2005 (ISIN XS0234434222), abrufbar unter http://www.henkel.com/com/content_data/Prospectus_041105.pdf (Homepage → Investor Relations → Financing → Bonds → Hybrid Bond)

Hybridanleihen von Linde 2003 und 2006, abrufbar unter http://www.the-linde-group.com/en/investor_relations/linde_bonds/prospectuses/index.html (Homepage → Investor Relations → Linde Bonds → Prospectuses)

Hybridanleihe Otto 2005 (ISIN XS0226066206), abrufbar nach kostenfreier Registrierung unter http://www.bourse.lu/Accueil.jsp (Homepage → Consultation → Security Search)

Hybridanleihe Pfleiderer 2007 (ISIN XS0297230368), abrufbar nach kostenfreier Registrierung unter http://www.bourse.lu/Accueil.jsp (Homepage → Consultation → Security Search)

Hybridanleihe Porsche 2006 (ISIN XS0241984219), abrufbar unter http://www.ise.ie/debt_documents/Porsche_14986_01.02.06_3076.pdf (Homepage → ISIN eingeben)

Hybridanleihe Siemens 2006 (ISIN XS0266838746), abrufbar nach kostenfreier Registrierung unter http://www.bourse.lu/Accueil.jsp (Homepage → Consultation → Security Search)

Hybridanleihe Südzucker 2005 (ISIN XS0222524372), abrufbar unter https://www.suedzucker.de/de/Investor-Relations/Anleihen/Anleihe6/;jsessionid=aEjaU0SITGdc (Homepage → Investor Relations → Anleihen)

Hybridanleihe TUI 2005 (ISIN DE 000TUAG059), abrufbar unter http://www.tui-group.com/dms/ir/anleihen_ratings/anleihen/hybridanleihe/hybridanleihe.pdf (Homepage → Investor Relations → Anleihen und Ratings → Anleihen)

Stichwortverzeichnis

Kolibri 360 GmbH
Ferdinand-Jühlke-Straße 7
99095 Erfurt, Deutschland
produktsicherheit@kolibri360.de